Hans Egert

Die Rechtsbedingung

Die Rechtsbedingung

im System des bürgerlichen Rechts

von

Dr. Hans Egert

Vorsitzender Richter
am Oberlandesgericht
in Düsseldorf

1974

J. Schweitzer Verlag · Berlin

ISBN 3 8059 0342 1

Satz: Studio Feldafing – Druck: Color-Druck, Berlin. – Printed in Germany.

INHALTSVERZEICHNIS

ABKÜRZUNGSVERZEICHNIS

a.A.	anderer Ansicht
a.a.O.	am angegebenen Ort
ABGB	Allgemeines Bürgerliches Gesetzbuch für Österreich
AcP	Archiv für die civilistische Praxis
AktGes	Gesetz über Aktiengesellschaften und Kommanditgesellschaften auf Aktien (Aktiengesetz) vom 6.9.1965
Allg. Teil	Allgemeiner Teil
Anm.	Anmerkung
BayObLG	Bayerisches Oberstes Landesgericht
BB	Der Betriebsberater
Bd.	Band
BGB	Bürgerliches Gesetzbuch
BGH	Bundesgerichtshof
BGHZ	Entscheidungen des Bundesgerichtshofs in Zivilsachen
BVerwG	Bundesverwaltungsgericht
bzw.	beziehungsweise
Centralbl. f. freiw. Ger. u. Not.	Centralblatt für freiwillige Gerichtsbarkeit und Notariat
c.i.	condicio iuris
c.j.	condicio juris
cod. civ.	code civil; codice civile
ders.	derselbe
d.h.	das heißt
DNotZ	Deutsche Notar-Zeitschrift
DR	Deutsches Recht
DRiZ	Deutsche Richterzeitung
EGBGB	Einführungsgesetz zum Bürgerlichen Gesetzbuch
FGG	Gesetz über die Angelegenheiten der freiwilligen Gerichtsbarkeit vom 17.5.1898
GBO	Grundbuchordnung vom 5.8.1935
gem.	gemäß
Gruchot Beitr.	Beiträge zur Erläuterung des Deutschen Rechts, begründet von Gruchot
h.A.	herrschende Ansicht
HGB	Handelsgesetzbuch vom 10.5.1897
h.L.	herrschende Lehre
h.M.	herrschende Meinung
HRR	Höchstrichterliche Rechtsprechung
Iherings Jahrb.	Iherings Jahrbücher für die Dogmatik des bürgerlichen Rechts (Fortsetzung von Iherings Jahrbüchern für die Dogmatik des heutigen römischen und deutschen Privatrechts)
Jahrb. für die Dogmatik	Jahrbücher für die Dogmatik des heutigen römischen und deutschen Privatrechts; ab 1893 (32. Bd.): Iherings Jahrbücher für die Dogmatik des heutigen römischen und deutschen Privatrechts

JFG	Jahrbuch für Entscheidungen in Angelegenheiten der freiwilligen Gerichtsbarkeit und des Grundbuchrechts, begründet von Ring
JR	Juristische Rundschau
JuS	Juristische Schulung
JW	Juristische Wochenschrift
JZ	Juristenzeitung
KG	Kammergericht
KGJ	Jahrbuch für Entscheidungen des Kammergerichts in Sachen der freiwilligen Gerichtsbarkeit, in Kosten- Stempel- und Strafsachen
KO	Konkursordnung vom 10.2.1877
LG	Landgericht
LM	Nachschlagewerk des Bundesgerichtshofs, herausgegeben von Lindenmaier, Möhring u.a.
LZ	Leipziger Zeitschrift für Deutsches Recht
m.a.W.	mit anderen Worten
MDR	Monatsschrift für Deutsches Recht
m.w.N.	mit weiteren Nachweisen
NJW	Neue Juristische Wochenschrift
OGHZ	Entscheidungen des Obersten Gerichtshofes für die Britische Zone in Zivilsachen
OLG	Oberlandesgericht
OLGRspr.	Die Rechtsprechung des Oberlandesgerichts auf dem Gebiete des Zivilrechts, herausgegeben von Mugdan und Falkmann
OR	Schweizerisches Obligationenrecht
preuß. Ges.-Sam.	Gesetz-Sammlung für die Kgl. Preußischen Staaten
Recht	Das Recht
Rechtsb.	Rechtsbedingung
Rechtsw.	Rechtswissenschaft
RGRK	Das Bürgerliche Gesetzbuch, Kommentar, herausgegeben von Reichsgerichtsräten und Bundesrichtern
RGZ	Entscheidungen des Reichsgerichts in Zivilsachen
S.	Seite
SchG	Scheckgesetz vom 14.8.1933
SeuffArch.	Seufferts Archiv für Entscheidungen der obersten Gerichte in den deutschen Staaten
sog.	sogenannt
u.a.	unter anderem, unter anderen
u.U.	unter Umständen
v.	von
vgl.	vergleiche
VVG	Gesetz über den Versicherungsvertrag vom 30.5.1908
WG	Wechselgesetz vom 21.6.1933
WM	Wertpapier-Mitteilungen
WO	Wechselordnung vom 3.6.1908
ZAkDR	Zeitschrift der Akademie für Deutsches Recht
z.B.	zum Beispiel
Zentralbl. f. freiw. Ger. Not. u. Zwangsverst.	Zentralblatt für freiwillige Gerichtsbarkeit, Notariat und Zwangsversteigerung
ZHR	Zeitschrift für das gesamte Handelsrecht
ZPO	Zivilprozeßordnung vom 30.1.1877

LITERATURVERZEICHNIS

Adickes	Zur Lehre von den Bedingungen, Berlin 1876.
Arndt	Die Wirkung einer Vorausabtretung künftiger Forderungen im Konkurs, DRiZ 1954, 233.
Asch	Der Grundstückskauf, 3. Aufl., Berlin 1929.
Aubry et Rau	Cours de droit civil français, 6. Aufl., Bd. I (v. Bartin), Paris 1936.
Barbero	Contributo alla teoria della condizione, Mailand 1937.
Bauknecht	Urteilsbesprechung in NJW 1955, 1156.
Baumbach-Hefermehl	Wechsel- und Scheckgesetz, 10. Aufl., München 1970.
Baumbach-Lauterbach	Kommentar zur Zivilprozeßordnung, 30. Aufl., München 1970.
Baumgärtel	Urteilsbesprechung in DNotZ 1957, 652.
Baur	Lehrbuch des Sachenrechts, 6. Aufl., München 1970.
Bekker	System des heutigen Pandektenrechts, Weimar 1886.
Benöhr	Kann ein Dritter mit Zustimmung des Eigentümers das gesetzliche Unternehmerpfandrecht begründen? in ZHR 1971, 144.
Bergk	Übertragung und Pfändung künftiger Rechte, Berlin 1912.
Bernhöft	Zur Lehre von den Fiktionen, in Aus römischem und bürgerlichem Recht, Festschrift für Bekker, Weimar 1907.
Betti	Teoria generale del negozio giuridico, 2. Aufl., Turin 1960.
Beuthien	Blankowechsel und guter Glaube, BB 1966, 603.
–	Blankoübergabe von Wechselblanketten, BB 1966, 883.
Biermann	Das Sachenrecht des Bürgerlichen Gesetzbuchs, 3. Aufl., Berlin 1914.
Binder	Die Rechtsstellung des Erben nach dem deutschen Bürgerlichen Gesetzbuch, Leipzig 1901.
Blomeyer, A.	Der unbestimmte Gläubiger, Festschrift für Rabel, Bd. I S. 307, Tübingen 1954.
–	Allgemeines Schuldrecht, 4. Aufl., Berlin-Frankfurt 1969.
–	Studien zur Bedingungslehre, Heft 14 und 15 der Beiträge zum ausländischen und internationalen Privatrecht, Berlin-Leipzig 1938, 1939.
–	Kreditsicherung durch Übertragung von Anwartschaftsrechten aus bedingter Übereignung II, NJW 1951, 548.
–	Eigentumsvorbehalt und gutgläubiger Erwerb, AcP 153, 239.
Boehmer	Der Übergang des Pflichtlebens des Erblassers auf den Erben, in Die Reichsgerichtspraxis im deutschen Rechtsleben, 3. Bd. S. 216, Berlin-Leipzig 1929.
–	Hypothekarische Sicherung des Zwischenkredits, ZAkDR 1940, 241.

– Grundlagen der bürgerlichen Rechtsordnung, 2. Buch 2. Abteilung, Tübingen 1952.

Börker Sicherungsabtretung und Pfändung derselben Lohnforderung zugunsten verschiedener Gläubiger, NJW 1970, 1104.

Bornemann Die Blankobürgschaft, Diss. Marburg 1934.

Brecht Bedingung und Anwartschaft, Iherings Jahrb. 61, 263.

Brinz Lehrbuch der Pandekten, 2. Aufl., Erlangen 1873–1886.

Bruck Das Privatversicherungsrecht, Mannheim-Berlin-Leipzig 1930.

Bruck-Möller Kommentar zum Versicherungsvertragsgesetz, 8. Aufl., 1. Bd., Berlin 1961.

Callmann Die condicio iuris, Diss. Rostock 1908.

Cantagalli Inefficacia dei negozi giuridici e „condicio iuris", Foro ital. 1952 I, 408.

Cariota-Ferrara, L. Il negozio giuridico nel diritto privato italiano, Neapel o.D.

– I negozi sul patrimonio altrui, Padua 1936.

Carnelutti Inesistenza dell' atto giuridico? in Rivista di diritto processuale 1955 I, 208.

Cohn, E. Das rechtsgeschäftliche Handeln für denjenigen, den es angeht, in dogmatischer und rechtsvergleichender Darstellung, Marburg 1931.

Cohn, F. Das Wesen der Genehmigung bei der Stellvertretung ohne Vertretungsmacht und ihre Wirkung, Diss. Berlin 1909.

Colin et Capitant Traité de droit civil, Bd. I, Paris 1957.

Crisolli Zur Sicherungsübereignung von Abzahlungsgegenständen, JW 1934, 329.

Demogue Des droits éventuels et des hypothèses où ils prennent naissance, in Revue trim. de droit civil 1905, 723.

– De la nature et des effets du droit éventuel, in Revue trim. de droit civil 1906, 231.

De Semo Teoria della condizione legale (condicio iuris) e sue applicazioni in diritto fallimentare, in Il diritto fallimentare e delle società commerciali 1960, 5.

Dölle Bemerkungen zur Blankozession, ein Beitrag zur Lehre von den subjektlosen Rechten, Festschrift für M. Wolff, Tübingen 1952.

Donati, A. Der Begriff des Versicherungsvertrages in der Entwicklung der italienischen Versicherungsrechtslehre, in Zeitschrift für die gesamte Versicherungswissenschaft 1960, 289.

Donati, D. Atto complesso, autorizzazione, approvazione, in: Archivio Giuridico „Filippo Serafini", Bd. XII Heft 1 der neuen Reihe, Modena 1903.

Eccius Einigung und dinglicher Vertrag im Sachenrecht, Gruchot Beitr. 47, 51.

Eichler Institutionen des Sachenrechts, Bd. II 1, Berlin 1957.

– Versicherungsrecht, Karlsruhe 1966.

– Versicherung als Geschäftsbesorgung, in Festschrift für Nipperdey zum 70. Geburtstag, Bd. I S. 237, München-Berlin 1965.

Eisele Das Dogma von der rückwirkenden Kraft der erfüllten Suspensivbedingung, AcP 50, 253.

– Zur Lehre von den condiciones iuris, AcP 54, 109.

Elster Die Lehre von der Auslobung nach Gem. Recht und B.G.B., Archiv für bürgerliches Recht, Bd. 18 S. 125.

Emmerich Pfandrechtskonkurrenzen, Berlin 1909.

Endemann Lehrbuch des Bürgerlichen Rechts, 8. und 9. Aufl., Berlin 1905 ff.

Enneccerus Über Begriff und Wirkung der Suspensivbedingung und des Anfangstermins, Göttingen 1871.

– Rechtsgeschäft, Bedingung und Anfangstermin, Marburg 1888.

Enneccerus-Nipperdey Allg. Teil des bürgerlichen Rechts, 15. Aufl., Tübingen 1959, 1960.

Enneccerus-Lehmann Recht der Schuldverhältnisse, 15. Bearbeitung, Tübingen 1958.

Erler Wahlschuld mit Wahlrecht des Gläubigers und Schuld mit Ersetzungsbefugnis des Gläubigers, Köln-Berlin 1964.

Erman Handkommentar zum Bürgerlichen Gesetzbuch, 3. Aufl., Münster 1962.

Esser Wert und Bedeutung der Rechtsfiktionen, Frankfurt 1940.

– Schuldrecht, 4. Aufl., 1. Bd. Allgemeiner Teil, Karlsruhe 1970; 2. Bd. Besonderer Teil, Karlsruhe 1971.

Falzea La condizione e gli elementi dell' atto giuridico, Mailand 1941.

Ferrari Inesistenza e nullità del negozio giuridico, in Rivista trimestrale di diritto e procedura civile 1958, 514.

Fischer Fiktionen und Bilder in der Rechtswissenschaft, AcP 117, 143.

Fitting Über den Begriff der Rückziehung, Erlangen 1856.

– Über den Begriff der Bedingung, AcP 39, 305.

Flume Allg. Teil des Bürgerlichen Rechts, 2. Bd. Das Rechtsgeschäft, Berlin-Heidelberg-New York 1965.

Forkel Grundfragen der Lehre vom privatrechtlichen Anwartschaftsrecht, Berlin 1962.

Fritze Verfügungen vor Erteilung der behördlichen, insbesondere der devisenrechtlichen Genehmigung, NJW 1956, 538.

Georgiades Die Eigentumsanwartschaft beim Vorbehaltskauf, Tübingen 1963.

v. Gierke, O. Deutsches Privatrecht, 2. Bd. Sachenrecht, Leipzig 1905.

Gudian Das Besitzrecht des Vorbehaltskäufers, NJW 1967, 1786.

Guggenheim	L'invalidité des actes juridiques en droit suisse et comparé, Paris 1970.
Habscheid	Das Schiedsgutachten, Festschrift für H. Lehmann zum 80. Geburtstag, Bd. II S. 789, Berlin-Tübingen-Frankfurt 1956.
Hagen	Zur Rechtsgrundabhängigkeit der Konvaleszenz, AcP 167, 481.
Hahn	Die gesammten Materialien zur Konkursordnung, Berlin 1881.
Haussmann	Das Blankett, Gruchot Beitr. 58, 289.
Haymann	Leistung und Gegenleistung im Versicherungsvertrag, eine Grundfrage des Privatrversicherungsrechts, Berlin-Leipzig 1933.
Heck	Grundriß des Sachenrechts, Tübingen 1930.
Hellwig	Grenzen der Rückwirkung, Festschrift, für die Juristische Fakultät in Gießen, Gießen 1907.
Henke-Mönch-Horber	Grundbuchordnung, 9. Aufl. München-Berlin 1966.
Henle	Unterstellung und Versicherung, Mannheim-Berlin-Leipzig 1922.
–	Lehrbuch des Bürgerlichen Rechts, Bd. I Allg. Teil, Berlin 1926.
Herzfelder	Urteilsbesprechung in JW 1931, 1354.
v. Hippel, F.	Das Problem der rechtsgeschäftlichen Privatautonomie, Tübingen 1936.
Hoche	Urteilsbesprechung in DNotZ 1958, 386.
Hohner	Subjektlose Rechte, Bielefeld 1969.
Hölder	Kommentar zum Allg. Teil des Bürgerlichen Gesetzbuches, München 1900.
Holtz	Der Schwebezustand bei bedingten Rechtsgeschäften nach dem bürgerlichen Gesetzbuche, Diss. Rostock 1904.
Huber	Gefahren des vertraglichen Abtretungsverbots für den Schuldner der abgetretenen Forderung, NJW 1968, 1905.
Hueck	Recht der Wertpapiere, 9. Aufl., Berlin-Frankfurt 1963.
v. Ihering	Geist des römischen Rechts auf den verschiedenen Stufen seiner Entwicklung, 4.–5. Aufl., Leipzig 1888 ff.
–	Passive Wirkungen der Rechte, Jahrb. für die Dogmatik, Bd. X S. 387.
Isay	Vollmacht und Verfügung, AcP 122, 195.
Jaeger-Lent	Kommentar zur Konkursordnung, 1. Bd., 8. Aufl., Berlin 1958.
Jacobi	Wechsel- und Scheckrecht unter Berücksichtigung des ausländischen Rechts, Berlin 1956.
Kapler	Begriff und Wesen der conditio iuris, Diss. Berlin 1889.
Karlowa	Das Rechtsgeschäft und seine Wirkung, Berlin 1877.

Kipp-Wolff — Familienrecht, 6. Aufl., Marburg 1928.

Kipp-Coing — Erbrecht, 12. Aufl., Tübingen 1965.

Kisch — Handbuch des Privatversicherungsrechts, 3. Bd. Die Lehre von dem Versicherungsinteresse, München-Berlin-Leipzig 1922.

– Die Wirkungen der nachträglich eintretenden Unmöglichkeit der Erfüllung bei gegenseitigen Verträgen nach dem Bürgerlichen Gesetzbuch für das Deutsche Reich, in Abhandlungen zum Privatrecht und Civilprozeß des Deutschen Reiches, herausgegeben von Fischer, 7. Bd., 2. Heft, Jena 1900.

Klang-Gschnitzer — Kommentar zum Allgemeinen bürgerlichen Gesetzbuch, Bd. IV 1, 2. Aufl., Wien 1968.

Koeppen — Der obligatorische Vertrag unter Abwesenden, Jahrb. für die Dogmatik, Bd. XI S. 139.

Kohler — Lehrbuch des Bürgerlichen Rechts, Berlin 1906 ff.

Kornblum — Die Rechtsnatur der Bestimmung der Leistung in den §§ 315–319 BGB, AcP 168, 450.

Kramer — Vertragstatbestand, Vertragsinhalt und Wirksamkeitsvoraussetzungen des Vertrages, Diss. Heidelberg 1964.

Krückmann — Die Ermächtigung und der Rechtsbesitz nach dem Bürgerlichen Gesetzbuch, in Die Reichsgerichtspraxis im deutschen Rechtsleben, Bd. III S. 79, Berlin-Leipzig 1929.

Kuchinke — Die Rechtsstellung des Auflassungsempfängers als Kreditunterlage und Haftungsobjekt – Zugleich ein Beitrag zur Lehre vom Anwartschaftsrecht, JZ 1964, 145.

– Urteilsbesprechung in JZ 1966, 797.

Kühne — Tatbestandsteilung, Rostocker Abhandlungen, Rechtswissenschaftliche Reihe, Heft XXIV, Rostock 1936.

Kuttner — Besprechung von Bergk, Übertragung und Pfändung künftiger Rechte, ZHR 75, 578.

Lange, H. — Allg. Teil, 8. Aufl., München-Berlin 1966.

Lange, O. — Die behördliche Genehmigung und ihre zivilrechtlichen Auswirkungen, AcP 152, 241.

Langheineken — Anspruch und Einrede nach dem Deutschen Bürgerlichen Gesetzbuch, Leipzig 1903.

Larenz — Allg. Teil des deutschen Bürgerlichen Rechts, 1. Aufl., München 1967.

– Lehrbuch des Schuldrechts, 10. Aufl., 1. Bd. Allg. Teil, München 1970; 2. Bd. Besonderer Teil, München 1972.

– Methodenlehre der Rechtswissenschaft, Berlin-Göttingen-Heidelberg 1960.

Lehmann-Hübner — Allg. Teil des Bürgerlichen Gesetzbuchs, 15. Aufl., Berlin 1966.

Lempenau — Direkterwerb oder Durchgangserwerb bei Übertragung künftiger Rechte, Bad Homburg v.d.H. – Berlin – Zürich 1968.

Löwisch und Friedrich — Das Anwartschaftsrecht des Auflassungsempfängers und die

	Sicherung des Eigentümers bei rechtsgrundloser Auflassung, JZ 1972, 302.
v. Lübtow	Die Struktur der Pfandrechte und Reallasten – Zugleich ein Beitrag zum Problem der subjektlosen Rechte, Festschrift für H. Lehmann zum 80. Geburtstag, Bd. I S. 328, Berlin-Tübingen-Frankfurt 1956.
–	Probleme des Erbrechts, Berlin 1967.
–	Erbrecht, 1. und 2. Halbbd., Berlin 1971.
Lüke	Die Rechtsnatur des Pfändungspfandrechts, JZ 1957, 239.
Lutter	Die Grenzen des sog. Gutglaubensschutzes im Grundbuch, AcP 164, 122.
Manigk	Das rechtswirksame Verhalten, Berlin 1939.
–	„Tatsachen, juristische" in Handwörterbuch der Rechtswissenschaft, herausgegeben von Stier-Somlo und Elster, Bd. V S. 847, Berlin-Leipzig 1928.
–	„Unwirksamkeit, Ungültigkeit" in Handwörterbuch der Rechtswissenschaft, Bd. VI S. 292, Berlin-Leipzig 1929.
Mansfeld	Über den Schutz des guten Glaubens beim Erwerb von Wechselblanketten, LZ 1909, 177.
v. Mayr	Die Auslobung, Wien 1905.
Mazeaud, H., L. et J.	Leçons de droit civil, Bd. I, 4. Aufl., Paris 1967.
Medicus	Kreditsicherung durch Verfügung über künftiges Recht, JuS 1967, 385.
Meister	Die Pfändung aufschiebend bedingten und künftigen Eigentums, NJW 1959, 608.
Mentzel-Kuhn	Kommentar zur Konkursordnung, 7. Aufl., Berlin-Frankfurt 1962.
Merz	Urteilsbesprechung in NJW 1955, 347.
Messineo	Manuale di diritto civile e commerciale, Bd. I, 9. Aufl., Mailand 1957.
Michaelis	Wechselrecht, Kommentar, Berlin-Leipzig 1932.
Mitteis	Die Lehre von der Stellvertretung nach römischem Recht mit Berücksichtigung des österreichischen Rechts, Wien 1885.
Molitor	Besprechung von Oertmann, Die Rechtsbedingung, Gruchot Beitr. 67, 580.
Möller	Diskussionsbeitrag zur Frage: Gefahrtragungs- oder Geldleistungstheorie? in Aktuelle Probleme der Versicherungswirtschaft, S. 137, Berlin 1954.
Mormann	Praktische Probleme der Anschlußsicherungsübereignung, in Ehrengabe für B. Heusinger, S. 185, München 1968.
Mugdan	Die gesamten Materialien zum Bürgerlichen Gesetzbuch für das Deutsche Reich, Berlin 1899.
Müller-Freienfels	Die Vertretung beim Rechtsgeschäft, Tübingen 1955.
Münzel	Grundsätzliches zum Anwartschaftsrecht, MDR 1959, 345.
–	Zur Rückwirkung der privatrechtlichen und öffentlichrecht-

lichen Genehmigung unter Einschluß des Kartellrechts, NJW 1959, 1657.

Nicolò — La vocazione ereditaria diretta e indiretta, in Annali dell' Istituto di scienze giuridiche, economiche, politiche e sociali dell' Università di Messina, Bd. VIII, Messina 1933/1934.

Oertmann — Die Rechtsbedingung (condicio iuris) – Untersuchungen zum Bürgerlichen Recht und zur allgemeinen Rechtslehre, Leipzig-Erlangen 1924.

– Kommentar zum Bürgerlichen Gesetzbuch, Allg. Teil, 3. Aufl., Berlin 1927; Recht der Schuldverhältnisse, 5. Aufl., Berlin 1928/1929.

– Die Übertragbarkeit von Anwartschaften und künftigen Rechten, insbesondere bei der Nacherbfolge, JR 1934, 37.

– Heilung der Formungültigkeit nach § 313 Satz 2 BGB, Zentralbl. f. freiw. Ger. Not. und Zwangsverst., 16. Jahrgang S. 589.

Opet-v. Blume — Das Familienrecht des Bürgerlichen Gesetzbuchs, Berlin 1906.

Palandt — Bürgerliches Gesetzbuch, Kommentar, 31. Aufl., München 1972.

Paulus — Schranken des Gläubigerschutzes aus relativer Unwirksamkeit, in Festschrift für Nipperdey zum 70. Geburtstag, Bd. I S. 909, München-Berlin 1965.

Pelosi — La pretesa retroattività della condizione, in Rivista trimestrale di diritto e procedura civile 1968, 825.

Perlingieri — I negozi su beni futuri, Bd. I La compravendita di „cosa futura", Neapel 1962.

Pescatore — Die Wahlschuldverhältnisse, in Abhandlungen zum Privatrecht und Zivilprozeß des Deutschen Reiches, herausgegeben von Fischer, Bd. 13, 2. Heft, München 1905.

Pfister — In welchem Zeitpunkt muß der die Verfügung eines Nichtberechtigten Genehmigende Verfügungsmacht haben? in JZ 1969, 623.

Pflug — Der rücklaufende Wechsel – Ein Beitrag zur Lehre vom Indossament, München 1967.

Philipsborn — Begriff und Anwendungsfälle der Rückwirkung, Gruchot Beitr. 64, 10.

Planiol et Ripert — Traité pratique de droit civil français, Bd. VI, 2. Aufl., Paris 1952.

Planiol-Ripert-Boulanger — Traité élémentaire de droit civil, Bd. II, 3. Aufl., Paris 1949.

Planck — Kommentar zum Bürgerlichen Gesetzbuch, herausgegeben von Strohal, Bd. I, 4. Aufl., Berlin 1913; Bd. II 1, 4. Aufl., Berlin 1914; Bd. II 2, 4. Aufl., Berlin-Leipzig 1928; Bd. III 1, 5. Aufl., Berlin-Leipzig 1933.

Quassowski-Albrecht — Wechselgesetz vom 21. Juni 1933, Berlin 1934.

Raape | Das gesetzliche Veräußerungsverbot des Bürgerlichen Gesetzbuches, Berlin 1908.
– | Zustimmung und Verfügung, AcP 121, 257.
– | Verfügungsvollmacht, AcP 123, 194.
Raiser | Dingliche Anwartschaften, Tübingen 1961.
– | Verwendungsansprüche des Werkunternehmers, JZ 1958, 681.
Regelsberger | Pandekten, Leipzig 1893.
Rehfeldt | Wertpapierrecht, 7. Aufl., München und Berlin 1963.
Reinicke, G. | Gesetzliche Pfandrechte und Hypotheken am Anwartschaftsrecht aus bedingter Übereignung, ZHR, Beiheft Nr. 19.
Reinicke, G. und D. | Urteilsbesprechung in MDR 1956, 596.
Rescigno | „Condizione" c) Diritto vigente, in Enciclopedia del diritto, Bd. VIII S. 762, Mailand 1962.
RGRK | Das Bürgerliche Gesetzbuch mit besonderer Berücksichtigung der Rechtsprechung des Reichsgerichts und des Bundesgerichtshofs, Kommentar, herausgegeben von Reichsgerichtsräten und Bundesrichtern, 11. Aufl., Berlin 1959 ff.
Romano | „Condicio iuris" ed approvazione tutoria nei contratti della pubblica Amministrazione, in Giurisprudenza italiana 1955 I 1, 583.
Römer | Die bedingte Novation, Tübingen 1863.
Rosenberg | Urteilsbesprechung in JW 1929, 2958.
Rothkugel | Die Rückwirkung der Genehmigung nach dem bürgerlichen Gesetzbuch, Diss. Berlin 1911.

Salkowski | Zur Lehre von der Novation, Leipzig 1866.
Samuel | Das Blankett im System des Bürgerlichen Gesetzbuchs, Diss. Rostock 1929.
Santoro-Passarelli | Dottrine generali del diritto civile, 7. Aufl., Neapel 1962.
v. Savigny | System des heutigen Römischen Rechts, Berlin 1840 ff.
Scherbring | Natur und Wirkungen der condicio juris, Diss. Erlangen 1897.
v. Scheurl | Zur Lehre von den Nebenbestimmungen bei Rechtsgeschäften, in Beiträge zur Bearbeitung des römischen Rechts, 2. Bd., Erlangen 1871.
Schlegelberger | Handelsgesetzbuch, erläutert von Geßler, Hefermehl, Hildebrandt und Schröder, 4. Aufl., Berlin-Frankfurt 1960 ff.
Schmidt-Rimpler | Die Gegenseitigkeit bei einseitig bedingten Verträgen, insbesondere beim Versicherungsvertrag – Zugleich ein Beitrag zur Lehre vom Synallagma, Stuttgart 1968.
Schönfeld | Verfügungsbeschränkungen und öffentlicher Glaube des Grundbuchs, JZ 1959, 140.
Schreiber | Die bedingte Übereignung – Die Unzweckmäßigkeit der Konstruktion des Anwartschaftsrechts als Recht sui generis, NJW 1966, 2333.
Schultheis | Der Nachweis der obervormundschaftlichen Genehmigung im

	Grundbuchverkehr, Centralbl. für freiw. Ger. u. Not., III. Jahrgang S. 261.
Schulz, H.F.	Außenwirtschaftsrecht, Kommentar, Köln-Berlin-Bonn-München 1965/1966.
Schulz, F.	Zwischenverfügungen bei Veräußerung und Verpfändung wesentlicher Sachbestandteile, Bonner Festgabe für E. Zitèlmann, S. 81, 1923.
Schwarz	„Bedingung" in Rechtsvergleichendes Handwörterbuch für das Zivil- und Handelsrecht des In- und Auslandes, herausgegeben von Schlegelberger, 2. Bd. S. 391, Berlin 1929.
Scialoja, A.	Condizione volontaria e condizione legale, in Saggi di vario diritto, 1. Bd. S. 3, Rom 1927.
Scognamiglio	Contributo alla teoria del negozio giuridico, 2. Aufl., Neapel 1969.
–	„Aspettavia", I Aspettativa di diritto, in Enciclopedia del diritto, Bd. III S. 226, Mailand 1958.
Selb	Schädigung des Menschen vor der Geburt – ein Problem der Rechtsfähigkeit? in AcP 166, 76.
Serick	Eigentumsvorbehalt und Sicherungsübertragung, Bd. I, Heidelberg 1963.
Siber	Das Buchrechtsgeschäft nach Reichsgrundbuchrecht, Tübingen 1909.
–	Die Frage der Verfügungsgeschäfte zu fremdem Recht, aus der Festgabe der Leipziger Juristenfakultät für R. Sohm, München-Leipzig 1915.
–	Zur Theorie von Schuld und Haftung nach Reichsrecht, Iherings Jahrb. 50, 55.
Siebert	Das rechtsgeschäftliche Treuhandverhältnis, Marburg 1933.
–	Ist bei aufschiebend bedingter Übereignung die Fortdauer der Einigung bis zum Eintritt der Bedingung erforderlich? JW 1933, 2440.
–	Der Risikogedanke im Vertragsrecht, insbesondere im Versicherungsvertrag, in Aktuelle Probleme der Versicherungswirtschaft, herausgegeben von Rohrbeck, S. 125, Berlin 1954.
Siegel	Die Blanketterklärung, Diss. München 1908.
Soergel-Siebert	Bürgerliches Gesetzbuch, Kommentar, 9. Aufl., Stuttgart 1959 ff.
Spindler	Der Rang von Pfandrechten bei Verfügungen des Nichtberechtigten, MDR 1960, 454.
Sponer	Das Anwartschaftsrecht und seine Pfändung, Bielefeld 1965.
Spyridakis	Zur Problematik der Sachbestandteile, Tübingen 1966.
Stammler	Unbestimmtheit des Rechtssubjekts, in Festschrift für die juristische Fakultät in Gießen, S. 425, Gießen 1907.
Staub-Stranz	Kommentar zum Wechselgesetz, 13. Aufl. des Kommentars zur Wechselordnung, Berlin-Leipzig 1934.
v. Staudinger	Kommentar zum Bürgerlichen Gesetzbuch, 11. Aufl., Berlin 1954 ff.

Stein-Jonas-Schönke-Pohle	Kommentar zur Zivilprozeßordnung, 18. Aufl., Tübingen 1958.
Stiefel	Über den Begriff der Bedingung im schweizerischen Zivilrecht, Zürcher Beiträge zur Rechtswissenschaft LXX, Zürich 1919.
Stoll	Bemerkungen zu Eigentumsvorbehalt und Sicherungsübertragung, ZHR 128, 239.
–	Das Anwartschaftsrecht des gutgläubigen Vorbehaltskäufers, JuS 1967, 12.
Stracke	Zur Lehre von der Übertragbarkeit der Anwartschaft des Käufers unter Eigentumsvorbehalt, Diss. Tübingen 1955.
Stranz	Wechselgesetz, Kommentar, 14. Aufl., Berlin 1952.
Strempel	Die Blankocession nach gemeinem Recht, Wismar 1893.
Süß	Durchgangsherrenlosigkeit, AcP 151, 1.
Thiele, Wilhelm	Die Bedeutung der nachträglichen devisenrechtlichen Genehmigung im Devisenzivilrecht und für Zwangsvollstreckungsakte, JW 1935, 3130.
Thiele, Wolfgang	Die Zustimmungen in der Lehre vom Rechtsgeschäft, Köln-Berlin-Bonn-München 1966.
Tiedtke	Pfändungspfandrecht an einer nach Pfändung wiedererworbenen Forderung? NJW 1972, 746.
Titze	„Rechtsgeschäft" in Rechtsvergleichendes Handwörterbuch für das Zivil- und Handelsrecht des In- und Auslandes, herausgegeben von Schlegelberger, Bd. V. S. 789, Berlin 1936.
v. Tuhr	Der Allg. Teil des Deutschen Bürgerlichen Rechts, Bd. I, Leipzig 1910; Bd. II 1, München-Leipzig 1914; Bd. II 2, München-Leipzig 1918.
–	Zum Begriff der Verfügung nach BGB, AcP 117, 193.
Ulmer	Das Recht der Wertpapiere, Stuttgart-Berlin 1938.
v. Vangerow	Lehrbuch der Pandekten, 7. Aufl., Marburg-Leipzig 1876.
Verdier	Les droits éventuels – Contribution à l'étude de la formation successive des droits, Paris 1955.
Wendt	Das bedingte Forderungsrecht, Rostock 1873.
Werner	Die Bedeutung der Pfändungspfandrechtstheorien, JR 1971, 278.
Westermann	Sachenrecht, 5. Aufl., Karlsruhe 1966.
–	Interessenkollisionen und ihre richterliche Wertung bei den Sicherungsrechten an Fahrnis und Forderungen, Karlsruhe 1954.
Wieacker	Eigentumsvorbehalt als dingliche Vorzugshaftung, ZAkDR 1938, 590.

Windscheid	Lehrbuch des Pandektenrechts, 7. Aufl., Frankfurt 1891.
Windscheid-Kipp	Lehrbuch des Pandektenrechts, 9. Aufl., Frankfurt 1906.
Winkelmann	Die Grundsätze der Konvaleszenz unwirksamer Verfügungen und ihre Anwendbarkeit auf die Entstehung der gesetzlichen Pfandrechte – Zugleich ein Beitrag zur Auslegung des § 185 BGB, Diss. Heidelberg 1922.
Wolf, Ernst	Lehrbuch des Sachenrechts, Köln-Bonn-Berlin-München 1971.
Wolf-Naujoks	Anfang und Ende der Rechtsfähigkeit des Menschen, Frankfurt 1955.
Wolff, M.	Die Zwangsvollstreckung in eine dem Schuldner nicht gehörige bewegliche Sache, in Festgabe für B. Hübler zum 70. Geburtstage, S. 63, Berlin 1905.
–	Genehmigung und Zwischenverfügung, in Archeion idiotikoy dikaioy, Bd. I, S. 14, Athen 1934.
Wolff-Raiser	Sachenrecht, 10. Aufl., Tübingen 1957.
Würdinger	Die privatrechtliche Anwartschaft als Rechtsbegriff, München 1928.
Zimmermann	Die Lehre von der stellvertretenden Negotiorum Gestio, Straßburg 1876.
Zitelmann	Die Rechtsgeschäfte im Entwurf eines Bürgerlichen Gesetzbuches für das Deutsche Reich – Studien, Kritiken, Vorschläge, Berlin 1889.
–	Internationales Privatrecht, Leipzig 1897.
Zunft	Anfechtbarkeit der Mitteilung des Vormunds aus § 1829 Abs. 1 Satz 2 BGB, NJW 1959, 516.
–	Grenzen der Rückwirkung im Zivil- und Zivilprozeßrecht, AcP 152, 289.
Zwirner	Das Blankett als Willenserklärung, Diss. Greifswald 1918.

Vorbemerkungen

Das Thema der Rechtsbedingung aufgreifen heißt eine Diskussion wiederaufnehmen, die zwar in der jüngeren gemeinrechtlichen Lehre einigermaßen rege geführt, danach aber nur noch selten aufgelebt und seit Oertmanns monographischer Behandlung nahezu verstummt ist. Den Pandektisten boten die römischen Rechtsquellen vielfältiges Material zur Auseinandersetzung mit der Frage, ob zwischen den condiciones facti und den condiciones iuris mehr Verschiedenheit oder mehr Gemeinsamkeit bestehe; auf die grundsätzliche Unterscheidungsnotwendigkeit hatte Julianus (Dig. 35, 1, 21) hingewiesen: „Multum interest, condicio facti an iuris esset . . ."

Die Digesten bezeichnen die Rechtsbedingung teils mit dem Kunstausdruck condicio iuris, teils mit umschreibenden Wendungen. Der erstere findet sich abgesehen von Julianus' eben erwähnter Erläuterung in einem Ausspruch von Paulus (Dig. 21, 1, 43, 10): „Interdum etiamsi pura sit venditio, propter iuris condicionem in suspenso est, veluti si servus, in quo alterius ususfructus, alterius proprietas est, aliquid emerit: nam dum incertum est, ex cuius re pretium solvat, pendet, cui sit adquisitum, et ideo neutri eorum redhibitoria competit."

Die Umschreibungen kennzeichnen die Rechtsbedingung als eine nicht aus dem Willen des Erklärenden, sondern dem objektiven Recht kommende, sich aus dem Wesen des Rechtsverhältnisses stillschweigend ergebende, ihm innewohnende oder ihm von außen zukommende oder ähnlich: „Condiciones extrinsecus, non ex testamento venientes, id est quae tacite inesse videantur, non faciunt legata condicionalia" (Dig. 35, 1, 99); „Namque dies legati, cui condicio non adscribitur, quamvis extrinsecus exspectanda sit, cedit" (Dig. 36, 2, 25, 1); „At si extrinsecus suspendatur legatum, non ex ipso testamento . . ." (Dig. 36, 2, 6, 1); „Quae vero ex iure venient . . ." (Dig. 35, 1, 21); „. . . nisi si vi ipsa condicio insit" (Dig. 35, 1, 1 pr.); „Inest autem condicio legati(s) . . ." (Dig. 35, 1, 1, 3).

Auf Grund dieser Formulierungen wurde die gesetzliche Bedingung in der gemeinrechtlichen Doktrin auch als condicio tacita bezeichnet, was verschiedene Mißverständnisse, wenn nicht hervorgerufen, so doch begünstigt hat. Enneccerus hat demgegenüber klargestellt[1], daß die so verstandene condicio tacita einerseits mit der stillschweigend beigefügten Geschäftsbedingung nichts zu tun habe und daß sie andererseits keinen Gegensatz zu der condicio iuris expressa bilde, die Rechtsbedingung vielmehr dadurch, daß sie von den Vertragschließenden ausdrücklich beigefügt werde, nicht zu einer gewillkürten werde. Den vereinzelt unternommenen Versuch, einen Unterschied zwischen

1 Über Begriff und Wirkung der Suspensivbedingung und des Anfangstermins, S. 130 ff.

der condicio iuris und der condicio tacita dahin anzunehmen, daß die Bedingtheit das eine Mal auf positiver Rechtsregel und das andere Mal auf der Natur des Geschäfts oder des Gegenstands beruhe[2], hat Enneccerus ebenfalls zutreffend zurückgewiesen[3]: „Auch in den letzteren Fällen ist ja in der That eine Rechtsregel im Spiele, wenn dieselbe auch freilich in vielen Fällen so natürlich, ja nothwendig sein mag, daß wir, ganz die Rechtsregel übersehend, die Bedingung als eine selbstverständliche statt einer durch Rechtsvorschrift aufgestellten bezeichnen." Schließlich konnte die Bezeichnung als condicio tacita auch zu der Annahme verleiten, daß die Gesetzesbedingung ebenso wie die Geschäftsbedingung nur bei Rechtsgeschäften, da nur bei solchen Anlaß besteht, zwischen stillschweigenden und ausdrücklichen Bedingungen zu scheiden, und nicht auch bei den unmittelbar auf Rechtssatz beruhenden Rechtsverhältnissen zu finden sei, eine Auffassung, der Eisele mit zahlreichen Quellenbelegen zutreffend entgegengetreten ist[4].

In der älteren gemeinrechtlichen Literatur wurde die Rechtsbedingung meist nur unter dem negativen Aspekt besprochen, daß sie, da nicht auf Parteiwillkür beruhend, keine eigentliche, wahre Bedingung sei. Dabei wurde hauptsächlich der von den Vertragsparteien ausgesprochenen Rechtsbedingung (condicio iuris expressa) Aufmerksamkeit geschenkt, um darzutun, daß solche ausdrückliche Beifügung keine Geschäftsbedingung schaffe und vielmehr überflüssig, aber auch unschädlich sei, das letztere unter Ausnahme der bedingungsfeindlichen Rechtsgeschäfte[5]. Eisele hat diese unvollständige, die unausgesprochenen Rechtsbedingungen und ihre positiven Wirkungen übergehende Betrachtungsweise mit Recht getadelt[6], nachdem vorher auch schon Fitting die Erscheinung der Rechtsbedingung einer gründlicheren Untersuchung anempfohlen hatte[7]: „Übrigens bedarf die ganze, sehr vernachlässigte Lehre von den stillschweigenden Bedingungen einer genaueren Besprechung . . ."

Das zunehmende und lebhafte Interesse, das der Bedingungslehre in der zweiten Hälfte des vergangenen Jahrhunderts mit zahlreichen Bearbeitungen zuteil wurde, brachte es schon wegen des Sachzusammenhangs mit sich, daß schließlich auch die Theorie der Rechtsbedingung, so etwa zunächst mit Eiseles Aufsatz über das Dogma von der rückwirkenden Kraft der erfüllten Suspensivbedingung (AcP 50, 253), Gegenstand ausführlicherer Erörterungen wurde. Während nun, was Wesen und Wirkung der gesetzlichen und der

---

2 Siehe z.B. v. Scheurl, Zur Lehre von den Nebenbestimmungen bei Rechtsgeschäften, S. 94, 95.

3 Suspensivbedingung, S. 125.

4 Zur Lehre von den conditiones iuris, AcP 54, 109 (113 ff.).

5 Vgl. z.B. Savigny, System des heutigen Römischen Rechts, Bd. III S. 122 ff.

6 Zur Lehre von den c'nes i., AcP 54, 109 (111).

7 Über den Begriff der Bedingung, AcP 39, 305 (314).

gewillkürten Bedingung anlangt, Fitting, von Scheurl, Adickes und Kapler mehr oder weniger die Wesensgleichheit beider Bedingungserscheinungen behaupteten[8], Enneccerus und Scherbring sie hingegen verneinten[9], vertraten andere, wie Eisele und Wendt, bald die Verschiedenheit, bald die Übereinstimmung betonend, eine mittlere Meinung[10]. Diese uneinheitlichen und teilweise gegensätzlichen Stellungnahmen haben nicht zuletzt ihren Grund in der die Formulierung allgemeiner Prinzipien erschwerenden kasuistischen Darstellungsweise der römischen Texte. Die Hauptkontroverse entbrannte über die Frage der Rückziehung der eingetretenen Geschäfts- und Rechtsbedingung und konnte unter der Herrschaft des gemeinen Rechts nicht einmal im Sinne einer herrschenden Anschauung entschieden werden. Sie betraf nicht nur Sinn, Umfang und Grund der Rückwirkung, sondern auch das Dogma selbst wurde in Streit gezogen, weil sich nach Ansicht seiner Gegner, insbesondere Windscheid, von Ihering und Regelsberger[11], die Rechtsfolgen des bedingten Rechtsgeschäfts aus der durch es geschaffenen Gebundenheit schon vollständig erklärten.

Wendt hat den Stand der juristischen Erörterungen zu seiner Zeit zutreffend mit den Worten gekennzeichnet[12]: „Die Theorie der condiciones juris schwankt in der Wissenschaft hin und her." Karlowa zog es wegen der Ungeklärtheit der Fragen sogar vor, den Begriff der condicio iuris aus seinem Werk über „Das Rechtsgeschäft und seine Wirkung" ganz zu verbannen[13].

Nach dem Inkrafttreten des Bürgerlichen Gesetzbuches wäre vielleicht zu erwarten gewesen, daß die Frage der Rechtsbedingung nunmehr auf der Grundlage des neuen Systems wieder aufgeworfen würde, um zu klären, ob und nach welchen Gesichtspunkten das Gesetz eine nähere Bestimmung des Begriffs ermögliche und ob es eine mehr oder weniger übereinstimmende Regelung der darunter fallenden Erscheinungen beinhalte. Diese Erwartung erfüllte sich aber nur in sehr begrenztem Umfang. Der Grund mag darin bestanden haben, daß der Begriff in das Gesetz selbst keinen Eingang gefunden hatte und daher der Eindruck seiner Entbehrlichkeit entstehen konnte. Es mögen aber auch die in Erinnerung gebliebenen Schwierigkeiten

8 Fitting, a.a.O.; v. Scheurl, Nebenbestimmungen, S. 98, 194; Adickes, Zur Lehre von den Bedingungen, S. 11, 12, 14; Kapler, Begriff und Wesen der conditio iuris, S. 2.

9 Enneccerus, Suspensivbedingung, S. 3 ff., 125 ff.; Scherbring, Natur und Wirkungen der condicio juris, S. 19 ff.

10 Eisele, Zur Lehre von den c'nes i., AcP 54, 109; Wendt, Das bedingte Forderungsrecht, S. 15 ff.

11 Windscheid, Lehrbuch des Pandektenrechts, Bd. I § 91; v. Ihering, Passive Wirkungen der Rechte, Jahrb. für die Dogmatik 10, 387 (527 ff.); Regelsberger, Pandekten, S. 573.

12 Das bedingte Forderungsrecht, S. 15.

13 S. 12.

der gemeinrechtlichen Lehre auf diesem Gebiet gewesen sein, die dazu geführt haben, daß das Thema, wie Callmann in seiner Dissertation[14] im Jahre 1908 ausführte, „geradezu ängstlich gemieden" wurde und daß es bis heute nur in zwei Einzelschriften, nämlich der eben erwähnten Dissertation und der allerdings bedeutsamen und grundlegenden Untersuchung Oertmanns[15], behandelt wurde. So konnte auch der letztere eingangs seiner Abhandlung noch von der Feststellung ausgehen, daß die Frage der Rechtsbedingung seit jeher eine der dunkelsten des Privatrechts gewesen sei.

Während einige der erwähnten Streitfragen des gemeinrechtlichen Schrifttums heute überholt sind – die Frage der Rückwirkung ist z.B. gesetzlich entschieden –, ist doch die Kernfrage nach dem Wesen der von Rechts wegen bestehenden Bedingtheit des Geschäfts und nach der Abgrenzung und dem wirklichen Anwendungsbereich der Rechtsbedingung noch nicht gelöst. Wenn auch der Begriff der Gesetzesbedingung nach wie vor vielfach verwendet wird, so doch meist ohne eine klare Vorstellung damit zu verbinden. Es fehlt daher auch heute nicht an entschiedenen Gegnern, die den Begriff als dunkel und wertlos vollends verwerfen. So leugnet Flume, daß es überhaupt eine Frage der Rechtsbedingung gebe; die von Rechts wegen bestehenden Wirksamkeitsvoraussetzungen der Rechtsgeschäfte seien so unterschiedlicher Art, daß dem Begriff der Rechtsbedingung für ihre Erfassung keine Bedeutung zukomme[16].

Der unbefriedigende Stand der Theorie der Rechtsbedingung beruht zu einem wesentlichen Teil auf der mangelhaften Entwicklung der Lehre vom zivilrechtlichen Tatbestand, der in den Anfängen steckengebliebenen Methodik der formellen und materiellen Teilung der Tatbestände[17]; die Anwartschaftslehre hat, da nicht auf der Systematik des Gesetzes aufbauend, von diesen Aufgaben mehr abgelenkt, als zu ihrer Lösung beigetragen. Hinzu kommen einige für die Wirkungen der Rechtsbedingung nach dem geltenden Recht entscheidende, noch nicht endgültig geklärte Auslegungsfragen, so etwa die Frage nach der Geltung des Prioritätsprinzips auf dem Gebiet der rechtlich bedingten Verfügungen.

Die Ungeklärtheit dieser Fragen hat offensichtlich die die Entwicklung der letzten Jahrzehnte kennzeichnende zunehmende Verbreitung der Lehre vom Anwartschaftsrecht gefördert: die praktisch wichtigsten Rechtsfragen aus dem denkbaren Anwendungsgebiet der Rechtsbedingung werden heute überwiegend mit Hilfe der Konstruktion eines Anwartschaftsrechts gelöst oder zu lösen versucht, das als selbständig abtretbares Recht eigener Art verstanden wird[18]. Trotzdem wird nicht verkannt, daß eine eindeutige

14 Die condicio iuris, S. 5.

15 Die Rechtsbedingung (condicio iuris), Leipzig/Erlangen 1924.

16 Allg. Teil, Bd. II § 38 1 c.

17 Siehe dazu Kühne, Tatbestandsteilung, S. 1 ff.; Manigk, „Tatsachen, juristische", in Handwörterbuch der Rechtsw., Bd. V S. 847 (853).

Erfassung dieses Begriffs im Sinne eines subjektiven Rechts und seine Einordnung in das geltende System nicht gelingen wollen[19], weswegen auch die Bemühungen um andere Lösungen nicht nachgelassen haben[20]. Es mehren sich in der juristischen Diskussion sogar die Stimmen derjenigen, die dem Begriff des Anwartschaftsrechts die Berechtigung überhaupt bestreiten, weil eine auszufüllende Gesetzeslücke, die methodische Voraussetzung für eine Rechtsfindung praeter legem, in Wirklichkeit gar nicht vorliege[21].

Was bei uns mit der Lehre vom Anwartschaftsrecht bezweckt worden ist, nämlich die Erwerbsinteressen des Anwärters für die Zwischenzeit bis zur Vollendung des Gesamttatbestandes sicherzustellen und die Anwartschaft zu einem verkehrsfähigen Gut zu gestalten, ist im Bereich des französischen Rechts mit der Theorie der droits éventuels angestrebt worden, eine Entwicklung, die im wesentlichen mit den in den Jahren 1905 und 1906 erschienenen Abhandlungen von Demogue[22] begonnen hat und einen vorläufigen Abschluß mit einer neueren Bearbeitung durch Verdier[23] gefunden zu haben scheint, die zu einer völligen begrifflichen Identifikation der droits éventuels mit den droits conditionnels (den geschäftlich bedingten Rechten) führt.

In der italienischen Rechtslehre ist mit dem gleichen Ziel der zwischenzeit-

---

18 Siehe z.B. aus der Rechtsprechung des BGH: NJW 1955, 544 (Vorausverfügung); 1956, 665 (Anwartschaftsübertragung bei bedingter Übereignung); 1958, 1286 (Aneignungsgestattung); 1961, 1349 (Grundpfandrecht und bedingtes Eigentum); 1965, 1475 (gesetzliches Pfandrecht und bedingtes Eigentum).

19 Siehe z.B. die einleitenden Ausführungen von Forkel, Grundfragen der Lehre vom privatrechtlichen Anwartschaftsrecht, S. 11 ff.; Georgiades, Die Eigentumsanwartschaft beim Vorbehaltskauf, S. 1 ff.

20 Als solche werden vertreten: Eigentumsvorbehalt als dingliche Vorzugshaftung (Wieacker, ZAkDR 1938, 590); Eigentumsvorbehalt als Verfallspfandrecht (Arwed Blomeyer, Studien zur Bedingungslehre, S. 166 ff.; NJW 1951, 548; AcP 153, 239); Umgestaltung des Eigentumsvorbehalts in eine auflösend bedingte Übereignung (Georgiades, Eigentumsanwartschaft beim Vorbehaltskauf); Verfügung über die Anwartschaft als Verfügung unter Rechtsbedingung (Stracke, Zur Lehre von der Übertragbarkeit der Anwartschaft des Käufers unter Eigentumsvorbehalt); Verfügung über die Anwartschaft als Verfügung über künftiges Recht (Lempenau, Direkterwerb oder Durchgangserwerb bei Übertragung künftiger Rechte); Prioritätsprinzip (Meister, Die Pfändung aufschiebend bedingten und künftigen Eigentums, NJW 1959, 608; Schreiber, Die bedingte Übereignung, NJW 1966, 2333; E. Wolf, Sachenrecht, S. 190).

21 Siehe insbesondere Stracke, Lempenau, Meister, Schreiber, Wolf, alle a.a.O.; vgl. ferner Münzel, Grundsätzliches zum Anwartschaftsrecht, MDR 1959, 345; Gudian, Das Besitzrecht des Vorbehaltskäufers, NJW 1967, 1786 Anm. 2.

22 Des droits éventuels et des hypothèses où ils prennent naissance, in Revue trim. de droit civil 1905, 723; De la nature et des effets du droit éventuel, ebenda 1906, 231.

23 Les droits éventuels – contribution à l'étude de la formation successive des Droits; siehe dazu unten S. 220 ff.

lichen Sicherstellung des Erwerbs und der Verfügbarkeit der Warteposition des Erwerbers bei sukzessiv verlaufenden Tatbeständen in immer neuen Anläufen versucht worden, den Begriff der Rechtsbedingung nutzbar zu machen und dem der geschäftlichen Bedingung anzugleichen[24]. Wenn sich Rescigno, ein neuerer Kritiker des Begriffs, die Frage stellt, wieso denn der Begriff in der italienischen Lehre so viel Erfolg gehabt habe und weiterhin habe[25], so dürfte die Antwort nicht schwerfallen: es ist den Bedürfnissen des Rechts- und Wirtschaftslebens Rechnung zu tragen, mit denen es nicht vereinbar wäre, den Anwärter bei zeitlich gestreckten Erwerbstatbeständen auch über den eigentlichen Geschäftsabschluß hinaus bis zur Erfüllung des letzten noch ausstehenden Erfordernisses schutzlos zu lassen. Von dieser praktischen Bedeutsamkeit der Rechtsbedingungslehre geht auch Oertmann aus[26]: „Wollte man hier noch gar keine Wirkung eintreten lassen, so beließe man den Parteien trotz des bereits vollzogenen Geschäftsschlusses die Freiheit des Handelns ohne Rücksicht auf den Geschäftsgegner und opferte wichtige Interessen zugunsten einer – noch dazu fragwürdigen – juristischen Logik, die in sinnlosem Radikalismus nur ein Alles oder Nichts an Rechtsfolgen anerkennt." Für unser geltendes Recht fehlt es noch, wenn man von Oertmanns Arbeit absieht und jedenfalls auf den heutigen Stand der Lehre bezogen, an einer über Einzelfragen hinausführenden Untersuchung, welche Bedeutung der Erscheinung der gesetzlichen Bedingtheit des Rechtsverhältnisses unter den genannten Gesichtspunkten zukommt.

Nicht nur das allgemeine Interesse an der Klärung der verwendeten Rechtsbegriffe, sondern auch Fragen von aktuellem Belang geben somit den Anlaß zu dem vorliegenden Versuch, das rechtlich bedingte Rechtsverhältnis in ein helleres Licht zu stellen. Es ist zu untersuchen, ob der Begriff der condicio iuris nach dem geltenden System eindeutig zu erfassen und als solcher der Bedingung zu rechtfertigen ist, welche Regelung ihm zugrunde liegt und ob diese dazu beitragen kann, die viel erörterten Probleme der sukzessiven Tatbestandsverwirklichung auf dem Boden des Gesetzes zu lösen. Da die Frage der Rechtsbedingung nach geltendem Recht bereits durch einen illustren Dogmatiker wie Oertmann eine grundlegende und ideenreiche Bearbeitung erfahren hat, versteht es sich von selbst, daß diese neue Behandlung des Themas, natürlich ohne die übrigen Stellungnahmen der Wissenschaft einschließlich der einschlägigen ausländischen Arbeiten zu vernachlässigen, immer wieder in eine Auseinandersetzung mit seinen Ansichten einmünden muß, sei es, um sie zu bestätigen, gegen ungerechtfertigte Angriffe zu verteidigen, sie zu ergänzen und weiterzuentwickeln, sei es, um aus besser erscheinenden Gründen von ihnen abzuweichen.

---

24 Siehe die Ausführungen S. 221 ff.

25 „Condizione", in Encicplopedia del diritto, Bd. VIII S. 762 ff. (778).

26 Rechtsb., S. 6.

1. ABSCHNITT
GRUNDLAGEN, BESTIMMUNG UND ABGRENZUNG DES BEGRIFFS

1. Tatbestand und Wirksamkeitsvoraussetzungen

Die herrschende Lehre unterscheidet in Fortführung älterer Theorien zwischen den Bestandteilen des Rechtsgeschäfts und den Voraussetzungen seiner Wirksamkeit[1]. Wenn auch unter dem Gesichtspunkt von Grund und Folge oder Ursache und Wirkung alle Erfordernisse der Rechtswirkung gleich unentbehrlich sind, so lassen sie sich doch in anderer Hinsicht, nach ihrer verschiedenen rechtstechnischen Ausgestaltung, ihrer verschiedenen Funktion und ihrer verschieden gestuften Bedeutung gruppieren. Schon bei oberflächlicher Betrachtung erhellt der wesentliche strukturelle Unterschied zwischen dem Akt der Geschäftsvornahme, der die Rechtsänderung herbeiführen soll, und den gesetzlichen und logischen Vorbedingungen seiner Wirkung, wie der Geschäftsfähigkeit des Handelnden, dem Bestand des übertragenen Rechts usw.

In der Lehre wird verschiedentlich ein Rechtsgeschäft begrifflich nur angenommen, wenn die Rechtsfolgen, auf deren Begründung es gerichtet ist, auch wirklich eintreten[2]. Wenn auch ein so weit gefaßter, auf die Wirksamkeitsvoraussetzungen ausgedehnter Begriff nicht geradezu unrichtig sein mag, so erscheint er doch weder für die Zwecke einer theoretischen Erfassung des Gesamttatbestandes der Geschäftswirkung noch die der praktischen Handhabung des Gesetzes als förderlich und brauchbar[3]. Mit der dogmatischen Aufgliederung des Gesamttatbestandes durch die Gegenüberstellung von Geschäftsbestandteilen und Wirksamkeitsvoraussetzungen wird bereits zutreffend zum Ausdruck gebracht, daß der Begriff enger zu fassen ist und daß das Rechtsgeschäft, da die Bestandteile zusammengenommen das Ganze ergeben,

---

1 Oertmann, Allg. Teil, Anm. 5 c und 6 c vor § 104; ders. in Rechtsbedingung, S. 6 ff.; Manigk, „Tatsachen, juristische" in Handwörterbuch der Rechtsw., Bd. V S. 847 (855); Enneccerus-Nipperdey, Allg. Teil, § 145 II B 3; Larenz, Allg. Teil, § 24 I; Flume, Allg. Teil, Bd. II § 2 3 c.

2 So z.B. Enneccerus, Rechtsgeschäft, Bedingung und Anfangstermin, S. 140, 145, 152; Lehmann-Hübner, Allg. Teil, § 24 III.

3 Vgl. Windscheid, Pandektenrecht, Bd. I § 69 Anm. 1 d; Henle, Allg. Teil, S. 38; Oertmann, Rechtsb., S. 16. Enneccerus-Nipperdey, Allg. Teil, § 145 Anm. 49 und § 202 Anm. 10, weisen auf den doppelten Gebrauch des Begriffs hin. Eine dritte Bedeutung gewinnt der Begriff, wenn man damit die durch das rechtsgeschäftliche Handeln geschaffene Regelung bezeichnet und beispielsweise von der Aufhebung oder Änderung eines Rechtsgeschäfts spricht; gegen diese Begriffsverwendung Oertmann, Allg. Teil, Anm. 2 b vor § 104.

auch dann vorhanden ist, wenn Wirksamkeitsvoraussetzungen fehlen, das Geschäft also (noch) der Rechtswirkung entbehrt. Auch das Gesetz geht von diesem die Wirksamkeitsvoraussetzungen ausschließenden Begriff aus; indem es nämlich von wirksamen und unwirksamen (nichtigen) Rechtsgeschäften spricht, gibt es zu erkennen, daß es das Dasein des Rechtsgeschäfts auch dann bejaht, wenn es der Rechtswirksamkeit (noch) entbehrt[4]. Der Legalbegriff des Rechtsgeschäfts schließt das Moment der Wirksamkeit nicht in sich ein, sondern bezeichnet nur den Abschlußtatbestand. Das Rechtsgeschäft ist danach ein seinem Typus nach zur Herbeiführung gewollter Rechtswirkungen geeigneter Tatbestand[5]; ob es diese Rechtswirkungen hervorruft, hängt aber noch von weiteren Faktoren, nämlich den zu erfüllenden Wirksamkeitsvoraussetzungen, ab.

Strenggenommen ist es nicht einmal das unter Wahrung aller Wirksamkeitserfordernisse vorgenommene Rechtsgeschäft, das die gewollten Rechtsfolgen entstehen läßt, sondern es bewirkt diese nur auf Grund der Rechtssätze, die den einzelnen zur freien Rechtsgestaltung ermächtigen oder diese anerkennen. Die rechtsschöpferische Kraft des Rechtsgeschäfts beruht sowohl auf dem im Geschäft ausgedrückten Einzelwillen als auch auf dem im Gesetz verkörperten Gemeinwillen. Im einzelnen wird das Verhältnis beider zueinander verschieden gesehen; wenn auch der primäre Geltungsgrund kaum noch in der Rechtsordnung gesehen wird, etwa in dem Sinn, daß diese die Rechtsfolgen erzeugt, indem sie sie an den rechtsgeschäftlichen Tatbestand wie sonst an die nichtgeschäftlichen Tatbestände knüpft, so gehen doch die Meinungen oder auch nur Formulierungen darüber auseinander, ob ihre als sekundär angesehene Mitwirkung darin besteht, den einzelnen zur freien Gestaltung seiner Rechtsverhältnisse zu ermächtigen oder die gewollten Rechtsfolgen zu sanktionieren, d.h. mit rechtlicher Verbindlichkeit auszustatten oder gar nur die Selbstregelung der Parteien anzuerkennen, in ihrer Geltung zu bestätigen[6]. Diese Ermächtigung bzw. Anerkennung liegt, begrenzt durch die Aufstellung der Wirksamkeitsvoraussetzungen, unausgesprochen in der Bereitstellung des Rechtsgeschäfts als des Mittels privater Rechtsgestaltung: die Rechtsordnung erkennt den im Rechtsgeschäft ausgedrückten Rechtsgestaltungswillen nach Maßgabe der Wirksamkeitsvoraussetzungen an.

Eine Unterteilung des Gesamttatbestandes der rechtsgeschäftlichen Begründung, Aufhebung oder Veränderung von Rechtsverhältnissen ist auch in der gemeinrechtlichen Lehre mit mehr oder weniger Abwandlungen in Gestalt der

---

4 Vgl. RGZ 68, 322 (324 ff.).

5 Vgl. Siber, Das Buchrechtsgeschäft, S. 124; Manigk, Handwörterbuch, Bd. V S. 855; Larenz, Allg. Teil, § 24 I; ausführlich Thiele, Die Zustimmungen in der Lehre vom Rechtsgeschäft, S. 93 ff.

6 Siehe z.B. Manigk, Das rechtswirksame Verhalten, S. 117; Enneccerus-Nipperdey, Allg. Teil, § 49; Larenz, Allg. Teil, § 7.

Unterscheidung zwischen den Erfordernissen des Errichtungsaktes und den Voraussetzungen seiner Wirkung, zwischen den rechtserzeugenden oder konstitutiven und den deklaratorischen oder konfirmatorischen Tatsachen vorgenommen worden: „Zwischen den Erfordernissen der Existenz und den Erfordernissen der juristischen Wirkung der Rechtsgeschäfte hat die Jurisprudenz aber scharf zu unterscheiden"[7]. Nicht zuletzt hat die in der Literatur des gemeinen Rechts stark verbreitete sog. deklarative Pendenztheorie, wonach die deklaratorische Tatsache nur ein Erkennungsgrund dafür sei, daß die Rechtswirkung in Wirklichkeit schon mit den konstitutiven Tatsachen eingetreten sei, zu der Erkenntnis des wesensmäßigen Gegensatzes zwischen den das Dasein und den die Wirkung des Rechtsgeschäfts bestimmenden Faktoren beigetragen.

Von Tuhr bringt diese verschiedene Wertung der zum Geschäftserfolg notwendigen Tatsachen mit der Unterscheidung zwischen Ursachen und Bedingungen zum Ausdruck und weist darauf hin, daß auch bei der Beurteilung des natürlichen Geschehens die zur Herbeiführung eines Erfolges zusammenwirkenden Tatsachen verschieden gewertet werden[8]: „Einigen dieser Tatsachen wird eine intensive, ausschlaggebende Wirkung zugeschrieben, sie erscheinen als die ‚eigentliche', als die Hauptursache des Erfolges; andere Tatsachen treten als mitwirkende Umstände in den Hintergrund der Betrachtung." Oertmann scheidet die Geschäftsbestandteile als rechtserzeugende Tatsachen von denjenigen, die – ohne Entfaltung selbständiger, produktiver Kraft – nur über das Ob, nicht über das Was der Rechtsfolge entscheiden[9]. In dem Lehrbuch von Enneccerus-Nipperdey heißt es[10]: „Rechtsgeschäft nennen wir also nur denjenigen (eine Willenserklärung enthaltenden) Tatbestand, den die Rechtsordnung als den Grund der (als gewollt bezeichneten) Rechtswirkung betrachtet. Was nach Auffassung der Rechtsordnung die Rechtswirkung nicht begründet, sondern nur bedingt, wird nicht als Teil des Geschäfts, sondern nur als Bedingung seiner Wirksamkeit angesehen und, wenn es dem Geschäftsabschlusse zeitlich nachfolgt, als condicio juris bezeichnet." Nicht eine verschiedene konstitutive oder kausale Kraft – alle Erfordernisse sind gleich notwendig–, sondern eine die Einzelerfordernisse nach ihrer ungleichen Bedeutung und Funktion differenzierende Wertung soll mit diesen, im Prinzip immer mit dem Gegensatz zwischen Geschäftsbestandteilen und Wirksamkeitsvoraussetzungen zusam-

7 Zimmermann, Die Lehre von der stellvertretenden Negotiorum Gestio, S. 139, 140. Siehe ferner z.B. v. Ihering, Geist des Römischen Rechts, 3. Teil § 53 II; Enneccerus, Rechtsgeschäft, S. 223; Dernburg, Pandekten, Bd. I § 82; Karlowa, Das Rechtsgeschäft und seine Wirkung, S. 10.

8 Allg. Teil, Bd. II 1 S. 17 ff.

9 Rechtsb., S. 16, 18 ff.

10 Allg. Teil, § 145 II B 3.

menfallenden Formulierungen zum Ausdruck gebracht werden: die „rechtserzeugenden" Tatsachen ergeben den engeren Tatbestand (das Rechtsgeschäft), der von der Rechtsordnung als der „eigentliche Grund" der gewollten Rechtswirkung anerkannt wird.

Gegen diese Betrachtungsweise wird neuerdings unter dem Blickwinkel der Privatautonomie eingewendet, daß beispielsweise im Fall der Stellvertretung der eigentliche Geltungsgrund der Geschäftswirkung nicht in dem Akt des Vertreters (Vertretergeschäft), sondern allenfalls in demjenigen des zur Selbstbestimmung berufenen Vertretenen (Bevollmächtigung)[11] oder daß das Rechtsgeschäft im „allgemeingültigen" Sinn nur in beiden Akten zusammen zu erblicken sei[12]. Noch weitergehend erklärt Fritz von Hippel auf Grund seines „natürlichen Systems des privaten Verkehrsrechts" die ganze Lehre von den juristischen Tatsachen für einen „Irrweg"[13]. Wenn auch logisch niemals zwingend – im Hinblick auf die gleiche Notwendigkeit aller Erfordernisse für die Herbeiführung des Geschäftserfolgs –, so lassen sich doch unter anderen auswählenden und wertenden Gesichtspunkten beachtenswerte und überzeugende Gründe dafür anführen, ausgehend etwa von dem Normalfall des Vorliegens aller Wirksamkeitsvoraussetzungen im Zeitpunkt der Geschäftsvornahme, den vorrangigen, eigentlichen Grund der Rechtsfolge nicht in den schon vorherbestehenden Zuständen und Erfordernissen mehr oder weniger allgemeiner Art, als welche sich die Wirksamkeitsvoraussetzungen (Geschäftsfähigkeit, Vertretungsmacht, Rechtszuständigkeit usw.) darstellen, oder auch in den diese begründenden Umständen (Erlangung der Volljährigkeit, Bevollmächtigung, Rechtserwerb), sondern in dem einschneidenden Geschehen der Geschäftsvornahme, in der den spezifischen Geschäftswillen formulierenden und „in Geltung setzenden" Willenserklärung des Handelnden als dem Kern des Rechtsgeschäfts (in dem dargestellten engeren Sinn) und damit in diesem selbst zu sehen. Es kann wohl auch für die Wahrung des Prinzips der Selbstbestimmung und für die begriffliche Einordnung nicht ausschlaggebend sein, ob beispielsweise der Rechtsinhaber einem anderen dadurch zu einer wirksamen Verfügung verhilft, daß er der Verfügung vorher oder nachher zustimmt (§§ 167, 177; 185 I, II BGB) oder dem Verfügenden vorher oder nachträglich sein Recht überträgt (§ 185 II BGB); denn wenn im Fall der Verfügung über fremdes Recht das Einverständnis des Rechtsträgers für begriffswesentlich und für die entscheidende Entstehungstatsache gehalten wird, so müßte dies im Fall der Verfügung über eigenes Recht gleichermaßen für die Rechtszuständigkeit gelten; dennoch wird sich niemand bereit finden, den Rechtserwerb des Verfügenden, mag er der Verfügung vorausgehen oder nachfolgen, als Geschäftsbestandteil oder gar als den eigentlichen Entste-

11 Thiele, Zustimmungen, S. 61 ff., 89 ff.

12 Müller-Freienfels, Die Vertretung beim Rechtsgeschäft, S. 190 ff., 211.

13 Das Problem der rechtsgeschäftlichen Privatautonomie, S. 55.

hungsgrund zu bezeichnen. Dieses Argument Oertmanns[14] ist daher entgegen aller Kritik nach wie vor überzeugungskräftig. Daß der Handelnde auf Grund seiner Rechtsinhaberschaft, auf Grund erteilter Vollmacht, auf Grund eines gesetzlichen Vertretungsverhältnisses usw. zur wirksamen Vornahme des Rechtsgeschäfts geeignet sei, ist zwar zwingende Vorbedingung des rechtsgeschäftlichen Erfolgs (wobei es weniger darauf ankommt, auf welchen Umstand diese Eignung zurückzuführen ist, als vielmehr darauf, daß sie ihm, in welcher Gestalt auch immer, im Zeitpunkt der Geschäftsvornahme zukommt bzw. möglichenfalls nachträglich verliehen wird), tritt aber in der Bedeutung gegenüber dem die Rechtsfolgen bestimmenden und auslösenden Akt der Geschäftserrichtung zurück; nicht die Eignung des rechtsgeschäftlich Handelnden oder die diese begründende Tatsache, sondern seine Handlung selbst erscheint als das die Geschäftswirkung wesentlich konstituierende Moment.

Da die gesetzliche Regelung des Rechtsgeschäfts auf dem engeren, die Wirksamkeitsvoraussetzungen nicht einschließenden Tatbestand aufbaut, stellt sich die Aufgabe, diesen so verstandenen Tatbestand, die Geschäftsbestandteile oder Tatbestandsstücke, in gehöriger Weise von den Wirksamkeitsvoraussetzungen oder Wirksamkeitserfordernissen abzugrenzen, eine Aufgabe, die noch kaum gelöst ist. Wie sehr auch in der herrschenden Lehre über die Notwendigkeit einer Scheidung zwischen den Elementen des Tatbestandes und den Voraussetzungen seiner Wirksamkeit Einigkeit besteht, so wenig herrscht jedoch Klarheit darüber, nach welchen Gesichtspunkten diese Scheidung vorzunehmen sei. Überwiegend wird sogar gelehrt, daß hierüber allgemeine Prinzipien nicht aufzustellen seien. Ob eine bloße Bedingung der Wirksamkeit oder ein Geschäftsbestandteil vorliege, so führen Enneccerus-Nipperdey aus[15], könne nur bei den einzelnen Bedingungen der Wirksamkeit und den einzelnen Geschäftsarten untersucht werden; allerdings seien die durch den Willen der Parteien in Bewegung gesetzten Erfordernisse in der Regel (nicht immer) als Geschäftsbestandteile anzusehen[16].

Zu einer wesentlichen Erhellung des Problems hat Oertmanns Untersuchung über die Rechtsbedingung beigetragen. Wenn er bei der Darstellung des Verhältnisses des Geschäftstatbestandes zum Geschäftsinhalt den Wirksamkeitsvoraussetzungen nur einen Einfluß auf das Ob, nicht auf das Was der Rechtsfolge zuschreibt[17], so soll dies natürlich nicht heißen, daß die Tatbestandsstücke immer inhaltsbestimmend seien; bei mehraktigen Entstehungstatbeständen genügt es selbstverständlich, daß einer der Akte, z.B. die

14 Rechtsb., S. 18, 32.

15 Allg. Teil, § 145 II B 3 Anm. 45.

16 Ebenso Siber, Buchrechtsgeschäft, S. 125.

17 Rechtsb., S. 4, 10, 18.

Vertragsofferte, den Geschäftsinhalt festlegt[18]. Dies ist vielfach mißverstanden worden[19]. Es bleibt aber offen, welche Erfordernisse im übrigen, außer den inhaltsgestaltenden, zu den „rechtserzeugenden" gehören. Oertmann hat hierzu eine Reihe weiterer Gesichtspunkte herausgearbeitet und dabei überwiegend auf die Wertigkeit der einzelnen Erfordernisse abgestellt[20]. Diese Betrachtungsweise, die nicht geringe Unsicherheit zurückläßt, mag sie auch im Ergebnis im großen und ganzen das Richtige getroffen haben, hat Kritik gefunden[21], nicht ganz zu Unrecht, weil die vorgenommene Wertung der einzelnen Erfordernisse hinreichender Begründung entbehrt und vor allem vom Gesetz her nicht genügend fundiert erscheint (mag auch mitunter der Gesetzeswortlaut zur Begründung mit herangezogen worden sein).

Als wesentlicher erscheinen die übrigen von Oertmann noch verwendeten Abgrenzungskriterien, die entscheidend sein lassen, ob das Gesetz die Wirksamkeit des Geschäfts von einem künftigen Umstand „abhängen" lasse, ob das ausstehende Moment rückwirkende Kraft habe, ob das fehlende Erfordernis zuständlicher Art sei oder Geschehnischarakter habe, ob das Recht nach seiner Idee, der grundsätzlichen Zweckbestimmung sofort hätte entstehen sollen und nur aus zufälligen Hindernissen heraus noch nicht vollständig entstanden sei[22]. Auf diese, wenn auch zutreffenden, so doch nur sekundären Gesichtspunkte, die teils nur einzelne Fälle betreffen, teils auch, wie der Gesichtspunkt der Rückwirkung, Ausnahmen zulassen und im übrigen an äußere Merkmale anknüpfen bzw. wiederum auf einer Wertung beruhen, wird unten noch zurückzukommen sein.

Will man zu einer weiteren Aufhellung, zu durchgängigen, allgemeinen Unterscheidungsmerkmalen gelangen, dann muß sich die Klassifizierung eng an das gesetzliche System anschließen. Mag auch die Scheidung beider Gruppen von Erfordernissen rechtswirksamen Handelns mehr oder minder jeder ausgebildeten rechtlichen Ordnung des privaten Geschäftsverkehrs eigen sein, so ist doch die zwischen ihnen verlaufende Scheidelinie immer eine Frage der vornehmlich unter Zweckmäßigkeitsgesichtspunkten stehenden positiven Regelung[23]. Aus der differenzierenden, wenn auch weitgehend

18 Oertmann will zwar ebenfalls der Vertragsannahme einen, wenn auch durch einfache Bezugnahme verkürzten, Eigeninhalt zuerkennen, rechnet aber z.B. auch die über den Inhalt der Verfügung nichts besagende Sachübergabe zu den Tatbestandsstücken, siehe Rechtsb., S. 10.

19 Siehe Kühne, Tatbestandsteilung, S. 20; Müller-Freienfels, Vertretung beim Rechtsgeschäft, S. 215; Forkel, Grundfragen der Lehre vom privatrechtl. Anwartschaftsrecht, S. 46, 50.

20 Z.B. Rechtsb., S. 5 Anm. 4, 10, 11, 37, 63 ff.

21 Vgl. Molitor, Gruchot Beitr. 67, 580.

22 Rechtsb., S. 55, 59.

23 Auch Oertmann, Rechtsb., S. 53, betont, daß sich die Frage grundsätzlich nur im Sinne einer bestimmten positiven Rechtsordnung beantworten lasse.

strukturell bedingten Behandlung im Gesetz ergeben sich die die Scheidung ermöglichenden und rechtfertigenden Merkmale. Während z.B. die Tatbestandsstücke grundsätzlich sukzessiv und in beliebiger Reihenfolge verwirklicht werden können, gilt für Wirksamkeitsvoraussetzungen das Prinzip der Nichtnachholbarkeit[24]; während die den Vertrag ergänzende gesetzliche Regelung (gesetzliche, an den Vertragsschluß und weitere Umstände anknüpfende Entstehungstatbestände) weithin dispositiver Natur ist, haben Wirksamkeitsvoraussetzungen zwingenden Charakter[25]; den Tatbeständen sind jeweils spezielle Rechtsfolgen zugeordnet, während Wirksamkeitsvoraussetzungen zum großen Teil mehr oder weniger allgemeiner Art sind (Geschäftsfähigkeit, Rechtszuständigkeit, Generalvollmacht usw.); der bloße Teiltatbestand ist regelmäßig noch nicht mit rechtlichen Zwischenwirkungen ausgestattet, während an den vollendeten Tatbestand bei Ausstehen gewillkürter oder nachholbarer gesetzlicher Wirksamkeitsvoraussetzungen ein Schwebezustand mit bedeutsamen rechtlichen Zwischenwirkungen anknüpft[26].

Ebenso verschieden ist die den beiden Kategorien rechtlicher Erfordernisse zugewiesene Funktion in der Herbeiführung des Geschäftserfolgs: das Rechtsgeschäft ist das Mittel, die Wirksamkeitserfordernisse sind die Schranken wirksamen rechtsgeschäftlichen Handelns. Unter dem Leitgedanken der Privatautonomie stellt das Rechtsgeschäft das Instrument zur Entfaltung der freien rechtlichen Selbstbestimmung dar und dienen die Wirksamkeitsvoraussetzungen teils der Wahrung (durch Ausschluß der Heteronomie), teils der Beschränkung des Prinzips; das letztere trifft z.B. für die inhaltsbeschränkenden Vorschriften zu, das erstere beispielsweise für die Regeln, die das Handeln in fremdem Namen an die Zustimmung des Vertretenen binden.

Schon diese Ausführungen dürften deutlich machen, daß beide Klassen von Erfordernissen vom Gesetz nicht lediglich in formeller Hinsicht, sondern auch materiell nach Zweck und Wirkung voneinander geschieden sind und daß die zwischen ihnen verlaufende Trennungslinie folglich nicht zweifelhaft sein darf und auch wohl schwerlich sein kann. Tatsächlich zieht das Gesetz selbst den sich übrigens mehr oder weniger schon aus dem Wesen der Sache ergebenden Trennungsstrich zwischen Tatbestandselementen und Wirksamkeitsvoraussetzungen, indem es die Regeln sondert, die zum einen die *Art und Weise der Vornahme* und zum anderen die *Wirksamkeit* des ordnungsmäßig vorgenommenen Rechtsgeschäfts behandeln[27]. Diese Wirksamkeit regelt das Gesetz durch Anforderungen an die *Eignung* der Subjekte, Objekte und Inhalte des

24 Manigk, Handwörterbuch, Bd. V. S. 855.

25 Manigk, a.a.O.

26 Dies wird unten näher darzulegen sein.

27 Auf diesen Gegensatz weist Thiele, Zustimmungen, S. 250, hin, der ihn aber auf die Stufe bloßer Rechtssetzungs- und Rechtsanwendungstechnik herabdrückt, vgl. S. 91 ff.

Geschäfts; weitere Wirksamkeitsvoraussetzungen ergeben sich aus der *Natur der Sache* oder des Rechtsverhältnisses.

Die genannten Regeln der ersteren Art bestimmen den normativen Tatbestand des Rechtsgeschäfts, das abstrakte Schema seiner Vornahme; sie bezeichnen in Gestalt der Abschlußmodalitäten die individuellen Merkmale der einzelnen Geschäftstypen[28]. Tatbestandsstücke, „rechtserzeugend" in dem oben umschriebenen Sinn, sind also die typusbildenden, die wesensbestimmenden Merkmale des Rechtsgeschäfts, wie sie beispielsweise in den Vorschriften der §§ 80, 607, 873, 929, 959, 1274 in Verbindung mit 1280, 1741 BGB geregelt sind; die dort genannten Erfordernisse der Stiftung, des Darlehens, der Übereignung, Dereliktion, Forderungsverpfändung und Adoption – Stiftungsgeschäft und staatliche Genehmigung, Übereignung der Fungibilien und Darlehensabrede, Einigung und Eintragung bzw. Übergabe, Verzichtserklärung und Besitzaufgabe, Verpfändungsvertrag und -anzeige, Annahmevertrag und gerichtliche Bestätigung – individualisieren den Typ des jeweiligen Rechtsgeschäfts und ergeben seinen Abschlußtatbestand[29]. Der rechtsgeschäftliche Tatbestand besteht nicht nur aus privaten Willenserklärungen, sondern umfaßt häufig auch noch andere Elemente, wie reale Vorgänge und amtliche Handlungen[30]. Die Eintragung bzw. Übergabe ist neben der Einigung ein typisches Erfordernis der Übereignung und daher ein Teil des Errichtungsaktes, dessen (endgültiges) Fehlen nicht nur Unwirksamkeit, sondern Unvollständigkeit des Rechtsakts bedeutet. Auch die Genehmigung der Stiftung und die Bestätigung der Adoption sind im Gegensatz beispielsweise zur vormundschaftsgerichtlichen Genehmigung artbestimmende Merkmale des Geschäfts, ohne welche von dem Vorliegen einer Stiftung bzw.

28 Kramer, Vertragstatbestand, Vertragsinhalt und Wirksamkeitsvoraussetzungen des Vertrages, S. 36 ff., spricht sachlich übereinstimmend von den „geschäftskonstituierenden" Merkmalen.

29 Für die Genehmigung der Stiftung, die Eintragung, die Übergabe und die Bestätigung der Adoption siehe Oertmann, Rechtsb., S. 5, 37, 64, 65, 218; Siber, Buchrechtsgeschäft, S. 124 ff.; Münzel, Zur Rückwirkung der privatrechtlichen und öffentlich-rechtlichen Genehmigung unter Einschluß des Kartellrechts, NJW 1959, 1657 (1658, 1661); für die Genehmigung der Stiftung ferner Staudinger-Coing, § 80, Nr. 14, m.w.N. zu den beiderlei Ansichten; für die Eintragung und Übergabe: v. Tuhr, Allg. Teil, Bd. II 1 S. 221; Wolff-Raiser, Sachenrecht, § 38 II und § 66 I; Enneccerus-Nipperdey, Allg. Teil, § 145 II B; BGH, LM Nr. 6 zu § 185; OLG Celle, NJW 1958, 870 (871); a.A. für die Eintragung: Manigk, Rechtswirksames Verhalten, S. 119; Westermann, Sachenrecht, § 38 3; Staudinger-Seufert, Einl. zum Dritten Buch, Nr. 30; für die Dereliktion: Lehmann-Hübner, Allg. Teil, § 24 III.

30 Siber, a.a.O. S. 124; Enneccerus-Nipperdey, Allg. Teil, § 145 II B Anm. 42. – Unzweckmäßig ist die früher häufigere Gleichsetzung von Willenserklärung und Rechtsgeschäft, die Unterscheidung von geschäftlichen und nichtgeschäftlichen Teilen des Tatbestands, wie sie sich auch bei Oertmann, Rechtsb., S. 10, findet; dagegen zutreffend Manigk, Rechtswirksames Verhalten, S. 104.

Kindesannahme schon rein tatbestandsmäßig nicht mit Fug geredet werden kann. Erfordernisse wie die Geschäftsfähigkeit, die Vertretungsmacht, die vormundschaftsgerichtliche Genehmigung usw. gehören hingegen nicht zu den unterscheidenden Merkmalen des Rechtsgeschäfts; sie betreffen nicht das Dasein des Geschäfts, sondern nur die zu seiner wirksamen Vornahme erforderliche Eignung der beteiligten Subjekte. Das Rechtsgeschäft ist, wenn alle seine tatbestandlichen Merkmale vorliegen, vorgenommen (errichtet, geschlossen, zustandegekommen, vollendet), gleichviel ob auch die Erfordernisse seiner Wirkung gegeben sind.

Rechtssätze, die den Abschlußmodus betreffen, sind auch die Formvorschriften (z.B. die §§ 311, 313, 518, 761 BGB); die Wahrung der Form gehört, jedenfalls grundsätzlich, zur Vollständigkeit des Tatbestandes: „Die formbedürftige Willenserklärung kommt von Rechts wegen überhaupt nur in Betracht als eine solche, die sich in der vorgeschriebenen Form kundgibt, sich darin eingekleidet hat"[31]. Die Formvorschriften stellen so gesehen kein zusätzliches, zu dem Errichtungsakt des Rechtsgeschäfts hinzutretendes gesetzliches Erfordernis dar, sondern sie begrenzen den Kreis der zulässigen Erklärungsmittel[32]; sie verlangen nicht die Einhaltung einer Form, sondern die Beobachtung einer bestimmten Form. Wenn das Gesetz in den §§ 125, 313 BGB auch den der erforderlichen Form ermangelnden und daher unvollständigen Abschlußtatbestand als (nichtiges) Rechtsgeschäft bezeichnet, so handelt es sich offenbar nur um eine kaum vermeidbare Breviloquenz.

Tatbestandselemente sind ferner der Zugang der empfangsbedürftigen Willenserklärung unter Abwesenden, mag auch der Wortlaut des § 130 I BGB („wird ... wirksam") mißverständlich sein, und die Annahme des Vertragsangebots; durch den Zugang kommt die Willenserklärung, durch die Annahme des Antrages kommt der Vertrag zustande, ohne daß damit bereits etwas über die Wirksamkeit der Erklärung bzw. des Vertrages ausgesagt wäre. Oertmann[33], der mit anderen[34] in dem Zugang der Willenserklärung nur eine Wirksamkeitsvoraussetzung erblicken will, beruft sich für diese Ansicht vor allem auf die Bestimmung des § 130 II BGB, wonach es auf das Wirksamwerden der Erklärung ohne Einfluß ist, wenn der Erklärende nach der Abgabe stirbt oder geschäftsunfähig wird. Solche und andere vereinzelte Zwischenwirkungen knüpfen aber auch sonst verschiedentlich an einen bloßen Teiltatbestand an (vgl. ferner §§ 121 I 2, 145, 153, 478 I, 873 II, 878, 1163 II, 1754 I 2 BGB). Sie sind für die in Rede stehende Abgrenzung ohne Belang und erzeugen

31 Oertmann, Rechtsb., S. 26; ebenso Manigk, Handwörterbuch, Bd. V S. 856 (anders ders. in Rechtswirksames Verhalten, S. 119); Kramer, Vertragstatbestand, S. 52 ff.

32 Vgl. Kramer, a.a.O. S. 70.

33 Allg. Teil, § 130, Anm. 2; Rechtsb., S. 63.

34 Z.B. Lehmann-Hübner, Allg. Teil, § 32 II 5.

insbesondere kein Schwebeverhältnis, wie es erst mit der Vollendung des Tatbestandes eintritt, wenn noch einzelne gewillkürte oder nachholbare gesetzliche Wirksamkeitsvoraussetzungen ausstehen. Für das Zustandekommen des Vertrages enthält übrigens § 153 BGB eine analoge Bestimmung wie § 130 II BGB, und doch wird auch von der herrschenden Ansicht in der Annahme der Vertragsofferte keine bloße Wirksamkeitsvoraussetzung, sondern ein integrierender Bestandteil des Vertrages gesehen[35]. Eher ließen sich gegen die Vollendung des Erklärungstatbestandes vor dem Zugang die uneingeschränkte Widerruflichkeit gemäß § 130 I 2 BGB sowie die Schädlichkeit sonstiger zwischenzeitlicher Veränderungen, wie z.B. des Wegfalls der Rechtszuständigkeit des Verfügenden oder des guten Glaubens des Erwerbenden anführen, wie überhaupt, soweit die Priorität mehrerer Willenserklärungen in Frage steht, grundsätzlich der Zeitpunkt des Zugangs entscheidend ist.

Auch Manigk (der die Unterscheidung zwischen empfangsbedürftigen und nicht empfangsbedürftigen Willenserklärungen überhaupt verwirft und nur richtungsbedürftige, nicht notwendig zugangsbedürftige Erklärungen anerkennt) will in dem Zugang der Willenserklärung ein bloßes Wirksamkeitserfordernis erblicken und betont dessen angebliche Abdingbarkeit[36]. Es ist aber nicht nur die Möglichkeit dispositiver Wirksamkeitsvoraussetzungen, sondern auch die angebliche Abdingbarkeit des Zugangserfordernisses zu bestreiten. Es ist den Vertragschließenden zwar unbenommen, jedenfalls soweit die Rechtslage Dritter dadurch nicht beeinträchtigt wird, zu vereinbaren, unter welchen näheren Voraussetzungen eine Erklärung als zugegangen gelten solle[37]. Wenn sie jedoch schlechthin die bloße Abgabe der Erklärung genügen lassen und von dem Zugang ganz absehen, dann knüpfen sie die Rechtswirkung in Wirklichkeit nicht mehr an das Vorliegen einer empfangsbedürftigen Erklärung, z.B. einer Kündigung, sondern bedingen sie durch ein sonstiges Parteiverhalten. Auch die gesetzlichen Erleichterungen für die Annahme eines Vertrages in den §§ 151, 152 BGB heben nicht die Zugangsbedürftigkeit auf, sondern sehen überhaupt von einer empfangsbedürftigen Annahmeerklärung ab.

Nach richtiger Auffassung ist eine empfangsbedürftige Willenserklärung, die nicht zugegangen ist, nicht weniger fragmentarisch, als jene, die zwar zugegangen, aber nicht abgegeben, d.h. ohne den Willen des Urhebers abgesandt worden ist[38]. Übrigens ist die dem Erklärenden obliegende

35 Siehe Oertmann, Rechtsb., S. 10, 62 ff.; für Rechtsbedingung: Koeppen, Der obligatorische Vertrag unter Abwesenden, Jahrb. f. Dogmatik, Bd. 11, S. 139 (335); Blomeyer, Studien zur Bedingungslehre, S. 65 ff., 80.

36 Rechtswirksames Verhalten, S. 118 ff., 134 ff., 178 ff., 273, 296, 304. Für Abdingbarkeit des Zugangserfordernisses auch v. Tuhr, Allg. Teil, Bd. II 1 S. 433, m.w.N.

37 RGZ 108, 91 (96).

38 Ebenso Siber, Buchrechtsgeschäft, S. 124, 125.

Tätigkeit mit der Abgabe auch noch nicht beendet, mag er sich auch für die Überbringung regelmäßig dritter Personen bedienen[39]. Daß andere Spielarten der Willenserklärung, wie die nichtempfangsbedürftige, von dem Zugangserfordernis absehen, spricht nicht dagegen, da der Tatbestand nicht nur die gattungsmäßigen, sondern auch die individuellen Merkmale der einzelnen Unterarten juristischer Handlungen umfaßt.

Was sodann den inneren Tatbestand der Willenserklärung anlangt, so zählen dazu jedenfalls der Handlungswille und nach herrschender, wenn auch wachsendem Widerspruch ausgesetzter Meinung[40] das Erklärungsbewußtsein: eine Willenserklärung im Sinne des Gesetzes ist nicht vorhanden, wenn die Erklärungshandlung nicht auf dem Willen des Erklärenden beruht oder wenn sich dieser nicht bewußt ist, daß aus seiner Erklärung auf einen Rechtsfolgewillen geschlossen werden kann (ob im letzteren Fall eine gesetzliche Haftung des Erklärenden auf Ersatz des Vertrauensinteresses, zumindest bei Verschulden, etwa in Analogie zu § 122 BGB oder zur Haftung für culpa in contrahendo, anzunehmen sei, ist natürlich eine andere Frage).

Rechnet man das Erklärungsbewußtsein zutreffend zu den begrifflichen Merkmalen der Willenserklärung, dann stellt sich die weitere Frage, ob auch der Rechtsfolgewille (Geschäftswille), d.h. die auf einen bestimmten rechtsgeschäftlichen Erfolg gerichtete Absicht des Erklärenden, dazu gehört. Das Gesetz kann in dieser Hinsicht zu verschiedenen Deutungen Anlaß geben, zumal es die Frage der Willensmängel – abweichend vom ersten Entwurf – nicht mehr von einem grundsätzlichen theoretischen Standpunkt aus (Willens- oder Erklärungstheorie), sondern nach rein praktischen Gesichtspunkten geregelt hat[41]. Oertmann will in den Fällen der simulierten oder nicht ernstlich gemeinten Erklärung, also Fällen fehlenden Rechtsfolgewillens, einen Tatbestandsmangel annehmen[42]. Auch Manigk rechnet den (nicht notwendig fehlerfreien, d.h. mit der Erklärung übereinstimmenden) Rechtsfolgewillen zum Tatbestand und sieht lediglich in der Kongruenz des Willens und der Erklärung eine gem. §§ 116 ff. BGB verschieden gestufte Wirksamkeitsvoraussetzung[43].

Die Nichtgeltung der Erklärung im Falle der vom Empfänger durchschauten

---

39 Enneccerus-Nipperdey, Allg. Teil, § 159 Anm. 4.

40 So z.B. Oertmann, Allg. Teil, Anm. 9 vor § 104; Enneccerus-Nipperdey, a.a.O. § 145 II A 4; Lehmann-Hübner, Allg. Teil, § 34 III 1 b; a.A. z.B. Flume, Allg. Teil, Bd. II § 23 1; Larenz, Allg. Teil, § 25 I; offen gelassen von BGH, NJW 1968, 2102.

41 Siehe die Protokolle der zweiten Kommission, Mugdan, Bd. I S. 710, und die Denkschrift zur Reichstagsvorlage, ebenda S. 832.

42 Rechtsb., S. 26; siehe auch Allg. Teil, Anm. 3 b vor § 116, m.w.N. zu den verschiedenen Ansichten.

43 Rechtswirksames Verhalten, S. 120 ff.

Mentalreservation gem. § 116 Satz 2 BGB und der einverständlichen Simulation gem. § 117 BGB kann zwar schon aus der Berücksichtigung des wirklichen Willens des Erklärenden gem. § 133 BGB abgeleitet werden; ist der wahre Wille des Erklärenden von dem Gegner erkannt, dann ist die davon divergierende Erklärung unbeachtlich[44]. Die Normierung dieser Fälle im Rahmen der von der Lehre als „Willensmängel" bezeichneten Regelwidrigkeiten und die angeordnete „Nichtigkeit" lassen aber erkennen, daß das Gesetz die Willenserklärung selbst als mangelhaft ansieht. Auch die Bestimmung des § 118 BGB über die Nichtigkeit der nicht ernstlich gemeinten Willenserklärung spricht dafür, daß das Gesetz dem Fehlen des Rechtsfolgewillens Rechnung tragen will. Schließlich wird auch in den §§ 119, 120, 123 BGB ein Rechtsfolgewille vorausgesetzt und lediglich seine mangelnde Übereinstimmung mit der Erklärung bzw. seine Beeinflussung durch Irrtum oder Drohung durch Gewährung eines Anfechtungsrechts berücksichtigt. Im übrigen ist das Vorhandensein eines Rechtsfolgewillens des Erklärenden in der Rechtswirklichkeit so sehr die Regel und überhaupt entscheidende, sinngebende und rechtfertigende Voraussetzung der Anerkennung der Willenserklärung als Mittels der freiheitlichen rechtlichen Selbstgestaltung, so daß man ihn auch zur Essenz, zum Legaltatbestand der Willenserklärung rechnen und in der Unbeachtlichkeit des geheimen Vorbehalts gem. § 116 Satz 1 BGB eine positive, sich übrigens aus der sozialen Funktion des Rechtsgeschäfts fast von selbst verstehende und daher in manchen anderen Kodifikationen nicht einmal erwähnte[45] Ausnahme erblicken muß[46]. Es wäre sicherlich zu weitgehend, in dieser singulären Bestimmung die allgemeine Entbehrlichkeit des Rechtsfolgewillens und nicht lediglich die ausnahmsweise Gleichstellung eines von der Norm abweichenden Tatbestandes mit dem Normaltatbestand der Willenserklärung ausgedrückt zu sehen. Dies ist nicht zuletzt auch der von dem Reichsgericht in dem Urteil vom 1.5.1908 eingenommene Standpunkt (RGZ 68, 322, 324), wo es nämlich heißt: „Dagegen darf das zweite Erfordernis, die auf eine Rechtswirkung gerichtete Absicht des Erklärenden, im Tatbestande eines Rechtsgeschäfts niemals fehlen. Fehlt sie, so liegt ein Rechtsgeschäft überhaupt nicht vor, weder ein wirksames noch ein unwirksames. Eine derartige Willenserklärung entbehrt völlig des rechtsgeschäftlichen Charakters." Daß der Rechtsfolgewille auch mit der Erklärung übereinstimme, nicht durch Irrtum oder Drohung beeinflußt, also in diesem Sinne fehlerfrei

---

44 Vgl. v. Tuhr, Allg. Teil, Bd. II 1 S. 555.

45 Siehe Titze, „Rechtsgeschäft" in Rechtsvergleichendes Handwörterbuch für das Zivil- und Handelsrecht, Bd. V S. 789 (822); für das österreichische Recht ist streitig, ob die Mentalreservation durch § 869 ABGB mitgeregelt ist, vgl. Klang-Gschnitzer, Kommentar zum ABGB, § 869, VII.

46 Auch im Fall der Drohung (§ 123) kann der Rechtsfolgewillen fehlen; es handelt sich dann um einen geheimen Vorbehalt im Sinn des § 116, siehe v. Tuhr, Allg. Teil, Bd. II 1 S. 556 Anm. 12; S. 610.

sei, ist weder ein Erfordernis des Tatbestandes noch der Wirksamkeit, sondern allenfalls eine Voraussetzung der Unanfechtbarkeit der Willenserklärung (Anfechtbarkeit bedeutet auflösende Bedingtheit der wirksam zustande gekommenen Willenserklärung[47]). Wenn das Gesetz auch in den Fällen fehlenden Rechtsfolgewillens trotz der hiernach anzunehmenden Mangelhaftigkeit des Erklärungstatbestandes von einer „Willenserklärung" spricht, so handelt es sich dabei offensichtlich, ebenso wie in dem schon erwähnten Fall des § 125 BGB, um eine kaum zu umgehende verkürzende Ausdrucksweise (ähnlich auch § 105 II BGB bezüglich der „Willenserklärung" des Bewußtlosen).

Als Tatbestandselemente sind des weiteren die zum Vertragsschluß hinzutretenden Umstände zu kennzeichnen, von denen die gesetzlich (meist dispositiv) geregelte Entstehung von Einzelansprüchen aus bestehenden Schuldverhältnissen (z.B. des Gläubigers auf Schadensersatz, auf Herausgabe des stellvertretenden Commodums, des Beauftragten auf Ersatz der Aufwendungen, des Gesamtschuldners auf Ausgleichung) abhängt[48]; die fraglichen Umstände bedingen nicht nur die Entstehung eines schon voll begründeten und inhaltlich bestimmten Rechts, sondern sind neben dem Vertragsschluß Teil des anspruchsbegründenden Tatbestandes. Es wäre verfehlt, den Begriff der Wirksamkeitserfordernisse auf diese Erscheinungen auszudehnen und überhaupt von der Möglichkeit dispositiver Wirksamkeitserfordernisse auszugehen; die gesetzlichen Wirksamkeitsvoraussetzungen beruhen auf den übergeordneten Interessen der Gemeinschaft oder den Erfordernissen der Logik (der Natur der Sache oder des Rechtsverhältnisses)[49] und stehen daher außerhalb des Beliebens der Parteien[50]. Das Gesetz stellt nicht Bedingungen auf, unter denen von den Parteien statuierte Ansprüche wirksam werden, sondern gewährt selbst diese Ansprüche, indem es sie an gewisse Tatbestands-

---

47 Siehe dazu unten S. 188.

48 Oertmann, Rechtsb., S. 56 ff. – Handelt es sich nicht um ergänzende, sondern auslegende Rechtssätze, dann sind bei Abhängigkeit von künftigen ungewissen Umständen parteibedingte Forderungen anzunehmen, Oertmann, a.a.O. S. 42.

49 Vgl. Oertmann, Rechtsb., S. 43.

50 Motive, Mugdan, Bd. I S. 501; Manigk, Handwörterbuch der Rechtsw., Bd. V S. 855. – Oertmann, a.a.O., hält zwar das Vorkommen dispositiver Wirksamkeitsvoraussetzungen für möglich, das von ihm angeführte Beispiel des Mäklervertrages (S. 44) vermag dies aber nicht überzeugend zu belegen; die Abhängigkeit des Mäklerlohns vom Zustandekommen des vermittelten Vertrages gem. § 652 dürfte eher im Sinne einer Auslegungsregel zu verstehen sein: das Gesetz verdeutlicht nur den Parteiwillen, wenn es bestimmt, daß der Mäklerlohn nur durch eine zum Vertragsschluß führende Nachweis- oder Vermittlungstätigkeit verdient sein soll. Für rechtliche Bedingtheit des Mäklerlohns ferner: Siber, Buchrechtsgeschäft, S. 123; Callmann, die c.i., S. 41; RG, Gruchot Beitr. 56, 117 (119). Von Tuhr, Allg. Teil, Bd. II 2 S. 276 Anm. 41 und S. 285 Anm. 96, nimmt offenbar eine rechtsgeschäftliche Bedingung an.

merkmale knüpft, von denen der Vertragsschluß nur eines unter anderen ist. Es ist immer zwischen der gewollten Rechtswirkung (Willenswirkung) und den gesetzlichen Neben- und mittelbaren Rechtsfolgen der Rechtsgeschäfte (Gesetzeswirkung) zu unterscheiden[51]. Wenn die in Rede stehenden Einzelansprüche trotz ihres gesetzlichen Entstehungsgrundes als „vertragliche" bezeichnet werden, weil sie vom Gesetz zur Ergänzung der vertraglichen Regelung gewährt werden[52], so ist es doch zutreffender, von gesetzlichen vertragsergänzenden Ansprüchen zu sprechen. Wenn sie ferner, solange die zusätzlichen anspruchsauslösenden Umstände noch ausstehen, verschiedentlich als „gesetzlich bedingt" (in einem weiteren, uneigentlichen Sinn) gekennzeichnet werden[53], so werden sie wiederum zutreffender als künftige qualifiziert (vgl. § 559 BGB, der treffend von den „künftigen Entschädigungsforderungen" des Vermieters spricht): bei künftigen Rechten ist der Entstehungstatbestand nicht oder noch nicht vollständig gegeben, während bei bedingten Rechten lediglich die Wirksamkeit suspendiert ist[54]. Dies schließt allerdings nicht aus, daß die vertragsergänzenden Ansprüche im einzelnen Fall auch noch von Rechtsbedingungen abhängen können. So kann z.B. der Ersatzanspruch des Käufers wegen des besitzgewährenden Rechts eines Dritten gemäß § 440 I in Verbindung mit § 325 BGB als durch die Herausgabe der Kaufsache bedingt angesehen werden (§ 440 II BGB)[55]. Im Rahmen des dispositiven Rechts steht es den Vertragsparteien selbstverständlich frei, die gesetzliche Regelung mit mehr oder weniger Modifikationen selbst im Vertrag zu treffen. Die so vereinbarten eventuellen Ansprüche (Sekundäransprüche, Ausgleichsansprüche usw.) sind dann rechtsgeschäftlich bedingt.

Zweifelhafter erscheint die Charakterisierung der Forderungen aus Dauerschuldverhältnissen auf Zinsen und andere periodisch zu erbringende Leistungen, die ebenfalls verschiedentlich als gesetzlich bedingt bezeichnet werden[56].

---

51 Enneccerus, Rechtsgeschäft, S. 146.

52 Vgl. Flume, Allg. Teil, Bd. II § 1 3 c: „vertragliche Ansprüche, die nicht vereinbart sind".

53 Siehe z.B. Windscheid, Pandekten, § 225 Anm. 6; Zitelmann, Internationales Privatrecht, Bd. II S. 446, 447; v. Tuhr, Allg. Teil, Bd. II 1 S. 31, 32; Bergk, Übertragung und Pfändung künftiger Rechte, S. 179, 183; siehe auch RG, LZ 1911, 635; RGZ 140, 10, 16. Diese Terminologie liegt auch der KO zugrunde und ist daher bei der Auslegung der §§ 54, 67 zu berücksichtigen, vgl. Hahn, Materialien, S. 226, 262, sowie die Kommentare zu den genannten Bestimmungen. Weitere Nachweise bei Oertmann, Rechtsb., S. 56 Anm. 1 und S. 57 Anm. 1.

54 Oertmann, Rechtsb., S. 183; siehe auch Boehmer, Der Übergang des Pflichtlebens des Erblassers auf den Erben, in Die Reichsgerichtspraxis im deutschen Rechtsleben, Bd. III S. 216 (303).

55 Vgl. Langheineken, Anspruch und Einrede, S. 84.

56 Siehe die Zitate von Oertmann, Rechtsb., S. 60, Anm. 1.

Oertmann will auch in ihnen vor Beginn der Leistungsperiode nur rein künftige Forderungen sehen[57]: „Die Gegenmeinung wird der Eigenart des Dauerschuldverhältnisses nicht gerecht, sie verwandelt dieses in den einheitlichen Entstehungstatbestand eines Bündels gleichzeitiger, wenn auch zum Teil noch bedingter oder mindestens betagter Ansprüche. In Wahrheit aber ist die gesunde Auffassung die, daß das Verhältnis *hintereinander* Ansprüche, jeden für einen besonderen immer weiter fortlaufenden Zeitabschnitt, aus sich heraus entläßt, die man nicht unter dem Gesichtspunkte eines wenn auch hypothetischen *Neben*einander, sondern nur unter dem des *Nach*einander befriedigend sich vorstellen kann, und die von dem Grundverhältnisse *verschieden,* nicht nur *Teile* desselben sind."

Es ist einzuräumen, daß die Annahme betagter Forderungen, solcher also, die schon mit Vertragsschluß entstünden und später nach und nach fällig würden, wenig für sich hat. Auch das Gesetz geht, was die Grundstücksmiete betrifft, davon aus, daß die Mietzinsforderungen erst nach und nach und daher im Fall der Veräußerung des vermieteten Grundstücks in der Person des Erwerbers entstehen; denn es erklärt die Vorausverfügung des Vermieters über Forderungen, die auf die Zeit nach der Veräußerung entfallen, innerhalb gewisser Grenzen für wirksam (§ 573 BGB). Handelte es sich um eine Verfügung über schon bestehende, aber noch nicht fällige Forderungen, dann müßten sie umgekehrt, um dieselbe Regelung zu erzielen, über jene Grenzen hinaus für unwirksam erklärt werden. Dieser gesetzliche Standpunkt zwingt aber noch nicht, wie Oertmann meint, zur Annahme rein künftiger Forderungen, sondern läßt auch noch eine andere Möglichkeit zu. Es ist nicht zu übersehen, daß der Begründungstatbestand schon vollständig gegeben und, zwar nicht die bloße Fälligkeit, wohl aber die Entstehung nur noch an einen Zeitablauf gebunden ist. Es erscheint daher naheliegend und folgerichtig, aufschiebend befristete, für die Dauer des Schuldverhältnisses pro rata temporis entstehende Forderungen anzunehmen. Von gesetzlich befristeten oder bedingten Forderungen könnte schon deshalb nicht geredet werden, weil der Wirkungsaufschub nicht auf dem Gesetz, sondern allein auf dem Willen der Parteien beruht; diese wären weder durch Rechtsregel noch durch die Natur des Rechtsverhältnisses daran gehindert, die sofortige Wirksamkeit der Forderungen, mit oder ohne Fälligkeitsaufschub, zu vereinbaren[58].

57 Rechtsb., S. 60. Für nach und nach entstehende Ansprüche ferner: v. Tuhr, Allg. Teil, Bd. I S. 126, 184, 221 und Bd. II 1 S. 388; Enneccerus-Nipperdey, Allg. Teil, § 199 Anm. 5; Lange, Allg. Teil, § 45 IV 2; Jaeger-Lent, § 1 KO, Anm. 55; § 3 KO, Anm. 18; Kuttner, Besprechung von Bergk, Übertragung und Pfändung künftiger Rechte, ZHR 75, 578 ff.

58 A.A. offenbar v. Tuhr, a.a.O. S. 184.

2. Des näheren die gesetzlichen Wirksamkeitsvoraussetzungen

Gesetzliche Voraussetzungen der Wirksamkeit sind die Eignung der Geschäftssubjekte, -objekte und -inhalte, das Vorhandensein des Objekts bei nicht sachenrechtlichen Verfügungen sowie das Vorhandensein und die Eignung der von den Geschäftssubjekten etwa verschiedenen Rechtssubjekte (Subjekte des zu begründenden Rechtsverhältnisses). Nicht der Geschäftstatbestand, sondern die Geschäftswirkung steht also in Frage, wenn das Gesetz beispielsweise zur Wirksamkeit des Geschäfts die Möglichkeit der geschuldeten Leistung (§ 306 BGB), die Legalität und Moralität des Geschäftsinhalts (§§ 134, 138 BGB)[59], die Selbständigkeit des Verfügungsgegenstandes (§ 93 BGB), die Geschäftsfähigkeit des Handelnden und das Fehlen von Bewußtseins- und Geistesstörungen (§§ 104, 105 BGB)[60] oder bei Geschäften des Vertreters oder Nichtberechtigten die Zustimmung des Vertretenen bzw. Berechtigten (§§ 164 ff., 185 BGB) fordert; wenn es in den letzteren Fällen die Wirksamkeit des vom unberufenen Vertreter schon geschlossenen Vertrages von der Genehmigung des Vertretenen bzw. der vom Nichtberechtigten schon getroffenen Verfügung von der Genehmigung des Berechtigten (oder anderen Umständen) abhängen läßt, dann wird damit der Tatbestand als vollendet (der Vertrag als geschlossen, die Verfügung als getroffen) vorausgesetzt und lediglich noch die Wirksamkeit als durch ein ausstehendes rechtliches Moment bedingt angesehen. Die Rechtswirksamkeit behandeln auch die Regeln über den gutgläubigen Rechtserwerb, da sie Wirksamkeitsvoraussetzungen wie die Rechtszuständigkeit ersetzen und im übrigen ein regelrecht errichtetes Rechtsgeschäft erfordern.

Da der Tatbestand die typusbildenden Merkmale des Rechtsgeschäfts umfaßt, die einzelnen Geschäftstypen, die verschiedenen Arten von Schuldverträgen und sachenrechtlichen und sonstigen Verfügungen, sich aber häufig nur durch ihren spezifischen Inhalt voneinander unterscheiden, kann nicht zweifelhaft sein, daß prinzipiell auch die Inhaltsbestimmung zum Tatbestand des Rechtsgeschäfts gehört. Wenn Oertmann, wie oben erwähnt, die inhaltsgestaltenden Elemente ausnahmslos dem Tatbestand zuweist und sogar einen wesensmäßigen Gegensatz zwischen inhaltlicher Unbestimmtheit und Bedingtheit des Rechtsgeschäfts behauptet[61], so bedarf dies jedoch einer einschrän-

59 A.A. für die Fälle der §§ 306, 134, 138: Oertmann, Rechtsb., S. 25.

60 In den Fällen der §§ 104, 105 kann allerdings auch schon der innere Tatbestand mangelhaft sein; es liegt dann allenfalls der Schein einer Willenserklärung vor, vgl. Enneccerus-Nipperdey, Allg. Teil, § 150 Anm. 9.

61 Rechtsb., S. 18, 22 Anm. 1, 61; ihm folgt Kramer, Vertragstatbestand, S. 39 ff., 103 ff. Zur Beziehung des Geschäftsinhalts zum Vertragstatbestand siehe ferner Müller-Freienfels, Vertretung beim Rechtsgeschäft, S. 213 ff., und – unter dem Gesichtspunkt der Anwartschaft – Würdinger, Die privatrechtl. Anwartschaft als

kenden Präzisierung. Maßgebend ist auch für diese Frage nicht irgend ein Theorem, wie etwa der Satz von der inhaltsgestaltenden Kraft des Tatbestandes, sondern die technische Organisation, die der Geschäftsverkehr im Gesetz gefunden hat. Zum Tatbestand gehören die Akte – nicht ausschließlich –, die typischer- und normalerweise der Inhaltsgestaltung des Rechtsgeschäfts dienen (z.B. die Vertragsofferte). Ob sie den Geschäftsinhalt im einzelnen Fall auch vollständig festlegen, ist für die Erfüllung des Tatbestandes aber nicht notwendig entscheidend. Die Willenserklärung muß zwar, damit man von einer solchen überhaupt reden kann, einen Geschäftsinhalt haben; es muß – abgesehen von den subjektiven Erfordernissen – die Beobachtung eines den Rückschluß auf einen bestimmten Geschäftswillen rechtfertigenden äußeren Verhaltens des Erklärenden vorliegen. Um von einem Vertrag sprechen zu können, ist weiterhin erforderlich, daß zwei aufeinander bezogene und wesentlich übereinstimmende (§ 155 BGB) Willenserklärungen, Angebot und Annahme, zusammentreffen. Da es ferner kein Rechtsgeschäft an sich, sondern nur die einzelnen vom Gesetz zur Verfügung gestellten Geschäftstypen gibt[62], ein Geschäft in der Rechtswirklichkeit auch immer zur Erzielung eines bestimmten rechtlichen Erfolges abgeschlossen wird, kann von einem konkreten Geschäft, einem Kauf, einer Bürgschaft usw. auch nur dann die Rede sein, wenn das Angebot auf Abschluß eines solchen gerichtet ist. Zum Abschlußtatbestand gehört daher die Einigung der Parteien über den wesentlichen Geschäftszweck, z.B. beim Kaufvertrag die Abrede, daß eine Ware gegen eine Geldzahlung übergeben und übereignet werden soll. Regelmäßig werden dabei auch die beiderseitigen Leistungen, die zu liefernde Ware, die Höhe des Kaufpreises, genau bestimmt oder wenigstens so umschrieben, daß sie nach objektiven Gegebenheiten (auch künftigen) zweifelsfrei ermittelt werden können. Doch ist dies kein zwingendes Erfordernis des Abschlußtatbestandes. Nach § 154 BGB ist zwar der Vertrag nicht geschlossen, solange sich nicht die Parteien über alle Punkte geeinigt haben, über die nach der Erklärung auch nur einer Partei eine Vereinbarung getroffen werden soll; dies gilt aber nur im Zweifel. Die Vertragschließenden können, statt die Leistung näher zu bestimmen, einen Weg vereinbaren, auf dem diese Leistungsbestimmung nachfolgen soll, so z.B. durch die Vereinbarung einer Gattungsschuld (§ 243 BGB), einer Wahlschuld (§ 263 BGB), eines Spezifikationskaufs (§ 375 HGB), der Leistungsbestimmung durch einen der Kontrahenten oder einen Dritten (§§ 315 ff. BGB), der Bestimmung des Drittberechtigten durch

---

Rechtsbegriff, S. 24 ff., 54; Forkel, Grundfragen der Lehre vom privatrechtl. Anwartschaftsrecht, S. 45 ff.; Sponer, Das Anwartschaftsrecht und seine Pfändung, S. 49 ff.

62 Der Begriff des Rechtsgeschäfts ist die Abstraktion der in der Rechtsordnung für die Gestaltung von Rechtsverhältnissen anerkannten Geschäftstypen, siehe Flume, Allg. Teil, Bd. II § 2 1 und 5.

den Versprechensempfänger beim Vertrag zugunsten Dritter[63] oder durch die Übergabe eines Blanketts an den zur Ausfüllung ermächtigten Vertragsgegner, falls durch die Ausfüllung der Inhalt des Vertrages ergänzt werden soll (siehe ferner die §§ 2048, 2151 ff., 2192, 2193 BGB). Die Inhaltsbestimmung kann also – bis auf die Festlegung des wesentlichen Vertragszwecks – von dem Tatbestand losgelöst und einem außerhalb desselben liegenden Akt vorbehalten werden. Wird eine solche Abrede getroffen, dann ist der Vertrag damit bereits geschlossen und lediglich seine Wirksamkeit durch die nachträgliche Inhaltsergänzung bedingt. Haben die Parteien die vertragliche Bindung trotz Kenntnis der unvollständigen Einigung, aber ohne Bestimmung eines legalen Ergänzungsmodus gewollt, dann ist der Vertrag zwar ebenfalls geschlossen (§ 154 BGB), aber unwirksam (nichtig), wenn nicht die inhaltliche Lücke durch die dispositive Regelung des Gesetzes (z.B. §§ 612 II, 632 II, 653 II BGB) oder im Wege ergänzender Auslegung ausgefüllt werden kann. Ein Schuldverhältnis kann nur und erst zur (vollen) Rechtswirkung gelangen, wenn die geschuldete Leistung eindeutig fixiert ist. In dem Fall des versteckten wesentlichen Dissenses (§ 155 BGB) gehen die beiderseitigen Willenserklärungen aneinander vorbei und dürfte es schon an dem Tatbestand, nicht nur an der Wirksamkeit der Willenseinigung fehlen.

Die inhaltliche Bestimmtheit des geschlossenen Vertrages ist hiernach regelmäßig schon das Ergebnis des tatbestandlichen Handelns und nur ausnahmsweise ein zusätzliches Erfordernis, wenn nämlich der Vertrag entgegen der Regel des § 154 BGB mit unvollständigem Inhalt geschlossen ist. Der seinem Typus nach festgelegte, aber bewußt unvollständig gelassene Vertrag krankt nicht an einem Mangel des Tatbestandes, sondern an mangelnder Wirksamkeit; er ist zustande gekommen, aber unwirksam. Der Bindungswille der Vertragschließenden ersetzt in diesem Fall, was dem Tatbestand an der vollkommenen Willenseinigung mangelt. Der Unwirksamkeitsmangel ist heilbar, die Wirksamkeitsvoraussetzung also nachholbar, wenn die Parteien in dem Vertrag in gesetzmäßiger Weise für eine nachträgliche Inhaltsergänzung Vorsorge getroffen haben. Man wird sich daher die Wahlerklärung des Wahlberechtigten, die Konkretisierung der Gattungsschuld durch den Schuldner, die dem Käufer vorbehaltene Spezifikation der Kaufsache, die Leistungsbestimmung durch den Vertragsgenossen oder den Dritten, die Bestimmung des Drittberechtigten durch den Promissar und die Blankettausfüllung durch den dazu ermächtigten Vertragsgegner als Nachholung eines Wirksamkeitserfordernisses (Erfüllung einer condicio iuris) vorzu-

63 Wenn, wie § 332 voraussetzt, der Versprechensempfänger an die Stelle des Dritten einen anderen setzen kann, dann muß ihm auch vorbehalten werden können, den Dritten erstmalig zu bezeichnen (vgl. auch § 166 VVG); dies folgt übrigens auch aus § 315 BGB, da die Bezeichnung des Leistungsempfängers, soweit er nicht schon an dem Verpflichtungstatbestand mitzuwirken hat, im weiteren Sinn zur Bestimmung des Leistungsinhalts gehört.

stellen haben[64]. Ob die Leistungsbestimmung durch den Kontrahenten oder den Dritten nach billigem Ermessen oder nach freiem Belieben erfolgen soll, ist für die dogmatische Einordnung gleichgültig; auch im Fall der Bestimmung nach billigem Ermessen ist die Leistung nicht objektiv bestimmbar, sondern bleibt ein Spielraum für das subjektive Ermessen, der dessen Ausübung nicht als bloße Feststellung, sondern als Gestaltung erscheinen läßt[65].

Nur als einer Ausnahmen duldenden Generalregel kann somit Oertmanns Formel zugestimmt werden, wonach die gesetzlichen Bedingungen nur über das Ob, nicht über das Was der Rechtsfolge entscheiden. Daß der vereinbarte Geschäftsinhalt auch im übrigen (außer der erforderlichen Bestimmtheit bzw. objektiven Bestimmbarkeit) allen gesetzlichen Anforderungen genüge, z.B. eine ursprünglich mögliche Leistung betreffe (§ 306 BGB), nicht gegen ein gesetzliches Verbot oder die guten Sitten (§§ 134, 138 BGB) oder gegen die sonstigen gesetzlichen Inhaltsbeschränkungen (vgl. z.B. §§ 248, 310, 344, 443 BGB) verstoße, ist stets ein Requisit nicht der Existenz, sondern der Wirksamkeit des Rechtsgeschäfts.

Die gesetzlichen Wirksamkeitsvoraussetzungen stellen sich, wenn sie beim Geschäftsabschluß vorhanden sind, regelmäßig als Zustände, nämlich Verhältnisse oder Eigenschaften der Person (Fähigkeiten), des Geschäftsgegenstandes oder des Geschäftsinhalts dar und unterscheiden sich dadurch äußerlich von dem Tatbestand des Rechtsgeschäfts, der notwendig ein (äußeres und auch inneres) Geschehen erfordert[66]: der Tatbestand ist eine Summe von Ereignissen, die sich auf dem Hintergrund rechtlicher Zustände abspielen[67]. Dieser Gegensatz zwischen Zuständen und Ereignissen, zwischen statischen und dynamischen Erfordernissen, wird allerdings verschleiert, wenn man terminologisch ungenau nicht die zuständlichen Erfordernisse, sondern die sie hevorrufenden Umstände als Wirksamkeitsvoraussetzungen bezeichnet; nicht die Bevollmächtigung oder der Erwerb des Rechts, sondern die durch sie

---

64 Ebenso bezüglich der Wahlschuld und Leistungsbestimmung v. Tuhr, Allg. Teil, Bd. II 1 S. 148, 149; bezüglich der Gattungs- und Wahlschuld in einem etwas anderen Sinn auch Blomeyer, Studien zur Bedingungslehre, S. 81 ff. Zu den verschiedenen Theorien der Wahlschuld siehe Blomeyer, a.a.O. S. 82 ff.; Enneccerus-Lehmann, Schuldrecht, § 7; Pescatore, Die Wahlschuldverhältnisse, in Abhandlungen zum Privatrecht und Zivilprozeß, herausgegeben von Fischer, Bd. 13, 2. Heft; Erler, Wahlschuld mit Wahlrecht des Gläubigers und Schuld mit Ersetzungsbefugnis des Gläubigers; Kramer, Vertragstatbestand, S. 77 ff. – Die Untersuchung des Verhältnisses von Unbestimmtheit und Bedingtheit wird unten bei näherer Behandlung des gesetzlich bedingten Verpflichtungsgeschäfts zu vertiefen sein.

65 A.A. Kramer, a.a.O. S. 87 ff.; siehe auch Kornblum, Die Rechtsnatur der Bestimmung der Leistung in den §§ 315–319 BGB, AcP 168, 450.

66 Oertmann, Rechtsb., S. 22, 30 ff., 53 ff.; Siber, Buchrechtsgeschäft, S. 124; Cariota-Ferrara, Il negozio giuridico, S. 657.

67 v. Tuhr, Allg. Teil, Bd. II 1 S. 148 Anm. 26.

begründete Vertretungsmacht bzw. Rechtszuständigkeit, nicht die Erteilung der behördlichen Genehmigung, sondern die durch sie hergestellte Verfügungsbefugnis (im Sinne der Freiheit von der öffentlichrechtlichen Verfügungsbeschränkung), nicht die Erteilung der vormundschaftsgerichtlichen Genehmigung, sondern die durch sie vervollständigte gesetzliche Vertretungsmacht sind Wirksamkeitsvoraussetzungen. Für die Wirksamkeit des Rechtsgeschäfts ist allein entscheidend, daß ihre Voraussetzungen in dem Zeitpunkt des Geschäftsabschlusses vorliegen, sofern sie nicht nachholbar sind, und hingegen gleichgültig, auf welches in der Vergangenheit liegende, möglicherweise gar nicht mehr aufklärbare Ereignis sie zurückzuführen sind, ob also beispielsweise die Rechtszuständigkeit auf Ersitzung, Rechtsgeschäft oder Erbgang und die Verfügungsmacht auf Erteilung einer Vollmacht, Entstehung eines gesetzlichen Vertretungsverhältnisses oder Hervorrufung eines Rechtsscheins beruht. Grundsätzlich läßt sich also sagen, daß das aktuelle Geschehen immer dem Tatbestand des Rechtsgeschäfts zuzurechnen ist, sofern es nicht die Bedeutung hat, ein bisher fehlendes zuständliches Erfordernis herzustellen. Letzteres trifft z.B. zu, wenn das Geschäft des unberufenen Vertreters hinterher genehmigt oder wenn die Verfügung des Nichtberechtigten durch nachträglichen Rechtserwerb geheilt wird.

Die gesetzlichen Wirksamkeitsvoraussetzungen sind teils genereller, teils spezieller Art, je nachdem, ob sie für alle bzw. bestimmte Klassen von Rechtsgeschäften (z.B. die Verfügungsgeschäfte) oder nur für einzelne Geschäftstypen (z.B. die Aufrechnung) gelten. Bei den speziellen Wirksamkeitsvoraussetzungen handelt es sich um eine über die allgemeinen Voraussetzungen hinausgehende weitere Konkretisierung der gesetzlichen Anforderungen an die Eignung der an dem Geschäft beteiligten Personen, der ihm unterfallenden Gegenstände und der vereinbarten Inhalte. So konkretisieren die §§ 387, 390 ff., 575, 1125 BGB die zur Aufrechnung und die §§ 399, 400, 717 BGB die zur Abtretung geeigneten Forderungen. Vorschriften wie die §§ 573, 588 I, 883 II, 1048, 1124, 1959 II, 2113 BGB beschränken oder erweitern die Verfügungsbefugnis, Bestimmungen wie die §§ 1317, 1748 II, 2064, 2282 BGB beschränken die Eignung zur Vornahme höchstpersönlicher Rechtsgeschäfte (durch Ausschließung der Stellvertretung). Die §§ 456 ff. BGB und die Art. 86, 88 EGBGB begrenzen für einzelne Tatbestände und Personengruppen die Erwerbsfähigkeit[68], die §§ 1077 II 2 und 1283 II BGB regeln für bestimmte Fälle die sog. passive Verfügungsmacht[69], die §§ 1741 Satz 1 und 1744 BGB regeln die Eignung zur Adoption. Inhaltsbeschränkungen enthalten beispielsweise die Vorschriften der §§ 248 I, 310, 312, 344, 443, 476, 506, 540, 554 II Z. 3, 637, 723 III, 749 III, 1136, 1229, 1253 I 2,

68 Ebenso früher § 2235 II; die Neuregelung der §§ 7, 27 des Beurkundungsgesetzes vom 28.8.1969 ist anderer Art.

69 Vgl. v. Tuhr, Allg. Teil, Bd. II 1 S. 398.

1297 II, 1950, 2263, 2302 BGB. Auch die Bedingungs- und Befristungsverbote (siehe z.B. die §§ 388, 925 II, 1742, 2180 II BGB) wird man hierher rechnen dürfen. Der Gegensatz zu den wesensbestimmenden Elementen des Tatbestandes bleibt unberührt, da auch die besonderen Wirksamkeitsvoraussetzungen nicht den Typus des Rechtsgeschäfts individualisieren, von anderen Geschäftsarten abgrenzen, sondern erst an den individualisierten juristischen Akt anknüpfen, um über dessen Wirksamkeit zu entscheiden. Wenn das Gesetz die Wirksamkeitsvoraussetzungen teils positiv, teils negativ formuliert, so hat dies nur für die Verteilung der Behauptungs- und Beweislast im Prozeß, nicht aber für das materielle Recht Bedeutung, da jedes vom Gesetz aufgestellte Wirksamkeitshindernis als ein entsprechendes positives Erfordernis und umgekehrt ausgedrückt werden kann[70]; so kann z.B. das Hindernis der Unmöglichkeit der Leistung gem. § 306 BGB durch das Erfordernis ihrer Möglichkeit ersetzt werden.

Die Systematik und die Terminologie des Gesetzes geben nur wenige Hinweise zur Klassifizierung der Erfordernisse. Die Tatbestandsstücke und Wirksamkeitsvoraussetzungen bilden zusammen den hypothetischen Vordersatz der juristischen Norm; sie ergeben den *Gesamt*tatbestand, das wirksame Rechtsgeschäft, an das die Rechtsordnung, sei es durch Sanktion des Parteiwillens, sei es unmittelbar, Rechtsfolgen knüpft. Da die Rechtsnorm aber aus systematischen und redaktionellen Gründen nur selten vollständig und abgeschlossen, den Vorder- und Nachsatz umfassend, in ein und derselben Bestimmung enthalten ist, zerfällt sie meist in eine Reihe teilweise verstreuter Bestimmungen, die alle in Tatbestands-, Wirksamkeits- und Rechtsfolgenbestimmungen aufzugliedern sind. Besteht der Tatbestand in einem Rechtsgeschäft, dann treten allerdings in erster Linie die mit diesem beabsichtigten Rechtsfolgen ein und beschränkt sich das Gesetz darauf, diese zu präzisieren und ihnen teils dispositiv, teils zwingend ergänzende Rechtsfolgen zur Seite zu stellen. Ob nun die einzelne Bestimmung den Tatbestand oder die Wirksamkeit des Rechtsgeschäfts regelt, ist zwar nach ihrem Inhalt im allgemeinen unschwer zu entscheiden. Die Frage, ob eine Vorschrift dynamische oder statische, Handlungs- oder Eignungserfordernisse aufstellt, kann, von einigen Zweifelsfällen abgesehen, kaum Schwierigkeiten bereiten. Weniger leicht sind die einzelnen Bestimmungen aber nach ihrer Form zu klassifizieren; Formulierung und Begriffsverwendung lassen in dieser Hinsicht an Deutlichkeit und Einheitlichkeit zu wünschen übrig. Wenn das Gesetz beispielsweise bestimmt, daß ein Rechtsgeschäft wirksam ist oder wird, wenn ein weiteres Erfordernis erfüllt wird, so ist damit nicht immer ein Wirksamkeits-, sondern mitunter ein weiteres Tatbestandserfordernis aufgestellt, so in den Fällen der §§ 130 I 1, 658 I 2 und 1280 BGB. Wirksamkeitsvoraussetzungen, und zwar nachholbare, sind jedoch immer dann anzunehmen, wenn das

70 v. Tuhr, a.a.O. S. 276 Anm. 22.

Gesetz die Wirksamkeit eines Rechtsgeschäfts von einem fehlenden Umstand „abhängen“ läßt[71], so in den Fällen der §§ 108 I, 177 I, 415 I, 458 I, 1829 I BGB. Ebenso handelt es sich meist, nicht immer, um Wirksamkeitsvoraussetzungen nachholende Umstände (aufschiebende Rechtsbedingungen) oder um wirksamkeitsvernichtende Umstände (auflösende Rechtsbedingungen), wenn das Gesetz daran eine Rückwirkungsanordnung knüpft.

Die Begriffe der Nichtigkeit und Unwirksamkeit werden vom Gesetz in austauschbarer Weise verwendet[72]. Vergeblich ist jeder Versuch, in den wechselnden Gebrauch einen Sinn hineinzulegen; insbesondere läßt sich ihm kein Hinweis darauf entnehmen, ob das Geschäft mangels eines Tatbestandsstücks oder mangels einer Wirksamkeitsvoraussetzung des Erfolges ermangelt. Auch wenn das Gesetz ein Rechtsgeschäft für nichtig erklärt, beruht der Mangel in der Mehrzahl der Fälle auf dem Fehlen eines (nicht nachholbaren) Wirksamkeitserfordernisses, so in den Fällen der §§ 105 (bei Bewußtlosigkeit des Erklärenden fehlt es allerdings auch schon an der Tatbestandsmäßigkeit der Erklärung), 134, 138, 248 I, 306, 310, 312, 443, 476, 540, 637, 723 III, 749 III, 1136, 1229, 1297 II, 1615 e I 2, 2263, 2302 BGB. Auch in dem Falle der auf Anfechtung beruhenden Nichtigkeit (§ 142 BGB) ist nicht das angefochtene Geschäft vernichtet, sondern ihm lediglich die zunächst auflösend bedingte Wirksamkeit rückwirkend entzogen. Ein Tatbestandsmangel liegt dagegen in den Fällen der §§ 125 und 795 II BGB vor, ferner, wenn man den Rechtsfolgewillen zum legalen Tatbestand der Willenserklärung rechnet, in den Fällen der §§ 116 Satz 2, 117 und 118 BGB. Strenggenommen darf bei Mängeln des Tatbestandes, wenn eine Vervollständigung desselben nicht mehr in Betracht kommt, nicht von einem „nichtigen“, sondern nur von einem nicht existenten Geschäft, einem „Nichtrechtsgeschäft“ geredet werden[73]. Die Wirksamkeit und Gültigkeit, Unwirksamkeit und Nichtigkeit (der Ausdruck Ungültigkeit findet sich nicht im Gesetz) sind Prädikate, die an sich nur dem perfekten Tatbestand, dem regelrecht errichteten Geschäft, zukommen.

Welche Wirksamkeitsvoraussetzungen nachholbar sind, ergibt die positivrechtliche Regelung. Diese beruht auf dem Prinzip der Nichtnachholbarkeit[74]: quod ab initio vitiosum est, non potest tractu temporis convalescere. Die Konvaleszenz des Rechtsgeschäfts durch Nachbringung des fehlenden Erfordernisses bedarf also besonderer gesetzlicher Gewährung, die dann regelmäßig auch mit einer Regelung des Zwischenzustandes verbunden ist. Nicht nachholbar sind von wenigen Ausnahmen abgesehen die generellen und

71 Oertmann, Rechtsb., S. 55.

72 Zu den Gründen der mangelnden begrifflichen Durchbildung siehe Manigk, „Unwirksamkeit, Ungültigkeit“, in Handwörterbuch der Rechtsw., Bd. VI S. 292.

73 Manigk, a.a.O. S. 302.

74 Manigk, „Tatsachen, juristische“, a.a.O. Bd. V S. 855.

speziellen Inhaltserfordernisse und überhaupt durchweg die speziellen Wirksamkeitsvoraussetzungen, nachholbar dagegen im wesentlichen bestimmte allgemeine persönliche und sachliche Eignungsvoraussetzungen sowie gewisse Erfordernisse der Existenz von Subjekten und Objekten. Die nachholbaren Erfordernisse werden im Laufe dieser Abhandlung im einzelnen zur Sprache kommen.

Statt von den Wirksamkeitsvoraussetzungen des Rechtsgeschäfts wird gelegentlich auch von seinen Gültigkeitserfordernissen gesprochen; von Tuhr verwendet vorzugsweise den letzteren Ausdruck. Wenn auch das Gesetz in vielen Fällen (ohne erkennbaren sachlichen Grund) den Begriff der Wirksamkeit mit dem der Gültigkeit vertauscht (so in den §§ 32, 122, 141, 307, 308, 313, 518, 661, 700, 761, 766, 780, 781, 784, 793, 796, 2230, 2249, 2360, 2368 BGB), so wäre es doch, zumindest aus Gründen der Begriffsökonomie, unangebracht, wahlweise von den Gültigkeits- oder Wirksamkeitserfordernissen des Rechtsgeschäfts zu sprechen, zumal dadurch der Eindruck entstehen könnte, als sei mit dem einen oder anderen Ausdruck jeweils etwas anderes gemeint. Ebensowenig erscheint es förderlich, noch besteht ein Bedürfnis dafür, von den Gültigkeitserfordernissen der Willenserklärung zu reden und damit etwa deren besondere Wirksamkeitsvoraussetzungen zu kennzeichnen, wie etwa die Geschäftsfähigkeit[75], oder gar den Begriff der Wirksamkeitsvoraussetzungen auf die nachholbaren Erfordernisse zu beschränken[76]. Wenn auch die unheilbar unwirksamen im Gegensatz zu den einstweilen oder schwebend unwirksamen Rechtsgeschäften besser als nichtig bezeichnet werden, wie dies in der Lehre auch durchweg geschieht (das Gesetz spricht in solchen Fällen allerdings bald von nichtigen, bald von unwirksamen Geschäften), so werden doch die Voraussetzungen, die zur Zeit des Geschäftsabschlusses vorliegen müssen, und diejenigen, die ihm nachfolgen können, weit treffender als durch die Gegenüberstellung von Gültigkeits- und Wirksamkeitserfordernissen durch das Attribut der Nachholbarkeit bzw. Nichtnachholbarkeit voneinander geschieden. Die auf Zitelmann[77] zurückgehende und von Oertmann übernommene Prägung der „nachholbaren Wirksamkeitsvoraussetzungen" und entsprechend der nicht nachholbaren ist inzwischen auch weitgehend zum terminus technicus unserer Rechtssprache geworden. Der Begriff der Ungültigkeit wird in der neueren Lehre nur noch verwendet, um die Fälle der Nichtigkeit und Anfechtbarkeit unter einem gemeinsamen Oberbegriff zusammenzufassen.

75 So z.B. Stiefel, Über den Begriff der Bedingung im schweizerischen Zivilrecht, S. 12, der dazu die Geschäftsfähigkeit, die Form und die Möglichkeit, Rechtmäßigkeit und Sittlichkeit des Erklärungsinhalts rechnet.

76 Dafür Cariota-Ferrara, I negozi sul patrimonio altrui, S. 200, 211, der das Wesen der Unwirksamkeit im Gegensatz zur Ungültigkeit u.a. in ihrer Behebbarkeit erblickt.

77 Internationales Privatrecht, Bd. II S. 139; Die Rechtsgeschäfte im Entwurf S. 30.

Will man die besondere Rechtslage kennzeichnen, die durch das Vorliegen eines vollendeten Rechtsgeschäfts gegeben ist, das wegen Ausstehens gewillkürter oder nachholbarer gesetzlicher Wirksamkeitsvoraussetzungen noch der gewollten rechtsgeschäftlichen Wirkung entbehrt, aber schon gesetzliche Zwischenwirkungen zeitigen kann, so wäre auch dafür der Begriff der Gültigkeit, da er vom Gesetz gleichbedeutend mit dem der Wirksamkeit verwendet wird und daher auch in dem Sinn aktueller Wirksamkeit verstanden werden könnte, wenig geeignet und wäre es vorzuziehen, nur von schwebender Unwirksamkeit oder potentieller Wirksamkeit oder auch von juristischer Relevanz[78] des Akts zu sprechen.

Die zum Thema der Nichtigkeit des Rechtsgeschäfts uneinheitliche französische Lehre geht, in groben Zügen gesehen, ebenfalls von einer Zweiteilung aus, indem sie, so die klassische Theorie[79], zwischen der Nichtexistenz und der Nichtigkeit bzw., so die neuere Lehrtendenz[80], im wesentlichen nur noch zwischen der nullité absolue und der nullité relative unterscheidet, je nachdem, ob die Nichtigkeit von jedermann (ein rechtliches Interesse vorausgesetzt) oder nur von der durch den Nichtigkeitsgrund geschützten Partei geltend gemacht werden kann[81]. Für die hier vergleichsweise interessierende Theorie der eventuellen Rechte ist allenfalls die erstere Unterscheidung und auch diese nur von relativem Wert, da über die Abgrenzung der Existenzerfordernisse selbst unter den Befürwortern dieses Begriffs keine Einigkeit besteht; Demogue[82] und Verdier[83] sprechen daher, um die Mindesterfordernisse für das Vorliegen eines eventuellen Rechts zu kennzeichnen, von den éléments primordiaux bzw. fondamentaux.

In der italienischen Rechtsgeschäftslehre werden die Gesamterfordernisse der Geschäftswirkung von einer ansehnlichen Richtung in solche der Existenz, der Gültigkeit und der Wirksamkeit (im engeren Sinn) geschieden[84]. Diese Dreiteilung stößt aber auf kaum überwindbare Abgrenzungsschwierigkeiten[85] und begegnet zunehmender Kritik, sei es, daß die Begriffe der Existenz und

78 Falzea, La condizione e gli elementi dell'atto giuridico, S. 26, 40.

79 Z.B. Aubry et Rau (par Bartin), Droit civil français, Bd. I § 37.

80 So z.B. Planiol et Ripert, Traité pratique de droit civil français, Bd. VI Nr. 283 ff., S. 361 ff.; Colin et Capitant, Traité de droit civil, Bd. I Nr. 175, S. 107; Mazeaud, H., L. et J., Leçons de droit civil, Bd. I Nr. 350 ff., S. 377 ff.

81 Siehe zu Vorstehendem auch die rechtsvergleichende Darstellung von Guggenheim, L'invalidité des actes juridiques, S. 7 ff.

82 Des droits éventuels et des hypothèses, où ils prennent naissance, in Revue trim. de droit civil, 1905 S. 729.

83 Les droit éventuels, S. 299 ff.

84 Santoro-Passarelli, Dottrine generali del diritto civile, cap. IV § 2 Nr. 53; Cariota-Ferrara, Il negozio giuridico, Nr. 82 ff., S. 328 ff.; Betti, Teoria generale del negozio giuridico, Nr. 57 ff., S. 467 ff.; vgl. auch die Darstellung von Guggenheim, a.a.O. S. 43 ff.

Gültigkeit für gleichbedeutend gehalten werden, sei es, daß der eine oder andere von ihnen für gegenstandslos und überflüssig erklärt wird. So hält es Ferrari für evident, daß die Nichtigkeit (d.h. im Sinne der Dreiteilung Ungültigkeit mit Ausnahme der Annullierbarkeit) und die Nichtexistenz des Rechtsgeschäfts eine identische dogmatische Kategorie bilden[86]. Auch nach Messineo[87] und Carnelutti[88] fallen beide Begriffe zusammen, wobei der letztere betont, daß allerdings von rechtlicher (nicht bloß faktischer) Nichtexistenz des Akts zu reden sei. Scognamiglio legt dar[89], daß auf der Grundlage des herrschenden Verständnisses des Rechtsgeschäfts als Tatbestand kein Raum für einen selbständigen Gültigkeitsbegriff sei, weil der Tatbestand nur vorhanden oder nicht vorhanden, nicht aber gültig oder ungültig vorhanden sein könne, und daß die Abgrenzung der Gültigkeits- und Wirksamkeitsvoraussetzungen nach wertenden Gesichtspunkten wie etwa der Unterscheidung zwischen inneren und äußeren Erfordernissen des Geschäfts nicht zu befriedigenden Ergebnissen führe. Hinzuzufügen ist, daß auch der Gesetzeswortlaut für die Abgrenzung nicht immer ausschlaggebend sein kann (eindeutig sind in dieser Hinsicht nur die Fälle der Annullierbarkeit) und daß nicht weniger die Scheidelinie zwischen Existenz- und Gültigkeitserfordernissen im Dunklen liegt. Falzea geht in seiner ausführlichen und bemerkenswerten Tatbestands- und Bedingungslehre[90] gleichfalls von einer Zweiteilung der Erfordernisse aus, indem er die essentiellen oder konstitutiven Erfordernisse, deren Fehlen Nichtexistenz oder (damit wesentlich gleichbedeutend) Nichtigkeit des Geschäfts begründe, und die ergänzenden oder Wirksamkeitsvoraussetzungen sondert, deren Mangel nur Unwirksamkeit zur Folge habe; den Begriff der Ungültigkeit beschränkt er auf die Fälle der Annullierbarkeit. Nur diese Zweiteilung erscheint als eine brauchbare Grundlage der Rechtsbedingungslehre.

---

85 So wird, um nur ein Beispiel zu nennen, darüber gestritten, ob die Vertretungsmacht ein Gültigkeits- oder ein Wirksamkeitserfordernis sei, vgl. einerseits Betti, a.a.O. Nr. 75, S. 597, und andererseits Cariota-Ferrara, a.a.O. Nr. 92, S. 392 und Nr. 158, S. 719.

86 Inesistenza e nullità del negozio giuridico, in Rivista trim. di diritto e procedura civ., 1958, 514 ff.

87 Manuale di diritto civile e commerciale, Bd. I § 47 S. 611, 614; für Identität von Nichtexistenz und Nichtigkeit auch de Semo, Teoria della condizione legale (condicio iuris) e sue applicazioni in diritto fallimentare, in Il diritto fallimentare e delle società commerciali, 1960, S. 5 ff. (13).

88 Inesistenza dell'atto giuridico? in Rivista di diritto processuale, 1955, S. 208 ff.

89 Contributo alla teoria del negozio giuridico, Nr. 145 ff., S. 351 ff.

90 La condizione e gli elementi dell'atto giuridico, S. 36, 316.

3. Wirksamkeitsvoraussetzung und Rechtsbedingung

Zum Begriff der Bedingung im juristisch-technischen Sinn gehört, wenn man damit nicht die Beifügung der Bedingung, sondern den als Bedingung gesetzten Umstand meint, wesensmäßig das Moment der Zukünftigkeit und der Ungewißheit. Alle schon vor oder bei Geschäftsabschluß vorliegenden Erfordernisse sind daher den Rechtsbedingungen ebensowenig zuzurechnen, wie die condiciones in praesens vel praeteritum collatae zu den eigentlichen Bedingungen zählen. Verfehlt ist daher die Terminologie, die unterschiedslos alle rechtlichen Erfordernisse[91] oder auch nur alle Wirksamkeitsvoraussetzungen[92], die schon vorliegenden wie die noch fehlenden, unter den Begriff der Rechtsbedingung einbezieht. Ebensowenig förderlich erscheint es, einen weiteren und einen engeren Begriff der Rechtsbedingung aufzustellen und den letzteren auf die noch ausstehenden Erfordernisse zu beziehen. Enneccerus[93], auf den diese von den Motiven zum ersten Entwurf[94] übernommene Unterscheidung offenbar zurückgeht, hat sich dazu auch nur deshalb veranlaßt gesehen, weil Julianus in Dig. 35, 1, 21[95] den Gegensatz zwischen den condiciones iuris und den condiciones facti an Hand schon gegenwärtiger Wirksamkeitserfordernisse des Erbschaftsantritts zu erläutern versucht hat, ein, wie Enneccerus dargetan hat, auch sonst „ziemlich mißlungener Versuch".

Abzuweisen ist aber auch die Verwendung des Begriffs der Rechtsbedingung für jedes bei der Vornahme des Geschäfts noch fehlende Erfordernis, für die jeweils noch fehlende „Schlußtatsache"[96], gleichviel ob es sich dabei um einen Geschäftsbestandteil oder eine Wirksamkeitsvoraussetzung handelt; denn die Bedingung im juristisch-technischen Sinn bezieht sich, jedenfalls nach heute herrschender Auffassung, auf die Wirkung, nicht auf das Dasein des Rechtsgeschäfts (vgl. § 158 I BGB: „. . . die von der Bedingung abhängig

---

91 Siehe z.B. Adickes, Zur Lehre von den Bedingungen, S. 10.

92 So z.B. v. Tuhr, Allg. Teil, Bd. II 1 S. 148 und Bd. II 2 S. 282, und Lehmann-Hübner, Allg. Teil, § 24 III.

93 Suspensivbedingung, S. 124, 125.

94 Mugdan, Bd. I S. 501; ebenso Stiefel, Über den Begriff der Bedingung, S. 134, und Callmann, Die c.i., S. 19 ff. (der letztere im Gegensatz zu den anderen bezüglich aller, nicht nur der Wirksamkeitserfordernisse).

95 „Multum interest, condicio facti, an iuris esset; nam huiusmodi condiciones: si navis ex Asia venerit, si Titius consul factus erit, quamvis impletae essent, impedient heredem circa adeundam hereditatem, quamdiu ignoraret, eas impletas esse. Quae vero ex iure venient, in his nihil amplius exigendum, quam ut impletae sint, veluti si quis se filiumfamilias existimat, cum sit paterfamilias, poterit adquirere hereditatem; quare et ex parte heres scriptus, qui ignorat, an tabulae testamenti apertae sint, adire hereditatem poterit."

96 Zitelmann, Internationales Privatrecht, Bd. II S. 165.

gemachte Wirkung ... "). Die Wirkung kann aber nur bedingt sein, wenn sie an sich eintreten könnte, wenn also das begründende Moment, das Rechtsgeschäft, schon vorliegt. Die Bedingung erfordert daher die Präexistenz des Rechtsgeschäfts. Ist dagegen der begründende Tatbestand noch unvollendet, fehlt es bei mehraktigen Tatbeständen noch an einem Akt, dann kann nur von einem künftigen, wenn auch schon im Stadium der Begründung befindlichen, nicht von einem bedingten (oder befristeten) Rechtsverhältnis die Rede sein. Nur beim Ausstehen von Wirksamkeitsvoraussetzungen kommt es regelmäßig auch zu den unten näher zu erörternden typischen Zwischenwirkungen, dem einstweiligen Schwebezustand, der die Anwendung des Bedingungsbegriffs als Parallele zu der Geschäftsbedingung letztlich erst rechtfertigt[97]. Die Rechtsbedingung kann hiernach nur mit den im Zeitpunkt des Geschäftsabschlusses noch ausstehenden nachholbaren gesetzlichen Wirksamkeitsvoraussetzungen in Verbindung gebracht werden.

Über diesen Zusammenhang der condicio iuris mit den (ausstehenden) „deklaratorischen" Tatsachen hat schon in der Pandektenwissenschaft, jedenfalls soweit sie sich des näheren mit der Rechtsbedingung befaßt hat, weitgehend[98] Klarheit bestanden. So hat, um nur einige Beispiele anzuführen, Enneccerus die gesetzlichen Bedingungen (in dem von ihm gemeinten engeren Sinn) als Umstände angesehen, von denen – wie von den gewillkürten Bedingungen – Wirkungen eines Rechtsgeschäfts abhängen[99]. Wendt hat den condiciones iuris nur solche Fälle zugeordnet, „wo die Wirksamkeit eines Rechtsgeschäftes, gleich wie durch eine gewillkürte Bedingung, so hier von Rechts wegen durch ein künftiges, noch ungewisses Ereignis suspendirt wird"[100]. Kapler hat die Rechtsbedingung als „eine durch Rechtsnorm gesetzte Bedingung der Wirksamkeit (d.h. Entstehung oder Fortdauer der Wirkungen) einer juristischen Thatsache" definiert und dabei zutreffend darauf Bedacht genommen, daß Rechtsbedingungen nicht nur bei geschäftlichen Tatbeständen vorkommen und sowohl aufschiebend als auch auflösend wirken können[101]. Wenn andere, wie Windscheid[102], Eisele[103] und Scherbring[104], die condicio iuris sinngemäß übereinstimmend und teilweise gleichlautend als eine Bedingung oder ein zukünftiges ungewisses Ereignis

97 Oertmann, Rechtsb., S. 85, 86.

98 Anders z.B. Adickes, Zur Lehre von den Bedingungen, S. 11, der die gesetzlichen Bedingungen schlechthin mit den juristischen Tatsachen identifiziert.

99 Suspensivbedingung, S. 2 ff.; siehe auch S. 125 ff.

100 Das bedingte Forderungsrecht, S. 19.

101 Begriff und Wesen der c.i., S. 5.

102 Lehrbuch des Pandektenrechts, Bd. I § 87, der allerdings nur die condicio iuris expressa im Auge hat.

103 Zur Lehre von den c'nes i., AcP 54, 109 (113).

104 Natur und Wirkungen der c.j., S. 9.

bezeichnet haben, von dessen Eintritt das Dasein der gewollten rechtlichen Wirkung von Rechts wegen abhängig ist, so ist damit, wie sich im übrigen aus dem Zusammenhang ihrer Ausführungen ergibt, immer vorausgesetzt, daß die rechtsbegründenden Erfordernisse, die Willenserklärungen, schon gegeben sind. Dernburg hat die condiciones iuris zu den „konfirmatorischen" Tatsachen in Beziehung gesetzt[105] und auch Regelsberger kann nichts anderes gemeint haben, wenn er mit Bezug auf die Rechtsbedingungen von „Voraussetzungen für die Wirkung" gesprochen hat[106]. Als ein erheblicher Rückschritt erscheint es daher, wenn später Callmann unter der Herrschaft des geltenden Rechts, die Lehre von der Unterscheidung zwischen den konstitutiven und den deklaratorischen Tatsachen als eine „gekünstelte . . . zu ganz eigenartigen, unnatürlichen Resultaten" führende verwerfend, als Rechtsbedingungen (im engeren Sinn) schlechthin alle noch zukünftigen und ungewissen rechtlichen Erfordernisse („Rechtsvoraussetzungen") angesehen hat[107].

Mittlerweile und nicht zuletzt als Ergebnis der grundlegenden Untersuchung Oertmanns ist die Zweiteilung der Gesamterfordernisse in Gestalt des Gegensatzes zwischen dem Tatbestand des Rechtsgeschäfts (oder den Geschäftsbestandteilen) und den Voraussetzungen seiner Wirksamkeit herrschende Auffassung geworden und weithin anerkannt, daß die Gesetzesbedingungen nur den ausstehenden Wirksamkeitserfordernissen zuzuordnen sind. Soweit dies bei Behandlung der Rechtsbedingung nicht zum Ausdruck gebracht wird, handelt es sich durchweg wohl mehr um ein Übersehen als um eine bewußte Gegenmeinung. In dem Lehrbuch von Enneccerus-Nipperdey heißt es[108]: „Rechtsbedingung ist ein zukünftiger, ungewisser Umstand, von dessen Eintritt die Wirksamkeit des Geschäfts nach seiner Natur, seinem Gegenstande oder besonderer Rechtsvorschrift abhängt. Sie ist also nicht ein Teil des Tatbestandes des Rechtsgeschäfts, sondern eine *Bedingung der Wirksamkeit* dieses Tatbestandes."

Auch in ausländischen Studien zur Rechtsbedingung wird dieser Zusammenhang überwiegend richtig gesehen. In der Untersuchung Stiefels „Über den Begriff der Bedingung im schweizerischen Zivilrecht" heißt es[109]: „Die Rechtsbedingungen stimmen mit den echten Bedingungen darin überein, daß sie als ungewisse, künftige Tatsachen die Geschäftswirkung von sich abhängig machen und dadurch einen Zustand der Schwebe mit Bezug auf deren Zustandekommen, also die den Bedingungen typische Wirkung erregen." In

105 Pandekten, Bd. I § 82.

106 Pandekten, S. 559.

107 Die c.i., S. 19.

108 Allg. Teil, § 184 II.

109 S. 135.

der italienischen Rechtslehre hat es zwar nicht an Stimmen gefehlt[110], die den Begriff der condicio iuris auch auf die konstitutiven Erfordernisse des Rechtsgeschäfts ausdehnen, damit jeder Annäherung an die Geschäftsbedingung den Boden entziehen und den Begriff vollends entwerten; doch kann diese Richtung heute im wesentlichen als überwunden und die Beschränkung des Begriffs auf die ausstehenden Erfordernisse der Wirksamkeit, wie Barbero[111] und Falzea[112] feststellen, als herrschend angesehen werden. In diesem Sinne wird die Rechtsbedingung auch von den Vereinigten Senaten des Kassationshofes in dem Urteil vom 14. August 1953 verstanden[113]: „Sowohl die aufschiebende Bedingung als auch die condicio iuris setzen ein schon errichtetes, in allen seinen konstitutiven Elementen perfektes Rechtsgeschäft voraus, dessen Wirksamkeit jedoch dem Eintritt eines zukünftigen und ungewissen Ereignisses untergeordnet ist." Soweit die oben erwähnte Dreiteilung der Geschäftserfordernisse (in solche der Existenz, der Gültigkeit und der Wirksamkeit) vertreten wird, werden die gesetzlichen Bedingungen – bei unterschiedlicher Abgrenzung der Erfordernisse im einzelnen – überwiegend nur den ausstehenden Wirksamkeitsvoraussetzungen, nicht auch den etwa nachholbaren Gültigkeitsvoraussetzungen zugerechnet[114].

Oertmann bezeichnet die Rechtsbedingung als „eine nachholbare, aber beim Geschäftsschluß selbst noch ausstehende Wirksamkeitsvoraussetzung"[115]. Hierbei handelt es sich aber offenbar nur um eine vorläufige, nicht abschließende Feststellung, um die schon bei der Geschäftsvornahme vorliegenden und die nicht nachholbaren Wirksamkeitserfordernisse aus dem Kreis der Betrachtung auszuscheiden (abgesehen davon, daß er den Begriff nicht auf die rechtsgeschäftlichen Tatbestände beschränkt). Wie seine weiteren Ausführungen[116] ergeben, will er zu den Rechtsbedingungen – nicht ausschließlich – alle solchen nachträglichen Geschehnisse rechnen, „die für den Wirkungseintritt keine andere Bedeutung haben, als daß sie einen als Wirksamkeitserfordernis dienenden Zustand herstellen". Mit dieser Kennzeichnung der Gesetzesbedingung als eines die ausstehende Wirksamkeitsvoraussetzung

---

110 Siehe die diesbezüglichen Literaturangaben von Falzea, La condizione e gli elementi dell'atto giuridico, S. 97 Anm. 39; in diesem Sinne auch noch Messineo, Manuale di diritto civile e commerciale, Bd. I § 44, S. 591, in Verbindung mit § 47, S. 611.

111 Contributo alla teoria della condizione, S. 70, 76.

112 A.a.O. S. 248.

113 Foro ital., 1954 I, 471.

114 Siehe z.B. Cariota-Ferrara, Il negozio giuridico, Nr. 136 S. 654 ff.; Cantagalli, Inefficacia dei negozi giuridici e „condicio iuris", in Foro ital., 1952 I, 408 ff. (412); a.A. Betti, Teoria generale del negozio giuridico, Nr. 62 S. 521 ff.

115 Rechtsb., S. 28.

116 A.a.O. S. 31.

nachholenden Umstandes wird zutreffend klargestellt, daß die Rechtsbedingungen nicht den Wirksamkeitsvoraussetzungen gleichzusetzen sind, und der verbreiteten ungenauen Ausdrucksweise begegnet, die die ersteren nur als eine Unterart der letzteren, nämlich die bei der Geschäftsvornahme fehlenden, aber nachholbaren Wirksamkeitserfordernisse begreift. Der Unterschied zwischen den als Wirksamkeitsvoraussetzung dienenden Zuständen und den sie herbeiführenden Ereignissen bleibt unverändert bestehen, auch wenn sie im Zeitpunkt des Geschäftsabschlusses noch nachholbar ausstehen; es verlagert sich nur die Perspektive, unter der die Wirksamkeitsvoraussetzungen betrachtet zu werden pflegen, von ihrem Verwirklichtsein auf ihr Verwirklichtwerden. Liegen sie im Zeitpunkt der Geschäftserrichtung vor, dann tritt das in der Vergangenheit liegende, möglicherweise nicht einmal mehr sicher nachweisbare Ereignis, das sie ins Leben gerufen hat, durchaus in den Hintergrund der Betrachtung, was auch erklärt, daß sich dafür kein besonderer Kunstausdruck eingestellt hat. Fehlen sie hingegen, sind sie aber nachholbar, dann richtet sich der Blick auf das Ereignis, das sie nachträglich verwirklicht und damit – wie der als Parteibedingung gesetzte Umstand – die Geschäftswirkung auslöst: durch den nachträglichen Rechtserwerb wird die bisher fehlende Rechtszuständigkeit hergestellt, durch die Genehmigung des gesetzlichen Vertreters die mangelnde Vollgeschäftsfähigkeit nachgeholt oder – wenn man so will – ersetzt. In einigen besonderen Fällen hat das Gesetz allerdings, um dem Handelnden die Möglichkeit zu einer nochmaligen Überprüfung und zur Berücksichtigung zwischenzeitlicher Veränderungen zu geben, angeordnet, daß nicht schon der nachträgliche Eintritt der Wirksamkeitsvoraussetzung, sondern erst die daraufhin erklärte Billigung das Geschäft wirksam werden läßt; so sind das genehmigungsbedürftige Geschäft des nachträglich volljährig gewordenen Minderjährigen durch dessen Genehmigung und der ohne die erforderliche vormundschaftsgerichtliche Genehmigung geschlossene Vertrag dadurch gesetzlich bedingt, daß der Vormund dem Geschäftsgegner die Erteilung der gerichtlichen Genehmigung mitteilt (§§ 108 III; 1829 I 2, III BGB).

In diesem Zusammenhang bleibt allerdings noch zu fragen, ob nicht neben den nachholbaren Wirksamkeitsvoraussetzungen auch solche vorkommen, die erst nachträglich erfüllt werden können, so daß die Geschäftswirkung notwendig aufgeschoben wäre. Von einer Nachholung kann natürlich immer nur im Hinblick auf Versäumnisse, nicht in bezug auf Erfordernisse geredet werden, denen zu einem früheren Zeitpunkt noch gar nicht hätte genügt werden können.

Rechtsbedingungen müssen, wie Siber lehrt[117], im Verhältnis zum Typus des Rechtsgeschäfts unwesentlich sein: „Ein Rechtsgeschäft ist nur dann bedingt oder befristet, wenn es unbeschadet seines Wesens auch unbedingt oder

117 Buchrechtsgeschäft, S. 123.

unbefristet sein könnte, aber im konkreten Falle durch Parteiwillkür oder auch unmittelbar durch Gesetzesvorschrift an der sofortigen Entfaltung seiner vollen Wirkung gehindert ist, – nicht wenn ohne diesen Aufschub ein Rechtsgeschäft seiner Art gar nicht möglich ist."

Wenn Oertmann die Richtigkeit dieses Satzes bestreitet[118], so ist ihm insofern zu folgen, als Sibers Formel auf dem Gebiet der rechtsgeschäftlichen Bedingung in der Tat einige Ausnahmen erleidet; denn es gibt eine Reihe von Geschäften, die in typischer Weise unter einer aufschiebenden Bedingung vorgenommen werden, sei es, daß der ganze Vertrag, sei es, daß der Anspruch der einen oder anderen Partei von einem zukünftigen ungewissen Umstand abhängig gemacht wird, so namentlich die aleatorischen Verträge, der Versicherungsvertrag als einseitig bedingter Vertrag, das Versprechen der Vertragsstrafe, die Auslobung.

Mit dieser Einschränkung jedoch und insbesondere in bezug auf die Rechtsbedingungen behält Sibers Lehrsatz seine Gültigkeit. Oertmann wendet ein, womöglich wolle Siber vom Gebiet der Rechtsbedingung alle Fälle ausschließen, wo schon nach dem allgemeinen Geschäftstypus der Eintritt der Wirkung von einem besonderen, schon vorher eingetretenen oder erst später eintretenden Ereignis abhänge. So aufgefaßt, unterliege die Lehre Sibers starken Bedenken; wo nämlich das „bedingende" Ereignis an sich, nach dem besonderen Geschäftstypus, auch zu Anfang hätte da sein können und sollen, sei die Abhängigkeit der Wirkungen gerade von einem späteren Umstand immer etwas Zufälliges, aus dem Geschäftstypus nicht Hervorgehendes. Das Geschäft sei, wenn jener Umstand im Einzelfall erst später hinzutrete, nicht schon in seiner typischen Eigenart als bedingtes anzusehen. Möglicherweise aber, ja vermutlich wolle Siber vom Gebiet der Rechtsbedingung nur die Fälle ausnehmen, wo der „bedingende" Tatbestand nicht nur an sich, sondern als ein erst später, nach dem Geschäftsschluß hervortretender im Sinne des Geschäftstypus notwendig sei, wo also ein Aufschub der Geschäftswirkung typisch erfordert werde. Gegenüber dieser einengenden Lehre sei jedoch der üblichen weiteren Auffassung der Vorzug zu geben. Für sie spreche neben der Analogie der Geschäftsbedingung besonders die Schwierigkeit, die „typisch notwendigen nachträglichen Wirksamkeitserfordernisse" unter einen anderweiten allgemeineren Gesichtspunkt einzuordnen; sie blieben, folge man Siber, zusammenhanglose Einzelerscheinungen.

Gegenüber diesen Einwendungen ist zunächst klarzustellen, daß die sog. typusbildenden Merkmale, Erfordernisse also, die für die einzelnen Geschäftsarten begriffswesentlich sind, immer zum Tatbestand gehören und nicht lediglich dessen Wirksamkeit bedingen. Dies gilt selbstverständlich auch für solche Erfordernisse mehraktiger Geschäftstatbestände, die, wie z.B. die staatliche Genehmigung der Stiftung und die gerichtliche Bestätigung der

118 Rechtsb., S. 33 ff.

Adoption, ausnahmsweise erst dann verwirklicht werden können, wenn schon ein anderes Tatbestandsmerkmal, wie in den Beispielsfällen das Stiftungsgeschäft bzw. der Annahmevertrag, vorliegt.

Ob es nach geltendem Recht auch generelle oder spezielle Wirksamkeitsvoraussetzungen gibt, die erst nachträglich erfüllt werden können, so daß die Wirksamkeit des Rechtsgeschäfts in jedem Falle notwendig einstweilen suspendiert wäre, ist zu bezweifeln und wohl zu verneinen. Zu denken wäre etwa an öffentlichrechtliche Beschränkungen der Vertragsfreiheit, die für einzelne Geschäftsarten schlechthin und ausnahmslos bestünden und von denen erst nachträglich, nach Geschäftsschluß, im Wege behördlicher Genehmigung Befreiung erteilt werden könnte (solche Genehmigungen würden, auch wenn sie jeweils nur für einen bestimmten Geschäftstyp erfordert wären, nicht zu den wesensbestimmenden Merkmalen des Rechtsgeschäfts gehören, da sie das bürgerlichrechtliche Schema der Geschäftsvornahme unberührt lassen und nur ein zusätzliches, die Wirksamkeit bedingendes Erfordernis aufstellen würden).

Da sich aber solche Rechtserscheinungen nicht konstatieren lassen, behält Sibers Formel auch insoweit ihre Richtigkeit, wobei natürlich zu bezweifeln ist, ob Siber nicht ohnehin nur den durch das Bürgerliche Gesetzbuch geregelten Rechtszustand im Auge hatte, zumal es ihm lediglich auf die Beweisführung ankam, daß die Buchrechtsgeschäfte nicht etwa durch die Grundbucheintragung rechtlich bedingt seien.

Ein Beispiel für eine im Sinne des Geschäftstypus notwendige gesetzliche Bedingtheit würden allerdings die Verfügungen von Todes wegen bilden, wenn man sie entsprechend der herrschenden Lehre[119] als durch das Überleben des Bedachten bedingt auffassen wollte. Dieser Meinung ist aber, nicht nur aus dem von Siber angeführten Grund, entschieden zu widersprechen; auch Oertmann gelangt schon aus anderen zutreffenden Gründen zur Verneinung der Bedingtheit[120]. Der Tod des Erblassers ist schon deshalb keine bloße Wirksamkeitsvoraussetzung des Testaments, weil der daran geknüpfte Erbfall, die Gesamtrechtsnachfolge, von Rechts wegen und unabhängig von dem Testament eintritt und letzteres nur dazu bestimmt und geeignet ist, der ohnehin eintretenden Rechtsnachfolge eine andere Richtung zu geben. Der Tod des Erblassers ist essentielles Erfordernis des Erwerbs von Todes wegen, und es kann allenfalls fraglich sein, ob die Errichtung des Testaments Teil dieses Erwerbstatbestandes sei oder ob nicht vielmehr das Testament, ebenso wie bei der gesetzlichen Erbfolge die Geburt oder Eheschließung, nur die Eigenschaft verleihe, zur Erbfolge berufen zu sein, eine Wirkungsvoraussetzung dafür, daß der Erbfall zugunsten des Bedachten eintritt. Diese letztere

119 S. z.B. Enneccerus-Nipperdey, Allg. Teil, § 145 II B 3; Lehmann-Hübner, Allg. Teil, § 24 III; Flume, Allg. Teil, Bd. II § 2 3 c.

120 Rechtsb., S. 35.

Auffassung, die die strukturelle Einheit des Erwerbs von Todes wegen unabhängig von der Art des Berufungsgrundes wahrt, vertritt Oertmann: die Wirksamkeit des Testaments sei nicht von dem Tod des Erblassers oder dem Überleben der bedachten Personen abhängig; seine Wirkung bestehe darin, eine Erbberechtigung der darin berufenen Personen zu schaffen. Der eigentliche Erwerbstatbestand, der beim bedingten Geschäft schon vorliege, stehe hier noch aus. Die durch das Testament begründete Erbberechtigung sei nur eine Vorbedingung dafür, daß sich der Erwerbstatbestand durch den Erbfall zugunsten des Erbanwärters vollziehe. Nach dieser mir richtig erscheinenden Auffassung[121] bedeutet das Überlebenserfordernis (§§ 1923, 2160 BGB) nichts anderes, als daß die Erbberufung in dem entscheidenden Augenblick des Erbfalls (§ 1942 BGB) bestehen muß und insbesondere nicht durch Vorversterben des Berufenen hinfällig geworden sein darf. Das Testament ist hiernach im Falle des Vorversterbens des eingesetzten Erben nicht unwirksam, sondern lediglich gegenstandslos. Aber auch wenn man die Errichtung des letzten Willens als Teil des Erwerbstatbestandes begreifen wollte, wäre das Überleben des Bedachten eine Wirksamkeitsvoraussetzung nicht des Testaments, sondern des Erwerbs von Todes wegen und schon deshalb (da Tatbestandsvollendung und Wirkungseintritt zusammenfallen) keine Bedingung. Im übrigen würde es auch für die Zeit zwischen der Errichtung der letztwilligen Verfügung und dem Eintritt des Erbfalls an der bedingten Rechtsverhältnissen eigentümlichen Gebundenheit des Verfügenden fehlen, da die Verfügung von Todes wegen grundsätzlich widerruflich ist.

Auch sonst lassen sich überzeugende Beispiele für eine im Sinne des Geschäftstypus notwendige rechtliche Bedingtheit nicht finden, noch werden solche von Oertmann angeführt[122]. Die von letzterem behauptete Möglichkeit der „typisch notwendigen nachträglichen Wirksamkeitserfordernisse" bleibt daher unbewiesen und Sibers These, was jedenfalls den Bereich der Rechtsbedingung anlangt, unwiderlegt. An anderer Stelle[123] führt Oertmann übrigens selbst aus, daß die Rechtsbedingung nur solche Fälle umfasse, wo das Recht nach seiner Idee, der grundsätzlichen Zweckbestimmung sofort hätte entstehen sollen und nur aus zufälligen Hindernissen heraus noch nicht vollständig entstanden sei. Letztlich läßt sich der für bedingte Rechtsverhältnisse charakteristische Schwebezustand, die Gebundenheit des verlierenden Teils und die Anwartschaft des gewinnenden Teils, auch nur daraus rechtfertigen, daß das Rechtsgeschäft schon vollständig abgeschlossen ist und nur infolge des regelwidrigen Entgegenstehens behebbarer Hindernisse noch

121 S. auch unten S. 199.

122 Letzterer könnte zwar zur Stütze seiner Ansicht den als Wirksamkeitsvoraussetzung aufgefaßten Zugang der empfangsbedürftigen Willenserklärung anführen; die besseren Gründe sprechen jedoch für die Auffassung als Tatbestandsteil, siehe oben S. 15 ff.

123 Rechtsb., S. 59.

der Wirksamkeit entbehrt, während eine solche Rechtslage dort, wo die Wirkung, wie bei dem unvollständig gebliebenen Tatbestand, noch keinesfalls eintreten könnte, des tieferen Grundes entbehren würde.

Hiermit ist aber die Frage nach dem Vorkommen notwendig nachträglich zu erfüllender Wirksamkeitsvoraussetzungen noch nicht entschieden. Möglicherweise gibt es nach geltendem Recht Wirksamkeitserfordernisse genereller oder spezieller Art, denen erst nach Geschäftsabschluß entsprochen werden kann, ohne daß dadurch die Geschäftswirkung in typischer Weise aufgeschoben wäre, Erfordernisse also, die nicht schon in jedem Falle des Abschlusses eines Geschäftes bestimmter Art, sondern nur im einzelnen Fall auf Grund besonderer Umstände Platz greifen und daher Sibers Formel unangetastet lassen würden.

Ein Beispiel der letzteren Art böte der Mäklervertrag (§ 652 BGB), wollte man in der Abhängigkeit des Mäklerlohns vom Zustandekommen des vermittelten Vertrages eine Rechtsbedingung erblicken. Diese Auffassung wird sowohl von Siber vertreten, weil die fragliche Abhängigkeit nicht zwingend vorgeschrieben sei und deshalb nicht typisch erscheine[124], als auch von Oertmann, weil von einer bloßen vermuteten Parteibedingung (Auslegungsregel) nicht die Rede sei[125]. Das letztere könnte aber nicht allein damit begründet werden, daß die gesetzliche Vorschrift den Mäklerlohn nicht ausdrücklich nur „im Zweifel" von dem Zustandekommen des vermittelten Vertrages abhängen läßt, eine Wendung, die häufig, aber nicht immer für das Vorliegen einer Auslegungsregel (an Stelle eines Dispositivrechtssatzes) spricht. Es ist zu berücksichtigen, daß der Mäklervertrag ohnehin unter einer rechtsgeschäftlichen Bedingung steht (Abhängigkeit des Mäklerlohns vom Nachweis der Abschlußgelegenheit) und die vom Gesetz erwähnte weitere Abhängigkeit (Abhängigkeit des Lohns auch von der Realisierung der nachgewiesenen Abschlußgelegenheit) vielleicht gerade deshalb nicht als nur „im Zweifel" bestehend und damit als Auslegungsregel hervorgehoben worden ist. Es wäre in der Tat gekünstelt anzunehmen, daß das Gesetz der Parteibedingung eine, noch dazu abdingbare Rechtsbedingung habe hinzufügen und nicht vielmehr lediglich als Auslegungsregel den typischen Sinn der im einzelnen Fall möglicherweise unvollständig oder unklar gebliebenen rechtsgeschäftlichen Bedingungsklausel habe klarstellen wollen. So vermag dieses Beispiel gewiß nicht zu überzeugen.

Eher könnten in diesem Zusammenhang die behördlichen Genehmigungen in Betracht gezogen werden. Allerdings scheint es nach geltendem Bundesrecht an Beispielen für Genehmigungen zu fehlen, die erst nach Abschluß des genehmigungsbedürftigen Rechtsgeschäfts erteilt werden können. Dies gilt vor allem für die Genehmigungen im Liegenschaftsverkehr, weil sie schon vor der

124 Buchrechtsgeschäft, S. 123.

125 Rechtsb., S. 44.

Eintragung der Rechtsänderung in das Grundbuch, also vor Vollendung des Geschäftstatbestandes, erwirkt werden sollen (vgl. § 7 I des Grundstücksverkehrsgesetzes vom 28.7.1961 und § 23 I des Bundesbaugesetzes vom 23.6.1960). Für die Genehmigung nach dem Grundstücksverkehrsgesetz ist zudem ausdrücklich vorgesehen, daß sie auch schon vor der dinglichen Einigung herbeigeführt werden kann (§ 2 I 3 des Gesetzes). Auch sonst dürfte nichts im Wege stehen, zunächst einen vollständigen Entwurf des beabsichtigten Vertrages zur Genehmigung zu unterbreiten und den Abschluß erst nach rechtskräftiger Erteilung der Genehmigung zu tätigen[126]. Das Außenwirtschaftsgesetz vom 28.4.1961 geht sogar von dem Grundsatz der vorherigen Genehmigung aus[127].

Auf dem Gebiet der landesrechtlichen Genehmigungserfordernisse mag es vielleicht eher vorkommen, daß die behördliche Genehmigung der einen oder anderen Art erst nachträglich erteilt werden darf. So wird z.B. für die Bayerische Gemeindeordnung auf Grund des Wortlautes des § 117 (im Gegensatz beispielsweise zu § 109 der Gemeindeordnung von Nordrhein-Westfalen) die Ansicht vertreten, daß die der aufsichtsbehördlichen Genehmigung unterliegenden privatrechtlichen Verträge der Gemeinden (Darlehensaufnahmen u.a.) erst nach Abschluß des Vertrages genehmigt werden dürften (der Genehmigungsvorbehalt zugunsten der Aufsichtsbehörde beinhaltet eine Beschränkung der Vertretungsmacht der Gemeindeorgane). Ob diese Auslegung zwingend ist, mag hier dahingestellt bleiben.

Bei zutreffender Abgrenzung einmal von den Tatbestandsmomenten und sodann von den gewillkürten Bedingungen dürfte die Frage nach dem Vorkommen notwendig nachträglicher Wirksamkeitsvoraussetzungen für die rechtsgeschäftlichen (nicht die außergeschäftlichen) Tatbestände hiernach, zumindest im Prinzip, zu verneinen sein[128]. Die allenfallsigen Ausnahmen können als vereinzelte, noch dazu zweifelhafte Sonderfälle für eine grundsätzliche Begriffsbestimmung außer Betracht bleiben. Die (aufschiebende) Rechtsbedingung kann somit, bezogen auf rechtsgeschäftliche Tatbestände, als ein *zukünftiger ungewisser Umstand* bezeichnet werden, *durch den eine bei dem Geschäftsabschluß noch ausstehende nachholbare gesetzliche Wirksamkeitsvoraussetzung nachträglich erfüllt wird.* In einigen Ausnahmefällen besteht die Rechtsbedingung nicht in dem die Wirksamkeitsvoraussetzung nachholenden Umstand, sondern in der auf Grund der nachgeholten Wirksamkeitsvoraussetzung erklärten Billigung des bisher unwirksamen Rechtsgeschäfts (§§ 108 III, 1829 I 2, III BGB). Gesetzesbedingungen sind hiernach – kurz gesagt – *Konvaleszenztatbestände,* wobei der Begriff der Konvaleszenz nicht nur auf

126 Vgl. Lange, Die behördliche Genehmigung und ihre zivilrechtl. Auswirkungen, AcP 152, 241 (248).

127 Schulz, Kommentar, § 31, Nr. 1.

128 A.A. Brinz, Pandekten, § 538.

die Verfügungen des Nichtberechtigten zu beziehen, sondern im weitesten Sinn jeglichen nachträglichen Wirksamwerdens eines infolge Ausstehens einer nachholbaren gesetzlichen Wirksamkeitsvoraussetzung zunächst schwebend unwirksamen Rechtsgeschäfts zu begreifen ist[129].

Mit der gegebenen Definition soll allerdings die Möglichkeit nicht geleugnet werden, die Dinge auch anders zu sehen und etwa als Wirksamkeitsvoraussetzungen einerseits die bis zur Vollendung des Geschäftstatbestandes schon vorliegenden entsprechenden Zustände und andererseits, falls das Geschäft noch nachträglich wirksam werden kann, die Ereignisse zu bezeichnen, die diese Wirksamkeit herbeiführen, und als Rechtsbedingungen die im Zeitpunkt der Geschäftserrichtung noch ausstehenden Wirksamkeitsvoraussetzungen anzusehen. Diesen Weg schlägt Falzea ein[130], der überhaupt das mannigfache Vorkommen notwendig nachträglicher Wirksamkeitserfordernisse, auch als Zustände, behauptet, wobei er allerdings die nichtgeschäftlichen Tatbestände einbegreift, und demnach als Gesetzesbedingungen die im Zeitpunkt der Tatbestandsvollendung noch zukünftigen, ungewissen, akzidentellen[131] und auf gesetzlicher Quelle beruhenden Wirksamkeitsvoraussetzungen bezeichnet. Auf dieser Linie der Gleichsetzung der Rechtsbedingungen mit den im Zeitpunkt der Geschäftserrichtung noch ausstehenden Voraussetzungen der Wirksamkeit bewegen sich auch die meisten übrigen Definitionen der Rechtsbedingung in allgemeinen Lehrbüchern[132] und in Einzelabhandlungen[133].

Trotzdem erscheint diese Betrachtungsweise, jedenfalls für unser System, als wenig beifallswert; denn substantiell ist und bleibt allein der zur Wirksamkeit des Geschäfts erforderliche Zustand, mag er im Zeitpunkt der Tatbestandsvollendung schon vorliegen oder erst später verwirklicht werden. Es wäre zudem unbefriedigend, ein und dasselbe Erfordernis je nach seiner zeitlichen Verwirklichung verschieden gestaltet aufzufassen. Mit dem Verlangen beispielsweise einer nachfolgenden Zustimmung würde auch kaum eine hinreichend substantiierte Voraussetzung aufgestellt, würde nicht zugleich geklärt, zu welchem Zweck, zur Erfüllung welcher Wirksamkeitsvoraussetzung oder, anders ausgedrückt, zur Behebung welchen Wirksamkeitshindernisses diese Zustimmung noch eingeholt werden soll. Wie durch den nachträglichen Rechtserwerb die fehlende Rechtszuständigkeit hergestellt bzw. die bestehende Nichtberechtigung beseitigt wird, so wird durch die Genehmigung des

129 Vgl. Enneccerus-Nipperdey, Allg. Teil, § 204 V.

130 La condizione, S. 21, 63 ff., 100, 130.

131 Auf das Merkmal der Akzidentalität wird später zurückzukommen sein, siehe unten S. 169, 228.

132 Vgl. Enneccerus-Nipperdey, Allg. Teil, § 145 II B 3.

133 Siehe z.B. Scialoja, Condizione volontaria e condizione legale, in Saggi di vario diritto, S. 3 ff. (12).

gesetzlichen Vertreters oder des Vertretenen die fehlende Ermächtigung oder Bevollmächtigung nachgeholt bzw. der persönliche Eignungsmangel der Geschäftsunfähigkeit oder Vollmachtlosigkeit behoben. Es würde auch der Unterschied zwischen Einwilligung (Bevollmächtigung) und Genehmigung, zwischen vorheriger und nachfolgender Zustimmung sachwidrig überbetont[134], wollte man etwa in den Genehmigungsfällen statt von einer Nachholung von einer Ersetzung des zuständlichen Erfordernisses der Geschäftsfähigkeit, der Vertretungsmacht usw. reden. Im übrigen erscheint es durchaus gerechtfertigt, für den Bereich des privatautonomen Handelns, der auch sonst seine besonderen Züge trägt, einen in Nuancen modifizierten Rechtsbedingungsbegriff aufzustellen (bei nichtgeschäftlichen Tatbeständen läßt sich die gesetzliche Bedingung nicht, jedenfalls nicht immer, als Nachholung eines anfänglich fehlenden Erfordernisses auffassen[135]). Zu weitgehend wäre es allerdings, etwa mit Cariota-Ferrara[136] nur der Wirksamkeitsvoraussetzung selbst Bedeutung beizumessen und das sie nachträglich verwirklichende Ereignis und damit den Begriff der Rechtsbedingung (Bedingungen sind immer zukünftige ungewisse Ereignisse) für belanglos zu erklären; denn das fragliche Geschehnis hat seine besondere Funktion und Bedeutung als Entscheidung eines Schwebezustandes.

Übrigens läßt sich gegen Falzeas Auffassung noch einwenden, daß er den Begriff der Nachholbarkeit verkennt, wenn er ihn dahin versteht, daß das Erfordernis im Augenblick der Geschäftsvornahme vorliegen müsse und seine zugelassene Nachholung, von ihm als Ersetzung bezeichnet, einen irregulären Entstehungszyklus darstelle[137]. Will man die Rechtsbedingung allgemein unter Einbeziehung der nichtgeschäftlichen Entstehungstatbestände definieren, so kann man sie als einen zukünftigen ungewissen Umstand bezeichnen, von dem von Rechts wegen Wirkungen eines Tatbestandes abhängen. Diese Begriffsbestimmung läßt offen, wie der fragliche Umstand im einzelnen zu qualifizieren, ob er also lediglich im Sinne eines das bisher fehlende Erfordernis nachholenden Ereignisses oder im Sinne eines selbständigen Wirkungserfordernisses aufzufassen ist.

4. Die geschäftliche Beifügung der Rechtsbedingung (condicio iuris expressa) und die Abgrenzung der gesetzlichen von der gewillkürten Bedingung

Wenn die Parteien bei dem Vertragsschluß die Rechtsbedingung ausdrücklich wiederholen, so ist dies grundsätzlich ein überflüssiger und rechtlich irrelevan-

134 Gegensätzlicher Auffassung u.a. Thiele, Zustimmungen, S. 157, 158.

135 Siehe unten S. 198.

136 I negozi sul patrimonio altrui, S. 210.

137 La condizione, S. 100; siehe auch die zutreffende Kritik von Cariota-Ferrara, Il negozio giuridico, Nr. 136, S. 657 Anm. 9.

ter Hinweis auf das ohnehin bestehende gesetzliche Erfordernis. Treffend heißt es in den Digesten in bezug auf diese condiciones iuris expressae: „frustra adduntur" (Dig. 28, 7, 12), „supervacuae sunt" (Dig. 36, 2, 22, 1) und in bezug auf die ihnen gegenübergestellten geschäftlichen Bedingungen: „non solum figuram, sed vim quoque condicionis continere" (Dig. 28, 5, 70 (69)). Eine diese Belanglosigkeit der Beifügung klarstellende Bestimmung des ersten Entwurfs (§ 140) wurde von der zweiten Kommission wegen ihres nur lehrhaften Charakters und als für die Rechtsanwendung entbehrlich gestrichen[138]. Die ausdrückliche Beifügung der gesetzlichen Bedingung macht diese also nicht zu einer gewillkürten[139] und ist daher nach geltendem Recht – anders als nach der regula iuris antiqui „expressa nocent, non expressa non nocent" (Dig. 50, 17, 195) – auch bei den sog. bedingungsfeindlichen Rechtsgeschäften unschädlich: „Die Natur der Rechtsbedingung bringt mit sich, daß ihre Beifügung auch in den Fällen nicht ausgeschlossen ist, in welchen das Rechtsgeschäft an sich die Beifügung einer gewillkürten Bedingung nicht erträgt, es müßte denn für den einzelnen Fall ein anderes bestimmt sein"[140].

Die Beteiligten können jedoch, worauf die Motive hinweisen, mit der Setzung der Rechtsbedingung ein Mehr beabsichtigen, als das Gesetz an sich hergibt; sie können insbesondere das gesetzliche Erfordernis verschärfen, d.h. die Voraussetzungen, unter denen es eintritt, erschweren und beispielsweise bestimmen, daß das Geschäft nur wirksam werden solle, wenn die erforderliche Genehmigung des gesetzlichen Vertreters in schriftlicher Form oder binnen Wochenfrist erteilt wird[141]. Es handelt sich dabei nicht um die zusätzliche Beifügung einer Parteibedingung; es bleiben vielmehr die Vorschriften über die Rechtsbedingungen maßgebend (§ 925 II BGB wäre z.B. nicht anwendbar). Auch können die Kontrahenten bestimmen, daß von mehreren alternativen Heilungsmöglichkeiten nur die eine oder andere (z.B. nur der Rechtserwerb des Nichtberechtigten, nicht die Genehmigung des Berechtigten) gegeben sein solle; wenn z.B. ein Nichtberechtigter ausdrücklich für den Fall seines Rechtserwerbs Verfügungen trifft, dann ist damit regelmäßig die Genehmigungsmöglichkeit des Rechtsträgers ausgeschlossen.

Dagegen vermögen die Beteiligten die gesetzlichen Wirksamkeitsvoraussetzungen nicht durch Abrede abzuschwächen oder gar abzubedingen[142]. Rechtsbedingungen werden vom Gesetz diktiert und stehen außerhalb des Beliebens

138 Protokolle, Mugdan, Bd. I S. 765.

139 Unrichtig daher KGJ 36, A 198.

140 Motive, Mugdan, Bd. I S. 501.

141 Oertmann, Rechtsb., S. 46.

142 A.A. Oertmann, Rechtsb., S. 47, hinsichtlich der für möglich gehaltenen dispositiven Rechtsbedingungen.

der Parteien[143]. Die Alternativität gewisser Rechtsbedingungen (z.B. Genehmigung des Berechtigten statt Rechtserwerb des Verfügenden, Bezahlung mit Taschengeld statt Genehmigung des gesetzlichen Vertreters), die Möglichkeit der Befreiung von gewissen Wirksamkeitsvoraussetzungen (siehe z.B. § 1745 BGB) sowie die Freiheit, die Konvaleszenz ganz auszuschließen und die Geschäftswirkung in Zweifelsfällen von dem gegenwärtigen Bestehen der Wirksamkeitsvoraussetzung abhängig zu machen (condicio in praesens collata)[144], stehen dem nicht entgegen. Auch soweit gesetzliche Erfordernisse ausnahmsweise als Sollvorschriften aufgestellt sind (vgl. z.B. §§ 1243 II, 1756, 1810 BGB), wird dadurch ihr zwingender Charakter nicht berührt[145]. Streiten könnte man allenfalls darüber, ob die bei dispositiven gesetzlichen Tatbeständen etwa vorkommende Rechtsbedingung ihrerseits dispositiv sei; man denke z.B. an die durch Entwehrung bedingte Rechtsmängelhaftung des Verkäufers. Wenn aber die Vertragschließenden beispielsweise eine unbedingte Haftung des Verkäufers für Rechtsmängel vereinbaren, dann wird dadurch nur scheinbar die Rechtsbedingung abbedungen und in Wirklichkeit die gesetzliche durch eine inhaltlich abweichende vertragliche Regelung verdrängt; der unbedingte Schadensersatzanspruch des Käufers beruht dann nicht mehr auf der – vertraglich abgewandelten – gesetzlichen Vorschrift, sondern unmittelbar auf dem Parteiwillen.

Daß die Vertragsparteien, soweit nicht ausnahmsweise Bedingungsverbote eingreifen (§ 925 II BGB usw.), dem rechtlich bedingten Geschäft auch gewillkürte Bedingungen beifügen können, wird kaum der Erwähnung bedürfen. Von einer solchen Beifügung kann aber nur die Rede sein, wenn dadurch nicht lediglich die gesetzliche Bedingung verschärft, d.h. ihr Eintritt an weitere Voraussetzungen geknüpft werden soll, wie dies oben exemplifiziert worden ist. So kann z.B. eine künftige Forderung zur Sicherung eines Kredites unter der aufschiebenden Bedingung, daß der Kredit einen bestimmten Umfang erreicht, oder unter der auflösenden Bedingung, daß der Gläubiger befriedigt wird, abgetreten werden (die künftige Entstehung der Forderung ist Rechtsbedingung der Zession).

Besteht die gesetzliche Wirksamkeitsvoraussetzung in einer rechtsgeschäftlich verliehenen Befugnis, wie einer Vollmacht oder Ermächtigung, dann braucht der Empfänger von seiner Befugnis keinen Gebrauch zu machen und kann daher auch unter dem Vorbehalt der Genehmigung des Vertretenen bzw.

143 Manigk, „Tatsachen, juristische", Handwörterbuch Bd. V S. 847 (855); Motive, Mugdan, Bd. I S. 501.

144 Das Geschäft ist dann, je nachdem ob die Voraussetzung zutrifft oder nicht, sofort wirksam oder unwirksam, mag sich dies auch erst später konstatieren lassen.

145 v. Tuhr, Allg. Teil, Bd. I S. 28 Anm. 111; Bd. II 1 S. 178.

Berechtigten kontrahieren[146]. Durch diesen Genehmigungsvorbehalt wird alsdann keine geschäftliche Bedingung gesetzt, sondern die bei Nichtausübung der Befugnis wieder in Kraft tretende gesetzliche Bedingung ausgesprochen. Trifft (im Falle einer Verfügung) der Vertretene oder Berechtigte in der Zwischenzeit Gegenverfügungen, so werden diese durch die Genehmigungserteilung nicht hinfällig (§ 184 II BGB).

Schließlich kann die Erwähnung der Rechtsbedingung als Hinweis auf das einstweilen fehlende gesetzliche Erfordernis im einzelnen Fall auch die rechtliche Bedeutung haben, daß ein etwa bestehender Rechtsschein zerstört und damit ein gutgläubiger Erwerb ausgeschlossen wird und daß einer andernfalls bestehenden Rechtsmängelhaftung aus dem Kausalverhältnis vorgebeugt wird. Dabei kann die Wiederholung der Rechtsbedingung für das Vollzugsgeschäft unter Umständen zugleich als Setzung einer Parteibedingung für das Verpflichtungsgeschäft verstanden werden, da dieses nicht immer den gleichen Wirksamkeitserfordernissen unterliegt wie jenes, so z.B. wenn ein Nichtberechtigter eine noch fremde Sache für den Fall seines Eigentumserwerbs verkauft und veräußert, da man sich auch gültig zur Verschaffung fremder Sachen verpflichten kann.

Oertmann will von den Fällen der ausgesprochenen Rechtsbedingung noch diejenigen unterscheiden, „wo jemand das Geschäft von vornherein nur auf den Zeitpunkt schließt, wo alle jetzt noch ausstehenden Wirksamkeitsvoraussetzungen – oder eine einzelne von ihnen – eingetreten sein werden“[147]. Wenn z.B. ein noch nicht oder nur bedingt Berechtigter über das Recht als ein künftig zu erwerbendes verfüge, so stehe die Verfügung nicht unter Rechtsbedingung; es fehle der dieser eigentümliche Gegensatz zwischen dem Wollen und Können der Parteien. Die Verfügung habe von vornherein nur einen beschränkten Inhalt und in bezug auf diesen letzteren seien alle Wirksamkeitserfordernisse gegeben.

Dieser Anschauung kann ich nicht beitreten, ein grundsätzlicher sachlicher Unterschied besteht nicht. Wenn die Parteien die Rechtsbedingung aussprechen, dann bringen sie zum Ausdruck, daß sie in Erwartung der Konvaleszenz kontrahieren, daß also das Geschäft für den Fall des Eintritts der Rechtsbedingung geschlossen wird. Diese Anpassung des Geschäftswillens an die gesetzliche Beschränkung ändert aber nichts an der rechtlichen Bedingtheit des Geschäfts, das eben nur für den Fall wirksam werden kann (und soll), daß das noch fehlende gesetzliche Erfordernis erfüllt wird. Rechtsbedingungen stellen sich nicht notwendig der Parteiabsicht entgegen; der mit ihnen

146 Vgl. OGHZ 1, 209 (211); BGH, DNotZ 1968, 407; RGRK-Kuhn, § 177, Anm. 1. Falls die Vertretung auf der Annahmeseite stattfindet, ist auch die Auslegung möglich, daß der Vertreter lediglich die Offerte namens des Vertretenen entgegennimmt, die Annahme oder Ablehnung derselben aber durch den Vertretenen selbst erfolgen soll, v. Tuhr, Allg. Teil, Bd. II 2 S. 438.

147 Rechtsb., S. 48; siehe auch v. Tuhr, Allg. Teil, Bd. II 1 S. 383.

verfolgte Zweck braucht den Interessen der Parteien nicht zuwiderzulaufen, sondern kann mit ihnen parallel laufen. Dabei kann es unter dem in Rede stehenden Aspekt keinen Unterschied bedeuten, ob sich die Parteien dem gesetzlich notwendigen Wirkungsaufschub lediglich beugen oder unabhängig davon einen früheren Wirkungseintritt gar nicht beabsichtigen. Allerdings ist in dem letzteren Fall anzunehmen, daß die Parteien die etwa gesetzlich vorgesehene Rückwirkung, was ihnen ausdrücklich vorbehalten ist (§ 184 I BGB), ausschließen wollen. Auch ist, wenn die Parteien nur für den Fall des Rechtserwerbs des Verfügenden disponieren, ein Genehmigungsrecht des Drittberechtigten nicht gegeben. Abgesehen von diesen zulässigen Einschränkungen der Konvaleszenzmöglichkeiten bleiben jedoch die Regeln über die Rechtsbedingung anwendbar.

Ebensowenig vermag ich Oertmann zu folgen, wenn er unter Berufung auf Marcianus (Dig. 20, 1, 16, 7) – „aliena res utiliter potest obligari sub condicione, si debitoris facta fuerit" – die Verfügung über das fremde Recht als ein künftig zu erwerbendes auch als eine faktisch bedingte Verfügung zulassen will[148]; denn von einer gewillkürten Bedingung kann nur geredet werden, wenn die Parteien das Geschäft auch unbedingt, d.h. mit sofortiger Wirksamkeit, abschließen könnten. Im übrigen ist es, was die angezogene Digestenstelle anlangt, gerade die Frage, „si facti est condicio" (Marcianus, Dig. 36, 1, 32, 2), und daher nicht auszuschließen und vielmehr anzunehmen, daß Marcianus mit seinem Ausspruch mehr oder weniger bewußt eine condicio iuris expressa im Sinne hatte und eine vollkommene Konvaleszenz der Verpfändung fremder Sachen durch nachfolgenden Eigentumserwerb des Verpfänders zulassen wollte, wenn die Verpfändung in Erwartung eben dieses Erwerbs vorgenommen wird[149].

Übrigens läßt Oertmanns Unterscheidung zwischen „einer unbedingten Zukunfts- und einer bedingten Gegenwartsverfügung"[150] ungeklärt, wie denn das zukünftige ungewisse Ereignis, die Entstehung oder der Erwerb des Rechts, von dem die Rechtswirkung der Verfügung abhängt, im Falle der Zukunftsverfügung rechtlich zu qualifizieren und welcher gesetzlichen Disziplin letztere, z.B. hinsichtlich der Behandlung der Zwischenverfügungen, zu unterstellen wäre. Versucht man diese Fragen zu beantworten, so läßt sich offenbar doch keine andere Erklärung finden, als daß eine gesetzliche Bedingung anzunehmen sei, daß die dafür maßgeblichen Vorschriften zu gelten hätten und daß also nur ein gewöhnlicher Fall der condicio iuris expressa vorliege.

---

148 Rechtsb., S. 48, 49, 196 Anm. 1.

149 Zur Frage der Konvaleszenz der Pfandkonvention über fremde Sachen nach römischem Recht siehe Dernburg, Pandekten, Bd. I § 267; Windscheid, Pandektenrecht, Bd. I § 230.

150 Rechtsb., S. 51.

Der Gegensatz zwischen der condicio facti und der condicio iuris läßt sich hiernach, was die Grundlage der Bedingtheit anlangt, dahin formulieren, daß die Bedingung in dem einen Fall – ausschließlich – auf dem Willen der Parteien und in dem anderen Fall – unabhängig von der Willensrichtung der Parteien – auf dem Willen des Gesetzes beruht. Eine Diskrepanz zwischen dem rechtlichen Wollen und dem rechtlichen Können der Parteien ist zwar für das Vorliegen einer gewillkürten Bedingung typisch – von einer solchen kann nur die Rede sein, wenn die Parteien auch von der Bedingungsabrede absehen, sie jederzeit aufheben oder die Bedingung als eingetreten ansehen und dadurch die sofortige Wirksamkeit des Geschäfts herbeiführen könnten –, nicht jedoch im umgekehrten Sinn für das unter Rechtsbedingung stehende Geschäft, bei dem das Wollen zwar häufig, aber nicht notwendig über das Können hinausgeht; die Vertragschließenden können vielmehr ihre Geschäftsabsicht der Rechtsregel gemäß beschränken, was deren Maßgeblichkeit selbstverständlich unberührt läßt. Der Wille der Parteien ist in bezug auf die durch Rechtsnorm gesetzte Bedingung wertneutral[151]. Wenn Scherbring den Gegensatz zwischen beiden Bedingungsarten darin sieht, daß bei den gewillkürten Bedingungen das Wollen ein bedingtes, die rechtliche Möglichkeit seiner Wirkung dagegen eine unbedingte sei, während bei den durch das Recht bedingten Geschäften das Wollen ein unbedingtes, die rechtliche Möglichkeit seiner Wirkung dagegen eine bedingte sei[152], so ist nur der erste Teil dieser Aussage zwingend (abgesehen davon, daß bei dem bedingten Geschäft nicht der Wille, sondern die gewollte Rechtsfolge bedingt ist). Nach geltendem Recht gibt es sogar eine Reihe von Fällen, in denen die Konvaleszenz nur dann erfolgt, wenn die Parteien das Geschäft für den Fall des Eintritts des sie bedingenden Umstandes geschlossen, den kraft Rechtssatzes eintretenden Schwebezustand also auch gewollt haben, so bei behebbarer Unmöglichkeit und bei ergänzungsbedürftigem Inhalt der versprochenen Leistung (§§ 308 I, 315 BGB).

Aus den dargelegten Gründen kann die Abgrenzung zwischen der gewillkürten und der ausdrücklich beigefügten gesetzlichen Bedingung entgegen Falzea[153] auch nicht etwa nach Interessensphären, also danach vorgenommen werden, ob die Bedingung eigene Interessen der Partei oder der Parteien oder fremde Interessen wahren soll. Eigene und Drittinteressen, private und öffentliche Belange können ineinander übergehen; bei den logischen Erfordernissen, die Falzea allerdings als sog. notwendige, nicht akzidentelle Wirksamkeitsvoraussetzungen nicht zu den Bedingungen rechnen will, müßte dieser Gesichtspunkt ohnehin versagen.

151 Perlingieri, I negozi su beni futuri I, S. 147.

152 Natur und Wirkungen der c.i., S. 22.

153 La condizione, S. 111.

2. ABSCHNITT
DIE RECHTLICHEN WIRKUNGEN DER SCHWEBENDEN UND DER ERFÜLLTEN RECHTSBEDINGUNG

1. Kapitel
Die von Gesetzes wegen bedingte Verfügung

I. Die Regelung der Zwischenverfügungen

1. Verfügungen des Nichtberechtigten (Auslegung des § 185 II 2 BGB)

Mit der erreichten definitorischen Klärung ist eine Aussage über die rechtliche Bedeutung der unter Rechtsbedingung stehenden Geschäfte noch nicht gewonnen. Es wäre selbstverständlich abwegig, dafür aus dem Begriff der Bedingung etwas herleiten und etwa ohne weiteres die Sätze über die rechtsgeschäftliche Bedingung auf sie übertragen zu wollen. Es ist vielmehr induktiv vorzugehen und zu fragen, ob überhaupt von einer einheitlichen, d.h. mehr oder weniger gemeinsamen Regeln folgenden Kategorie gesetzlich bedingter Geschäfte gesprochen werden kann, oder ob es sich nicht vielmehr nur um Einzelerscheinungen ohne inneren Zusammenhang handelt. Weiter ist zu fragen – falls es zutreffen sollte, daß die einzelnen Fälle einheitlichen Regeln folgen –, ob wesentliche Gemeinsamkeiten mit der Parteibedingung bestehen, ob insbesondere bei den rechtlich bedingten Geschäften von einem der Geschäftsbedingung vergleichbaren Schwebezustand geredet werden kann. Es bedarf also einer eindringlichen Analyse, welchen Regeln das Gesetz die einzelnen Fälle gesetzlich bedingter Geschäfte unterworfen hat, insbesondere, welche Rechtsfolgen dem Geschäft in der Zwischenzeit während des Schwebens der Bedingung eigen sind und welche Wirkungen der erfüllten Bedingung zukommen. Sollte diese Untersuchung der positivrechtlichen Gegebenheiten weder gemeinsame Prinzipien der gesetzlichen Bedingungen noch Parallelen zur faktischen Bedingung ergeben, so würde sich der, wenn auch abgrenzbare und definierbare Begriff der Rechtsbedingung für das geltende System allerdings als mehr oder weniger bedeutungslos erweisen.

Wird eine Verfügung unter einer aufschiebenden Parteibedingung getroffen, oder steht sie unter einer (aufschiebenden) Rechtsbedingung, so fallen der Abschluß und die Wirkung des Verfügungsgeschäfts zeitlich auseinander. Wenn in der Zeit zwischen dem Geschäftsabschluß und dem Bedingungseintritt über denselben Gegenstand weitere Verfügungen getroffen werden, die nicht wirksam bleiben bzw. nicht wirksam werden können, ohne die Erstverfügung zu beeinträchtigen, stellt sich die Frage nach dem Rangverhältnis der mehreren Verfügungen zueinander. Auch ist zu fragen, ob es den unter der Bedingung stehenden Erwerb beeinflußt, wenn der Verfügende während des Zwischenstadiums Verfügungsbeschränkungen erleidet, z.B. durch die Eröffnung des Konkurses über sein Vermögen, oder wenn der Erwerber bösgläubig wird oder wenn die sachenrechtlichen Publizitätserfordernisse, der Fahrnisbesitz bzw. die Grundbucheintragung, wegfallen. Während die Antwort für die Fälle der Parteibedingung nach dem heutigen Stand von Lehre und Rechtsprechung kaum noch Schwierigkeiten bereitet, herrschen in den Fällen der Gesetzesbedingung nicht geringe Unsicherheit und Uneinigkeit.

Die Rechtslage des Zwischenzustandes der bedingten Verfügung (hier und im folgenden stets im weiteren, die Rechtsbedingung einschließenden Sinn) wird entscheidend durch die rechtliche Behandlung der Zwischenverfügungen gekennzeichnet. Zu den gesetzlichen Bedingungen gehören im Bereich der Verfügungsgeschäfte u.a. die Heilungsmöglichkeiten der Verfügung des Nichtberechtigten, nämlich die Genehmigung des Berechtigten, der Rechtserwerb des Verfügenden und die Beerbung des Verfügenden durch den für die Nachlaßverbindlichkeiten unbeschränkt haftenden Berechtigten (§ 185 I 1 BGB). Für die Konkurrenz mehrerer Verfügungen in den beiden letzteren Fällen stellt § 185 II 2 BGB eine Rangfolge auf (die Konvaleszenz durch Genehmigung wird unten im Zusammenhang mit den übrigen genehmigungsbedürftigen Verfügungen behandelt werden). Danach wird, wenn über den Gegenstand mehrere miteinander nicht in Einklang stehende Verfügungen getroffen worden sind, nur die frühere Verfügung wirksam. Die Auslegung dieser Vorschrift ist nach wie vor streitig. Während im Schrifttum großenteils die Ansicht vertreten wird, daß die frühere Verfügung (ebenso wie im Fall des § 161 I BGB) stets den Vorrang habe, daß also jede nachfolgende Verfügung insoweit unwirksam sei, als sie die Rechtswirkung der vorausgegangenen beeinträchtigen würde[1], herrscht in der Rechtsprechung der Standpunkt vor, daß die Regel des Altersvorzuges nur für das Zusammentreffen mehrerer Übertragungsrechtsgeschäfte gelte, weil nur solche miteinander unvereinbar seien, nicht jedoch für das Zusammentreffen einer Rechtsübertragung mit einer Belastung, gleichviel ob die Übertragung der Belastung vorausgehe oder nachfolge, noch für das Zusammentreffen mehrerer Belastungen, weil Eigentum und beschränktes Recht bzw. mehrere beschränkte Rechte an

1 Siehe z.B. v. Tuhr, Allg. Teil, Bd. II 1 S. 385, 386 und Bd. II 2 S. 309; Oertmann, Rechtsb., S. 149; Westermann, Sachenrecht, § 48 I 3; E. Wolf, Sachenrecht, S. 191; Palandt-Heinrichs, § 185, Anm. 3; OLG Stuttgart, SeuffArch, 82, 115; für konkurrierende Pfandrechte ferner: Biermann, Sachenrecht, § 1207; Planck-Brodmann, § 1205, Anm. 1 a; Enneccerus-Nipperdey, Allg. Teil, § 204 V 3 Anm. 63; Emmerich, Pfandrechtskonkurrenzen, S. 110; M. Wolff, Die Zwangsvollstreckung in eine dem Schuldner nicht gehörige bewegliche Sache, in Festgabe für Hübler, S. 63 (66).

derselben Sache bestehen könnten und daher einander nicht widersprächen[2]. Während also nach der ersteren Meinung die einer vorausgegangenen Übertragung (Übereignung, Zession) nachfolgende Belastung (Verpfändung, Pfändung, Nießbrauchbestellung usw.) bei Eintritt der Rechtsbedingung unwirksam bleibt und mehrere Belastungen mit dem Rang nach der zeitlichen Folge der Verfügungsakte wirksam werden, erstarkt nach der letzteren Meinung auch die nachfolgende Belastung, so daß das übertragene Recht nur belastet übergeht, und werden mehrere Belastungen mit dem gleichen Rang wirksam. Ist z.B. die noch unter dem Eigentumsvorbehalt des Verkäufers stehende Sache von dem Käufer zunächst einem Dritten zur Sicherung eines Darlehens übereignet und anschließend von einem Gläubiger des Käufers gepfändet worden[3], dann würde bei Zahlung des Restkaufpreises nach der ersteren Auffassung nur die Übereignung wirksam werden, der Dritte also unbelastetes Eigentum erwerben, während nach der letzteren Auffassung auch das Pfändungspfandrecht erstarken und der Dritte somit nur belastetes Eigentum erwerben würde.

Die letztere, das Prioritätsprinzip einschränkende und herrschend gewordene Auffassung beruht auf einem Fehlschluß aus dem Wortlaut der Bestimmung, sie ist „handgreiflich unrichtig"[4]. Da auch Eigentum mehrerer an einer Sache bestehen kann, wäre es nach ihr nur folgerichtig, auch mehrere Übereignungen für miteinander vereinbar zu halten und bei Bedingungseintritt Miteigentum der mehreren Erwerber entstehen zu lassen[5]. Es kann daher nicht zutreffen, daß nur Übertragungsrechtsgeschäfte einander ausschlössen und daß der Gesetzgeber nur für diesen Konfliktsfall eine Regelung habe treffen wollen. Abgesehen davon handelt die Vorschrift von den „getroffenen" Verfügungen und zielt damit nicht auf die abstrakte Möglichkeit des Nebeneinanderbestehens mehrerer Rechte an ein und derselben Sache, sondern auf die Vereinbarkeit der konkreten Verfügungsinhalte. Berücksichtigt man dies, dann bedarf es kaum einer weiteren Darlegung, daß mit einer vorausgegangenen Übereignung, d.h. Übertragung unbelasteten Eigentums, eine nachfolgende Belastung ebenso inhaltlich unvereinbar ist, wie eine erneute Übereignung (die Übertragung unbelasteten Eigentums und die Bestellung eines beschränkten dinglichen Rechts an derselben Sache schließen sich gegenseitig aus), während andererseits eine vorausgegangene Belastung

2 KG, OLGRspr, 22, 163; OLG Breslau, JW 1929, 2958 und 1931, 2250; BGH, NJW 1956, 665 (667); G. Reinicke, Gesetzliche Pfandrechte und Hypotheken am Anwartschaftsrecht aus bedingter Übereignung, ZHR, Beiheft Nr. 19 (1941), S. 51; Forkel, Grundfragen der Lehre vom privatrechtl. Anwartschaftsrecht, S. 69 ff., m.w.N.

3 Siehe den vom BGH entschiedenen Fall in NJW 1956, 665.

4 Kühne, Tatbestandsteilung, S. 139.

5 Vgl. Spindler, Der Rang von Pfandrechten bei Verfügungen des Nichtberechtigten, MDR 1960, 454 (455).

mit einer nachfolgenden Übereignung in Einklang steht, wenn diese mit Rücksicht auf jene nur die Übertragung belasteten Eigentums zum Inhalt haben soll.

Mehrere aufeinanderfolgende Verpfändungen durch den Nichtberechtigten haben schon kraft der Zeitfolge der Verpfändungsakte, als Erstverpfändung, Zweitverpfändung, d.h. Bestellung eines erstrangigen, Bestellung eines zweitrangigen Pfandrechts, ebenso wie sukzessive Verpfändungen durch den Berechtigten, rangverschiedenen Inhalt. Das Rangverhältnis ist von so einschneidenden Wirkungen auf die Rechtsausübung, daß es zum Inhalt des Rechts im weiteren Sinn zu zählen ist[6]. So gesehen stehen mehrere Verpfändungen miteinander in Einklang und entstehen bei Bedingungseintritt Pfandrechte mit verschiedenem, der Zeitfolge der Bestellung entsprechendem Rang. Bei anderer Betrachtung ist nicht daran vorbeizukommen, daß sich mehrere Pfandrechte und sonstige beschränkte Rechte an einer Sache gegenseitig beeinträchtigen und daher nicht miteinander in Einklang stehen, so daß sich der Vorrang der früheren Verpfändung usw. sinngemäß aus § 185 II 2 BGB ergibt[7].

Auch teleologisch betrachtet läßt sich die Regelung nicht auf die Konkurrenz von Vollrechtsübertragungen beschränken. Das Gesetz bezweckt mit der Konvaleszenz, den durch die Verfügung des Nichtberechtigten geschaffenen regelwidrigen Zustand auf den Regelfall zurückzuführen und die Verfügung in den Grenzen des rechtlich Erreichbaren (vgl. die für den Fall der Genehmigung angeordnete Rückwirkung) ebenso wirksam werden zu lassen, wie sie es ohne den anfänglichen Unwirksamkeitsgrund gewesen wäre; durch die Konvaleszenz soll ein Zustand geschaffen werden, der sich von der normalen, d.h. durch die Verfügung eines Berechtigten erzeugten Rechtslage, durch nichts weiter als durch den vorübergehenden Zustand der Schwebe unterscheidet[8]. Sind mehrere Verfügungen getroffen, so müssen sie daher auch bei der Beurteilung der Konvaleszenzwirkung in ihrem rechtlichen Zusammenhang gesehen werden; sie können nur zu jener Wirkung erstarken, die sie auch bei ursprünglicher Berechtigung des Verfügenden gehabt hätten, d.h. nur mit dem sich aus ihrer zeitlichen Aufeinanderfolge ergebenden Rangverhältnis. Daß Zwischenverfügungen durch die Heilung keine weitergehende als die ihnen auch im Normalfall zukommende Wirkung erlangen können, folgt daher schon

6 v. Tuhr, Allg. Teil, Bd. I S. 236; Staudinger-Seufert, § 879, Nr. 1 a.

7 Vgl. Emmerich, Pfandrechtskonkurrenzen, S. 110: „Die mehreren Pfändungen sind sich widersprechende Verfügungen, insoweit jedes Pfandrecht mit dem Rang als Erstpfandrecht gelten will. Deshalb wird nur die erste Verfügung mit dem ersten Rang wirksam. Alle übrigen Verfügungen sind insoweit unwirksam, also jede als erste Verfügung. Aber als Verfügung ist jede gültig, und so werden sie zweite, dritte und folgende Verfügungen."

8 Winkelmann, Die Grundsätze der Konvaleszenz unwirksamer Verfügungen und ihre Anwendbarkeit auf die Entstehung der gesetzlichen Pfandrechte, S. 55 ff.

aus dem richtigen Verständnis der Konvaleszenz, so daß es der ausdrücklichen Bestimmung über den Altersvorzug letztlich nur zur Klarstellung, „zur Beseitigung von Zweifeln“[9], bedurfte. Die Annahme, daß dem Nichtberechtigten durch die Konvaleszenz Verfügungsmöglichkeiten eingeräumt seien, die nicht einmal dem Berechtigten gegeben sind, nämlich eine Sache zu übereignen und anschließend noch zu belasten oder nacheinander gleichrangige Pfandrechte zu bestellen, oder daß Zwischenverfügungen, die nach der Absicht der Vertragschließenden mit Rücksicht auf die Vorverfügung nur einen minderen Rechtserwerb zum Inhalt haben, wie z.B. eine Zweitverpfändung, dem Erwerber vermittelst der Konvaleszenz ein besseres als das vereinbarte Recht gewährten, muß demgegenüber als absurd erscheinen.

Eine Abwägung der Interessen der Beteiligten kann ebenfalls nur dazu führen, grundsätzlich auf das Vertrauen des ersten Erwerbers Rücksicht zu nehmen; ihn nur gegen translative, nicht gegen konstitutive nachfolgende Verfügungen zu schützen, wäre eine gar nicht begründbare Differenzierung, wie umgekehrt auch nicht einzusehen wäre, warum der Nichtberechtigte anders als der Berechtigte seine vollzogenen Verfügungsakte teilweise wieder sollte umstoßen können. Der dem Inhalt der Regelung vernünftigerweise zu entnehmende Sinn kann daher nur sein, der jeweils früher getroffenen Verfügung den Vorrang zu verleihen, mit anderen Worten dasjenige Rangverhältnis herzustellen, das auch bei mehreren Verfügungen eines Berechtigten bestünde: miteinander stehen solche Verfügungen in Einklang, die auch ein Berechtigter wirksam nacheinander über denselben Gegenstand treffen könnte.

Mit Evidenz folgt die Richtigkeit dieser Auslegung schließlich aus den Gesetzesmaterialien. In dem Entwurf erster Lesung war der Heilungsgrundsatz in einer Vielzahl von Einzelvorschriften ausgesprochen. Dabei war von mehreren Verfügungen des Nichtberechtigten ausdrücklich der früheren der Vorzug vor der späteren eingeräumt. So wäre beispielsweise aus der in § 1147 II des ersten Entwurfs vorgesehenen entsprechenden Anwendung des § 876 zu folgern gewesen, daß von mehreren Verpfändungen durch den Nichtberechtigten jeweils die frühere den Vorrang haben sollte. Wenn die Einzelvorschriften dann in dem Entwurf zweiter Lesung zu einer allgemeinen Regel zusammengefaßt wurden, so geschah dies ohne sachliche Änderung zu dem Zweck, das Prinzip in möglichst allgemeiner Form auszusprechen und der analogen Anwendung zu erschließen[10].

In den Motiven zum Entwurf erster Lesung ist überdies zu den später in § 185 BGB aufgegangenen Vorschriften klargestellt[11], daß den drei Heilungstatbeständen (Genehmigung, Rechtserwerb, Beerbung) *absolute Wirkung* gegenüber

9 Motive, Mugdan, Bd. II S. 77.

10 Protokolle, Mugdan, Bd. I S. 762.

11 Mugdan, Bd. II S. 76, 77; Bd. III S. 189. – Hervorhebungen durch den Verfasser.

allen Beteiligten zukomme, daß der Verfügende an das Rechtsgeschäft *gebunden* sei, daß dieses mit Eintritt der Heilung die *volle beabsichtigte Wirksamkeit gegen alle* erlange und daß für den zweiten und dritten Fall mangels Rückwirkung zur Beseitigung von Zweifeln eine Bestimmung über den Altersvorzug zu treffen sei (im ersten Fall seien ähnliche Zweifel nicht denkbar: wirksam werde diejenige Abtretung, die der Gläubiger genehmige; habe er sie genehmigt, so sei er nicht mehr Gläubiger und daher, wie zu ergänzen ist, zu einer Genehmigung noch weiterer Abtretungen rechtlich nicht mehr in der Lage). Daß mit dem verordneten Altersvorzug der volle Vorrang der älteren vor der jüngeren Verfügung gemeint gewesen ist, kann hiernach keinem Zweifel unterliegen. Übrigens wäre auch historisch betrachtet der Fortschritt von der exceptio und replicatio rei venditae et traditae des römischen und gemeinen Rechts zur vollen Konvaleszenz des geltenden Rechts durchaus problematisch, wenn es der unberechtigt Verfügende in der Hand hätte, die Konvaleszenzwirkung noch durch Zwischenverfügungen zu entkräften.

Die Gegenmeinung beruft sich immer wieder auf das Urteil des Reichsgerichts vom 31.1.1905 (RGZ 60, 70) als höchstrichterliche Stellungnahme für eine restriktive Auslegung des § 185 II 2 BGB. Die von einem Pächter – dieser Sachverhalt lag der Entscheidung zugrunde – eingebrachte, auf Abzahlung gekaufte und noch unter Eigentumsvorbehalt stehende Lokomobile war von einem seiner Gläubiger gepfändet worden. Das Reichsgericht hat zwar diesen Fall dahin entschieden, daß mit dem Eintritt der Konvaleszenz durch Zahlung des Kaufpreisrestes beide Pfandrechte (Verpächter- und Pfändungspfandrecht) zu gleichem Rang entstünden. Diese Ablehnung des Prioritätsprinzips hat aber, wie meist übersehen wird, ihren Grund nicht in einer bestimmten Deutung des § 185 II 2 BGB, sondern darin, daß das Reichsgericht die Konvaleszenz des Pfändungspfandrechts nicht aus § 185 II BGB, sondern aus „allgemeinen Rechtsanschauungen“ hergeleitet[12] und daher die fragliche Bestimmung gar nicht angewendet hat. Es ist sogar anzunehmen, daß es nur deshalb die Anwendung des § 185 BGB auf das Pfändungspfandrecht zunächst abgelehnt, sodann aber die Möglichkeit seines Wirksamwerdens aus „allgemeinen Rechtsanschauungen“ dennoch bejaht hat, weil es den § 185 II BGB mit seinen weitergehenden Rechtsfolgen, nämlich das Prinzip des Zeitvorrangs, unter allen Umständen vermeiden wollte[13]. Es geht daher nicht an, in dieser, übrigens nicht nur in der Begründung, sondern auch im Ergebnis unbefriedigenden[14] Entscheidung eine Stellungnahme zugunsten einer ein-

12 Siehe auch RG, LZ 1917, 860 (861); Rosenberg, JW 1929, 2958.

13 Winkelmann, Grundsätze der Konvaleszenz unwirksamer Verfügungen, S. 98.

14 Vgl. z.B. v. Tuhr, Allg. Teil, Bd. II 2 S. 309 Anm. 116; Enneccerus-Nipperdey, Allg. Teil, § 204 V 3 Anm. 63; Schlegelberger-Hefermehl, Anhang zu § 368 HGB, Nr. 39.

engenden Auslegung der Gesetzesstelle zu erblicken; eher noch wäre es gerechtfertigt, wenn nämlich die erwähnte Annahme zutreffen sollte, in ihr eine indirekte Bestätigung des Prioritätsprinzips des § 185 II 2 BGB zu sehen.

Ernstliche Versuche, die engere Auslegung – nicht nur im Wege einer Wortlautdeutung – zu begründen, finden sich nur selten. G. Reinicke sieht eine Rechtfertigung dieser Auslegung darin, daß der Erwerber im Falle des § 185 II BGB keine schutzwürdige Rechtsstellung habe, weil der Berechtigte unbehindert über die Sache verfügen könne und der Eintritt der Rechtsbedingung gänzlich ungewiß sei[15]. Die fortbestehende Dispositionsfreiheit des Berechtigten ändert aber nichts daran, daß der Erwerber für den Fall des Bedingungseintritts im Verhältnis zu dem Verfügenden und dessen Gläubigern eine schutzwürdige Position innehat. Forkel räumt zwar ein, daß das Vorrangprinzip den Interessen der Vertragsgenossen entspreche, folgt aber im übrigen den Gedanken Reinickes und meint ferner, die volle Anerkennung des Vorrangs gefährde die allgemeine Rechtssicherheit und -klarheit und ermögliche zum Nachteil der Gläubiger eine Aushöhlung des künftigen Vermögens[16]. Diese Bedenken überschätzen jedoch die Verfügungsmöglichkeiten Nichtberechtigter – sachenrechtliche Verfügungen gem. § 185 II BGB erfordern Besitz des Verfügenden und, sollen sie überhaupt rechtliche Relevanz haben, eine reelle Aussicht auf Konvaleszenz – und erscheinen, wenn nicht als theoretischer, so jedenfalls nicht solcher Art, daß sie eine allgemeine Beschränkung des Prinzips und nicht lediglich eine Korrektur im Einzelfall (§§ 134, 138 BGB) rechtfertigen könnten. Im übrigen scheitern alle diese Begründungsversuche an der dargelegten eindeutigen Interessenwertung des Gesetzgebers zugunsten der Sicherheit des Rechtsverkehrs, wonach der Erwerber in allen drei Fällen des § 185 II BGB umfassend gegen Rechtsbeeinträchtigung durch Zwischenverfügungen seines Vertragspartners geschützt wird. Daß der Rechtsverkehr den Vertrauensschutz des ungeschmälerten Prioritätsprinzips erfordert, erkennen übrigens auch die Vertreter der restriktiven Auslegung an, indem sie für die praktisch bedeutsamsten Fälle der Verfügung über fremde Rechte, nämlich die Verfügungen des bedingt Berechtigten, mit Hilfe der Konstruktion eines selbständig abtretbaren Anwartschaftsrechts den gleichen Schutz anstreben. Auch für die Verfügung über künftige Rechte, einen Analogiefall des § 185 II BGB (siehe unten), bejaht die herrschende Ansicht das uneingeschränkte Vorrangprinzip (abgesehen vom Konkursfall)[17].

---

15 Gesetzliche Pfandrechte und Hypotheken am Anwartschaftsrecht aus bedingter Übereignung, ZHR Beiheft Nr. 19, S. 51.

16 Grundfragen der Lehre vom privatrechtl. Anwartschaftsrecht, S. 70, 189.

17 RG, JW 1913, 132; RGZ 82, 227 (231); 143, 113; BGH, LM Nr. 14 zu § 313 BGB; NJW 1959, 1533 (1536); 1960, 1715; OLG Hamburg, MDR 1956, 227.

2. Die Zwangsvollstreckung in das schuldnerfremde Vermögen

Die Motive zum Entwurf erster Lesung heben hervor, daß der Grundsatz der Konvaleszenz sämtliche Verfügungen unter Lebenden über das Recht eines anderen beherrsche und daß eine analoge Anwendung des Grundsatzes auf andere geeignete Fälle gerechtfertigt sei[18]. Die im Entwurf erster Lesung enthaltenen Einzelvorschriften wurden im Entwurf zweiter Lesung zu einer allgemeinen Regel zusammengefaßt, um der Ansicht vorzubeugen, als handele es sich bei ihnen nur um Spezialvorschriften, die eine entsprechende Anwendung nicht zuließen[19]. Die hiernach schon vom Gesetzgeber vorgesehene Erweiterung des Prinzips ist in zweifacher Weise möglich, einmal auf andere Entstehungstatbestände als rechtsgeschäftliche Verfügungen und sodann auf andere Wirksamkeitsvoraussetzungen als die Rechtszuständigkeit. Es kann folglich – ausgehend von der ersteren Erweiterungsmöglichkeit – und mit Rücksicht auf die in § 804 II ZPO ausgesprochene Übereinstimmung des Pfändungspfandrechts mit dem durch Vertrag erworbenen Faustpfandrecht keinen Bedenken unterliegen, wenn die herrschende Ansicht den Heilungsgrundsatz auf den Zwangszugriff der Gläubiger auf das schuldnerfremde Vermögen entsprechend anwendet[20]. Wenn die Gleichstellung der Zwangsverfügungen mit den rechtsgeschäftlichen Verfügungen in einzelnen Fällen im Interesse der Deutlichkeit besonders hervorgehoben ist (z.B. in § 161 I BGB), so darf daraus, worauf die Motive hinweisen[21], für andere Fälle kein gegenteiliger Schluß gezogen werden. Es wäre auch wenig sinnvoll, nach Eintritt des Heilungstatbestandes eine Wiederholung des Vollstreckungsakts zu verlangen, zumal dieser einstweilen nicht jeder Wirkung entbehrt, sondern bereits eine öffentlichrechtliche Verstrickung erzeugt.

Diese Gleichstellung hat im Rahmen des § 185 II BGB vornehmlich für die Pfändung dem Schuldner nicht gehörender Sachen Bedeutung, nämlich für die Frage, ob die Pfändung – ausgehend von der sog. gemischten privat-öffentlichrechtlichen Theorie – bei Eintritt der heilenden Umstände (Genehmigung, Rechtserwerb, Beerbung) ein Pfändungspfandrecht entstehen läßt. Hält man darüber hinaus, ähnlich der überwiegend für zulässig erachteten Vorauspfändung künftiger hinreichend bestimmter Forderungen, auch die Pfändung fremder, etwa vom Vollstreckungsschuldner zur Sicherheit abgetretener

18 Mugdan, Bd. II S. 77.

19 Protokolle, Mugdan, Bd. I S. 762.

20 Vgl. M. Wolff, Die Zwangsvollstreckung in eine dem Schuldner nicht gehörige bewegl. Sache, Festg. f. Hübler, S. 66; v. Tuhr, Allg. Teil, Bd. II 1 S. 387 (anders S. 264 für den Fall der Genehmigung); Enneccerus-Nipperdey, Allg. Teil, § 204 V 3; Palandt-Heinrichs, § 185, Anm. 1 und 3; a.A. (für den Fall des Rechtserwerbs) z.B. Flume, Allg. Teil, Bd. II § 58.

21 Mugdan, Bd. I S. 422.

Forderungen für heilbar[23], dann ergreift die Konvaleszenz nicht nur die Pfändung, sondern auch die Überweisung der Forderung gemäß § 835 ZPO; wenn nämlich auch heute die Meinung überwiegt, daß die Zwangsmaßnahmen des Gerichtsvollziehers und des Vollstreckungsgerichts Akte hoheitlicher Gewalt seien und daher bei der Versteigerung gemäß § 814 ZPO Eigentum auf den Erwerber unabhängig von dem Bestehen eines Pfändungspfandrechts und ohne Rücksicht auf den guten Glauben des Erstehers an das Bestehen eines solchen übergehe, so wird doch für die Zwangsüberweisung von Forderungen die gleiche Folgerung nicht gezogen[24].

Mit der Anwendung des Konvaleszenzprinzips ist, wie die oben zitierte Entscheidung des Reichsgerichts vom 31.1.1905 verkannt hat, untrennbar die Regel des Altersvorzuges gemäß § 185 II 2 BGB gegeben, die übrigens die Erweiterung (auf Zwangsverfügungen) schon unmittelbar ausspricht, indem sie nicht nur von mehreren Verfügungen des Nichtberechtigten, sondern ganz allgemein von dem Zusammentreffen mehrerer Verfügungen über den Gegenstand handelt[25]. Diese Regel gilt somit auch im Widerstreit rechtsgeschäftlicher und zwangsweiser bzw. mehrerer zwangsweiser Verfügungen.

3. Exkurs: Der gesetzliche Erwerb vom Nichtberechtigten

Wie auf Verfügungen, die im Wege der Zwangsvollstreckung getroffen werden, so läßt sich das Konvaleszenzprinzip seiner allgemeinen Bedeutung gemäß auch auf verfügungsähnliche gesetzliche Tatbestände übertragen. Hierbei ist vor allem an die gesetzlichen Pfandrechte zu denken, soweit sie Eigentum des Schuldners voraussetzen (wie z.B. nicht das Pfandrecht des Bergers und Retters gem. § 751 HGB), und zwar für den Fall des nachträglichen Rechtserwerbs des Schuldners[26]. Man könnte meinen, es sei schon den rechtsgewährenden Vorschriften der §§ 559, 581, 647 BGB usw. abzulesen, daß bei schließlichem Vorliegen aller Voraussetzungen, also gegebenenfalls

23 So OLG München, NJW 1954, 1124, das für die Zwischenzeit schon die öffentlichrechtliche Verstrickung bejaht; Tiedtke, Pfändungspfandrecht an einer nach Pfändung wiedererworbenen Forderung? in NJW 1972, 746, der auch die Verstrickung für einstweilen aufgeschoben hält; a.A. Merz, NJW 1955, 347; BGH, NJW 1971, 1938.

24 Vgl. Paulus, Schranken des Gläubigerschutzes aus relativer Unwirksamkeit, Festschrift für Nipperdey 1965, Bd. I S. 909 (918 Anm. 18).

25 Siehe auch Meister, Die Pfändung aufschiebend bedingten und künftigen Eigentums, NJW 1959, 608. Zwischenzeitliche Verfügungen des Berechtigten bleiben außer Betracht, weil sie mit den Verfügungen des Nichtberechtigten nicht kollidieren, siehe unten S. 84.

26 Vgl. v. Tuhr, Allg. Teil, Bd. I S. 187 Anm. 23; Bd. II 1 S. 387; Enneccerus-Nipperdey, Allg. Teil, § 204 V 3; RGRK-Kuhn, § 185, Anm. 20; a.A. Emmerich, Pfandrechtskonkurrenzen, S. 111. – Für den Fall der Zustimmung wird eine entsprechende Anwendung des § 185 überwiegend abgelehnt, weil es der Eigenart

auch bei nachträglichem Eigentumserwerb des Schuldners, das Pfandrecht zur Entstehung gelange, so daß es der Heranziehung des § 185 II BGB gar nicht bedürfe. Dabei würde aber übersehen, daß auch bei dem Erwerb der gesetzlichen Pfandrechte der eigentliche Entstehungstatbestand von den Wirksamkeitsvoraussetzungen zu sondern ist und daß die Nachholbarkeit fehlender Wirksamkeitserfordernisse der gesetzlichen Zulassung bedarf[27].

Zum Entstehungstatbestand der in Betracht kommenden Legalpfandrechte gehören der Abschluß eines bestimmten obligatorischen Vertrages sowie das Einbringen der Sache in einen bestimmten, von dem Vertrag umspannten räumlichen Bereich bzw. ihre Übergabe an den Gläubiger, während die Zugehörigkeit der Sache zum Vermögen des Schuldners und das Bestehen der zu sichernden, teilweise erst künftigen Forderungen gemäß den entsprechend anwendbaren §§ 185 II, 1204 II BGB nachholbare Wirksamkeitserfordernisse darstellen. Die Vorschrift des § 1257 BGB, wonach die Regeln über das durch Rechtsgeschäft bestellte Pfandrecht auf das kraft Gesetzes *entstandene* Pfandrecht entsprechend anzuwenden sind (und deren Bedeutung bekanntlich besonders im Hinblick auf die Möglichkeit eines gutgläubigen Erwerbs der gesetzlichen Besitzpfandrechte umstritten ist), steht dieser weiteren Analogie nicht im Wege; wenn nämlich § 1257 BGB die entsprechende Anwendung der Vorschriften über das *bestellte* Pfandrecht gebietet, so wird dadurch nicht zugleich die entsprechende Anwendung der übrigen Vorschriften verboten[28]. Deren analoge Heranziehung bleibt daher möglich, soweit ihr nicht die „innere Verschiedenheit des zur Begründung verlangten Tatbestands" der Legalpfandrechte widerstreitet[29]. Letzteres kann für die Frage der Nachholbarkeit der in Rede stehenden Erfordernisse aber nicht angenommen werden. Das gesetzliche Pfandrecht steht also unter Rechtsbedingung, wenn der Schuldvertrag geschlossen und die Sache eingebracht bzw. ihr Besitz übertragen, der Schuldner aber noch nicht Eigentümer ist bzw. einzelne zu sichernde Forderungen noch nicht entstanden sind. Die Beachtung dieses mit der Erfüllung der engeren Entstehungsvoraussetzungen eintretenden Schwebezustandes hat vor allem für die Wahrung des Rangverhältnisses Bedeutung. Die mit dem Grundsatz der Konvaleszenz gegebene Priorität der Rechte (§ 185 II

---

gesetzlicher Pfandrechte widerspreche, ihre Entstehung, die nicht auf einem Verfügungsakt beruhe, von der Zustimmung eines Verfügungsberechtigten abhängig zu machen, siehe Raiser, Verwendungsansprüche des Werkunternehmers, JZ 1958, 681 (682); BGH, NJW 1961, 499 (500); OLG Köln, NJW 1968, 304; a.A. OLG Braunschweig, OLGRspr 36, 58; Benöhr, Kann ein Dritter mit Zustimmung des Eigentümers das gesetzliche Unternehmerpfandrecht begründen? ZHR 1971, 144 ff.

27 Inwieweit überhaupt bei nichtgeschäftlichen Begründungstatbeständen von Wirksamkeitsvoraussetzungen geredet werden kann, wird unten S. 197 näher zu untersuchen sein.

28 RGRK-Kregel, § 1257, Anm. 6.

29 Motive, Mugdan, Bd. III S. 444.

2, 1209 BGB) schützt den Erwerber des Legalpfandrechts gegen beeinträchtigende Zwischenverfügungen, so z.B. wenn die vom Mieter eingebrachte, unter Eigentumsvorbehalt gekaufte Sache von einem seiner Gläubiger gepfändet wird[30].

Daß bei einer Aufeinanderfolge sofort wirksamer Verfügungen nach dem rechtslogischen Satz „nemo plus iuris ad alium transferre potest quam ipse habet" der Altersvorzug gilt, wird von dem Gesetz als selbstverständlich vorausgesetzt (vgl. die Verwendung des Wortes „auch" in § 1209 BGB), ist aber dennoch kein ausnahmsloses Prinzip; abgesehen von den das Prinzip durchbrechenden Regeln über den gutgläubigen Rechtserwerb und den in §§ 1124 I 2 Halbsatz 2, 1126 und 1129 BGB enthaltenen Ausnahmen bringt auch § 443 I HGB für konkurrierende Pfandrechte des Kommissionärs, des Spediteurs, des Lagerhalters und des Frachtführers, soweit sie durch die Versendung oder durch die Beförderung des Gutes entstanden sind, eine Umkehr des Prinzips, indem er bestimmt, daß das später entstandene dem früher entstandenen vorgehen soll (Gesichtspunkt der Wertbesserung[31]); durch Absatz II der Vorschrift wird weiterhin der Vorrang dieser Pfandrechte vor dem nicht aus der Versendung entstandenen Pfandrecht des Kommissionärs und des Lagerhalters sowie vor dem Pfandrecht des Spediteurs und des Frachtführers für Vorschüsse bestimmt (siehe ferner §§ 767 und 777 HGB). Wenn es nun nach anfänglich fehlendem Eigentum des Schuldners (und mangels guten Glaubens des Erwerbers, § 366 III HGB) zur Konvaleszenz der konkurrierenden Pfandrechte kommt, stellt sich die Frage, ob das Prioritätsprinzip des § 185 II 2 BGB oder das Posterioritätsprinzip des § 443 HGB zu bevorzugen oder ob jede Rangordnung aufgehoben ist. Berücksichtigt man, daß die Konvaleszenz nur die Wiederherstellung normaler Verhältnisse bezweckt, wie sie ohne den ursprünglichen Unwirksamkeitsgrund bestanden hätten, dann erscheint auch die Anerkennung des Prioritätsprinzips in § 185 II 2 BGB nur als ein Ausdruck jenes umfassenderen Rechtsgrundsatzes mit der Folgerung, daß der Altersvorzug derjenigen anderen Rangordnung weichen muß, die im Normalfall, d.h. bei Vorliegen der Wirksamkeitsvoraussetzung von Anfang an, als Ausnahme im Einzelfall gegolten hätte; die Bestimmung des § 185 II 2 BGB hat ihren Grund darin, daß bei sofortiger Wirksamkeit konkurrierender Rechte in der Regel das ältere dem jüngeren vorgeht, und reicht daher auch nicht weiter als diese Regel, sondern folgt ihren Ausnahmen[32]. Diese Überlegung, die ebenso für das Eingreifen der Vorschriften über den gutgläubigen Rechtserwerb gilt, ergibt für die vorliegende Prinzipienkreuzung die vorrangige Geltung des Posterioritätsprinzips.

---

30 Siehe v. Tuhr, Allg. Teil, Bd. II 2 S. 309 Anm. 116; Enneccerus-Nipperdey, Allg. Teil, § 204 V 3 Anm. 63; a.A. RGZ 60, 70.

31 Emmerich, Pfandrechtskonkurrenzen, S. 76.

32 Winkelmann, Grundsätze der Konvaleszenz unwirksamer Verfügungen, S. 110.

4. Verfügungen über künftige Rechte

Die Zulässigkeit der Verfügung über künftige Rechte, namentlich in Gestalt der Vorausabtretung künftiger bestimmter oder objektiv bestimmbarer Forderungen (Verfügungen über künftige Sachen scheitern an dem Übergabe- und Eintragungsprinzip), ist heute nahezu allgemein anerkannt. Ihre gesetzliche Grundlage ist mit dem Urteil des Reichsgerichts vom 11.10.1935[33] ebenfalls in einer entsprechenden Anwendung des § 185 II BGB zu finden. Das Konvaleszenzprinzip dieser Bestimmung tendiert schon nach seiner Entstehungsgeschichte zur Verallgemeinerung; die Wirksamkeitsvoraussetzungen der Verfügung sollen im Interesse der Leichtigkeit des Geschäftsverkehrs nach Möglichkeit als nachholbar behandelt werden. Es spricht daher alles dafür, das Vorhandensein des den Gegenstand der Verfügung bildenden Rechts ebenso wie seine Zugehörigkeit zum Vermögen des Verfügenden als ein nachholbares Erfordernis anzusehen. Wie die Verfügung über das fremde Recht durch dessen Erwerb geheilt wird, so ist auch die Verfügung über das künftige Recht durch dessen Entstehung heilbar[34]; die Rechts- und Interessenlage ist in beiden Fällen wesentlich gleichartig[35]. Den Konvaleszenzmöglichkeiten des § 185 II BGB ist daher im Wege entsprechender Anwendung diejenige der Rechtsentstehung in der Person des Verfügenden anzureihen. Mit dem Abschluß des Zessionsvertrages ist der Verfügungstatbestand vollendet; die Verfügungswirkung tritt in dem Augenblick ein, in dem die Forderung – in der Person des Zedenten – ensteht, um auf Grund der damit wirksam gewordenen Abtretung sogleich auf den Zessionar überzugehen.

Diese sog. Konstruktion des Durchgangserwerbs verdient den Vorzug vor der Theorie des unmittelbaren Rechtserwerbs. Es würde, um mit Oertmann zu sprechen[36], ein hysteron proteron erster Sorte darstellen, wollte man annehmen, daß der Tatbestand, der die Abtretung erst wirksam macht,

33 RGZ 149, 22; ebenso u.a. v. Tuhr, Allg. Teil, Bd. I S. 187 Anm. 23 und Bd. II 1 S. 387; Enneccerus-Lehmann, Schuldrecht, § 78 III 3.

34 Ausnahmen können sich analog §§ 111, 180, 388 Satz 2 für einseitige Verfügungsgeschäfte ergeben, um nicht den Geschäftsgegner einer ungewissen Rechtslage auszusetzen; so ist z.B. eine (einseitige) Aufrechnung vor Eintritt der Aufrechnungslage unheilbar nichtig, vgl. v. Tuhr, a.a.O. Bd. II 1 S. 210 ff., S. 391; Enneccerus-Nipperdey, Allg. Teil, § 204 V 3.

35 Die französische Rechtslehre ist den umgekehrten Weg gegangen und hat von der gesetzlichen Zulassung der Verfügung über künftiges Recht (Art. 1130 cod. civ.) wegen Gleichheit der Rechtslage auf die weitgehende Zulässigkeit auch der Verfügung über fremdes Recht geschlossen und die entgegenstehenden Bestimmungen der Art. 1021 und 1599 cod. civ. einengend interpretiert, vgl. Verdier, Les droits éventuels, S. 46 ff.

36 Rechtsb., S. 184. Für Durchgangserwerb ferner: RGZ 55, 334; 67, 166 (167); 74, 416 (418); 98, 318 (320); 136, 100 (102); RG, JW 1913, 132 Nr. 8; RGRK-Löscher, § 398, Anm. 22; Ermann-Westermann, § 398, Anm. 6.

seinerseits bereits durch die Abtretung beeinflußt werden könnte. Zwischen dem Erwerb des Zedenten und demjenigen des Zessionars besteht kein Zeitintervall im naturwissenschaftlichen Sinn („die juristische Sekunde"), sondern logische Abhängigkeit, das Verhältnis von Grund und Folge. Von Tuhr will allerdings den heilenden Tatbestand nicht in der Entstehung, sondern in dem Eintritt aller Voraussetzungen für die Entstehung der Forderung in der Person des Abtretenden erblicken[37]: „Sobald der Tatbestand sich verwirklicht, welcher dem Verfügenden, ohne seine Verfügung, das Recht verschafft hätte, entsteht das Recht in der Person dessen, auf den er es im voraus übertragen hat ... Der Verfügende selbst ist in keinem Moment Subjekt des Rechtes, über das er im voraus verfügt hat. Aber daß er ohne die Verfügung Subjekt des Rechtes geworden w ä r e , ist logische Voraussetzung der Gültigkeit seiner Verfügung." Das Gesetz läßt die Verfügung (über fremde Rechte) aber nicht erstarken, wenn der Verfügende das Recht erwürbe, sondern wenn er das Recht erwirbt; Heilungstatbestand ist nicht die Ermöglichung, sondern die Verwirklichung des Rechtserwerbs des Verfügenden und dementsprechend – im Falle der Vorausverfügung – der Rechtsentstehung in seiner Person. Die Annahme eines Durchgangs durch das Vermögen des Zedenten (und im Fall der Weiterübertragung der künftigen Forderung seitens des Zessionars auch durch dessen Vermögen) wird aber nicht nur durch das Gesetz aufgedrängt, sondern dient auch der Klarheit und verdeutlicht insbesondere die Rechtsstellung des Zedenten als bisherigen Gläubigers (vgl. §§ 404 ff. BGB) und des Zessionars als dessen Rechtsnachfolgers, während die Gegenmeinung dazu verleitet, den Tatbestand der Rechtsnachfolge zu übersehen[38]. Rechtsfolgen lassen sich allerdings, entgegen verbreiteter Auffassung[39], aus der einen oder anderen rechtlichen Konstruk-

37 Allg. Teil, Bd. II 1 S. 392 und (für die Verfügung über fremde Rechte) S. 386; ihm folgt Esser, Schuldrecht, Allg. Teil, § 55 III. Direkterwerb nehmen ferner u.a. an: BGH, WM 1960, 395 (396); Raiser, Dingliche Anwartschaften, S. 22; Staudinger-Werner, § 398, Anm. I 2; Soergel-Schmidt, § 398, Nr. 10.

38 Entsprechendes gilt für die Verfügung über fremde Rechte (§ 185 II in unmittelbarer Anwendung). Hat z.B. im Fall des § 455 der Vorbehaltskäufer (in Anlehnung an den von Serick, Eigentumsvorbehalt und Sicherungsübertragung, Bd. I S. 451, gebildeten Fall) die Kaufsache einem Dritten zur Sicherung eines Darlehns gem. §§ 930, 185 BGB übereignet und beerbt dieser Dritte den Vorbehaltsverkäufer oder erwirbt er durch Vertrag dessen Kaufpreisforderung und gem. § 931 dessen vorbehaltenes Eigentum, dann ist bei Kaufpreiszahlung des Vorbehaltskäufers das Eigentum als zunächst auf diesen und anschließend wieder auf den Dritten übergehend zu denken. Dies veranschaulicht, daß der Dritte die Kaufsache schließlich auf Grund der Verfügung des Vorbehaltskäufers und somit nur als Treugut mit den sich daraus in der Zwangsvollstreckung und im Konkurs ergebenden dinglich wirkenden Beschränkungen erworben hat. – Vgl. auch Süß, Durchgangsherrenlosigkeit, AcP 151, 1.

39 Siehe z.B. BGH, NJW 1955, 544; Jaeger-Lent, § 15 KO, Anm. 13 a; Hoche, DNotZ 1958, 386, m.w.N.

tion des Heilungsvorgangs nicht ableiten, insbesondere auch nicht hinsichtlich der Frage der Wirksamkeit von Zwischenverfügungen und des Einflusses von zwischenzeitlichen Verfügungsbeschränkungen; daß der Zedent gebunden ist und die Vorausverfügung daher allen seinen späteren Verfügungen sowie nachfolgenden Zugriffsakten seiner Gläubiger vorgeht[40], ergibt sich vielmehr aus der positiven Bestimmung des § 185 II 2 BGB.

Die rechtliche Anerkennung der Vorauszession hat zwangsläufig die Zulassung der Vorauspfändung von Forderungen zur Folge, da der Gläubiger ein schutzwürdiges Interesse daran hat, daß ihm der Zugriff auf vom Schuldner zu erwerbende Forderungen nicht durch antizipierte Verfügungen versperrt werde, denen gegenüber er ausschließlich auf den Rechtsbehelf der Anfechtung beschränkt wäre[41]. Wie die Vollstreckung in fremde Rechte (in dem oben erörterten Rahmen), so ist auch der Zugriff auf künftige Rechte in entsprechender Anwendung des § 185 II BGB anzuerkennen, soweit der vollstreckungsrechtliche Tatbestand, die Pfändung, bereits vor der Entstehung des Rechts vollzogen werden kann. Da die Forderungspfändung die Zustellung des Pfändungsbeschlusses an den Drittschuldner erfordert, ist neben dem selbstverständlichen Erfordernis genügender Bestimmbarkeit der zu pfändenden Forderung vorauszusetzen, daß die Person des Drittschuldners feststeht. Mit der Entstehung der Forderung in der Person des Schuldners erstarkt das Pfändungspfandrecht zur Wirksamkeit, und zwar mit dem Rang nach dem Zeitpunkt der Pfändung (§ 185 II 2 BGB).

Gleiche Grundsätze gelten für die Verfügung über bedingte Forderungen (und sonstige bedingte Rechte)[42]. Die herrschende Lehre erblickt darin allerdings keine vorweggenommene, sondern eine gegenwärtig wirksame Verfügung, weil der bedingt Berechtigte schon eine Anwartschaft habe, über die er verfügen könne, die suspensiv bedingte Forderung als schon bestehend angesehen und behandelt werde und bereits mit der Abtretung aus dem Vermögen des Zedenten ausscheide[43]. Diese Formulierungen können aber nicht darüber hinwegtäuschen, daß das Objekt der Verfügung, die bedingt begründete Forderung, nach dem Prinzip des § 158 BGB erst mit dem Eintritt der Bedingung entsteht und daß die Wirkung der vorher getroffenen Verfügung mangels eines Substrats noch in der Schwebe ist: „Recht und Verpflichtung

40 RG, JW 1913, 132; RGZ 82, 227 (231); 143, 113; BGH, LM Nr. 14 zu § 313; NJW 1960, 1715 (1716); OLG Hamburg, MDR 1956, 227; a.A. Forkel, Grundfragen der Lehre vom privatrechtl. Anwartschaftsrecht, S. 188.

41 Kühne, Tatbestandsteilung, S. 134; v. Tuhr, Allg. Teil, Bd. II 1 S. 394.

42 Siehe Oertmann, Rechtsb., S. 180 ff., für die Verfügung über bedingte Forderungen (anders ders. in: Die Übertragbarkeit von Anwartschaften und künftigen Rechten, insbesondere bei der Nacherbfolge, JR 1934, 37); im übrigen erkennt er auch eine Verfügung über Anwartschaften an, S. 201.

43 Vgl. v. Tuhr, Allg. Teil, Bd. II 2 S. 307; RGZ 69, 416 (421); RG, HRR 1937, 550.

sind noch nicht vorhanden. Eine bedingte Schuld ist noch keine Schuld"[44]. Technisch-formal ist daher die Verfügung über das faktisch bedingte Recht kraft Gesetzes bedingt; die der Verfügung oder Verpflichtung beigefügte Parteibedingung wirkt bezüglich der Weiterverfügung bzw. der Verfügung über die bedingte Forderung als Rechtsbedingung („mittelbare Bedingtheit"); es wird nicht über eine Anwartschaft verfügt, sondern eine neue Anwartschaft eingeräumt. Dies hindert natürlich nicht, wirtschaftlich betrachtet und vereinfachend von einer Verfügung über die Anwartschaft zu sprechen, ähnlich wie es auch nur eine gedankliche Verkürzung und Vereinfachung darstellt, wenn von dem „bedingten Recht" gesprochen wird[45], da nicht das Recht, sondern seine Begründung bzw. Übertragung, genauer: seine Entstehung bzw. sein Übergang als Wirkung des Begründungs- bzw. Übertragungsrechtsgeschäfts bedingt ist. Die *rechtlichen* und die *wirtschaftlichen* Kategorien können auseinanderfallen; es ist immer zwischen der juristischen Konstruktion und der ökonomisch-sozialen Funktion der Regelung zu unterscheiden. Wird von der Verfügung über die Anwartschaft geredet, so wird damit nur der letztere Gesichtspunkt bezeichnet.

5. Verfügungen über Sachbestandteile

Zu den Wirksamkeitsvoraussetzungen des Verfügungsrechtsgeschäfts gehört gem. dem Rechtsgrundsatz des § 93 BGB die Selbständigkeit des Verfügungsobjekts, d.h. dessen Eignung, Objekt besonderer Rechte zu sein. Die Nachholbarkeit dieses Erfordernisses ergibt sich aus der Vorschrift des § 956 I 1 BGB: „Gestattet der Eigentümer einem anderen, sich Erzeugnisse oder sonstige Bestandteile der Sache anzueignen, so erwirbt dieser das Eigentum an ihnen, wenn der Besitz der Sache ihm überlassen ist, mit der Trennung, anderenfalls mit der Besitzergreifung."

Es ist streitig, ob diese Bestimmung selbständige Übereignungstatbestände aufstellt oder lediglich die allgemeinen Vorschriften der §§ 929 ff. BGB auf den Fall der Bestandteilsübereignung anwendet. Nach den Motiven zu den entsprechenden Bestimmungen des ersten Entwurfs[46] „beruhen die durch die Vorschriften der §§ 901, 902 bestimmten Rechtsänderungen auf einem dinglichen Vertrage und lassen sich schon aus allgemeinen Grundsätzen herleiten. In den §§ 901, 902 wird eine besondere Eigenthumserwerbungsart nicht bestimmt." Folgt man dieser zutreffenden und auch herrschenden sog. Übertragungstheorie, dann ist der Verfügungstatbestand (im ersten Fall des

---

44 Motive, Mugdan, Bd. I S. 494.

45 Vgl. Windscheid, Pandekten, § 89 Anm. 13 a: die Bezeichnung „das bedingte Recht" drücke nicht das Wesen der Sache aus, sondern verdecke es.

46 Mugdan, Bd. III S. 204.

§ 956 BGB) mit der Aneignungsgestattung und der Besitzüberlassung vollendet und lediglich noch in seiner Wirksamkeit durch die Erlangung der Sonderrechtsfähigkeit der Bestandteile bedingt. Die zum Vertragstatbestand gehörende Annahme liegt in der Entgegennahme des Besitzes, nicht, wie verschiedentlich angenommen wird, in der Fortsetzung des Besitzes bis zur Trennung. Da § 865 BGB auch Besitz an Teilen einer Sache zuläßt, ist es gleichgültig, ob der Veräußerer dem Erwerber die Hauptsache oder nur die zu übereignenden Bestandteile zu Besitz überläßt, soweit letztere als Früchte schon ausgebildet vorhanden sind und ein Sonderbesitz an ihnen faktisch überhaupt möglich ist[47]. Das einstweilige Fehlen der Selbständigkeit der Bestandteile läßt hiernach das typische Schema der Übereignung unverändert und berührt lediglich die Wirksamkeit des Akts: „*Denn mit letzterem* (der Übertragung des Besitzes der Sache) *ist alles am Rechtsgeschäft der Tradition vollendet, was von juristischer Handlung in seinem Tatbestand begrifflich liegt.* Was an der Vollendung fehlt, ist die Erfüllung einer conditio juris, nämlich dieses, daß die als selbständige erst nur künftige Sache, der betreffende Bestandteil oder die betreffende Frucht, d.h. das zunächst nur erst in dem Organismus der Muttersache angelegte, dann als ein Bestandteil derselben äußerlich in die Erscheinung tretende Stück derselben durch die Trennung zu selbständiger Existenz gelangt“[48].

Oertmann erblickt in dem Vorgang, wenn die zu übereignenden Früchte schon erkennbar vorhanden sind und allein oder mit der Muttersache übergeben werden, überhaupt keinen Fall der Anwendung des § 956 BGB, sondern einen solchen direkter Anwendung des § 929[49]: „Bestellung eines Fruchtziehungsrechtes und Übergabe der konkreten stehenden Früchte sind durchaus verschiedene Tatbestände: jene hat die Muttersache, diese die Tochtersache zum Gegenstand; jene schafft ein gegenwärtiges Aneignungs-, diese ein von Rechts wegen bedingtes Eigentumsrecht.“ Diese Auslegung dürfte aber die Bedeutung des § 956 BGB unterschätzen, die jedenfalls darin besteht, die Nachholung des in § 93 BGB festgelegten Wirksamkeitserfordernisses zuzulassen. Im übrigen spielt es keine Rolle, ob die Früchte, deren Aneignung gestattet wird, schon in der Entwicklung begriffen sind oder nicht. Dem Traditionsprinzip ist in jedem Falle genügt, da der Besitz an der Muttersache auch die tatsächliche Herrschaft über die aus ihr hervorgehenden Früchte umschließt. Wenn dies zweifelhaft sein sollte, so läge die weitere Bedeutung des § 956 BGB darin, dies klarzustellen. Es handelt sich also hier um einen Fall, in dem ausnahmsweise schon in bezug auf künftige Sachen eine vollendete, wenn auch in der Wirkung noch bedingte Verfügung getroffen werden kann.

---

47 So die h.A.; a.A. Planck-Brodmann, § 956, Anm. 4.

48 Planck-Brodmann, § 956, Anm. 2.

49 Rechtsb., S. 67, 103, 177.

Was den Zwischenzustand zwischen dem Geschäftsabschluß und dem Bedingungseintritt anlangt, so ist darauf nicht die Vorschrift des nur für geschäftliche Bedingungen geltenden § 161 BGB, sondern diejenige des § 185 II 2 BGB analog anzuwenden. Ergäbe sich die Nachholbarkeit der Wirksamkeitsvoraussetzung nicht schon direkt aus § 956 BGB, so wäre wohl § 185 II BGB als allgemeines Konvaleszenzprinzip für Verfügungsgeschäfte heranzuziehen. Die verbleibende Lücke hinsichtlich der Regelung der Zwischenverfügungen ist aber durch entsprechende Anwendung des Prioritätsgrundsatzes des § 185 II 2 BGB zu schließen. Planck-Brodmann folgern die dadurch gegebene Rechtslage, letztlich zutreffend, schon daraus[50], „daß es sich im § 956 um nichts anderes als um die Übereignung gem. § 929 handelt, angewendet auf den Sonderfall des § 956. Die an sich obligatorische Gestattung wird durch ihre Verbindung mit der Übertragung des Besitzes an dem Muttertier oder dem Grundstück, von welchem die Frucht kommen soll, zur Verfügung, genauso wie die Übertragung nach § 929 dadurch zur *Verfügung* wird, daß in der dinglichen Einigung Vertrag und Tradition ein untrennbares Ganzes bilden. In dem Begriff der Verfügung aber liegt, daß mit ihr die Wirkung zwar aufgeschoben sein kann, aber auch so späterem Einfluß des Verfügenden entzogen ist ... Der Kern des § 956 wird vielfach verkannt. Das Wichtige ist nicht, daß der Erwerb des Eigentums schon mit der Trennung eintritt. Das ist vielmehr ziemlich unwichtig. Denn wenigstens in den praktischen Fällen – Verpachten, Verkauf von Holz auf dem Stamm, auf Abbruch u.ä. – ist mit seltener Ausnahme, wie Wind- oder Schneebruch, Unwetter –, Trennung und Besitzergreifung ein- und dasselbe und auch in den Ausnahmefällen ist es wiederum eine Seltenheit, daß jemand dem Berechtigten zuvorkommt. Viel wichtiger und die Hauptsache ist, daß der Eigentümer sich nicht nur schuldrechtlich verpflichtet, sondern mit Überlassung des Muttertiers im Umfange des Vereinbarten verfügt, so daß nicht nur er selbst an der Sache nichts mehr ändern kann, sondern auch seine Gläubiger keinen Zugriff mehr haben."

Von der Perfektion des Verfügungstatbestandes an (Aneignungsgestattung und Besitzüberlassung) ist also der Veräußerer dinglich gebunden und die Anwartschaft des Erwerbers entsprechend geschützt. Zwischenverfügungen des Veräußerers über die Hauptsache, z.B. Veräußerung der Hauptsache oder Bestellung eines Nießbrauchs daran, und denkbare Zwischenverfügungen über die Bestandteile, wie etwa Fruchtpfändungen der Gläubiger des Veräußerers, sind hiernach dem Erwerber unschädlich. Nicht jedoch wäre es ein sonstiger zwischenzeitlicher Wegfall der Berechtigung des Veräußerers, z.B. durch Beendigung des Nießbrauchs (außer bei Verzicht), des Pachtrechts oder der

50 A.a.O.

Vorerbschaft[51], da in solchem Fall die Verfügungsmacht des Veräußerers von vornherein begrenzt und die Anwartschaft des Erwerbers entsprechend beschränkt ist: niemand kann mehr Rechte übertragen, als er selbst hat[52]. – Bei Zwischenverfügungen über die Hauptsache ist der Rechtsnachfolger jedoch gem. § 956 I 2 BGB zum Widerruf der Gestattung berechtigt, wenn nicht die Verpflichtung zur Gestattung kraft Gesetzes (z.B. gem. §§ 581, 571, 577 BGB) oder kraft Vereinbarung auf ihn übergeht oder er sie – bei beweglichen Sachen – in entsprechender Anwendung des § 986 II BGB gegen sich gelten lassen muß.

Im zweiten Fall des § 956 I 1 BGB – Aneignungsgestattung ohne Besitzüberlassung – ist der mehraktige Erwerbstatbestand erst mit der Besitzergreifung an den getrennten Bestandteilen abgeschlossen. In der Zwischenzeit besteht freie Widerruflichkeit und allenfalls eine obligatorische Gebundenheit aus einem zugrundeliegenden Verpflichtungsgeschäft.

Nach der von einer Mindermeinung vertretenen sog. Aneignungstheorie entsteht mit der Gestattung als einer einseitigen, empfangsbedürftigen Willenserklärung ein Aneignungsrecht des Adressaten, das mit der Trennung bzw. Besitzergreifung zum Eigentumserwerb führt. So gesehen wäre für die Annahme eines unter Rechtsbedingung stehenden Rechtsgeschäfts auch im Falle der Aneignungsgestattung mit Besitzüberlassung kein Raum. Der eigentliche Erwerbstatbestand wäre vielmehr erst in dem Geschehen der Trennung bzw. der Besitzergreifung zu erblicken; das auf der Gestattung beruhende Aneignungsrecht würde, ähnlich wie etwa das Aneignungsrecht des Jagd- oder Fischereiberechtigten, lediglich eine gesetzliche Vorbedingung dafür bilden, daß sich der Erwerbstatbestand zugunsten des Aneignungsberechtigten vollzieht[53].

Auch die Pfändung stehender Früchte gem. § 810 ZPO vermag entsprechend dem allgemeinen Grundsatz des § 93 BGB noch kein Pfändungspfandrecht zu

51 Ausnahmen gelten für Grundstücksverpachtungen des Nießbrauchers und des Vorerben gem. §§ 1056 und 2135.

52 Vgl. Planck-Brodmann, § 956, Anm. 2. Nach Westermann, Sachenrecht, § 57 III 2 d, wirkt die Gestattung in beiden Fällen des § 956 gegenüber dem Rechtsnachfolger, der sie jedoch, wenn die Verpflichtung nicht auf ihn übergeht, widerrufen kann. Nach Baur, Sachenrecht, § 53 e V 2 c cc, und Palandt-Degenhart, § 956, Anm. 4, ist die Gestattung dem Rechtsnachfolger gegenüber nur wirksam, wenn die Verpflichtung zur Gestattung auf ihn übergeht und der Begünstigte im Besitz der Sache ist; ähnlich Schulz, Zwischenverfügungen bei Veräußerung und Verpfändung wesentlicher Sachbestandteile, Bonner Festgabe für Zitelmann 1923, S. 81. Nach Wolff-Raiser, Sachenrecht, § 77, Anm. 39, ist der Rechtsnachfolger bei Unwiderruflichkeit der Gestattung gebunden und muß er in entsprechender Anwendung des § 986 II BGB die Verpflichtung des Rechtsvorgängers gegen sich gelten lassen; ebenso Spyridakis, Zur Problematik der Sachbestandteile, S. 151.

53 Zu dem Stand der Meinungen im einzelnen siehe den Überblick von Spyridakis, Zur Problematik der Sachbestandteile, S. 144 ff.

begründen, steht jedoch, da der Verfügungstatbestand mit dem Pfändungsakt vollzogen ist, ebenso wie das gesetzliche Verpächterpfandrecht an den Früchten des Pachtgrundstücks gem. § 585 BGB, unter der Rechtsbedingung der Aberntung[54]. Der Vorzug des jeweils früher begründeten Pfandrechts ergibt sich aus der analogen Anwendung des § 185 II 2 BGB[55].

6. Genehmigungsbedürftige Verfügungen

a) Genehmigungen gem. §§ 108, 177, 185 II BGB

Einen wichtigen Bereich der gesetzlichen Bedingungen bilden die Fälle der rechtsgeschäftlichen Genehmigung. Dazu gehören vor allem die Zustimmung des gesetzlichen Vertreters oder des volljährig gewordenen Minderjährigen gem. § 108 BGB, die Zustimmung des ohne Vollmacht Vertretenen gem. § 177 BGB sowie die Zustimmung des Berechtigten gem. § 185 II 1 BGB. Unter die letztere Vorschrift fällt nach der herrschenden sog. Verfügungstheorie auch die Genehmigung der Schuldübernahme gem. § 415 BGB.

Die Eigenschaft der Genehmigung als Rechtsbedingung ergibt sich ohne weiteres aus der obigen Begriffsentwicklung, ist schon in den Motiven hervorgehoben worden[56], in der heute herrschenden Rechtsgeschäftslehre auch kaum noch bestritten[57] und von Oertmann[58] gegen die Anzweifelungen Sibers[59] überzeugend und bisher unwiderlegt verteidigt worden. Diese Gründe brauchen daher hier nicht mehr wiederholt zu werden. Die vereinzelten heutigen Gegner gehen zudem von einem anderen Geschäftsbegriff aus, der das Moment der Selbstbestimmung mit einbegreift und die Zustimmung des Bestimmungsberechtigten deshalb notwendig als Geschäftsbestandteil erscheinen läßt[60].

---

54 Oertmann, Rechtsb., S. 102, 178; siehe auch v. Tuhr, Allg. Teil, Bd. I S. 187; RGRK-Pritsch, § 585, Anm. 1 („rechtliche Gebundenheit"); a.A.: Emmerich, Pfandrechtskonkurrenzen, S. 67: ungetrennte Immobiliarfrüchte würden in der Mobiliarzwangsvollstreckung in Durchbrechung des Prinzips des § 93 wie bewegliche Sachen behandelt; Stein-Jonas-Pohle, § 810 ZPO, Anm. I 1.

55 v. Tuhr, a.a.O.

56 Mugdan, Bd. I, S. 486.

57 Z.B. Enneccerus-Nipperdey, Allg. Teil, § 204 II 1; Lehmann-Hübner, Allg. Teil, § 37 I 1.

58 Rechtsb., S. 31 ff.

59 Buchrechtsgeschäft, S. 133 ff.

60 So vor allem Müller-Freienfels, Die Vertretung beim Rechtsgeschäft, S. 202 ff., 216 ff.

aa) Die Erwerbsgenehmigung

Die nachträgliche Zustimmung (Genehmigung) wirkt gemäß § 184 I BGB, soweit nicht ein anderes bestimmt ist, auf den Zeitpunkt der Vornahme des Rechtsgeschäfts zurück. Mit dieser Rückwirkung ist prinzipiell der Vorrang der Erstverfügung vor den Zwischenverfügungen gegeben. Dies zeigt sich in den Fällen der Erwerbsgenehmigung, d.h. den Fällen, in denen das Verfügungsgeschäft auf der Erwerberseite der Genehmigung bedarf, so z.B. wenn der Eigentümer eine Sache an einen vollmachtlosen Vertreter übereignet; genehmigt später der Vertretene den Erwerb, dann werden kraft der Rückwirkung der Genehmigung alle entgegenstehenden weiteren Verfügungen des Eigentümers hinfällig, die dieser während der Schwebezeit etwa noch getroffen hat.

bb) Die Veräußerungsgenehmigung

α) Die Zwischenverfügungen des Verfügenden

Für die Fälle der Veräußerungsgenehmigung (oder Verfügungsgenehmigung), die Fälle also, in denen das Genehmigungserfordernis auf der Seite des Veräußerers besteht, sind die zwischenzeitlichen Verfügungen des Verfügenden (der Nichtberechtigte A zediert z.B. die Forderung des B zunächst an C und dann an D) und diejenigen des Genehmigenden (der Nichtberechtigte A zediert die Forderung des B an C und B genehmigt diese Zession, nachdem er inzwischen die Forderung an D zediert hat) zu unterscheiden. Die ersteren sind ebenfalls genehmigungsbedürftig (mit Ausnahme der Zwangsverfügungen gegen den Minderjährigen) und können daher der Erstverfügung für den Fall, daß diese genehmigt wird, keinen Abbruch tun; denn deren Genehmigung, selbst eine Zwischenverfügung des Genehmigenden oder einer solchen gleichzuachten (im Hinblick auf etwaige weitere Genehmigungen)[61], entzieht diesem die Genehmigungsbefugnis bezüglich der übrigen Verfügungen (siehe unten).

Bei gleichzeitiger Genehmigung mehrerer widersprechender Verfügungen hat infolge der Rückwirkung die jeweils frühere den Vorrang[62], so z.B. wenn der Geschäftsherr die Geschäftsführung seines vollmachtlosen Vertreters in Bausch und Bogen oder wenn der volljährig Gewordene seine früheren Verfügungen in einem Akt genehmigt. Die Rechtslage ist die gleiche, wie wenn der Verfügende von vornherein zu Verfügungen berechtigt bzw. befähigt gewesen wäre, in welchem Fall die spätere Verfügung an Wirkung ebenfalls hinter die Vorverfügung hätte zurücktreten müssen.

61 Oertmann, Rechtsb., S. 149.

62 v. Tuhr, Allg. Teil, Bd. II 1 S. 381 Anm. 106; Oertmann, Rechtsb., S. 100; Staudinger-Coing, § 185 Nr. 9.

β) Die Zwischenverfügungen des Genehmigenden (Auslegung des § 184 II BGB)

Vielfalt der Auslegungsansichten herrscht bezüglich der die Zwischenverfügungen des Genehmigenden behandelnden Vorschrift des § 184 II BGB:

> Durch die Rückwirkung werden Verfügungen nicht unwirksam, die vor der Genehmigung über den Gegenstand des Rechtsgeschäfts von dem Genehmigenden getroffen worden oder im Wege der Zwangsvollstreckung oder der Arrestvollziehung oder durch den Konkursverwalter erfolgt sind.

Die im gemeinen Recht vorherrschend gewesene und später von Planck-Flad und Lehmann vertretene Theorie der Rücksichtnahme auf die wohlerworbenen Rechte Dritter[63] sieht in den in § 184 II BGB bezeichneten Fällen nur die Hauptanwendungsfälle eines weitergreifenden Prinzips, wonach zwischenzeitlich erworbene Rechte Dritter durch die Genehmigung nicht geschmälert werden dürfen. Sie will daher den Zwischenerwerb des Dritten über den Wortlaut der Vorschrift hinaus sogar in den Fällen der Erwerbsgenehmigung aufrechterhalten. Danach würde, wenn A eine Forderung an den vollmachtlosen Vertreter des B und dann erneut an C zediert, diese letztere Zession durch die nachfolgende Genehmigung des B nicht unwirksam werden. Ein solcher Schutz der Zwischenverfügung schießt aber über das Ziel hinaus, insofern er auch demjenigen zugute käme, der die genehmigungsbedürftige Vorverfügung kannte; es dürfte vielmehr genügen, den gutgläubigen Zwischenerwerber in dem auch sonst üblichen Rahmen, also bei sachenrechtlichen Verfügungen, zu schützen. Im übrigen ist die entscheidende Frage nicht dahin zu stellen, ob § 184 II BGB die wohlerworbenen Rechte Dritter wahren wolle, sondern „*ob* die in der Zwischenzeit erworbenen Rechte Dritter *so wohl* erworben sind, daß sie auch der Ratihabition gegenüber Stand halten“[64].

Martin Wolff[65] und ihm folgend Staudinger-Coing[66] verwenden den Gesichtspunkt des Verkehrsschutzes im Sinne einer Einengung der Gesetzesbestimmung und stellen darauf ab, ob der Zwischenerwerber ein Dritter oder an dem genehmigten Rechtsgeschäft selbst beteiligt ist. § 184 II BGB sei nur anwendbar, wenn ein der Sachlage fremd gegenüberstehender Dritter Verfügungsgegner sei; der Schutz der Zwischenverfügung sei unziemlich, wenn er derselben Person zugute komme, mit der das erste Verfügungsgeschäft geschlossen sei. Den von Celsus (Dig. 46, 3, 71, 2) erörterten Fall, daß jemand die Einziehung seiner Forderung durch einen unberufenen Vertreter geneh-

---

63 Planck-Flad, § 184, Anm. 1 b; Lehmann, JW 1936, 2065; OLG Hamburg, LZ 1911, 236; schwankend Oertmann, Allg. Teil, § 184, Anm. 4 d. Für das gemeine Recht siehe z.B. v. Vangerow, Pandekten, Bd. I S. 129.

64 Zimmermann, Die Lehre von der stellvertretenden Negotiorum Gestio, S. 245 Anm. 337.

65 Genehmigung und Zwischenverfügung, *Ἀρχεῖον ἰδιωτικοῦ δικαίου*, Bd. I (1934) S. 14 ff.

66 § 184, Nr. 6; vgl. ferner Müller-Freienfels, Vertretung beim Rechtsgeschäft, S. 263.

migt, nachdem er sie in der Zwischenzeit einem (vertretungsberechtigten) Vertreter des Schuldners erlassen hat, entscheiden sie deshalb mit Celsus übereinstimmend dahin, daß die Einziehung wirksam sei. Für die Richtigkeit und Billigkeit ihrer Auslegungsansicht läßt sich aber diesem Fall (und ähnlichen) nichts entnehmen, da er je nach den näheren Umständen (Kenntnis von der Zahlung, Causa des Erlasses usw.) zu ganz verschiedenen Erwägungen Anlaß geben kann. Abgesehen davon ist zu bestreiten, daß § 184 II BGB eine Norm des Verkehrsschutzes darstelle, also das Vertrauen des Verkehrs auf eine scheinbare Rechtsstellung schützen wolle. Dagegen spricht schon der Umstand, daß die Zwischenverfügungen des Genehmigenden unabhängig von dem guten Glauben des Zwischenerwerbers aufrechterhalten werden.

Nach einer weiteren, von Raape vertretenen Ansicht[67] ist die Bestimmung des § 184 II BGB ein Ausfluß des Grundsatzes von Treu und Glauben in der Ausprägung der Unzulässigkeit des venire contra factum proprium und soll die Zwischenverfügung daher nur aufrechterhalten werden, wenn die Genehmigung nach den Umständen des Einzelfalles einen Treuverstoß darstellt; für die Fälle, in denen mangels Kenntnis des Genehmigenden von der Zwischenverfügung kein Treuverstoß vorliege (die Zwischenverfügung oder die Genehmigung erfolgt beispielsweise durch einen Vertreter), sei zu erwägen, daß der Genehmigende als redlicher Mann bei Kenntnis der Sachlage die Genehmigung nicht erteilt haben würde. Die Unbilligkeit einer Entkräftung der Zwischenverfügung liegt aber nicht erst in einem im Einzelfall festzustellenden Verstoß des Genehmigenden gegen Treu und Glauben, sondern schon allgemein in seiner infolge der Zwischenverfügung mangelnden Zuständigkeit zu weiteren Dispositionen über das Recht, dessen er sich wirksam entäußert hat. Ausschlaggebend ist, wie die Motive ausführen[68], die Erwägung, daß es weder billig noch gerecht wäre, dem Genehmigenden die Macht einzuräumen, den von ihm in der Zwischenzeit hinsichtlich des betreffenden Gegenstandes gültig getroffenen Verfügungen die Wirksamkeit wieder zu entziehen.

Die herrschende Ansicht[69] hält sich zwar an den Wortlaut der Vorschrift, führt aber, da sie den ihr zugrundeliegenden Rechtsgedanken nicht klärt, zu Unsicherheiten und möglichen Fehlschlüssen bei zwischenzeitlichen Zwangsverfügungen gegen den Vertretenen, falls Genehmigender ein Vertreter ist, bei entsprechender Anwendung der Vorschrift auf die vormundschaftsgerichtliche Genehmigung, namentlich wenn in der Zwischenzeit Zwangsverfügungen

---

67 Zustimmung und Verfügung, AcP 121, 257 (285 ff.), für die Genehmigung der Verfügung des unberufenen Vertreters.

68 Mugdan, Bd. I S. 489.

69 RGZ 64, 211 (217); 134, 73 (78); 134, 121 (123); RG, JW 1932, 724 (725); 1936, 2063; v. Tuhr, Allg. Teil, Bd. II 2 S. 244; RGRK-Kuhn, § 184, Anm. 9; Palandt-Heinrichs, § 184, Anm. 2.

gegen den Mündel ergehen, und bei Anwendung der Regeln über den gutgläubigen Rechtserwerb, z.B. hinsichtlich des für den guten Glauben des Erwerbers maßgebenden Zeitpunkts, und muß sie folgerichtig überhaupt verneinen, wenn die Nichtberechtigung des Genehmigenden gerade auf einer Zwischenverfügung beruht.

Richtiger ist eine ältere, neuerdings vordringende Ansicht, die die Bestimmung des § 184 II BGB für überflüssig erklärt und auf die *Wirsamkeitsvoraussetzungen* der Genehmigung verweist[70]. Danach behalten die Zwischenverfügungen des Genehmigenden und die zwischenzeitlichen Zwangsverfügungen gegen ihn bzw. – wenn der Genehmigende (gesetzlicher) Vertreter ist – gegen den Vertretenen[71] Bestand, weil die nachfolgende Genehmigung der Erstverfügung unwirksam ist und daher eine Wirkung und somit auch eine Rückwirkung überhaupt nicht entfalten kann. Die Zwischenverfügung des Genehmigenden nimmt diesem die rechtliche Macht, die Erstverfügung noch wirksam zu genehmigen. Auch im gemeinen Recht wurde von verschiedenen die Ansicht vertreten, daß das Genehmigungsrecht des Veräußerers durch dessen Zwischenverfügungen beeinflußt werden könne[72]. Es ist überhaupt eine alte Streitfrage, ob sich der Schutz der Zwischenverfügungen des Genehmigenden schon aus dem Wesen der Genehmigung ergebe oder der gesetzlichen Anordnung bedürfe. Für das geltende Recht ergibt sich die Aufrechterhaltung der Zwischenverfügungen des Genehmigenden schon aus dem richtigen Verständnis der Rückwirkungsanordnung; denn das Gesetz bestimmt nicht, daß die Genehmigung als im Zeitpunkt der Vornahme des Rechtsgeschäfts erteilt gelte, sondern lediglich daß die Wirkungen der erteilten Genehmigung auf diesen Zeitpunkt zurückbezogen werden (Rückwirkung = Rückziehung der Wirkungen). Es regelt somit nur die rechtlichen Folgen, nicht die rechtlichen Voraussetzungen der Genehmigung; deren Wirksamkeit muß daher nach den im Zeitpunkt ihrer Erteilung bestehenden Verhältnissen beurteilt werden: der Genehmigende muß noch in diesem

---

70 Kohler, Bürgerliches Recht, Bd. I § 197; Eccius, Einigung und dinglicher Vertrag im Sachenrecht, Gruchot Beitr. 47, 51 (63); Hölder, Kommentar, § 184, Anm. 3; Cohn, Das Wesen der Genehmigung bei der Stellvertretung ohne Vertretungsmacht und ihre Wirkung, S. 36; Rothkugel, Die Rückwirkung der Genehmigung, S. 24, 31; RGZ 134, 283 (286); Henle, Allg. Teil, S. 200 ff.; Flume, Allg. Teil, Bd. II § 57 3; Larenz, Allg. Teil, § 30; Soergel-Schultze-v. Lasaulx, § 184, Nr. 9; Münzel, Zur Rückwirkung der privatrechtlichen und öffentlich-rechtlichen Genehmigung, NJW 1959, 1657 (1659). Auch sonst wird vielfach die erforderliche Wirksamkeit der Genehmigung betont, ohne aber klarzustellen, welche Wirksamkeitsvoraussetzungen verlangt und ohne daß daraus weitere Folgerungen gezogen werden.

71 Motive, Mugdan, Bd. I S. 489.

72 Zimmermann, Die Lehre von der stellvertretenden Negotiorum Gestio, S. 245 ff.; Mitteis, Die Lehre von der Stellvertretung, S. 234 ff.; Bekker, System des heutigen Pandektenrechts, Bd. II S. 228.

Zeitpunkt die rechtliche Macht besitzen, durch seine Zustimmung dem Mangel des genehmigungsbedürftigen Rechtsgeschäfts abzuhelfen. Dies hat das Reichsgericht in seinem Urteil vom 16.12.1931 (RGZ 134, 283, 286) eingehend dargelegt. Den der Verfügung des nicht verfügungsberechtigten oder nicht verfügungsfähigen Disponenten anhaftenden Mangel kann aber nur derjenige durch seine Zustimmung beheben, der selbst zu der Verfügung berechtigt ist: nemo plus iuris ad alium transferre potest quam ipse habet. Für die Fälle der Verfügung im eigenen Namen folgt dies schon unmittelbar aus dem Gesetz, da dieses in § 185 II 1 BGB die Verfügung nur durch die Genehmigung des Berechtigten konvaleszieren läßt; hat dieser in der Zwischenzeit sein Recht übertragen, so ist er nicht mehr Berechtigter. Für die Fälle der Verfügung in fremdem Namen und der Verfügung des Minderjährigen kann nichts anderes gelten; wie nur der Verfügungsberechtigte einen anderen zur Verfügung über das Recht wirksam ermächtigen kann, so kann auch nur er einen anderen dazu wirksam bevollmächtigen und kann der gesetzliche Vertreter nur, wenn er sie selbst treffen könnte, der Verfügung des Minderjährigen Wirksamkeit verleihen.

Die Verfügungsgenehmigung setzt hiernach zu ihrer Wirksamkeit die Verfügungsmacht des Genehmigenden voraus, gleichgültig, ob man sie selbst als Verfügung qualifiziert[73]; nach ihrem sachlichen Gehalt ist sie jedenfalls hinsichtlich der gesetzlichen Wirksamkeitsvoraussetzungen, denen sie als „Hilfsrechtsgeschäft" ebenfalls unterliegt, einer solchen gleichzustellen. Der Verlust bzw. die Schmälerung der Rechtszuständigkeit und damit der sachlichen Verfügungsmacht durch Zwischenverfügungen des Genehmigenden (durch Veräußerung oder Belastung des Verfügungsgegenstandes, auch im Wege der Zwangsvollstreckung oder durch Entstehung gesetzlicher Pfandrechte) hat daher das Erlöschen bzw. eine Einschränkung seiner Genehmigungsbefugnis zur Folge, so daß die Erstverfügung nicht mehr bzw. nur noch unvorgreiflich des Zwischenerwerbs genehmigt werden kann. Eine zwischenzeitliche Übereignung schließt daher die Genehmigung früherer Verfügungen durch den Vertretenen, den gesetzlichen Vertreter bzw. den im Zeitpunkt der Verfügung Berechtigten aus; eine zwischenzeitliche Belastung läßt eine frühere Übereignung nur mit dieser Belastung und eine frühere Belastung nur mit dem

73 Zu dem Streit um die Verfügungseigenschaft der Zustimmung zu einer Verfügung siehe: RGZ 90, 395 (399); 152, 380 (383); v. Tuhr, Zum Begriff der Verfügung nach BGB, AcP 117, 193; Raape, Zustimmung und Verfügung, AcP 121, 257; 123, 194; Isay, Vollmacht und Verfügung, AcP 122, 195; Krückmann, Die Ermächtigung und der Rechtsbesitz nach dem Bürgerlichen Gesetzbuch, in: Die Reichsgerichtspraxis im deutschen Rechtsleben, Bd. III S. 79; Enneccerus-Nipperdey, Allg. Teil, § 143 Anm. 11 und § 204 II 4; Flume, Allg. Teil, Bd. II § 54 6 f; Larenz, Allg. Teil, § 30; Lehmann-Hübner, Allg. Teil, § 15 II 2 b und § 37 III 4; Staudinger-Coing, Einl. zu § 104, Nr. 68; Müller-Freienfels, Vertretung beim Rechtsgeschäft, S. 253 ff.; Thiele, Zustimmungen in der Lehre vom Rechtsgeschäft, S. 290 ff.

Nachrang wirksam werden. Ob die Verfügung auf Grund der hiernach gegebenenfalls nur teilweise wirksamen Genehmigung entsprechend beschränkt wirksam wird, ist in analoger Anwendung des § 139 BGB zu beurteilen[74].

Die Frage nach dem Einfluß der rückwirkenden Genehmigung auf die Zwischenverfügungen erweist sich also in Wirklichkeit als die Frage nach dem Einfluß der Zwischenverfügungen auf die Genehmigungsmacht. Bereits mit der Vornahme der Zwischenverfügung entscheidet sich das rechtliche Schicksal der Verfügung des Minderjährigen bzw. des unberufenen Vertreters dahin, daß sie nicht mehr oder nicht mehr im vollen Umfang wirksam genehmigt werden kann, daß also die Rechtsbedingung der Genehmigung insoweit fehlschlägt. Im Falle des § 185 II BGB geht das Genehmigungsrecht, falls die Genehmigung noch nicht verweigert worden ist, auf den Einzelrechtsnachfolger über, natürlich unter Beschränkung der Rückwirkung auf die Zeit nach der Zwischenveräußerung, und bleibt somit die Bedingung noch in der Schwebe[75]. Die Verfügungsgenehmigung erfordert infolge der ihr vom Gesetz beigelegten rückwirkenden Kraft, um voll wirksam zu sein, nicht nur Verfügungsmacht im Zeitpunkt ihrer Erteilung, sondern darüber hinaus auch für den ganzen Rückwirkungszeitraum.

Streitig ist, ob dem ursprünglich Berechtigten ein beschränktes Genehmigungsrecht für die Zeit bis zu der Zwischenverfügung verbleibt, was namentlich für Verfügungen über fruchtbringende Gegenstände von Bedeutung sein kann. Staudinger-Coing[76] und Flume[77] verneinen dies, weil mit der Rechtsinhaberschaft auch die Genehmigungsbefugnis entfalle; Rothkugel befürwortet dagegen eine Teilung der Genehmigungsbefugnis der nacheinander Verfügungsberechtigten nach der Zeitdauer ihrer Verfügungsgewalt[78]. Dieser letzteren Ansicht ist zu folgen; die Tatsache der bis zu der Zwischenverfügung vorhanden gewesenen Rechtsinnehabung behält im Hinblick auf die Rückwirkung der Genehmigung Bedeutung und rechtfertigt den Fortbestand einer auf diesen zurückliegenden Zeitraum begrenzten Genehmigungszuständigkeit[79]. Nur durch die Genehmigung beider nacheinander Berechtigten kann die Verfügung des Nichtberechtigten volle Rückwirkung erlangen. Erteilt der eine oder andere von beiden seine Genehmigung als eine uneingeschränkte, so stellt sie sich insoweit als die Verfügung eines Nicht-

74 RGZ 133, 7 (14); 146, 366 (367); v. Tuhr, Allg. Teil, Bd. II 2 S. 236 Anm. 178.

75 Oertmann, Allg. Teil, § 185, Anm. 4 b; Planck-Flad, § 185, Anm. 4.

76 § 184, Nr. 8.

77 Allg. Teil, Bd. II § 57 3 a.

78 Die Rückwirkung der Genehmigung, S. 25.

79 Eine solche auf die Vergangenheit bezogene beschränkte Genehmigungsmöglichkeit wird man auch in den Fällen der §§ 108, 177 annehmen können, wiewohl das Genehmigungsrecht im übrigen mit der Zwischenveräußerung erlischt.

berechtigten dar, als sie über den zeitlichen Bereich der eigenen Verfügungsbefugnis hinausreicht, und wird durch die Genehmigung des anderen voll wirksam. Das fortbestehende beschränkte Genehmigungsrecht des bisherigen Rechtsträgers ist auch dann von Bedeutung, wenn seine Rechtzuständigkeit aus einem anderen Grund als dem einer Zwischenverfügung weggefallen ist. So kann z.B. die Verfügung des Nichtberechtigten auch dann noch genehmigt und damit der Anspruch auf Herausgabe des Verfügungserlöses gem. § 816 I BGB begründet werden, wenn die Sache inzwischen untergegangen ist oder wenn der Erwerber sie inzwischen durch Ersitzung, Verbindung, Vermischung oder Verarbeitung oder ein späterer Erwerber sie (auf Grund einer Weiterverfügung des ersten Erwerbers) gem. § 932 BGB zu eigen erworben hat[80].

Es bleibt nach allem auch für die Fälle der Genehmigung bei der Regel, daß die Erstverfügung im Falle des Eintritts der Rechtsbedingung, d.h. also im Falle der Erteilung einer *wirksamen* Genehmigung, allen Zwischenakten im Range vorgeht. § 184 II BGB enthält nur eine scheinbare Ausnahme von der Rückwirkungsanordnung des Absatzes I und stellt nur klar, was sich bei zutreffender Auslegung ohnehin aus der Begrenzung der Rückziehung auf die rechtlichen Folgen der Genehmigung ergibt.

Die vorstehenden Sätze scheinen auf dem Gebiet des Liegenschaftsrechts eine Ausnahme zu erfahren. Nach § 879 I BGB bestimmt sich das Rangverhältnis mehrerer ein Grundstück belastender Rechte nach der räumlichen bzw. zeitlichen Folge der Eintragungen. Nach Absatz II ist die Eintragung für das Rangverhältnis auch dann maßgebend, wenn die zum Erwerb des Rechtes erforderliche Einigung erst nach der Eintragung vorgenommen wird. Die Sicherheit des Grundstücksverkehrs durch klare, aus dem Grundbuch ersichtliche Rechts- und Rangverhältnisse wird von der Rechtsordnung höher bewertet als die Forderung der materiellen Gerechtigkeit nach der Bevorzugung des früher entstandenen Rechts. Auf den Fall der schon vor der Eintragung vorgenommenen, aber nachträglich wirksam gewordenen Einigung ist die Vorschrift analog anzuwenden[81]; denn wenn schon eine nachträgliche Vornahme der Einigung, also sogar die Nachholung eines Tatbestandsstücks, die Rangwirkung des § 879 II BGB auslöst, dann muß dies erst recht gelten, wenn die vollständig vorgenommene Verfügung nach der Eintragung lediglich konvalesziert. Hat z.B. der eingetragene Nichtberechtigte A dem Primus eine Hypothek bestellt und eintragen lassen und alsdann der Eigentümer B zuerst dem Secundus eine Hypothek eingeräumt und darauf auch die Verfügung des

80 Vgl. auch Pfister, In welchem Zeitpunkt muß der die Verfügung eines Nichtberechtigten Genehmigende Verfügungsmacht haben? in JZ 1969, 623, der jedoch unzutreffend für die Wirksamkeit der Veräußerungsgenehmigung allgemein Verfügungsmacht des Genehmigenden im Zeitpunkt der Vornahme des Verfügungsgeschäfts genügen lassen will; siehe auch BGH, NJW 1971, 1452.

81 KG, HRR 1932, Nr. 1823.

A genehmigt, dann hat die Hypothek des Primus (ohne Rücksicht auf dessen guten Glauben) in entsprechender Anwendung von § 879 II BGB den Vorrang (handelte es sich dagegen um Pfandrechtsbestellungen an Mobilien, so ginge das Pfandrecht des Secundus vor).

Wollte man nun annehmen, daß die Verfügungsgenehmigung hier ausnahmsweise auch ohne entsprechende Verfügungsmacht des Genehmigenden Wirkungen äußere, so bliebe die Betrachtung an der Oberfläche; genauer besehen enthält nämlich die Regel des § 879 II BGB einen gesetzlichen Rangvorbehalt zugunsten des früher eingetragenen, noch nicht entstandenen Rechts: die rangsichernde Funktion der Grundbucheintragung bewirkt, daß, wenn das eingetragene Recht noch nicht entstanden ist, jede weitere Belastung nur unter dem Vorbehalt erfolgen kann, daß das vorher eingetragene Recht im Falle nachträglichen Entstehens den Vorrang erhält. Die Zwischenverfügung kann somit nur mit beschränkter Wirksamkeit erfolgen; der Eigentümer ist infolge der vorausgegangenen, wenn auch an sich unrichtigen Grundbucheintragung insofern bereits dinglich gebunden, als die zwischen Eintragung und Einigung entstehenden Rechte den ihnen andernfalls gebührenden Rang nicht erhalten können[82]. Es verbleibt ihm, anders ausgedrückt, von Gesetzes wegen die Rechtsmacht, das früher eingetragene Recht durch Nachholung der fehlenden oder Genehmigung der schwebend unwirksamen Einigung mit dem Rang vor dem Zwischenrecht zur Entstehung zu bringen. Entsprechendes gilt dann auch für den Fall der Konvaleszenz durch Rechtserwerb, so wenn der Berechtigte in dem angeführten Beispielsfall nach der Zwischenbelastung das Grundstückseigentum auf den Nichtberechtigten überträgt.

b) Der Schutz des gutgläubigen Ersterwerbers[83]

Verliert der Genehmigungsberechtigte durch Zwischenverfügungen sein Genehmigungsrecht, so kann dieser Mangel dennoch im einzelnen Fall durch den Rechtsschein des Besitzes, verbunden mit dem guten Glauben des Erwerbers, wettgemacht werden: die Vorschriften des Gutglaubensschutzes kommen auch den Erwerbern zugute, die im Zeitpunkt der Genehmigung keine Kenntnis von den Zwischenverfügungen des Genehmigenden haben; denn auch sie erwerben insoweit von einem Nichtberechtigten, als die Rechtszuständigkeit des Genehmigenden inzwischen gemindert oder entfallen ist[84]. Wie weithin anerkannt ist, steht dem guten Glauben an das Eigentum des Veräußerers der gute Glaube an das Eigentum eines Dritten gleich, mit dessen Zustimmung der Veräußerer handelt, falls die Besitzverhältnisse das

82 Siber, Buchrechtsgeschäft, S. 131.

83 Zum Schutz des gutgläubigen Zwischenerwerbers siehe unten S. 89.

84 Windscheid-Kipp, Pandektenrecht, § 74 S. 371; Cohn, Das Wesen der Genehmigung bei der Stellvertretung ohne Vertretungsmacht und ihre Wirkung, S. 39 ff.

Vertrauen des Erwerbers auf das Eigentum des Dritten rechtfertigen. Diese letztere Voraussetzung wird dann als erfüllt angesehen, wenn der Erwerber den Besitz von dem der Veräußerung zustimmenden Dritten erlangt oder erlangt hat oder wenn der Verfügende, der den Besitz auf den Erwerber übertragen hat, in diesem Zeitpunkt Besitzmittler des Dritten war[85]. Es kann nun, sollen nicht gleichartige Tatbestände ohne sachlichen Grund verschieden behandelt werden, keinen Unterschied machen, ob der Dritte von vornherein nicht berechtigt gewesen ist oder seine Berechtigung durch eine Zwischenverfügung verloren hat: hat der Entleiher A (im eigenen Namen) die Sache des Verleihers B unter Übergabe an C übereignet, B darauf dieselbe Sache durch Anspruchsabtretung an D übereignet und genehmigt B danach die Verfügung des A, dann erwirbt C das Eigentum, wenn er den B im Augenblick der Genehmigungserteilung ohne grobe Fahrlässigkeit noch für den Eigentümer hält (§ 932 BGB). Hat B in der Zwischenzeit dem D nicht Eigentum übertragen, sondern einen Nießbrauch bestellt, dann erwirbt C mit der Genehmigungserteilung unter der gleichen Voraussetzung unbelastetes Eigentum (§ 936 BGB). Hat der Entleiher A die Sache gemäß § 930 BGB an C, der Verleiher B sie darauf gemäß § 931 BGB an D übereignet und dann die Verfügung des A genehmigt, dann erwirbt C das Eigentum, wenn er noch gutgläubig ist und A ihm die Sache nunmehr übergibt; allerdings geht das Eigentum in diesem Fall trotz der Rückwirkung der Genehmigung erst mit der Besitzübergabe (von D) über und bleibt die Zwischenverfügung bis zu diesem Zeitpunkt wirksam, weil der gutgläubige Erwerb gemäß § 933 BGB erst mit der Besitzerlangung möglich ist.

c) Zustimmungen kraft mittelbarer Rechts- oder Interessenbeteiligung

Zu den außerhalb des Tatbestands stehenden und lediglich eine Wirksamkeitsvoraussetzung erfüllenden Zustimmungsgeschäften gehört auch die Zustimmung des Drittberechtigten bei Verfügungen über ein belastetes Recht, so in den Fällen der §§ 876, 877, 880 III, 1071, 1109 II 2, 1116 II, 1132 II, 1168 II, 1178 II, 1180, 1245 I 2, 1255 II, 1276 und 1283 I BGB; da durch die Zustimmung des Dritten der Mangel der vollen Rechtszuständigkeit des Verfügenden ausgeglichen wird, handelt es sich um Verfügungen eines Nichtberechtigten im weiteren Sinn[86], weswegen auch die übrigen Konvaleszenzmöglichkeiten des § 185 II BGB Platz greifen. Durch Zwischenverfügun-

85 Siehe BGH, NJW 1953, 1506 (mit Anmerkung von Hoche); MDR 1955, 346; OLG Karlsruhe, MDR 1953, 42; RGRK-Johannsen, § 932, Anm. 8; Soergel-Mühl, § 932, Nr. 6; Wolff-Raiser, Sachenrecht, § 69 II; Baur, Sachenrecht, § 52 II 1; hat der Erwerber von dem zustimmenden Besitzer nur den mittelbaren Besitz erlangt, so ist für den Erwerb auf Grund guten Glaubens weiter erforderlich, daß sich der unmittelbare Besitzer zugunsten des Erwerbers seines Besitzes entäußert, BGH, NJW 1971, 1453.

86 Oertmann, Rechtsb., S. 196.

gen des Inhabers des belasteten Rechts kann das Genehmigungsrecht des Dritten nicht in Frage gestellt werden; dessen Genehmigung kann daher ihre volle rückwirkende Kraft entfalten.

Für die Aufhebung und Rangänderung von Grundpfandrechten fordert das Gesetz die Zustimmung des Eigentümers des belasteten Grundstücks (§§ 1183, 880 II 2 BGB), weil die Verfügung zwar nicht ein gegenwärtiges Recht, wohl aber die Anwartschaft des Eigentümers auf den Erwerb des Pfandrechts berührt (§§ 1143, 1163, 1168, 1170, 1192, 1200 BGB). Im Entwurf erster Lesung (§ 1091) wurde zur rechtsgeschäftlichen Aufhebung der Hypothek neben dem Löschungsantrag des Eigentümers und der Löschung im Grundbuch ein zwischen dem Eigentümer und dem Gläubiger zu schließender Vertrag verlangt. Die Gesetz gewordene Regelung des § 1183 BGB wahrt demgegenüber die einheitliche Struktur der einseitigen Aufhebungsgeschäfte (§ 875 BGB) und trägt im übrigen dem Umstand Rechnung, daß die Zustimmung des Eigentümers nicht typisch notwendig, sondern nur dann erfordert ist, wenn das Pfandrecht nicht dem Eigentümer selbst zusteht, eine Einschränkung des Zustimmungserfordernisses, die in § 1183 BGB zwar nicht zum Ausdruck gelangt, sich aber von selbst versteht[87]. Oertmann will in der Zustimmung des Eigentümers ein „dem Aufhebungsantrag des Gläubigers gleichwertiges Tatbestandsstück" erblicken, weil der Eigentümer, der durch die Verfügung Begünstigte sei und daher gemäß § 13 II GBO auch selbst den Löschungsantrag stellen könne[88], eine Anschauung, die der Regelung des ersten Entwurfs, nicht jedoch der gesetzlichen Ausgestaltung des Rechtsvorgangs in § 1183 BGB entspricht, wonach das Zustimmungserfordernis lediglich eine Verfügungsbeschränkung des Hypothekengläubigers darstellt und der gegenüber auch die weiteren Erwägungen nicht durchgreifen können.

Beim Verkauf in der Zwangsvollstreckung und ähnlichen Fällen macht das Gesetz einen Eigenerwerb der mit der Durchführung des Zwangsverkaufs beauftragten Personen gemäß §§ 456 ff. BGB zur Vermeidung einer Interessenbeeinträchtigung des Schuldners, Eigentümers und Gläubigers von deren Zustimmung abhängig; während in den vorher genannten Fällen die Verfügungsfreiheit eingeschränkt ist, handelt es sich in den letzteren Fällen, soweit der dingliche Erwerbsakt in Frage steht, um eine Beschränkung der Erwerbsfähigkeit.

d) Abtretung unabtretbarer Forderungen

Eine weitere gesetzliche Wirksamkeitsvoraussetzung der Verfügung ist in der Veräußerlichkeit des den Gegenstand der Verfügung bildenden Rechts zu erblicken. Dieses Erfordernis wird für den Fall der Abtretung einer kraft

87 Vgl. auch Protokolle, Mugdan, Bd. III S. 855.

88 Rechtsb., S. 198.

Vereinbarung unabtretbaren Forderung (§ 399, 2. Alternative BGB) von der herrschenden Ansicht in Analogie zu § 185 II BGB zutreffend als nachholbar angesehen[89]. So wird die Zession nachträglich wirksam, wenn das Abtretungsverbot durch Vertrag zwischen dem Gläubiger und dem Schuldner für den einzelnen Fall oder allgemein aufgehoben wird. Darüber hinaus wird überwiegend auch Konvaleszenz der Abtretung durch einseitige Zustimmung des Schuldners angenommen[90]. Es bestehen keine Bedenken, einer solchen Genehmigung gem. § 184 BGB grundsätzlich Rückwirkung beizulegen[91]. Genehmigt der Schuldner gleichzeitig eine Mehrheit von bisher unwirksamen Zessionen seines Gläubigers, dann wird infolge der Rückwirkung die älteste Abtretung wirksam. Hat der Schuldner eine von mehreren verbotswidrigen Zessionen genehmigt, dann ist er nicht mehr Schuldner des Zedenten und daher zu einer Genehmigung der weiteren, auch älteren Zessionen ebensowenig mehr in der Lage wie zu einer vertragsmäßigen Aufhebung des Abtretungsverbots mit dem Zedenten und früheren Gläubiger[92]. Nur das gegenwärtig vorhandene obligatorische Band berechtigt den Schuldner zu inhaltsändernden Absprachen mit seinem Gläubiger – die Unabtretbarkeit stellt eine Eigenschaft der Forderung dar – und demgemäß auch zur Genehmigung abredewidriger Verfügungen desselben. Zwischenzeitliche Pfändungen der Gläubiger des Zedenten (§ 851 II ZPO) bleiben wirksam, da das Zahlungsverbot den Schuldner sinngemäß auch daran hindert, die Befriedigung des Vollstreckungsgläubigers durch ein Rechtsgeschäft der in Rede stehenden Art zu vereiteln[93].

e) Gerichtliche und behördliche Genehmigungen

Eine gesetzliche Bedingung ist schließlich auch in der Mitteilung der vormundschaftsgerichtlichen Genehmigung gemäß § 1829 I 2 BGB zu finden. Der vormundschaftsgerichtliche Genehmigungszwang wird vom Gesetz als eine Einschränkung der gesetzlichen Vertretungsmacht des Vormunds verstan-

89 So ausführlich Thiele, Die Zustimmungen in der Lehre vom Rechtsgeschäft, S. 231 ff.; siehe auch BGH, NJW 1964, 243; OLG Celle, NJW 1968, 652. – Der vertragliche Ausschluß der Abtretung begründet kein relatives Veräußerungsverbot im Sinn des § 135; die abredewidrige Abtretung ist daher nicht nur relativ unwirksam: Thiele, a.a.O. S. 236 ff.; BGH, a.a.O.; Huber, Gefahren des vertraglichen Abtretungsverbots für den Schuldner der abgetretenen Forderung, NJW 1968, 1905.

90 Siehe die Zitate der Anm. 1; unentschieden gelassen vom BGH, NJW 1964, 243 und 1969, 415 (417).

91 Vgl. die Angaben über die Vertreter der einen und anderen Ansicht bei Huber, a.a.O.

92 Der BGH wendet § 184 II an, NJW 1964, 243 (244); 1971, 372 (373); im Ergebnis zustimmend Thiele, Zustimmungen, S. 298.

93 Kühne, Tatbestandsteilung, S. 219; a.A. Thiele, a.a.O. S. 241.

den[94]. Durch die Mitteilung der Genehmigung des Vormundschaftsgerichts erklärt der Vormund seinen Willen, von der vervollständigten Vertretungsmacht Gebrauch zu machen und den Vertrag wirksam werden zu lassen. Die Mitteilung ist daher die eigene, vom Vormund auf Grund der ergänzten gesetzlichen Vertretungsmacht erklärte, gemäß § 184 BGB zurückwirkende Genehmigung des zuvor ohne Vertretungsmacht geschlossenen Vertrages[95]. Der von der herrschenden Lehre befürworteten entsprechenden Anwendung des § 184 BGB auf die vormundschaftsgerichtliche Genehmigung selbst bedarf es daher nicht. Durch die Mitteilung der vormundschaftsgerichtlichen Genehmigung einer Verfügung werden entsprechend den oben entwickelten Grundsätzen etwaige zwischenzeitliche Vollstreckungsakte der Gläubiger des Mündels nicht unwirksam (§ 184 II BGB)[96, 97].

Auf die behördlichen Genehmigungen, durch welche von öffentlichrechtlichen Verfügungs- oder sonstigen Beschränkungen der Vertragsfreiheit Befreiung gewährt wird, z.B. die Genehmigung nach dem Grundstücksverkehrsgesetz vom 28.7.1961 oder diejenige nach dem Bundesbaugesetz vom 23.6.1960, ist § 184 I BGB hingegen analog anzuwenden[98]; die Rückwirkung dieser Genehmigungen kann, ebenso wie diejenige der Erwerbsgenehmigung, durch Zwischenverfügungen des Veräußerers unbeeinflußt, im vollen Umfang Platz greifen. Die zwischenzeitlichen Gegenverfügungen des Veräußerers werden somit hinfällig. Das Außenwirtschaftsgesetz vom 28.4.1961, das in § 31 Satz 2 ausdrücklich die Rückwirkung der nachträglichen Genehmigung anordnet, trifft dagegen in Satz 3 die regelwidrig erscheinende Bestimmung, daß durch die Rückwirkung Rechte Dritter, die vor der Genehmigung an dem Gegenstand des Rechtsgeschäfts begründet worden sind, nicht berührt werden. Dabei spielt es keine Rolle, ob der Zwischenerwerber von der genehmigungsbedürftigen Verfügung Kenntnis hatte oder nicht[99]. Wenn die amtliche Begründung[100] diese Neuerung als eine Weiterentwicklung des in § 184 II BGB enthaltenen allgemeinen Rechtsgedankens für das Gebiet der öffentlichrechtlichen Genehmigung bezeichnet, so setzt sie sich damit zu der

---

94 Vgl. Motive, Mugdan, Bd. IV S. 611.

95 So auch Kipp-Wolff, Familienrecht, § 115 VII 1 a; Opet-v. Blume, Familienrecht, § 1829, Anm. 2; Schultheis, Der Nachweis der obervormundschaftlichen Genehmigung im Grundbuchverkehr, Centralbl. f. freiw. Ger. u. Not., III. Jahrg. S. 261 (263); Zunft, Anfechtbarkeit der Mitteilung des Vormunds aus § 1829 Abs. 1 Satz 2 BGB, NJW 1959, 516.

96 Vgl. KG, JW 1935, 3640; a.A. Flume, Allg. Teil, Bd. II § 57 3 d.

97 Von einem Eingehen auf die weiteren Genehmigungsfälle des Familien- und Erbrechts wird, da zur Darstellung des Prinzips entbehrlich, abgesehen.

98 Palandt-Heinrichs, Einf. vor § 182, Anm. 2.

99 Schulz, Außenwirtschaftsrecht, Kommentar, § 32 AWG, Nr. 20.

100 Siehe den Abdruck in dem vorzitierten Werk, 4. Teil, Gesetzesmaterialien, zu § 29 AWG.

herrschenden Meinung in Widerspruch, die in der angezogenen Gesetzesbestimmung gerade nicht den Ausdruck eines allgemeinen Prinzips, nämlich der Rücksichtnahme auf die wohlerworbenen Rechte Dritter, sondern eine eng begrenzte Ausnahmebestimmung erblickt, die nach Wortlaut und Sinn auf den Fall der behördlichen Genehmigung nicht übertragbar ist[101].

7. Bestellung akzessorischer Rechte vor Entstehung des Hauptrechts

In der gemeinrechtlichen Lehre war, was die Pfandkonvention für eine künftige oder bedingte Forderung anlangt, im wesentlichen streitig, ob ihre Wirksamkeit einstweilen unter Rechtsbedingung stehe[102] oder ob die Forderungsentstehung konstitutive Voraussetzung für ihr Zustandekommen sei. Die Verfechter der letzteren Ansicht, wie z.B. Kapler[103] und Scherbring[104], sahen sich dazu aber lediglich deshalb veranlaßt, weil die von ihnen grundsätzlich angenommene deklarative Bedeutung (Rückwirkung) der Rechtsbedingung mit der akzessorischen Natur des Pfandrechts nicht zu vereinbaren war.

In der heutigen Lehre gehen die Meinungen hingegen darüber auseinander, ob das Pfandrecht für eine noch nicht bestehende Forderung schon mit seiner Bestellung entstehe[105] oder einstweilen noch der Wirksamkeit entbehre[106]. Die erstere Meinung erstrebt, dem Pfandgläubiger schon mit der Bestellung ein dingliches Recht zum Besitz und gegebenenfalls zur Nutzung sowie die Schutzrechte der §§ 1219, 1227 BGB zu gewähren, und sieht in der

---

101 Vgl. Fritze, Verfügungen vor Erteilung der behördlichen, insbesondere der devisenrechtlichen Genehmigung, NJW 1956, 538; Thiele, Die Bedeutung der nachträglichen devisenrechtlichen Genehmigung im Devisenzivilrecht und für Zwangsvollstreckungsakte, JW 1935, 3130.

102 So Eisele, Zur Lehre von den c'nes i., AcP 54, 109 (123); Windscheid, Pandektenrecht, Bd. I § 225 Anm. 7, § 242 Anm. 8; Enneccerus, Suspensivbedingung, S. 126; der Sache nach ferner Enneccerus, Rechtsgeschäft, S. 265; v. Ihering, Passive Wirkungen der Rechte, Jahrb. 10, 387 (484). – Dernburg, Pandekten, Bd. I § 274 (siehe ältere Aufl.), nimmt ein bestehendes Pfandrecht an, spricht aber an anderer Stelle ebenfalls von einem schwebenden Pfandrecht, siehe die Nachweise von Windscheid, a.a.O. § 225 Anm. 7, und von Oertmann, Rechtsb., S. 187.

103 Begriff und Wesen der c.i., S. 41 ff.

104 Natur und Wirkungen der c.j., S. 53 ff.

105 Wolff-Raiser, Sachenrecht, § 162 I 3; Westermann, Sachenrecht, § 128 III 2; Baur, Sachenrecht, § 55 B II 2 b; Staudinger-Spreng, § 1204, Nr. 11, m.w.N.

106 O. v. Gierke, Deutsches Privatrecht, Bd. II S. 972 Anm. 11; Siber, Zur Theorie von Schuld und Haftung nach Reichsrecht, Iherings Jahrb. 50, 55 (103 ff.); Heck, Sachenrecht, § 102 I 3 c; v. Tuhr, Allg. Teil, Bd. II 2 S. 283 Anm. 87; Oertmann, Rechtsb., S. 188; RG, Gruchot Beitr. 56, 995; RGRK-Kregel, § 1204, Anm. 10; Lempenau, Direkterwerb oder Durchgangserwerb, S. 49.

Entstehung und Fälligkeit der Forderung lediglich eine Voraussetzung der Verwertungsbefugnis. Aber schon die der Verpfändung zugrunde liegende schuldrechtliche Sicherungsabrede dürfte dem Pfandgläubiger für die Zwischenzeit ausreichende Befugnisse einräumen (s. §§ 861, 862, 1007, 823 BGB)[107]. Abgesehen davon können keine Bedenken bestehen, der gesetzlichen Tendenz zur Sicherstellung des bedingten Rechtserwerbs folgend, dem Pfandgläubiger auch schon vor der Entstehung des Hauptrechts einzelne Schutzbefugnisse, so z.B. die Rechte wegen drohender Wertminderung gem. § 1219 ff. BGB, zuzusprechen[108]. Es besteht hiernach kein Anlaß, den Grundsatz der Akzessorietät preiszugeben. Auch das Gesetz geht davon aus, daß das Pfandrecht erst mit der Forderung entsteht, wie der andernfalls überflüssigen Vorschrift des § 1209 BGB zu entnehmen ist. Nach dieser Vorschrift ist für den Rang des Pfandrechts die Zeit der Bestellung auch dann maßgebend, wenn es für eine bedingte oder künftige Forderung bestellt ist. Wie es in den Protokollen der Kommission für die zweite Lesung heißt, sollte mit dieser Bestimmung eine Streitfrage des gemeinen Rechts entschieden werden[109]; von denjenigen nämlich, die in der Forderungsentstehung ein konstitutives Moment sahen, wurde eine Datierung des dinglichen Rechts mit dem Zeitpunkt seiner Bestellung – für den Fall der Sicherung einer künftigen Forderung – folgerichtig abgelehnt und lediglich für den Fall der Sicherung einer bedingten Forderung im Anschluß an die römischen Quellen zugestanden[110]. Andere, nach Enneccerus[111] die meisten, verneinten den Vorrang des Pfandrechts für eine künftige Schuld für den Fall, daß deren Eingehung noch völlig im Belieben sowohl des Pfandbestellers als auch des Pfandgläubigers liegt.

Für das heutige Recht kann, wenn man an dem Grundsatz der Akzessorietät auch für die Entstehung des Pfandrechts festhält, schwerlich zweifelhaft sein, daß das Entstehen der gesicherten Forderung lediglich eine Wirksamkeitsvoraussetzung des Pfandrechts ist. Dies ergibt sich einmal aus der in § 1204 II BGB ausdrücklich hervorgehobenen Nachholbarkeit des Erfordernisses, die sich für ein fehlendes Tatbestandsstück von selbst verstünde, und sodann aus der aus § 1209 BGB folgenden dinglichen Gebundenheit des Verpfänders, die ein Charakteristikum des bedingten Verfügungsgeschäfts darstellt. Die Begründung des Hauptrechts ist schließlich auch kein typisches Erfordernis gerade der Pfandrechtsbestellung, sondern sein Bestehen eine allgemeine Vorausset-

107 Lempenau, a.a.O.

108 In ähnlicher Weise läßt RG, JW 1936, 3234, den Schutz der §§ 1134, 1135 auch bereits dem Blankozessionar zuteil werden.

109 Mugdan, Bd. III S. 919.

110 Vgl. Kapler, Begriff und Wesen der c.i., S. 41 ff.

111 Suspensivbedingung, S. 126; siehe ferner Windscheid, Pandektenrecht, Bd. I § 242.

zung der auf Bestellung akzessorischer Rechte gerichteten Rechtsgeschäfte. Übrigens kann man dieses Erfordernis auch unter dem Gesichtspunkt der persönlichen Eignungsvoraussetzungen sehen und davon sprechen, daß dem Erwerber die erforderliche Erwerbseignung fehle, solange ihm nicht eine wirksame Forderung als Hauptrecht zur Seite steht.

§ 1209 BGB wiederholt somit für das rechtlich bedingte Fahrnispfandrecht das Prioritätsprinzip, wonach die Erstverfügung allen Zwischenverfügungen vorgeht. Er gilt über den zu engen Wortlaut der Bestimmung hinaus nicht nur, wenn während der Schwebezeit ein Pfandrecht für eine gegenwärtige Forderung oder ein anderes sofort wirksames beschränktes dingliches Recht bestellt wird, sondern auch dann, wenn das Eigentum an der Sache wechselt. Der zwischenzeitliche Einzelrechtsnachfolger muß daher die unter Rechtsbedingung stehende Verpfändung ebenso wie eine unter Parteibedingung vorgenommene (§ 161 I BGB) gegen sich gelten lassen.

Auch die noch nicht valutierte Hypothek wird man als durch die Forderungsentstehung gesetzlich bedingt ansehen können. Die Rechtslage ist jedoch grundverschieden von derjenigen des Fahrnispfandrechts für eine künftige Forderung, da in der Zwischenzeit ein Eigentümerpfandrecht besteht und die Rangsicherung allein auf der Eintragung beruht. – Der Eigentümer ist noch zu Zwischenverfügungen über die vorläufige Eigentümergrundschuld berechtigt und (bei Erteilung eines Briefes) auch in der Lage, jedoch nur unter der auflösenden Bedingung der Valutierung, da er die Grundschuld nur mit dieser Beschränkung erworben hat[112].

Anders als die Forderungsentstehung gehört bei Briefpfandrechten die Übergabe des Briefes (§ 1117 BGB) als ein artbestimmendes Merkmal ungeachtet der zwischenzeitlichen Entstehung eines Eigentümerpfandrechts (§ 1163 II BGB) zum Tatbestand des Rechtserwerbs.

8. Verfügungen des anfechtbar Entmündigten

Schließlich sind, um die hauptsächlichen Fälle anzuführen, noch die Verfügungen des Entmündigten zu erwähnen; sie sind gemäß § 115 I 1 BGB dadurch gesetzlich bedingt, daß die Entmündigung im Wege der Anfechtung aufgehoben wird[113]. In diesem Fall ist also – bei Entmündigung wegen Geisteskrankheit – ausnahmsweise auch der Wirksamkeitsmangel der vollen Geschäftsunfähigkeit heilbar. Infolge der prozessualen Rückwirkung der

112 Vgl. Palandt-Degenhart, § 1163, Anm. 4 d bb; Boehmer, Hypothekarische Sicherung des Zwischenkredits, ZAkDR 1940, 241; BGH, NJW 1970, 322.

113 Hellwig, Grenzen der Rückwirkung, in Festschrift für die jur. Fakultät in Gießen, S. 46; Oertmann, Rechtsb., S. 193.

Aufhebung des Entmündigungsbeschlusses[114] kommt es bei einer Mehrheit von Verfügungen des Entmündigten auf die Priorität an, wie auch bei einer Kollision mit Verfügungen des gesetzlichen Vertreters, die gemäß § 115 I 2 BGB gegenüber der rückwirkenden Kraft der aufhebenden Entscheidung Bestand behalten, das jeweils frühere Geschäft den Vorzug hat[115]. Entsprechendes gilt gem. § 115 II BGB, wenn im Falle einer vorläufigen Vormundschaft der die Entmündigung aussprechende Beschluß infolge einer Anfechtungsklage aufgehoben oder der Antrag auf Entmündigung zurückgenommen oder rechtskräftig abgewiesen wird. Ist die vorläufige Vormundschaft auf sofortige Beschwerde hin aufgehoben, dann ergibt sich die Konvaleszenz der Verfügungen des Betroffenen aus § 61 FGG, während die Aufrechterhaltung der Akte des Vormunds aus § 32 FGG folgt[116].

II. Das Prioritätsprinzip

Betrachtet man zusammenfassend die unter Ziffer I (allerdings ohne Anspruch auf Vollständigkeit) dargestellten Einzelfälle gesetzlich bedingter Verfügungen (unter Lebenden), so zeigt sich hinsichtlich der Regelung der Zwischenverfügungen ein einheitliches Bild: der Verfügende und (regelmäßig[117]) auch seine Gläubiger vermögen den Erfolg der Erstverfügung nicht mehr durch Zwischenverfügungen zu beeinträchtigen, eine Regelung, die mit derjenigen der aufschiebenden geschäftlichen Bedingung und Befristung grundsätzlich übereinstimmt (§§ 161 I, 163 BGB). Das für sofort wirksame Verfügungen aus Gründen rechtlicher Logik selbstverständliche Prinzip der Priorität gilt für „Verfügungen aufgeschobener Wirkung" kraft gesetzlicher Anordnung mit der Maßgabe, daß der Vorrang schon mit der Begründung, nicht erst mit der Entstehung des Rechts gegeben ist. Das Gesetz geht davon aus, daß der Wirkungsaufschub, gleichviel ob er von den Parteien gewollt oder gesetzlich notwendig ist, kein Grund sei, den Verfügenden oder Dritte zu bevorteilen und daß vielmehr auf das Interesse des Erwerbers an der Sicherstellung seines Erwerbs Rücksicht zu nehmen sei. Diese Interessenbewertung beruht auf dem bekannten Streben des Gesetzes nach Leichtigkeit

114 Vgl. Hellwig, a.a.O. S. 38 ff.

115 Enneccerus-Nipperdey, Allg. Teil, § 151 Anm. 30; Flume, Allg. Teil, Bd. II § 13 9; RGRK-Krüger-Nieland, § 115, Anm. 2; Palandt-Heinrichs, § 115; a.A. Oertmann, Rechtsb., S. 193.

116 Die sog. Blankettverfügungen werden des besseren Verständnisses wegen unten im Zusammenhang mit den Blankettverpflichtungen besprochen, zumal da Zwischenverfügungen bei ihnen kaum eine praktische Rolle spielen.

117 Hinsichtlich der Ausnahmen siehe unten S. 88 Anm. 129.

und Sicherheit des Rechtsverkehrs und somit auch nach Ermöglichung und Aufrechterhaltung von Rechtsgeschäften selbst dort, wo einzelne bestimmte Wirksamkeitserfordernisse noch ausstehen.

Die Aufrechterhaltung der Zwischenverfügungen des Genehmigenden und der gleichgestellten Verfügungen gemäß § 184 II BGB bedeutet keine Einschränkung des Prinzips, denn dieses hindert nur den Verfügenden und seine Gläubiger an weiteren widersprechenden Verfügungen, nicht den Genehmigungsberechtigten, dessen Bestimmungsfreiheit, die Genehmigung zu erteilen oder zu verweigern oder Gegenverfügungen zu treffen und sich dadurch der Genehmigungsmöglichkeit zu begeben, selbstverständlich unangetastet bleibt. Die mit der bedingten Verfügung eintretende dingliche Gebundenheit ist jeweils durch das eigene rechtliche Können des Verfügenden begrenzt. Im übrigen kann von einer Kollision der Erstverfügung mit den Zwischenverfügungen des Genehmigenden gar nicht geredet werden. Soweit es sich bei letzteren um solche des vollmachtlos Vertretenen oder des gesetzlichen Vertreters handelt, bewirken sie nämlich, wie das richtige Verständnis des § 184 BGB ergibt, die Unwirksamkeit der Genehmigung und damit den Ausfall der Wirksamkeitsbedingung.

Die Verfügung des Nichtberechtigten in den drei Fällen des § 185 II 1 BGB und die etwaige Zwischenverfügung des Berechtigten überschneiden sich ebenfalls nicht, sie stehen nicht in einem Verhältnis des Nebeneinander, so daß nur die eine oder andere wirksam werden könnte, sondern des Nacheinander, d.h. die Verfügung des Nichtberechtigten kann noch wirksam werden, nachdem die Zwischenverfügung des Berechtigten ihre Wirkung entfaltet hat; die Konvaleszenzmöglichkeiten, die Genehmigung des Berechtigten bzw. das Zusammentreffen der Rechtsstellung des Verfügenden mit der Rechtsträgerschaft, werden durch einen zwischenzeitlichen Wechsel der Rechtszuständigkeit nur insofern berührt, als sie nun nicht mehr von dem ursprünglich Berechtigten, sondern von dessen Rechtsnachfolger ausgehen. Die Verfügung des Nichtberechtigten kann nicht nur von demjenigen, der zur Zeit ihrer Vornahme berechtigt war, sondern auch dann genehmigt werden, wenn der Genehmigende das Recht erst später erworben hat, und auch in den beiden anderen Fällen des § 185 II 1 BGB kommt es nicht darauf an, ob der Verfügende das Recht von demjenigen, welcher zur Zeit der Verfügung der Berechtigte war, oder ob er es in anderer Weise erwirbt und ob der Verfügende von dem zur Zeit der Verfügung Berechtigten oder von einem später Berechtigten beerbt wird[118]. Hat z.B. A die in seinem Besitz befindliche Sache des B an C und B darauf dieselbe Sache an D übereignet, dann wird die Verfügung des A wirksam, wenn D die Verfügung des A genehmigt oder die Sache dem A schenkt oder D von A oder umgekehrt A von D beerbt wird. Hat B die Sache nicht an D übereignet, sondern diesem

118 Planck-Flad, § 185, Anm. 4; Oertmann, Allg. Teil, § 185, Anm. 4 b, 5 a.

einen Nießbrauch bestellt und darauf die Verfügung des A genehmigt, dann ist diese damit noch nicht in vollem Umfang geheilt (da sie die Übertragung unbelasteten Eigentums zum Gegenstand hatte), die Wirksamkeitsbedingung also erst teilweise eingetreten, im übrigen aber auch noch nicht fehlgeschlagen; die Verfügung des A kann daher noch volle Gültigkeit erlangen, nämlich durch Zustimmung des D zu der Verfügung des A oder zu der Zustimmung des B, falls diese Zustimmung nicht auf die Übertragung belasteten Eigentums beschränkt, sondern uneingeschränkt erteilt und daher teilweise wiederum diejenige eines Nichtberechtigten war[119]. Entscheidend ist nicht die Rechtsinhaberschaft, sondern die Verfügungsberechtigung; der Zustimmende muß diejenige sachliche Verfügungsmacht besitzen bzw. die Position des Verfügenden mit derjenigen Verfügungsmacht zusammenfallen, die erforderlich ist, um die gerade in Rede stehende Verfügung rechtswirksam vornehmen zu können[120]. Bei einer Zweiung beider Rechtsstellungen ist als Berechtigter im Sinne des § 185 BGB nicht der Rechtsträger, sondern der Verfügungsberechtigte, als Erwerb des Gegenstandes nicht der Rechtserwerb, sondern die Erlangung der Verfügungsmacht anzusehen[121].

Es ist also gar nicht an dem, daß die Zwischenverfügungen, wie meist gelehrt wird, in den einzelnen Fällen der Rechtsbedingung verschieden und von denen der Geschäftsbedingung abweichend geregelt seien. Das Prinzip des Vorrangs der Erstverfügung vor den Zwischenverfügungen beherrscht vielmehr einheitlich beide Erscheinungsformen bedingter Verfügungsgeschäfte. § 184 II erbringt nicht, wie vielfach behauptet wird, einen Gegenbeweis, sondern bestätigt das Prinzip. Hieraus ergibt sich ein wesentlicher Parallelismus, der es rechtfertigt, für beide Arten bedingter Verfügungsgeschäfte einige gemeinsame Grundsätze zu formulieren, was in den nachfolgenden Ausführungen (III–VIII) versucht werden soll. Dabei sind zugleich die in Nebenpunkten bestehenden Abweichungen herauszuarbeiten.

---

119 Auf die Zustimmung des Nichtberechtigten zu der Verfügung des Nichtberechtigten findet § 185 II analoge (bzw., wenn man die Zustimmung zur Verfügung selbst als Verfügung ansieht, direkte) Anwendung, vgl. BGH, LM Nr. 7 zu § 185; Flume, Allg. Teil, Bd. II § 57 3 e; § 58. Die Einseitigkeit des Zustimmungsgeschäfts steht dem nicht grundsätzlich entgegen, zumindest wenn sich der Empfänger der Zustimmungserklärung auf sie einläßt (analog § 180), siehe Flume, a.a.O. § 54 6 c; v. Tuhr, Allg. Teil, Bd. II 1 S. 211; a.A. Enneccerus-Nipperdey, Allg. Teil, § 204 Anm. 35; III 1; V 3 (anders Anm. 59 für den Fall des nachträglichen Rechtserwerbs); siehe ferner Thiele, Zustimmungen, S. 276 ff.

120 Vgl. BGH, LM Nr. 9 zu § 185; Palandt-Heinrichs, § 185, Anm. 3.

121 Vgl. RGZ 149, 19 (22). – Bestritten ist der Einfluß der Ehescheidung auf die nach den §§ 1356, 1366 schwebend unwirksamen Rechtsgeschäfte, für Anwendung des § 185 II BayObLG, NJW 1972, 1470; a.A. D. Reinicke, NJW 1972, 1786.

III. Die rechtliche Gebundenheit des bedingt Verfügenden

Der rechtliche Zustand der Schwebe oder Pendenz setzt voraus, daß der Verfügungstatbestand bereits vollendet und infolge Ausstehens gewillkürter oder nachholbarer gesetzlicher Wirksamkeitsvoraussetzungen lediglich noch die Rechtswirkung der Verfügung aufgeschoben ist. Bei Grundstücksgeschäften muß daher außer der Einigung die Eintragung vorliegen, bei der Fahrnisübereignung zu der Einigung die Übergabe hinzukommen. Ebenso wie die Sache unbedingt übergeben wird, müssen auch das Besitzkonstitut und die Anspruchszession (§§ 930, 931 BGB), soll der Tatbestand nicht unvollständig bleiben, unbedingt vorgenommen werden; denn die Übergabe wird nicht schon durch die bedingte Vereinbarung des Besitzmittlungsverhältnisses, sondern erst durch die Verschaffung des mittelbaren Besitzes (der Besitzmittlungswille des Veräußerers muß daher bis zum Bedingungseintritt fortbestehen), nicht schon durch die bedingte Abtretung des Herausgabeanspruchs, sondern erst durch den Übergang des abgetretenen Anspruchs ersetzt. Wird z.B. vereinbart, daß der Veräußerer die Sache erst von der Vollzahlung des Kaufpreises an für den Erwerber verwahren oder zur Miete haben oder daß der Anspruch gegen das Lagerhaus erst in jenem Zeitpunkt übergehen soll, dann ist die sachenrechtliche Verfügung noch unvollendet und bleiben (tatbestandlich vollendete) Zwischenverfügungen wirksam bzw. gehen sie vor[122]. Auch ist zu bedenken, daß die Einigung bei der Fahrnisübereignung Willensübereinstimmung der Kontrahenten bei der Übergabe bedeutet: „Die Übergabehandlung muß Ausdruck des Übereignungswillens, der Eigenbesitzerwerb Ausdruck des Eigentumserwerbswillens sein“[123]. Wie bei der Übergabe, so muß daher der animus transferendi et accipiendi dominii auch bei ihrer Ersetzung, der Verschaffung des mittelbaren Besitzes auf Grund des Besitzkonstituts bzw. des Herausgabeanspruchs auf Grund der Zession, vorhanden sein[124]. Die der Übergabe bzw. ihrer Ersetzung vorausgehende Einigung ist nicht selbst Tatbestandsstück, sondern nur Indiz für den in dem maßgeblichen Zeitpunkt der Besitzstandsveränderung vorhandenen tatbestandsmäßigen Konsens: „Geht ... die Einigung vorauf, so hat sie gar keine

122 A. Blomeyer, Studien zur Bedingungslehre, S. 243; siehe ferner Brecht, Bedingung und Anwartschaft, Iherings Jahrb. 61, 263 (282); v. Tuhr, Allg. Teil, Bd. II 2 S. 285 Anm. 100; Georgiades, Eigentumsanwartschaft beim Vorbehaltskauf, S. 34 ff.; Planck-Brodmann, § 930, Anm. 4, der allerdings eine bedingte Übereignung durch unbedingtes Besitzkonstitut für unrealistisch hält, „ein Spiel mit leeren Formen des Rechts“; auch nach Wolff-Raiser, Sachenrecht, § 67 I 3, ist das Besitzkonstitut regelmäßig ebenso bedingt wie die Einigung über den Eigentumsübergang.

123 Wolff-Raiser, a.a.O. § 66 I 4.

124 Vgl. RGZ 135, 366; Palandt-Degenhart, § 930, Anm. 3, und § 931, Anm. 3 a.

andere Bedeutung als die – sachlich freilich sehr erhebliche –, daß wir aus ihr erkennen, was mit der konkludenten Handlung der Besitzübertragung hat erklärt werden sollen ... und nur wenn die Übergabe der Sache ganz noch getragen ist von einem Entschluß, der dem im voraus erklärten Willen entspricht, kommt es zur Vollendung des dinglichen Vertrages"[125]. Auch bei der Übereignung noch in fremdem Besitz befindlicher oder noch herzustellender Sachen durch antizipiertes Besitzkonstitut oder durch Abtretung eines künftigen Herausgabeanspruchs ist der Veräußerungstatbestand erst mit der Erlangung des mittelbaren Besitzes bzw. des Herausgabeanspruchs seitens des Erwerbers vollendet; das vorweggenommene Besitzkonstitut bzw. die vorweggenommene Anspruchszession in Verbindung mit der auf Grund ihrer später eintretenden Änderung der Besitzlage und die in diesem letzteren Augenblick bestehende, auf Grund der im voraus erklärten Einigung zu vermutende Willensübereinstimmung über den Rechtsübergang bilden in diesen Fällen den Verfügungstatbestand.

Ist der Tatbestand des bedingten Rechtsgeschäfts (hier wie stets im weiteren, die Gesetzesbedingung umfassenden Sinn) vollständig verwirklicht, dann greifen für die Zeit des Schwebens der Bedingung kraft objektiven Rechts eine Reihe von rechtlichen Zwischenwirkungen Platz, die den von der Bedingung abhängigen Geschäftserfolg sichern sollen. Die Bedeutung der Unterscheidung zwischen dem Tatbestand des Rechtsgeschäfts und den Voraussetzungen seiner Wirksamkeit liegt u.a. gerade darin, diesen in typischer Weise ausgestalteten Schwebezustand zur Darstellung zu bringen. Diese Bedeutung wird nicht dadurch geschmälert, daß die eine oder andere der Zwischenwirkungen bei mehrgliedrigen Tatbeständen vereinzelt schon an Teile des Tatbestandes anknüpft (vgl. §§ 130 II, 145, 153, 873 II, 875 II, 878, 879 II, 892 II, 1163 II, 1754 I 2 BGB); was bei schwebender Bedingung die Regel darstellt, ist bei unvollendetem Tatbestand nur regelwidrige Ausnahme.

Die geringste der Interimswirkungen besteht in der sog. Tatbestandswirkung oder Tatbestandsbedeutung[126]: das Geschäft behält Wirkungsmöglichkeit in dem Sinn, daß es bei Eintritt der Bedingung nicht erneut vorgenommen zu werden braucht.

Weitere Wirkungen bestehen in der Unschädlichkeit zwischenzeitlicher Veränderungen: Erlöschen der Vollmacht des Vertreters, Wegfall oder Beschränkung der Geschäftsfähigkeit des Handelnden und Eintritt einer Gesamtrechtsnachfolge haben auf das Wirksamwerden des Geschäfts keinen Einfluß mehr (vgl. auch §§ 130 II, 153 BGB). Des weiteren sind die Vertragschließenden an den Vertrag gebunden, den sie grundsätzlich nicht mehr einseitig abändern

---

125 Planck-Brodmann, § 929, Anm. 3 b; siehe ferner Siebert, Das rechtsgeschäftliche Treuhandverhältnis, S. 129 ff.; Staudinger-Berg, § 929, Nr. 21 b; RGZ 83, 223, 229 ff.; a.A. z.B. Westermann, Sachenrecht, § 38 4.

126 Oertmann, Rechtsb., S. 77.

oder aufheben können (Parteigebundenheit oder Unwiderruflichkeit). Dies gilt auch für die sachenrechtliche Einigung; das Einigsein der Vertragschließenden über die Rechtsänderung braucht über die Perfektion des Verfügungstatbestandes hinaus nicht fortzubestehen: ist der Verfügungserfolg sogar gegen Zwischenverfügungen des Disponenten gesichert, so kann ihm erst recht das bloße Abgehen von der Einigung nicht abträglich sein. Nur derjenigen Vertragspartei, die ohne Wissen und Willen in den Schwebezustand geraten ist, wird vom Gesetz ein Widerrufsrecht (siehe §§ 109, 178, 1830 BGB) eingeräumt[127] (die zugleich der Verteilung der Beweislast dienende gesetzliche Regelung läßt die Widerruflichkeit freilich als die Regel erscheinen); ein solches steht ferner unter gewissen Voraussetzungen dem Veräußerer im Fall einer Aneignungsgestattung gem. § 956 I 2 BGB zu. Hat eine Partei den Vertrag im Interesse eines Dritten abgeschlossen, wie z.B. als Vertreter ohne Vertretungsmacht, dann dürfte auch eine einverständliche Aufhebung oder Abänderung durch die Vertragschließenden ausgeschlossen sein[128].

Infolge des Prioritätsprinzips wirkt das bedingte Verfügungsgeschäft aber nicht nur zwischen den Vertragschließenden, sondern innerhalb der Rechtssphäre des Verfügenden grundsätzlich absolut, d.h. auch gegenüber allen beteiligten Dritten: weder kann der Verfügende den Geschäftserfolg durch Gegenverfügungen aufhalten, noch können seine Gläubiger die Anwartschaft des Erwerbers durch Vollstreckungsmaßnahmen (Pfändungen, Forderungsüberweisungen) in Frage stellen[129]. Diese Zwischenwirkung der faktisch und der rechtlich bedingten Verfügung wird meist als dingliche oder absolute (allwirksame) Gebundenheit des Verfügenden bezeichnet; sie stellt eine (sich bei Bedingungseintritt verwirklichende) Beschränkung der Verfügungsmacht dar und ist daher von der Gebundenheit im Sinne bloßer Unwiderruflichkeit der Erklärung (vgl. z.B. §§ 873 II, 875 II, 876 Satz 3 BGB) streng zu scheiden. In den Fällen der Veräußerungsgenehmigung, Fällen also, in denen der Handelnde wegen des in seiner Person begründeten Wirksamkeitsmangels einer Machtentäußerung gar nicht fähig ist, besteht seine Gebundenheit freilich nur darin, daß er sich hinsichtlich der Geltung der getroffenen Verfügung der Entscheidung des Genehmigungsberechtigten unterwirft. Unter dem Blickwinkel der Konvaleszenz durch Rechtserwerb oder Beerbung ist aber auch der Nichtberechtigte in bezug auf sein künftig zu erwerbendes Recht bzw. das Recht seines künftigen Gesamtrechtsnachfolgers vollauf gebunden. Die mit der bedingten Verfügung eintretende Selbstbeschränkung

127 v. Tuhr, Allg. Teil, Bd. II 1 S. 351; Oertmann, Rechtsb., S. 88 Anm. 3.

128 v. Tuhr, Bd. II 2 S. 238; Oertmann, a.a.O. S. 92.

129 Ausnahmen ergeben sich für die genehmigungsbedürftige Verfügung des Minderjährigen und diejenige des Nichtverfügungsberechtigten, da die mangelnde Geschäfts- bzw. Verfügungsfähigkeit dieser Rechtsträger Zwangsverfügungen gegen sie nicht hindert; a.A. für den letzteren Fall v. Tuhr, a.a.O. Bd. II 2 S. 242 und 245 Anm. 235.

geht jeweils so weit, wie das rechtliche Können des Verfügenden reicht; der nichtberechtigt Verfügende kann zwar nicht die Sache weiteren Verfügungen anderer entziehen, wohl aber sich selbst weiterer Verfügungen über sie enthalten.

Neben der Gebundenheit des bedingt Verfügenden läßt sich bei sachenrechtlichen Verfügungen gegebenenfalls auch von einer Gebundenheit der Sache reden: die dingliche Verfügung erfaßt, „wenn der Disponirende Eigenthümer ist, sofort auch die Sache, auch wenn die Wirkungskraft des Geschäfts noch hinausgeschoben ist“[130]. Der Verfügung des Berechtigten steht unter den Voraussetzungen des gutgläubigen Rechtserwerbs diejenige des Nichtberechtigten gleich, so z.B. wenn der Nichtberechtigte einem Gutgläubigen eine Sache unter einer Parteibedingung übereignet oder ein Pfandrecht für eine künftige oder bedingte Forderung bestellt (der gute Glaube des Erwerbers braucht grundsätzlich nur im Zeitpunkt des Geschäftsabschlusses vorzuliegen). Die bedingte Verfügung bindet also bei entsprechender Verfügungsmacht des Disponenten nicht nur den Eigentümer und dessen Rechtsnachfolger, sondern entzieht zugleich die Sache selbst jeder widerstreitenden Verfügung; es wird nicht nur die Verfügungsbefugnis des Eigentümers, sondern schlechthin die Disponibilität der Sache beschränkt (vorbehaltlich eines gutgläubigen Rechtserwerbs gem. § 161 III BGB). Wird beispielsweise eine Sache nach suspensiv bedingter Belastung derelinquiert und anschließend okkupiert, dann ist der neue Eigentümer in gleicher Weise wie der frühere gebunden. Wie das wirksam entstandene beschränkte dingliche Recht auch an herrenlos gewordener Sache fortbesteht, so ist auch schon die dieser Sachherrschaft vorausgehende, mit der bedingten Bestellung des Rechts eintretende Gebundenheit der Sache von der Fortdauer des Eigentums daran unabhängig.

IV. Der Schutz des gutgläubigen Zwischenerwerbs

Das Prioritätsprinzip wird durch die Vorschriften über den redlichen Erwerb vom Nichtberechtigten modifiziert: die Gebundenheit des bedingt Verfügenden kann im einzelnen Fall durch den guten Glauben des Zwischenerwerbers, nämlich dessen (nicht auf grober Fahrlässigkeit beruhende) Unkenntnis von der Verfügungsbeschränkung, überspielt werden. Dies ergibt sich für die Fälle der Geschäftsbedingung aus der in § 161 III BGB ausgesprochenen Verweisung auf die (entsprechend anzuwendenden) Vorschriften über den gutgläu-

130 Karlowa, Das Rechtsgeschäft und seine Wirkung, S. 93; siehe auch v. Ihering, Passive Wirkungen der Rechte, Jahrb. für Dogmatik, 10, 387 (472).

bigen Rechtserwerb. Für die Fälle der Rechtsbedingung muß diese Verweisung in Anbetracht der wesentlich gleichartigen Rechtslage entsprechend gelten. Die Bestimmung des § 161 III BGB beruht auf dem für beide Bedingungsarten gleichermaßen zutreffenden Gedanken, daß der bedingt Berechtigte nicht besser gestellt werden dürfe als der Vollberechtigte. Auch der unbedingt Erwerbende läuft gegebenenfalls (so z.B. im Falle des Eigentumserwerbs durch Besitzkonstitut gem. § 930 BGB) die Gefahr eines Rechtsverlustes durch weitere Verfügungen seines Vertragspartners zugunsten gutgläubiger Dritter (z.B. gem. §§ 932, 1032, 1207 BGB). Im übrigen wäre nicht einzusehen, warum der gutgläubige Erwerb von einem Nichtberechtigten gegenüber demjenigen von einem auflösend bedingt Berechtigten bevorzugt werden sollte.

Für das Gebiet der Rechtsbedingung folgt die Berücksichtigung der Gutglaubensvorschriften aber noch aus einer weiteren, oben schon angestellten Überlegung. Die Konvaleszenz (im weitesten Sinn jeglichen Wirksamwerdens rechtlich bedingter Geschäfte) bedeutet Rückführung eines regelwidrigen Schwebezustandes auf den Regelfall, Korrektur eines durch eine schwebend unwirksame Verfügung geschaffenen Ausnahmezustandes unter Zugrundelegung normaler Tatbestände[131]. Wäre bei sofortiger Wirksamkeit der Rechte die Priorität durch das Eingreifen der Gutglaubensvorschriften durchbrochen, hätte also nicht der erste Erwerber, sondern – kraft seines guten Glaubens – ein zweiter Erwerber das Recht bzw. den Vorrang erworben, dann kann dies bei anfänglichem Wirksamkeitsmangel nicht anders sein, da anderenfalls die Heilungswirkungen über die im Normalfall erzielbaren Rechtswirkungen hinausgreifen würden, die Konvaleszenz also nicht normale Verhältnisse wiederherstellen, sondern Regelwidrigkeiten schaffen würde: hat z.B. A seine Sache an den vollmachtlosen Vertreter des B gemäß § 930 BGB übereignet und genehmigt B den Eigentumserwerb, nachdem A inzwischen dieselbe Sache gemäß § 929 BGB an C veräußert hat, dann behält der letztere das Eigentum, wenn er im Zeitpunkt seines Erwerbs in bezug auf die Gebundenheit des A gutgläubig war (§ 932 BGB analog)[132]; auch wenn der Vertreter des B von Anfang an Vollmacht gehabt hätte, wäre nämlich endgültig C Eigentümer geworden; B kann auf Grund der Konvaleszenz nicht mehr Rechte erlangen, als er ohne den ursprünglichen Wirksamkeitsmangel erworben hätte. Überträgt der Nichtberechtigte zunächst Eigentum gemäß § 930 BGB an A und verpfändet er dann die Sache gemäß § 1205 I BGB an den in bezug auf die Vorverfügung gutgläubigen B, dann kann A das Eigentum im Fall der Konvaleszenz durch Rechtserwerb oder Beerbung nur belastet mit

131 Winkelmann, Grundsätze der Konvaleszenz unwirksamer Verfügungen, S. 55 ff., 62.

132 Im Ergebnis ebenso v. Tuhr, Allg. Teil, Bd. II 2 S. 246 Anm. 239, S. 442; Bd. II 1 S. 25 Anm. 104; Hellwig, Grenzen der Rückwirkung, Festschrift für die jur. Fakultät Gießen, S. 37.

dem Pfandrecht des B erwerben (§§ 1207, 932 BGB). Überträgt der Vorbehaltskäufer das zu erwerbende Eigentum zunächst gemäß § 930 BGB auf A und dann – unter Verschweigen dieser Verfügung – gemäß § 929 BGB auf den insoweit gutgläubigen B, dann erwirbt bei Bedingungseintritt nicht A, sondern B das Eigentum[133]. Bei Verfügungen des Nichtberechtigten kann die Gebundenheit des Verfügenden selbstverständlich auch durch den guten Glauben des Zwischenerwerbers an das Eigentum des Verfügenden überwunden werden, so wenn in den beiden letzteren Beispielsfällen B den Verpfänder bzw. Veräußerer gutgläubig für den (gegenwärtigen) Eigentümer hält.

V. Der Einfluß der zwischenzeitlichen Verfügungsbeschränkungen

Die rechtliche Gebundenheit des bedingt Verfügenden, die (bedingte) Beschränkung seiner Verfügungsmacht, wirkt nicht nur gegenüber seinen (Einzel)vollstreckungsgläubigern, sondern auch gegenüber seinen Konkursgläubigern, wie überhaupt gegenüber allen Dritten, zu deren Gunsten während der Schwebezeit Verfügungsbeschränkungen (z.B. auch nach § 1369 BGB) – insoweit wirkungslos – Platz greifen. Dies erwähnen die Motive für den Fall der geschäftlichen Bedingung[134]; aber auch für die Konvaleszenzfälle des § 185 II BGB wird hervorgehoben, daß ihnen absolute Wirkung gegenüber allen Beteiligten zukomme[135]. Da der Verfügende und auch seine Gläubiger den Wirkungseintritt grundsätzlich weder in den Fällen der geschäftlichen, noch denjenigen der gesetzlichen Bedingung durch Gegenverfügungen verhindern können, ist die Anwartschaft des Erwerbers in allen diesen Fällen gleichermaßen rechtlich gesichert. Solche Anwartschaften gehören im Konkurs des Erwerbers zur Masse gem. § 1 KO und gewähren im Konkurs des Veräußerers einen den Konkursgläubigern gegenüber wirksamen Erwerb trotz § 15 KO, ebenso wie die (geschäftlich und gesetzlich[136]) bedingten Forderungsrechte im Konkurs des Schuldners die Teilnahmeberechtigung gem. § 3 KO begründen. Hinsichtlich der Abgrenzung der Konkursmasse vom freien Neuerwerb, der Konkursforderungen von später begründeten, nicht teil-

---

133 „Gutgläubiger Zweiterwerb eines bestehenden Anwartschaftsrechts vom Nichtanwärter“ in der Lehre vom Anwartschaftsrecht, Serick, Eigentumsvorbehalt und Sicherungsübertragung, Bd. I S. 270. Zum „gutgläubigen Erwerb eines nichtbestehenden Anwartschaftsrechts vom Scheinanwärter“ siehe unten S. 105 ff.

134 Mugdan, Bd. I S. 496.

135 Mugdan, Bd. II S. 76.

136 Hahn, Die gesamten Materialien zur KO, S. 260; Kühne, Tatbestandsteilung, S. 42. 51, 200; Böhle-Stamschräder, § 54 KO, Anm. 4; § 67, Anm. 1; Jaeger-Lent, § 67 KO, Anm. 1; Mentzel-Kuhn, § 67 KO, Anm. 1.

nahmeberechtigten Forderungen und der Wirksamkeit nachträglichen Rechtserwerbs an Massegegenständen stehen die Vorschriften der §§ 1, 3, 15 KO zueinander in einem grundsätzlichen Verhältnis der gegenseitigen Entsprechung[137]. Vor Konkursbeginn getroffene Verfügungen unterliegen daher nicht der Erwerbssperre des § 15 KO, auch wenn ihre Rechtswirkung noch bedingt ist[138].

Die herrschende Ansicht will die Wirksamkeit der unter Rechtsbedingung stehenden Verfügung gegenüber den Konkursgläubigern des Verfügenden nur für den Fall der Genehmigung gelten lassen, weil diese auf den Zeitpunkt der Geschäftsvornahme zurückwirke (so z.B. wenn im Fall des § 177 BGB der vollmachtlos Vertretene seinen Erwerb oder im Fall des § 876 BGB der Dritte die Aufhebung des belasteten Rechts genehmigt, nachdem der Veräußerer bzw. der verfügende Inhaber des belasteten Rechts in Konkurs gefallen ist), nicht jedoch für den Fall des Rechtserwerbs, weil diesem Heilungstatbestand keine Rückwirkung zukomme[139]. Diese Argumentation mag zwar auf dem Boden der oben abgelehnten restriktiven Auslegung des § 185 II 2 BGB folgerichtig sein, entfällt aber mit dieser Auslegung; denn für die zu beurteilende Frage und überhaupt für die Datierung des Rechts steht der Grundsatz der (unbeschränkten) Priorität des § 185 II 2 BGB (oder auch des § 161 I BGB) der Rückwirkung des Bedingungseintritts gemäß § 184 I BGB völlig gleich. Die in ihrer Bedeutung seit jeher überschätzte Rückwirkung verleiht der früher getroffenen Verfügung den Vorrang und beeinflußt darüber hinaus im wesentlichen nur die Verteilung der Nutzungen und Lasten des Verfügungsobjekts in der Zwischenzeit[140]. Soll die Gebundenheit des bedingt Verfügenden absolut, d.h. gegenüber allen Beteiligten, wirken, wie dies in den Motiven ausgesprochen und auch in der gesetzlichen Regelung, sei es durch Anordnung der Rückwirkung, sei es durch Bestimmung des Altersvorzuges, zum Ausdruck gebracht worden ist, dann ist damit zwangsläufig auch die Wirksamkeit gegenüber den Konkursgläubigern gegeben. Dies wird vom Gesetz ohne weiteres vorausgesetzt, wie sich aus der klarstellenden Erwähnung der Verfügungen des Konkursverwalters in §§ 161 I und 184 II BGB[141] und der allgemein gefaßten Vorrangregel des § 185 II 2 BGB ergibt.

---

137 Jaeger-Lent, § 1 KO, Anm. 52; § 15, Anm. 13.

138 Vgl. Oertmann, Recht der Schuldverhältnisse, § 399, Anm. 1 g; anders ders. in Rechtsb., S. 141.

139 RGZ 134, 73 (78); BGH, WM 1958, 1417 (1419); 1959, 813 (815); OLG Stettin, HRR 1937, 1074; Jaeger-Lent, § 15 KO, Anm. 13 a und 20; Mentzel-Kuhn, § 15 KO, Anm. 12 und 13; a.A. OLG Rostock, OLGRspr 41, 93, das die Konkurswirksamkeit auch für den Fall der Rückwirkung verneint.

140 Vgl. Oertmann, Rechtsb., S. 112 ff.

141 Die vom Entwurf erster Lesung noch für selbstverständlich gehaltene Gleichstellung der Zwangsverfügungen (vgl. Motive, Mugdan, Bd. I S. 489) wurde später ausdrücklich angeordnet, weil in den Bestimmungen von Verfügungen des

Die Konkursbeschlagnahme ergreift das Vermögen des Gemeinschuldners in dem Zustand, in dem es sich bei Eröffnung des Verfahrens befindet; der Verwalter muß die Rechtslage hinnehmen, die bei Verfahrensbeginn besteht, soweit nicht, wie in den Anfechtungsvorschriften der §§ 29 ff. KO und hinsichtlich der Erfüllung der Rechtsgeschäfte in den §§ 17 bis 28 KO, Ausnahmen getroffen sind[142]. Sollen die bereits bestehenden Verfügungsbeschränkungen im Konkurs nicht mehr wirken, dann bedarf dies daher der gesetzlichen Anordnung, wie z.B. den Verfügungsbeschränkungen der §§ 135, 136 BGB die Wirksamkeit gegenüber den Konkursgläubigern ausdrücklich genommen ist (§ 13 KO). Den fortbestehenden Verfügungsbeschränkungen und damit auch der absoluten Gebundenheit infolge bedingter Verfügung ist der Konkursverwalter als Nachfolger in der Verfügungsmacht ebenso unterworfen wie zuvor der Gemeinschuldner. Sind aber dem Verwalter widersprechende Verfügungen verwehrt, dann ist auch für eine Anwendung des § 15 KO kein Raum, da diese Vorschrift das Verfügungsrecht des Verwalters voraussetzt und lediglich gegen nachträgliche Beeinträchtigungen schützen will. Wenn gelehrt wird, daß die Verfügungsmacht in dem Zeitpunkt vorhanden sein müsse, in dem sich der Rechtserwerb vollendet, so ist diese Voraussetzung auch in dem nachträglichen Konkurs des bedingt Verfügenden erfüllt, da der konkursrechtlichen Verfügungsbeschränkung durch die schon vorher bestehende, auf der bedingten Verfügung beruhende Verfügungsbeschränkung des Gemeinschuldners die Wirkung genommen ist. Nach dem Sinn der Vorschriften, der Systematik des Gesetzes und der Behandlung in den Gesetzesmaterialien darf daher das Wirksamwerden rechtlich bedingter Verfügungen im Konkurs nicht von der Rückwirkung des bedingenden Ereignisses abhängig gemacht werden; die Anordnung der Rückwirkung in § 184 BGB besagt in dieser Hinsicht nicht mehr und nicht weniger als das in anderen Vorschriften auf Grund gleicher Interessenwertungen ausgesprochene Prinzip des Altersvorzuges.

Man mag einwerfen, daß die gegebene Auslegung zu einem rein formalen Resultat führe. Dieser Einwand würde verkennen, daß das Ergebnis für die im Rechtsleben allein bedeutsamen Fälle, von welchen auch der Gesetzgeber auszugehen hat, angemessen ist und für die wichtigsten Fälle von der herrschenden Ansicht selbst auf Umwegen wiederhergestellt wird. Die Frage nach dem Einfluß eines zwischenzeitlichen Konkurses stellt sich für die Fälle des § 185 II BGB nur in einem beschränkten Rahmen. Wird die Verfügung des

---

Berechtigten gesprochen werde und daher fraglich erscheinen könne, ob damit nur die von ihm vorgenommenen oder überhaupt Verfügungen aus seinem Recht gemeint seien, und demnach mit den Zwangsverfügungen auch die Verfügungen des Konkursverwalters zu erwähnen seien, zumal sie an einzelnen Stellen bereits genannt seien und man die Theorie, daß der Verwalter gesetzlicher Vertreter des Gemeinschuldners sei, aufgegeben habe, siehe Protokolle, Mugdan, Bd. I S. 764.

142 RGZ 137, 109 (111); siehe auch BGH, NJW 1957, 791; 1965, 1585 (1587).

nachmaligen Gemeinschuldners durch die Genehmigung des Berechtigten geheilt, dann scheidet eine Anwendung des § 15 KO schon deshalb aus, weil die Rechtsverschiebung die Konkursmasse gar nicht berührt. Der nachträgliche Rechtserwerb des verfügenden Nichtberechtigten und nunmehrigen Gemeinschuldners fällt nur dann in die Masse, wenn ihm schon zur Zeit der Eröffnung des Konkurses ein Anspruch auf Übertragung des Rechts zustand und dieser Anspruch von dem Konkursverwalter zur Masse eingezogen wird, oder wenn er damals schon eine gesicherte Anwartschaft auf den Erwerb des Rechts hatte, z.B. eine Anwartschaft auf Ersitzung auf Grund Eigenbesitzes, auf Fruchterwerb auf Grund eines Fruchtziehungsrechts, auf Rechtserwerb auf Grund eines bedingten Erwerbsgeschäfts; andernfalls handelt es sich um sog. konkursfreien Neuerwerb.

In den Fällen, in denen dem Gemeinschuldner zur Zeit der Verfahrenseröffnung ein Anspruch auf Übereignung zustand, wird ihm die Sache allerdings selten schon übergeben sein (da der Anspruch mit der Übergabe des Gegenstandes regelmäßig auch erfüllt wird) und daher eine tatbestandlich abgeschlossene Weiterverfügung – wegen des Übergabeerfordernisses – kaum jemals vorliegen (abgesehen davon wird in solchen Fällen, wenn das zu erwerbende Recht einem Dritten zugewendet werden soll, regelmäßig schon der Anspruch auf Übertragung des Rechts abgetreten). Anders verhält es sich dann, wenn die Sache dem nachmaligen Gemeinschuldner bedingt übereignet (und übergeben) ist und er während der Schwebezeit und vor Konkursbeginn über sie weiterverfügt, so wenn beim Verkauf unter Eigentumsvorbehalt der Käufer oder im Falle einer rechtlich bedingten Verfügung der Erwerber in der fraglichen Zeitspanne weitere Dispositionen trifft. Für diese Fälle, die zugleich die wichtigsten Anwendungsfälle der Konvaleszenz durch Rechtserwerb darstellen, erkennt die herrschende Lehre die Konkurswirksamkeit der Weiterverfügung, soweit der Erwerb des Gemeinschuldners von einer Geschäftsbedingung abhängt, in Wirklichkeit auch an, wenn auch auf dem Umweg über die Konstruktion eines unmittelbaren Rechtsübergangs kraft Übertragung des dem aufschiebend bedingt Berechtigten zugesprochenen Anwartschaftsrechts[143].

Wenn der Erwerb des Weiterverfügenden von einer Gesetzesbedingung abhängt, kommt es nach herrschender Ansicht darauf an, ob dieser Erwerb ex tunc oder ex nunc eintritt, ob also die ihm zugrundeliegende Verfügung durch Genehmigung oder durch Rechtserwerb des Verfügenden geheilt wird, da im ersteren Fall auch die Weiterverfügung rückwirkend konvalesziert. Hat z.B. X als Vertreter des A ohne wirksame Vollmacht zugunsten des B verfügt und dieser, bevor er in Konkurs fällt, zugunsten des C weiterverfügt und genehmigt darauf A die Verfügung des Vertreters, dann wird auch die Weiterverfügung des B rückwirkend wirksam, muß also so behandelt werden,

143 Jaeger-Lent, § 15 KO, Anm. 13 a.

als ob sie vor Eröffnung des Konkurses Rechtswirkung erlangt hätte. Hat X nicht im Namen des A, sondern im eigenen Namen über dessen Recht verfügt, dann würde das Wirksamwerden der Weiterverfügung des B hingegen davon abhängen, ob die Verfügung des X und damit der Erwerb des B durch Genehmigung des A oder durch nachträglichen Rechtserwerb des X (A schenkt ihm z.B. die Sache oder X beerbt den A) erstarkt. Wenn man überlegt, daß der Gemeinschuldner schon vor Konkursbeginn alles seinerseits zur Herbeiführung des Geschäftserfolges Erforderliche bewirkt hat und dieser, ebenso wie im Fall einer schwebenden Parteibedingung, nur noch von einem nicht mehr in sein Belieben gestellten Umstand abhängt, erscheint die Frage, ob die dem Erwerb des Gemeinschuldners zugrunde liegende Verfügung durch Genehmigung oder durch Rechtserwerb des Verfügenden, also mit oder ohne Rückwirkung, konvalesziert, als zufälliger und nebensächlicher Art und jedenfalls nicht als ein zureichender Grund differenzierter Ergebnisse[144]. Auch die ratio legis rechtfertigt eine derartige Unterscheidung nicht; wenn das Gesetz nämlich die Rechtsbedingung der Genehmigung mit rückwirkender Kraft ausstattet, nicht dagegen diejenige des nachträglichen Rechtserwerbs, so offenbar nicht um die Rechtsbeziehungen zwischen dem verfügenden Nichtberechtigten und dessen Vertragsgegner je nach der Art der Rechtsbedingung verschieden zu gestalten – diese sollen im Gegenteil nach Möglichkeit dem Normalfall sofortiger Wirksamkeit des Rechtsgeschäfts angeglichen werden –, sondern um auf die Interessen des Berechtigten Rücksicht zu nehmen, dessen Rechtsstellung, wenn er die Verfügung des Nichtberechtigten nicht genehmigt, sondern ihm sein Recht überträgt, nicht für die Vergangenheit als weggefallen behandelt werden darf[145].

Auch sonst wird hinsichtlich der gesetzlich bedingten Verfügung grundsätzlich dahin zu entscheiden sein, daß die zwischenzeitliche Eröffnung des Konkursverfahrens über das Vermögen des Verfügenden ohne Einfluß auf den Schwebezustand ist. Für den Fall des § 1204 II BGB – Pfandrechtsbestellung für eine künftige oder bedingte Forderung – folgt dies (wenn man nicht ein schon mit der Bestellung wirksam entstandenes Pfandrecht annimmt) aus der Vorrangregel des § 1209 BGB und der damit gegebenen, auch von den Konkursgläubigern hinzunehmenden dinglichen Gebundenheit des Verpfänders. Für die Aneignungsgestattung mit Besitzüberlassung gemäß § 956 I 1

144 Vgl. auch Kühne, Tatbestandsteilung, S. 151.

145 Ist im Fall des § 185 II der Berechtigte, im Fall des § 177 der Vertretene oder im Fall des § 108 der Minderjährige während des Schwebezustandes in Konkurs gefallen, so kann er – bzw. im letzteren Fall der gesetzliche Vertreter – gemäß § 7 KO nicht mehr wirksam genehmigen, soweit nicht der Verkehrsschutz des § 892 Platz greift.

(erster Fall) BGB wird gleiches zu folgern sein[146]; soweit eine Verpflichtung zur Gestattung nicht vorliegt oder sich der Konkursverwalter von ihr lösen kann, etwa durch Erfüllungsablehnung gemäß § 17 KO (z.B. beim Verkauf eines Hauses auf Abbruch oder von Früchten auf dem Halm), oder sich der Erwerber nicht mehr in dem ihm überlassenen Besitz der Sache befindet, kann der Verwalter die Gestattung gemäß § 956 I 2 BGB widerrufen. Unschädlichkeit zwischenzeitlicher Konkurseröffnung wird auch für die weiteren dem § 185 II BGB analog unterstellten Fälle anzunehmen sein, so für die Pfändung stehender Früchte gem. § 810 ZPO[147] und die Zwangsvollstreckung in das schuldnerfremde Vermögen[148]. Zu dem nämlichen Ergebnis müssen übrigens die Anhänger der publizistischen Pfändungstheorie gelangen, die ungeachtet der mangelnden materiellrechtlichen Wirksamkeitserfordernisse ein von Anfang an wirksames Pfändungspfandrecht annehmen[149], ferner – für die Pfändung einer aufschiebend bedingt übereigneten Sache durch Gläubiger des bedingt Berechtigten – diejenigen, die darin (gegebenenfalls in Verbindung mit einer Rechtspfändung) die Pfändung eines Anwartschaftsrechts erblicken[150].

Sehr umstritten ist schließlich die Frage der Konkursbeständigkeit der Vorausabtretung künftiger Forderungen[151]. Nach dem Prinzip der Priorität, ausgehend von der entsprechenden Anwendung des § 185 II BGB, ist die Frage ebenfalls zu bejahen: mit dem sich daraus ergebenden und wohl allgemein anerkannten Schutz des Vorauszessionars gegen nachfolgende Verfügungen und Gläubigerzugriffe ist die im Konkurs fortwirkende Gebundenheit des Zedenten grundsätzlich gegeben. Diesen Standpunkt hat auch das Reichsgericht in seiner Entscheidung vom 14.10.1931 (für das Veräußerungsverbot gem. § 106 KO) sowie in der Entscheidung vom 21.10.1932 eingenommen, in welcher es davon gesprochen hat, daß die Vorauszession der künftigen Konkursmasse bereits die mit der Entstehung sofort übergehende Forderung entziehe[152], im Gegensatz zu seiner Entscheidung vom 19.1.1937,

146 Planck-Brodmann, § 956, Anm. 3; Staudinger-Berg, § 956, Nr. 5; Westermann, Sachenrecht, § 57 III 2 c; siehe auch Protokolle, Mugdan, Bd. III S. 652; a.A. Jaeger-Lent, § 15 KO, Anm. 13 a; unentschieden gelassen von BGH, NJW 1958, 1286 (1288).

147 Jaeger-Lent, § 49 KO, Anm. 37; Stein-Jonas, § 810 ZPO, Anm. I 1.

148 A.A. Mentzel-Kuhn, § 14 KO, Anm. 12.

149 So z.B. Baumbach-Lauterbach, § 804 ZPO, Anm. 2; Lüke, Die Rechtsnatur des Pfändungspfandrechts, JZ 1957, 239. Zu den verschiedenen Theorien siehe den Überblick von Werner, Die Bedeutung der Pfändungspfandrechtstheorien, JR 1971, 278.

150 Zu den zahlreichen Theorien der Anwartschaftsrechtspfändung siehe Sponer, Das Anwartschaftsrecht und seine Pfändung, S. 145 ff.

151 Vgl. BGH, NJW 1955, 544, und die dortigen Angaben über die Anhänger der einen und der anderen Ansicht.

152 RGZ 134, 73 (77) und 138, 89 (94); siehe auch RG, JW 1913, 132 Nr. 8. .

in welcher es das Wirksamwerden der Vorausverfügung im Konkurs gem. § 15 KO verneint hat, weil die Abtretung erst mit der Entstehung der Forderung dinglich wirksam werde[153]. Daß die Konkurswirksamkeit der Vorausabtretung keinesfalls allgemein verneint werden darf, folgt schon aus der Vorschrift des § 21 II KO, die das Wirksambleiben der Vorausverfügung über Forderungen aus zur Zeit der Verfahrenseröffnung bestehenden Schuldverhältnissen voraussetzt. Der Bundesgerichtshof hat in seinem Urteil vom 5.1.1955 die Konkurswirksamkeit der Vorauszession, ohne die Frage allgemein zu entscheiden (trotz des weitergehenden Leitsatzes), gem. § 15 KO für den Fall verneint, daß die Begründung der im voraus abgetretenen Forderung vom Willen des Zedenten abhängt, weil der Zessionar in solchem Fall noch keine gesicherte Rechtsposition, noch kein „Anwartschaftsrecht" habe[154]. Nicht die Sicherheit des Eintritts der Bedingung (im Sinne der Unbeeinflußbarkeit durch den Verfügenden), sondern die Sicherung des Erwerbs für den Fall des Bedingungseintritts erscheint jedoch als das maßgebliche aus dem Gesetz abzuleitende Beurteilungsmoment. Das Gesetz macht den Schutz des der Bedingung unterliegenden Erwerbs nicht davon abhängig, ob deren Eintritt mehr oder weniger gewiß oder wahrscheinlich ist und ob er noch von dem Veräußerer beeinflußt werden kann, wie in dem vom Bundesgerichtshof entschiedenen Fall, oder ob er seinem Einfluß entzogen ist, wie z.B. wenn erwartete Forderungen aus gesetzlichen Entstehungstatbeständen oder gem. § 328 BGB zu begründende oder parteibedingte Forderungen abgetreten werden, oder wenn der Erwerb der künftigen Forderung von einer gesetzlichen Bedingung abhängt, die nicht erst vom Zedenten zu erfüllen ist, so wenn der Vorauszessionar die Forderung weiter abtritt und dann – vor Entstehung der Forderung – in Konkurs fällt. Kann nicht einmal der Verlust der Rechtszuständigkeit des Veräußerers durch Zwischenverfügungen den unter der Bedingung stehenden Erwerb in Frage stellen (§§ 161 I, 184 I, 185 II 2, 1209 BGB), so erst recht nicht der bloße Eintritt einer Verfügungsbeschränkung; die auf dem Vorrangprinzip beruhende Unwirksamkeit von Zwischenverfügungen schließt die Unschädlichkeit der zwischenzeitlichen Verfügungsbeschränkungen notwendig in sich ein. § 15 KO dient der Erhaltung der Masse (soweit diese noch frei verfügbar ist), verleiht aber dem Konkursverwalter keine dem Gemeinschuldner nicht zustehende, weitergehende Rechtsmacht; ebenso wie dieser kann daher der Verwalter die im voraus zedierte Forderung grundsätzlich nur so zur Entstehung bringen, daß sie sogleich von der antizipierten Verfügung erfaßt wird.

Der Bundesgerichtshof hat in der erwähnten Entscheidung auch unentschieden gelassen, ob das der Vollstreckung unterliegende Vermögen einen

153 HRR 1937, Nr. 550.

154 NJW 1955, 544; siehe dazu die Besprechungen von Hoche, DNotZ 1958, 386, und Medicus, Kreditsicherung durch Verfügung über künftiges Recht, JuS 1967, 385.

verschiedenen Umfang haben könne, je nachdem ob es sich um eine Einzel- oder Gesamtvollstreckung handele, oder ob, wenn die Vorausabtretung gegenüber einer nachfolgenden Pfändung Bestand habe, dies auch für einen nachfolgenden Konkurs gelten müsse, weil in dem entschiedenen Fall die Person des Drittschuldners noch nicht feststand und daher eine Pfändung noch nicht möglich gewesen sein würde. Diese Frage wäre im letzteren Sinn zu entscheiden, und zwar unabhängig davon, ob im einzelnen Fall schon eine Pfändung ausgebracht werden kann; was der Pfändung infolge einer bestehenden Verfügungsschranke oder aus anderen Gründen entzogen ist (oder wäre), muß wegen der Beschränkung des Konkurses auf das der Zwangsvollstreckung unterliegende Vermögen (§ 1 KO) grundsätzlich auch der Konkursbeschlagnahme verschlossen sein. Ob ein einzelner Gläubiger vorgeht oder ob alle zusammen zugreifen, ist für den Umfang der Zugriffsmasse grundsätzlich bedeutungslos.

Nach Larenz[155] und Palandt-Heinrichs[156] soll die Vorauszession dann dem Konkurs standhalten, wenn schon eine Rechtsgrundlage für die Forderung bestand (ein Schuldverhältnis, aus dem die Forderung später erwächst, oder ein bedingtes oder ein befristetes Rechtsgeschäft). Auch diese Auffassung läßt sich nicht halten, zumal wenn die genannte Voraussetzung schon für den Zeitpunkt der Zession verlangt werden sollte; werden z.B. künftige Zinsforderungen aus einem noch abzuschließenden Vertrag an A und dann, nach Abschluß des Vertrages, nochmals an B zediert, dann würde danach die vor dem Konkurs entstehende Forderung gemäß dem Prioritätsprinzip von A und die nachher entstehende in Umkehrung des Prinzips von B (oder weder von A noch von B?) erworben werden, ein offenbar widersinniges Ergebnis. Es kann auch nicht irgendwie entscheidend sein, ob gerade dasjenige Vertragsverhältnis, das z.Zt. der Abtretung vorliegt, noch im Zeitpunkt der Konkurseröffnung fortbesteht und ob der Rechtsgrund für die Forderung noch nach der Abtretung, aber vor der Konkurseröffnung von dem nachmaligen Gemeinschuldner oder erst nach diesem Zeitpunkt von dem Konkursverwalter geschaffen wird. All dies sind mehr oder weniger willkürliche Unterscheidungen. Auch mit der Konstruktion einer Anwartschaftsübertragung bei bedingten Forderungen und bei erwarteten Forderungen aus schon bestehenden Schuldverhältnissen ist hiernach eine überzeugende Lösung nicht zu gewinnen.

Steht somit § 15 KO dem Wirksamwerden der Vorauszession im Konkurs nicht entgegen, so heißt dies allerdings nicht, daß ihm nicht andere Hindernisse im Wege stehen könnten. Solche Wirksamkeitsschranken ergeben sich – abgesehen von den Vorschriften über die Anfechtung von Rechtsgeschäften im Konkurs – aus dem Erfordernis der Bestimmtheit bzw.

155 Schuldrecht (10. Aufl.), Bd. I § 34 III.

156 § 398, Anm. 3 c.

Bestimmbarkeit der abzutretenden Forderungen, aus dem im besonderen Maße auch den Kreditverkehr und die Sicherungsgeschäfte beherrschenden Grundsatz der guten Sitten (§§ 138, 826 BGB), wie er von der Judikatur für die Sicherungsübertragungen näher ausgeprägt worden ist, und schließlich daraus, daß die Vorausverfügung nicht die Zwecke des Konkursverfahrens vereiteln darf (§ 134 BGB). Dieser letztere Unwirksamkeitsgrund braucht die Verfügung nicht notwendig im Ganzen zu vernichten, sondern kann sich entsprechend dem Rechtsgedanken des § 139 BGB und dem Zweck des in Rede stehenden Verbotes darin erschöpfen, ihr die Wirksamkeit im Konkurs zu nehmen, ähnlich wie § 21 II KO auch lediglich die Konkurswirksamkeit bestimmter Vorausverfügungen über Miet- und Pachtzinsen beschränkt. Daß sich Gläubiger zur Sicherung schlechthin die Forderungen aus der künftigen Verwertung von Massegegenständen, also z.B. der Gegenstände des Anlagevermögens, im voraus abtreten lassen könnten, ist hiernach ausgeschlossen, wie überhaupt Vorausabtretungen, die nur auf den Insolvenzfall abgestellt sind, d.h. nur für diesen Fall wirksam werden sollen, unzulässig und unwirksam sind[157].

Der Konkurszweck ist aber auch dann in Frage gestellt, wenn die künftigen Forderungen aus den normalen Umsatzgeschäften des späteren Gemeinschuldners zediert werden; denn es ist die Aufgabe des Konkursverwalters, die Masse zur Verteilung an die Gläubiger zu verwerten (§§ 117, 149 KO), und sie ist nicht zu erfüllen, wenn die aus der Verwertung entspringenden Forderungen auf Grund vorweggenommener Zessionen dafür nicht mehr verfügbar sind[158]. Daß die Vorausverfügung nicht schrankenlos die Verwertung der Masse lahmlegen darf, hat auch schon der Gesetzgeber in einer Beziehung berücksichtigt, indem er nämlich die Konkurswirksamkeit der Vorausverfügung über Miet- und Pachtzinsen aus der Vermietung und Verpachtung von Immobilien gewissen Beschränkungen unterworfen hat (§ 21 II KO). Hieraus ist erkennbar, daß das Gesetz die Zwecke des Verfahrens gegenüber vorweggenommenen Verfügungen gewahrt wissen will. Die heute übliche, vom Gesetzgeber aber noch nicht vorausgesehene geschäftsbedingungsmäßige oder globale Sicherungszession der gesamten oder wesentlicher Teile der künftigen Außenstände des Unternehmens muß daher ebenfalls dem Konkurszweck Rechnung tragen und darf seine Erreichung nicht vereiteln oder wesentlich beeinträchtigen. Solche die Funktion des Konkurses aufhebende Vorausdispositionen sind darum als Gesetzesumgehung den Konkursgläubigern gegenüber unwirksam, und zwar unabhängig davon, ob sich die Vertragsparteien dieser Funktionswidrigkeit bewußt gewesen sind[159]. Nur mit dieser Begründung und wohl auch nur hinsichtlich der Zession von Forderungen aus

157 Vgl. RG, JW 1932, 1655; RGZ 92, 105; 142, 139.

158 Siehe auch Medicus, a.a.O. S. 386 ff.

159 Nach der sog. objektiven Theorie, vgl. Enneccerus-Nipperdey, Allg. Teil, § 190 III.

künftigen Veräußerungsgeschäften läßt sich die herrschende, auf § 15 KO gestützte, die Konkurswirksamkeit der Vorauszession verneinende Auffassung halten.

Ob nun allerdings jede Vorausabtretung der fraglichen Art als verfahrenswidrig den Konkursgläubigern gegenüber für wirkungslos zu erachten ist, kann zweifelhaft sein. Halten sich die vorweggenommenen Sicherungszessionen in einem angemessenen Rahmen und schließen sie nach ihrer Größenordnung trotz einer gewissen Verminderung der Teilungsmasse eine angemessene Abwicklung des Verfahrens auf der Grundlage des im Zeitpunkt der Eröffnung vorhandenen Massebestandes nicht aus, könnte vielleicht ihre Aufrechterhaltung in Erwägung gezogen werden. Letztlich ist es eine Frage der Bewertung der gegensätzlichen wirtschaftlichen Interessen, wo die Grenze des näheren zu ziehen ist. Dem Interesse an der Befriedigung des weiten Kredit- und Kreditsicherungsbedürfnisses der Wirtschaft durch Zurverfügungstellung verschiedenartiger, sich auch im Konkurs bewährender Sicherungsmittel und daran, in gewissen Beziehungen auch schon künftiges Vermögen zur Erlangung und Sicherung gegenwärtigen und künftigen Kredits verwenden zu können, z.B. durch Anschlußsicherungsübereignung[160] und durch antizipierte Forderungszession, steht das Interesse an der Verminderung des Kreditrisikos der ungesicherten Gläubiger, an der par condicio creditorum im Insolvenzfall gegenüber[161]. Will man lediglich einem den Konkurszweck übermäßig beeinträchtigenden Mißbrauch entgegenwirken, ließe sich vielleicht ein unterscheidendes Ergebnis je nach dem Grad der Beeinträchtigung vertreten.

Was sodann die gewöhnliche (nicht fiduziarische) Vorausverfügung (Zahlung, Verrechnung, Erlaß, Stundung, Abtretung usw. künftiger Forderungen) anlangt, so erscheint ihre Aufrechterhaltung im Konkurs aus dem vorrangigen Gesichtspunkt der Rechtssicherheit als die allein zutreffende Entscheidung. Soweit es sich, was aber kaum häufig vorkommen dürfte, um eine vorweggenommene Abtretung künftiger Verkaufsforderungen bezüglich massezugehöriger Gegenstände handelt, muß sie allerdings ebenfalls dem Verfahrenszweck Rechnung tragen. Falls man in dieser Hinsicht eine unterscheidende Behandlung je nach dem Maß der Beeinträchtigung des Konkurszwecks vertreten wollte, würde eine Überbetonung des letzteren hier sicherlich noch weniger als im Bereich der Sicherungsgeschäfte angebracht sein. Vorausdispositionen, die lediglich eine Abwehr künftiger Gläubigerzu-

---

160 Sicherungsübereignung von Sachen, die noch unter Eigentumsvorbehalt stehen oder bereits zur Sicherung übereignet sind, für den Fall des Erwerbs bzw. des Rückerwerbs des Eigentums. In dem Maße, wie der Kaufpreis bzw. das Darlehen schon getilgt ist, kann bereits von gegenwärtigem Vermögen geredet werden.

161 Vgl. in diesem Zusammenhang Westermann, Interessenkollisionen und ihre richterliche Wertung bei den Sicherungsrechten an Fahrnis und Forderungen, S. 24 ff.

griffe bezwecken, sind selbstverständlich gemäß §§ 134, 138 BGB unzulässig und unwirksam. Eine starre Verneinung der Konkurswirksamkeit, wie sie die herrschende Ansicht mit Ausnahme allenfalls der sogenannten Anwartschaftsübertragungen vertritt, müßte hingegen, da sie einer differenzierenden Lösung entgegensteht und die Sicherheit des Rechtsverkehrs über Gebühr beeinträchtigt, als eine fragwürdige Vereinfachung des Problems erscheinen, ganz abgesehen davon, daß sich ein solches Ergebnis nicht aus der Vorschrift des § 15 KO herleiten läßt[162]. Im Grunde genommen sprechen daher die gleichen schutzwürdigen Bedürfnisse des Rechtslebens, die zur Zulassung der Vorausverfügung überhaupt geführt haben, auch für die Anerkennung ihrer Wirksamkeit im Konkurs, beides innerhalb der erwähnten, eventuell noch näherer Konkretisierung bedürftigen Grenzen. Zu beachten ist, daß, soweit man im Konkurs des im voraus Verfügenden das Aussonderungsrecht des Erwerbers anerkennt, im Konkurs des Erwerbers, wie die oben erwähnte Interdependenz der konkursrechtlichen Zuständigkeitsvorschriften ergibt, auch dessen Anwartschaft zur Masse zu rechnen ist[163].

Eine wesentlich andersartige Rechtslage besteht bei der eingetragenen, noch nicht valutierten Hypothek. Für sie gilt bei Valutierung weder Rückwirkung noch einfacher Altersvorzug, sondern formale Rangsicherung (nach dem gebuchten Alter) gem. § 879 I BGB (vgl. insbesondere auch § 879 II BGB). Die Gebundenheit des Bestellers und demgemäß auch die Anwartschaft des Erwerbers haben hier einen etwas anderen Charakter. Die Ausnahmevorschrift des § 878 BGB, die den Erwerber gegen die Gefahren einer Verzögerung der Eintragung schützen will, ist über diesen Schutzzweck hinaus nicht erweiterungsfähig. Die herrschende Ansicht[164] verneint deshalb eine Sicherung des (nicht gutgläubigen) Erwerbers gegen einen zwischenzeitlichen Konkurs des Bestellers (der wegen der Möglichkeit einer Zwischenveräußerung des Grundstücks mit dem Eigentümer nicht mehr identisch zu sein braucht). Ob sich der in den §§ 161 I, 184, 185 II 2, 1209 BGB enthaltene Gedanke der Sicherstellung des bedingten Erwerbs auf den Fall der nachträglichen Valutierung der Hypothek übertragen läßt, ist zumindest zweifelhaft. Die

162 Zur Unanwendbarkeit des § 15 KO siehe auch Arndt, Die Wirkung einer Vorausabtretung künftiger Forderungen im Konkurs, DRiZ 1954, 233.

163 Der BGH hat die Frage eines Zusammenhangs zwischen dem Anwendungsbereich des § 15 KO und dem der Anfechtungsregeln der §§ 29 ff. KO aufgeworfen (WM 1958, 1417, 1419). Diese Frage dürfte grundsätzlich zu bejahen sein; soweit der zum Erwerb eines Rechts erforderliche *Gesamt*tatbestand auch noch nach Eröffnung des Konkurses mit Wirksamkeit gegenüber den Konkursgläubigern vollendet werden kann, vermag diese Vollendung, wenn sie vorher geschieht, kein Anfechtungsrechtsverhältnis zu begründen, und zwar schon mangels einer objektiven Gläubigerbenachteiligung.

164 RG, JW 1912, 402; BGH, NJW 1958, 1286, 1288; Jaeger-Lent, § 15 KO, Anm. 14 und 22.

Frage dürfte eher zu verneinen sein, und zwar schon mangels eines anerkennenswerten Bedürfnisses, da ja der gutgläubige Erwerber ohnehin gem. § 15 Satz 2 KO in Verbindung mit § 892 I 2 BGB geschützt wird und damit die Interessen aller Beteiligten in angemessener Weise berücksichtigt werden: solange die Konkurseröffnung im Grundbuch nicht vermerkt und dem Gläubiger nicht bekannt ist, kann dieser die Hypothek noch durch Auszahlung der Valuta an den in Konkurs gefallenen Besteller (vgl. auch § 7 KO in Verbindung mit § 892 I 2 BGB) bzw. den davon verschiedenen persönlichen Schuldner erwerben (anders im Fall einer Zwischenveräußerung des Grundstücks, die aber aus dem Grundbuch ersichtlich ist und zur Vorsicht mahnt). Einen gegenteiligen Standpunkt – Einflußlosigkeit der Konkurseröffnung zwischen Eintragung und Valutierung der Hypothek – scheint u.a. Oertmann einzunehmen, wenngleich er im übrigen in seiner Monographie über die Rechtsbedingung das Wirksamwerden gesetzlich bedingter Verfügungen im Konkurs des Veräußerers grundsätzlich verneint[165].

VI. Wegfall des guten Glaubens des Erwerbers in der Zwischenzeit

Das in den §§ 161 I, 185 II 2 und 1209 BGB und allen Rückwirkungsanordnungen formulierte Prioritätsprinzip bedeutet nicht nur Unschädlichkeit der zwischenzeitlichen Verfügungen und Verfügungsbeschränkungen des Veräußerers, sondern überhaupt, was die Entstehungsvoraussetzungen des Rechts anlangt, dessen Datierung auf den Zeitpunkt der Begründung (der Tatbestandsverwirklichung), nicht der Entstehung (des Bedingungseintritts). In dieser Hinsicht ist der normative Gehalt der Rückwirkungsanordnung beispielsweise des § 184 I BGB kein anderer und weitergehender als derjenige der Bestimmung des Altersvorzuges in den §§ 161 I und 185 II 2 BGB. Die Nichtanordnung der Rückwirkung in den letztgenannten Fällen beruht offenbar nicht auf der Absicht, die Geschäftswirkung hier nur in geringerem Maße gegen zwischenzeitliche nachteilige Veränderungen in der Rechtssphäre des Verfügenden zu schützen, sondern auf anderen Erwägungen, nämlich dem Umstand, daß die gewillkürte Bedingung regelmäßig eine Befristung in sich begreift (condicioni inest dies) und daß die Konvaleszenz durch Rechtserwerb und Beerbung keine Vergangenheitswirkungen, was beispielsweise den Erwerb von Früchten und von gesetzlichen Ansprüchen anlangt, zeitigen darf. Unter diesen Gesichtspunkten ist auch der zwischenzeitliche

165 S. 191, 141.

Fortfall des guten Glaubens des Erwerbers und der darauf beruhenden Verfügungsmacht des Verfügenden zu sehen[166].

Für die Fälle der rechtsgeschäftlichen Bedingung ist heute auch weitgehend anerkannt, daß der gute Glaube desjenigen, der von einem Nichtberechtigten erwirbt, nur bei Geschäftsabschluß, nicht auch noch bei Bedingungseintritt vorhanden zu sein braucht[167]. Für die einer Rechtsbedingung unterliegenden Verfügungen gilt im Prinzip das gleiche, so z.B. für die Pfandrechtsbestellung für eine künftige oder bedingte Forderung gemäß § 1209 BGB, ferner für die Fälle der Erwerbsgenehmigung (§§ 177, 184 I BGB), der Genehmigung des Drittberechtigten (§ 876 BGB) und der behördlichen Genehmigung. Im Falle der Erwerbsgenehmigung (§ 177 BGB) ist allerdings zu beachten, daß es für die Gutgläubigkeit nicht nur auf die Person des Vertreters, sondern auch auf diejenige des Vertretenen ankommt; § 166 II BGB findet anerkanntermaßen auch auf die Vertretung ohne Vertretungsmacht Anwendung, weil die Genehmigung – soweit sie ein bestimmtes einzelnes Geschäft betrifft – einer mit bestimmten Weisungen verbundenen Vollmacht gleichzuachten ist: kannte der Vertretene im Zeitpunkt des Geschäftsabschlusses bereits die mangelnde Berechtigung des Veräußerers, dann kann er sich im Fall der Einzelgenehmigung nicht auf die Unkenntnis des Vertreters berufen. Anderenfalls könnte der unredliche Veräußerer leicht der Bösgläubigkeit des Erwerbers dadurch ausweichen, daß er nicht mit diesem, sondern mit einem gutgläubigen vollmachtlosen Vertreter kontrahiert. Dagegen ist für den Gutglaubensschutz aus der analogen Anwendung des § 166 II BGB nicht auch die Folgerung zu ziehen, daß für die Kenntnis des Vertretenen auf den Zeitpunkt der Genehmigung abzustellen sei. Ein Ausschluß der Rückwirkungsfiktion, wie ihn das Reichsgericht für die Fälle der Gläubigeranfechtung vertreten hat[168] und wie er auch sonst je nach dem Sinn und Zweck der in Rede stehenden Regelung geboten sein kann, so z.B. wenn die Wahrung von Fristen in Frage steht, ist für den redlichen Erwerb vom Nichtberechtigten nicht veranlaßt. Ebensowenig wie eine Zwischenverfügung des Veräußerers vermag eine zwischenzeitlich eintretende Bösgläubigkeit des Erwerbers den Verfügungserfolg zu vereiteln. Das Geschäft soll nach der ratio legis, wenn es einmal wirksam genehmigt ist, so zur Wirkung kommen, wie wenn es von Anfang an gültig gewesen wäre. Auch aus dem Zweck der Vorschriften über

166 v. Tuhr, Allg. Teil, Bd. II 1 S. 379, hält es mit Rücksicht auf den Zweck des Gutglaubensschutzes für unrichtig, von einer Verfügungsmacht des Nichtberechtigten zu sprechen; dieser Regelungszweck bringt es aber zwangsläufig mit sich, daß der Nichtberechtigte unter gewissen Voraussetzungen die rechtliche Macht zu wirksamer Verfügung hat, siehe Wolff-Raiser, Sachenrecht, § 45 II 3, und ausführlich Cariota-Ferrara, I negozi sul patrimonio altrui, S. 71 ff.

167 Vgl. BGH, NJW 1953, 1099, m.w.N.; siehe ferner die zutreffend dem Prioritätsprinzip entnommene Begründung Thieles, Zustimmungen, S. 271.

168 RGZ 68, 374; 88, 216; unentschieden gelassen von BGH, WM 1958, 1417.

den gutgläubigen Erwerb vom Nichtberechtigten läßt sich ein anderes Ergebnis ebensowenig herleiten wie im Fall der geschäftlichen Bedingung[169]. Wenn bei der Bestimmung des für den guten Glauben maßgebenden Zeitpunkts das Vorrangprinzip des § 161 BGB beachtet wird, dann muß dabei natürlich auch dem insoweit gleichwertigen Rückwirkungsprinzip des § 184 I BGB Rechnung getragen werden. Hat also A ohne (wirksame) Vollmacht im Namen des B ein in Wirklichkeit dem E gehörendes Grundstück von dem eingetragenen Nichtberechtigten C erworben, dann wird der gutgläubige Erwerb des B nicht dadurch ausgeschlossen, daß dieser oder sein Vertreter in der Zeit zwischen der Eintragung und der Genehmigung die Unrichtigkeit des Grundbuchs erfährt oder daß inzwischen ein Widerspruch gegen die Richtigkeit eingetragen wird.

Anders sind hingegen die Fälle der Veräußerungsgenehmigung zu beurteilen; denn die Veräußerungsgenehmigung kann nur Wirkungen entfalten, wenn sie von dem Berechtigten ausgeht (vgl. § 185 II BGB für den Fall der Verfügung des Nichtberechtigten im eigenen Namen). Die fehlende Rechtszuständigkeit kann nur durch den zur Zeit der Genehmigungserteilung vorhandenen guten Glauben des Erwerbers ersetzt werden. Dies hat das Reichsgericht in seinem – vielfach unzutreffend verallgemeinerten und unterschiedslos auf alle Genehmigungsfälle bezogenen – Urteil vom 16.12.1931 (RGZ 134, 283) eingehend dargelegt: „Wenn § 184 Abs. 1 einer nachträglichen Zustimmung (Genehmigung) Rückwirkung zuschreibt auf den Zeitpunkt der Vornahme des genehmigten Rechtsgeschäfts, so ist dabei doch unerläßliche Voraussetzung, daß eine wirksame Genehmigung vorliegt, d.h. eine Genehmigung dessen, der durch seine Zustimmung dem bisher noch bestehenden Mangel des Rechtsgeschäfts abzuhelfen die rechtliche Macht besitzt, und es kann die Frage, ob er diese Macht besitzt, nicht beantwortet werden auf Grund einer Vorschrift, die nur die rechtlichen Folgen einer wirksamen Genehmigung regelt, jene also voraussetzt. Nun wird allerdings im Grundbuchverkehr kraft Gesetzes (§ 892 BGB) zugunsten des gutgläubigen rechtsgeschäftlichen Erwerbers von der rechtlichen Verfügungsmacht – und daher auch von der Genehmigungsmacht nach §§ 184 ff. – dessen ausgegangen, der im Grundbuch als Berechtigter

169 Ebenso Soergel-Baur, § 892, Nr. 38; ohne Unterschied für alle Genehmigungen: v. Tuhr, Allg. Teil, Bd. II 2 S. 240 Anm. 206; Planck-Strecker, § 892, Anm. II 2 c und d; a.A. (Erfordernis des guten Glaubens noch im Zeitpunkt der Genehmigungserteilung): für den Fall der Erwerbsgenehmigung nach § 177: Thiele, Zustimmungen, S. 275; für alle privatrechtl. und behördl. Genehmigungen: Lutter, Die Grenzen des sog. Gutglaubensschutzes im Grundbuch, AcP 164, 122 (169); Schönfeld, Verfügungsbeschränkungen und öffentlicher Glaube des Grundbuchs, JZ 1959, 140 (143); Staudinger-Seufert, § 892, Nr. 54; Westermann, Sachenrecht, § 85 II 5 a, 6 d; Zunft, Grenzen der Rückwirkung im Zivil- und Zivilprozeßrecht, AcP 152, 289 (298 ff.), die drei letzteren in unzutreffender Verallgemeinerung der nur die Veräußerungsgenehmigung betreffenden Entscheidung RGZ 134, 283.

eingetragen ist. Aber da es sich hier um eine Voraussetzung für die Berechtigung und für die Wirksamkeit der Genehmigung, nicht um die Folge und Wirkung einer schon als berechtigt und wirksam feststehenden Genehmigung handelt, so kann für die Frage, ob die Voraussetzungen des Gutgläubigkeitsschutzes vorliegen, nicht der Zeitpunkt der Vornahme des Rechtsgeschäfts, den § 184 Abs. 1 im Auge hat, sondern nur der Zeitpunkt der Genehmigung selbst maßgebend sein als derjenige, nach dem sich ihre Berechtigung und Wirksamkeit zu bestimmen hat ... die Genehmigung des Scheinberechtigten kann nicht kraft des öffentlichen Glaubens des Grundbuchs zur Wirksamkeit und insbesondere nicht zu rückwirkender Kraft gelangen, wenn die Grundlage ihrer Wirksamkeit, der öffentliche Glaube des Grundbuchs, zur Zeit ihres Inslebentretens infolge der Eintragung eines Widerspruchs nicht mehr bestand ...".

Wenn also ein unberufener Vertreter des eingetragenen Nichtberechtigten eine Grundschuld bestellt und darauf ein Widerspruch gegen die Richtigkeit des Grundbuchs eingetragen wird, dann ist die nachfolgende Genehmigung des Nichtberechtigten ebenso rechtlich bedeutungslos wie diejenige eines beliebigen Unbeteiligten. Hat A die Sache des B dem C geliehen und dieser sie an D veräußert, dann wird D Eigentümer, wenn A nachträglich zustimmt und D noch in diesem Zeitpunkt in bezug auf die Berechtigung des A gutgläubig ist[170]. Ebenso ist der für den guten Glauben maßgebliche Zeitpunkt in dem Fall des nachträglichen Rechtserwerbs (§ 185 II 1, 2. Alternative BGB) zu beurteilen, so z.B. wenn in dem eben erwähnten Fall A nicht der Veräußerung des C nachträglich zustimmt, sondern die Sache dem C nachträglich schenkt[171]. Auch auf diesen Fall ist der zu eng gefaßte Absatz II des § 932 BGB entsprechend anzuwenden. Hat der Nichtberechtigte A dem infolge grober Fahrlässigkeit bösgläubigen B eine Sache „unter Vorbehalt des Eigentums" verkauft und übergeben und veräußert dieser sie während der Schwebezeit unter Übergabe und unter Hinweis auf den vermeintlichen Eigentumsvorbehalt des A an den gutgläubigen C weiter, dann wird dieser mit der Kaufpreisrestzahlung des B an A Eigentümer, wenn er in bezug auf das Eigentum des A gutgläubig ist („gutgläubiger Erwerb eines nichtbestehenden Anwartschaftsrechts vom Scheinanwärter"[172]); da der Verfügungsakt des A

170 Ebenso Soergel-Baur, § 892, Nr. 40; Eccius, Einigung und dinglicher Vertrag im Sachenrecht, Gruchot Beitr. 47, 51 (62); Thiele, Zustimmungen, S. 273 ff.; siehe im übrigen die vorige Anm. Im Fall der vormundschaftsgerichtlichen Genehmigung einer Verfügung muß der gute Glaube des Erwerbers an das Eigentum des Mündels noch im Zeitpunkt (der Mitteilung) der Genehmigung bestehen, so im Ergebnis richtig Zunft, a.a.O., gegen RGZ 142, 59 (62); die Mitteilung der vormundschaftsgerichtlichen Genehmigung einer Verfügung ist selbst Verfügungsgenehmigung.

171 Vgl. auch v. Tuhr, Allg. Teil, Bd. II 1 S. 383 Anm. 115.

172 Serick, Eigentumsvorbehalt und Sicherungsübertragung, Bd. I S. 271.

schon bei der Weiterveräußerung des B vorlag und nur noch die Bedingung schwebte, dürfte hier guter Glaube des C im Zeitpunkt seines Vertragsschlusses mit B genügen. Stets ist in diesen Fällen auf die Wahrung der Besitzerfordernisse Bedacht zu nehmen, von denen der gutgläubige Erwerb gemäß §§ 932 ff. BGB abhängt. Für die Aneignungsgestattung mit Besitzüberlassung hat das Gesetz in § 957 BGB eine besondere Regelung dahin getroffen, daß der Erwerb nach der Besitzüberlassung nicht mehr an jeder Bösgläubigkeit, sondern nur noch an der wirklichen Kenntniserlangung von dem Rechtsmangel scheitert.

Ist eine Hypothek für eine künftige oder bedingte Forderung bestellt und eingetragen oder noch nicht valutiert, dann schadet die mala fides superveniens des Erwerbers in der Zwischenzeit bis zur Entstehung der Forderung, und zwar aus den oben dargelegten Gründen, aus denen auch zwischenzeitliche Verfügungsbeschränkungen des Bestellers den Erwerb der Hypothek bei Forderungsentstehung durchkreuzen. Die herrschende Lehre begründet dies in Übereinstimmung mit der Entscheidung des Reichsgerichts vom 6.12.1916 (RGZ 89, 152, 160) mit dem Wortlaut des § 892 BGB, wonach der Erwerber grundsätzlich nur dann geschützt wird, wenn er zur Zeit der Vollendung seines Erwerbs noch gutgläubig ist[173].

Sachliche Bedenken können gegen diese Lösung (Erfordernis des guten Glaubens bis zum Zeitpunkt der Forderungsentstehung) kaum bestehen, da ja der Gläubiger die Auszahlung der Valuta regelmäßig hintanhalten kann, wenn er die Unrichtigkeit des Grundbuchs erfährt, zumal im Liegenschaftsrecht nur die positive Kenntnis und nicht schon die grob fahrlässige Unkenntnis der Unrichtigkeit den guten Glauben ausschließt und demnach auch keine Pflicht zu besonderen Nachforschungen besteht. Die Entscheidung des Reichsgerichts vom 1.3.1935, wonach für den gutgläubigen Erwerb des Vorrangs einer Höchstbetragshypothek vor gelöschten, aber aufgewerteten Hypotheken der Zeitpunkt der Einigung und Eintragung, nicht derjenige der Forderungsentstehung, maßgebend ist[174], mag für diesen Sondertatbestand zutreffen, wird aber nicht verallgemeinert werden können.

173 Siehe z.B. Staudinger-Seufert, § 892, Nr. 55; Palandt-Degenhart, § 892, Anm. 7; a.A. Raiser, Dingliche Anwartschaften, S. 35.

174 JW 1935, 2629; siehe ferner OLG Kassel, JW 1935, 1195 und KG, JFG 11, 277.

VII. Wegfall der Publizitätserfordernisse während der Schwebezeit

Für die Fahrnisübereignung wird überwiegend angenommen, daß der Erwerber die Sache zur Zeit des Eintritts der (geschäftlichen oder gesetzlichen) Bedingung nicht mehr zu besitzen brauche[175]. Die Besitzübertragung auf den Erwerber muß zwar als endgültige gedacht, die Sache ihm zum Behalten übergeben sein; ein danach eintretender Besitzverlust ist aber grundsätzlich bedeutungslos, mag auch die Sache dadurch wieder an den Veräußerer[176] – oder im Fall der Verfügung eines Nichtberechtigten – an den Berechtigten gelangen. Anders verhält es sich nur dann, wenn die Sache an den Veräußerer nicht zu vorübergehendem Zweck, sondern endgültig zurückgegeben wird, weil damit die Verfügung als aufgehoben zu betrachten ist, oder wenn die vom Nichtberechtigten veräußerte Sache auf Verlangen des Berechtigten herausgegeben wird und dieses Verlangen oder die Entgegennahme der Sache eine Verweigerung der Genehmigung enthält[177]. Eine weitere Ausnahme ergibt sich für das Fahrnispfandrecht gemäß § 1253 BGB, wenn der Pfandgläubiger in der Zwischenzeit das Pfand an den Verpfänder oder Eigentümer zurückgibt.

Für die Aneignungsgestattung mit Besitzüberlassung gemäß § 956 I 1 BGB hält die herrschende Lehre Besitzfortdauer bis zur Trennung der Bestandteile für erforderlich, mildert allerdings dieses Erfordernis durch die entsprechende Anwendung der §§ 955 III, 940 II BGB[178]. Diese Auslegung wird aber weder durch den Gesetzeswortlaut noch in ihrer Allgemeinheit durch zutreffende Zweckerwägungen gerechtfertigt. Im Verhältnis zwischen dem Gestattenden und dem Begünstigten erscheint vielmehr die Erwerbsaussicht des letzteren auch im Fall eines Besitzverlustes als vorgehend, solange die Gestattung nicht gemäß § 956 I 2 BGB widerrufen wird. Auf dieses Widerrufsrecht finden die §§ 955 III, 940 II BGB entsprechende Anwendung, so daß ein nur vorübergehender Besitzverlust den Gestattenden noch nicht zum Widerruf berechtigt[179]. Die besseren Gründe dürften daher für die von Planck-Brodmann vertretene Auffassung sprechen, wonach ein unfreiwilliger Besitzverlust für sich allein nur dann schadet, wenn die Sache in die Hand eines gutgläubigen Eigenbesitzers gelangt und dadurch das Recht auf die Erzeug-

175 So z.B. Kühne, Tatbestandsteilung, S. 126; v. Tuhr, Allg. Teil, Bd. II 2 S. 307; (für die Geschäftsbedingung) Wolff-Raiser, Sachenrecht, § 66 I 3; a.A. Oertmann, Rechtsb., S. 136 ff.

176 Planck-Brodmann, § 929, Anm. 3 a.

177 Vgl. v. Tuhr, Allg. Teil, Bd. II 2 S. 246.

178 Siehe Wolff-Raiser, Sachenrecht, § 77 IV 1 a; Spyridakis, Zur Problematik der Sachbestandteile, S. 145, m.w.N.

179 Palandt-Degenhart, § 956, Anm. 4.

nisse nicht nur für den Begünstigten der Aneignungsgestattung, sondern auch für den Gestattenden vereitelt wird[180].

Für die Begründung und Übertragung von Liegenschaftsrechten wird meist der Grundsatz aufgestellt, daß das Publizitätserfordernis noch im Zeitpunkt des Wirksamwerdens der Verfügung bestehen müsse[181]. Dieser Auffassung ist zunächst für die Fälle der Weiterverfügung des bedingt Berechtigten zu widersprechen; die Eintragung des zweiten Erwerbers ist unbedenklich der fortbestehenden Einschreibung des ersten Erwerbers gleichzuwerten[182]. Insoweit wird der Grundsatz aber wohl auch von der herrschenden Meinung nicht durchgeführt, so wenn ein geschäftlich bedingtes Recht eingetragen und vor Bedingungseintritt weiterveräußert wird. Nicht anders kann es sich verhalten, wenn ein Recht ohne die etwa erforderliche rechtsgeschäftliche, vormundschaftsgerichtliche oder behördliche Genehmigung eingetragen und diese erst nach einer Weiterübertragung nachgeholt wird. Diese Nachholung läßt die erste Verfügung und, falls damit zugleich alle fehlenden Voraussetzungen der Weiterverfügung erfüllt werden, auch diese ungeachtet des Umstandes wirksam werden, daß der erste Erwerber nicht mehr im Grundbuch eingetragen steht. So hat auch das Reichsgericht in seinem Urteil vom 16.2.1924[183] den Fall beurteilt, daß ein unerkennbar Geisteskranker ein Grundstück durch Vertreter ohne (wirksame) Vertretungsmacht erwirbt, später weiterveräußert und der danach bestellte gesetzliche Vertreter den Erwerb des Geisteskranken genehmigt: „Gerade die Aufnahme dieser Ausnahmevorschrift (§ 184 II BGB) beweist, daß grundsätzlich die Rückwirkung der Genehmigung gegenüber allen in der Zwischenzeit zwischen der Vornahme des Rechtsgeschäfts und der Genehmigung geschehenen rechtlichen Änderungen in Ansehung des Gegenstandes des Rechtsgeschäfts durchgreifen soll, daß es also für die Beurteilung der Frage, ob und welche Rechtswirkungen das Rechtsgeschäft hervorgebracht hat, lediglich auf die Rechtslage im Zeitpunkt der Vornahme des Rechtsgeschäfts ankommt und dabei von dem damals vorhandenen Mangel der Genehmigung abzusehen ist. Eine genehmigungsbedürftige Auflassung muß hiernach in Verbindung mit der auf Grund ihrer vorgenommenen Eintragung des Erwerbers im Grundbuch im Falle der Genehmigung auch dann als zur Eigentumsübertragung geeignet angesehen werden, wenn noch vor der Erklärung der Genehmigung die Eigentumsübertragung des Erwerbers gelöscht und ein Dritter als Eigentümer eingetragen wird."

Ebenso dürfte es aber auch unschädlich sein, wenn die Eintragung des Erwerbs während der Schwebezeit versehentlich gelöscht wird, sofern nicht

180 § 956, Anm. 3 b.

181 So z.B. Planck-Strecker, § 873, Anm. II 4; Erman-Westermann, § 873, Anm. 18.

182 Kühne, Tatbestandsteilung, S. 206.

183 Gruchot Beitr. 67, 549.

ein gutgläubiger Erwerb Dritter Platz greift, so z.B. wenn eine geschäftlich bedingte Hypothek vor Bedingungseintritt oder eine Hypothek für eine bedingte Forderung vor deren Entstehung oder die von einem Nichtberechtigten bestellte Hypothek vor dem Rechtserwerb des Bestellers im Grundbuch gelöscht wird. Es wäre nicht einzusehen, weshalb und in wessen schutzwürdigem Interesse der Erwerb des bedingt Berechtigten in diesen Fällen an einer zwischenzeitlichen Löschung scheitern sollte. Ist durch Einigung und Eintragung, wenn auch einstweilen schwebend unwirksam, die Verfügung getroffen, dann ist das weitere Eingetragensein grundsätzlich ebensowenig vonnöten, wie im Fahrnisrecht der Fortbestand des Sachbesitzes.

Zweifelhafter erscheinen die Fälle, in denen der Veräußerer während der Schwebezeit im Wege der Berichtigung seine Wiedereintragung durchgesetzt hat. Das Reichsgericht hat in seinem Urteil vom 20.12.1930 (RGZ 131, 97) die Meinung vertreten, daß die in solcher Weise beseitigte Eintragung auch bei späterer rückwirkender Nachbringung des fehlenden Wirksamkeitserfordernisses (im entschiedenen Fall der Genehmigung nach dem preußischen Gesetz über den Verkehr mit Grundstücken vom 10.2.1923) keine geeignete Grundlage für die Rechtsänderung mehr darstelle: durch die Berichtigung des Grundbuchs auf den Veräußerer werde die Eintragung mit der Wirkung beseitigt, daß sich der Erwerber nicht mehr auf sie berufen dürfe, sondern sich im Verhältnis zum Veräußerer so behandeln lassen müsse, als wäre er niemals in das Grundbuch hineingelangt. Damit werde der Rechtsgrundsatz, daß der Begriff der Eintragung im Sinn des § 873 BGB nicht den Zustand des Eingetragenseins, sondern den behördlichen Akt des Eintragens als solchen bedeute, nicht verlassen. Wenn auch die rückwirkende Genehmigung die Auflassung heile, so ändere sie doch nichts an dem mangelnden zeitlichen Zusammenfallen einer wirksamen Auflassung und einer wirksamen Eintragung des Erwerbers. Die Fiktion der Rückwirkung gehe nicht soweit, daß man auch die beseitigte Eintragung als noch fortbestehend annehmen könne.

Diese – teilweise mit der oben zitierten Entscheidung vom 16.2.1924 in Widerspruch stehenden – Ausführungen können nicht überzeugen; denn wenn der einmalige Akt der Eintragung genügt, braucht sie im Zeitpunkt der Genehmigungserteilung nicht mehr als fortbestehend angesehen zu werden. Auch wenn man das Fortbestehen der Eintragung bis zum Vorliegen einer wirksamen Einigung verlangen wollte, wäre diesem Erfordernis doch durch die unzweifelhafte Rückwirkung der Genehmigung auf die Vornahme der Verfügung (Einigung und Eintragung) Genüge getan; kraft der Rückwirkungsanordnung muß es nämlich so angesehen werden, als ob die Verfügung mit der der Einigung nachfolgenden Eintragung wirksam geworden wäre. Fraglich kann nur sein, ob durch die Grundbuchberichtigung der Verfügungstatbestand entkräftet, die Eintragung also auch in ihrer Tatbestandsbedeutung vernichtet worden ist; denn alsdann träfe die nachfolgende Genehmigung ins Leere, da ein genehmigungsfähiger Tatbestand nicht mehr vorläge, ebenso wie wenn die bindend gewordene Einigung während der Schwebezeit vertraglich aufgehoben oder die durch sie erlangte Rechtsstellung im Wege der Kondiktion zurückgewährt worden wäre. Die Frage der Rückwirkung stellt sich dann nicht mehr. Die Grundbuchberichtigung kann bekanntlich nicht nur auf Grund des durch die unrichtige Eintragung beeinträchtigten Rechts (§ 894 BGB), sondern auch mit dem Anspruch auf Herausgabe einer ungerechtfertigten Bereicherung (§ 812 BGB) verlangt werden, da die durch die Eintragung geschaffene Legitimation eine kondizierbare vorteilhafte Rechtsstellung darstellt. Wird die Berichtigung im Wege der Kondiktion durchgesetzt, dann wird man darin, unabhängig davon, ob die Einigung (Auflassung) fortbesteht, auch die Zerstörung der Tatbestandswirkung der Eintragung sehen müssen; denn die Kondiktion ist regelmäßig auf die Rückgewähr aller durch die unrichtige Eintragung erlangten Vorteile gerichtet. Dasselbe wird man aber von dem auf das Eigentum (oder das sonstige Recht) gestützten Berichtigungsanspruch nicht sagen können, da dieser nur die Beseitigung der Beeinträchtigung eben dieses Rechts zum Ziel hat. Man wird daher unterscheiden und in der Wiedereintragung des Erwerbers, die dieser auf Grund der gegebenenfalls fortbestehenden Einigung betreibt, je nach den Umständen entweder eine erneute Berichtigung oder die endliche Herbeiführung der Rechtsänderung erblicken müssen[184].

VIII. Die Anwartschaft des Erwerbers

1. Rechtsanwartschaft oder Anwartschaftsrecht?

Die dargestellten Zwischenwirkungen der bedingten Verfügung, die bei Betrachtung der Passivseite des Geschäfts meist zusammenfassend als Gebundenheit des Verfügenden bezeichnet werden, ergeben auf der Aktivseite eine qualifizierte Anwartschaft des Erwerbers, nämlich die rechtlich gewährleistete Aussicht, im Falle des Bedingungseintritts das übertragene oder begründete Recht zu erwerben. Die wirtschaftliche Bedeutung der Anwartschaft hängt von der Wahrscheinlichkeit des Eintritts der Bedingung, insbesondere davon ab, ob die eine oder andere Partei darauf Einfluß hat. So kann eine Anwartschaft aus rechtlich bedingter Verfügung, z.B. im Falle der Erwerbs-

184 Im wesentlichen übereinstimmend Asch, Der Grundstückskauf, § 28 V, m.w.N. zu den verschiedenen Ansichten. Kühne, Tatbestandsteilung, S. 206, hält die zwischenzeitliche Berichtigung mit Rücksicht auf die Rückwirkung in jedem Fall für unschädlich. BGH, MDR 1971, 380, folgt der besprochenen Entscheidung RGZ 131, 97.

genehmigung, wertvoller sein als eine Anwartschaft aus faktisch bedingter Verfügung, wie z.B. im Falle einer kasuellen Bedingung.

In der Anwartschaft aus rechtsgeschäftlich bedingter Verfügung erblickt die heute herrschende Auffassung, vornehmlich im Fall der bedingten Übereignung beim Verkauf unter Eigentumsvorbehalt, ein subjektives Recht des Anwärters[185]. Die kraft objektiven Rechts bestehende Verfügungsbeschränkung des Verfügenden, die charakteristische Zwischenrechtsfolge der bedingten Verfügung, bedarf zu ihrer Erklärung und Rechtfertigung jedoch nicht der Annahme eines solchen Rechts des Erwerbers[186]. Es kann auch kaum sinnvoll sein, die Vorstufe des subjektiven Rechts ihrerseits zum subjektiven Recht aufzuwerten und das „werdende" Recht mit der Kategorie des fertigen Rechts zu erfassen zu versuchen[187]. Dadurch werden nicht nur die Konturen des subjektiven Rechts in bedenklicher Weise verwischt, es wird auch der Rechtswirklichkeit zuwider der Schwerpunkt der Rechtsänderung von den gewollten definitiven Rechtsfolgen auf die gesetzlichen provisorischen Nebenfolgen verlagert, gleich als ob die Vertragschließenden den vereinbarten Rechtserfolg nicht von einer Bedingung abhängig machen, sondern ein davon unabhängiges Anwartschaftsrecht begründen wollten. Abgesehen davon dürfte die Rechtslage der Zwischenzeit schwerlich die Merkmale eines subjektiven Rechts ergeben, wie immer man dessen Wesen des näheren bestimmen mag und solange man jedenfalls an der Maßgeblichkeit des Willens des Subjekts für die Rechtsverwirklichung festhält. Daran aber fehlt es hier: „Die Anwartschaft befugt als solche zu gar nichts"[188]. Alle in den vorausgegangenen Darlegungen behandelten Zwischenwirkungen des bedingten Verfügungsrechtsgeschäfts treten kraft Gesetzes und unabhängig von dem Willen der Vertragschließenden ein; sie ergeben als Reflex der objektivrechtlichen Gebundenheit des Verfügenden die gesicherte Rechtslage des Erwerbers und sind nicht umgekehrt Ausstrahlungen einer diesem schon verliehenen Willensherrschaft (Rechtsmacht), noch auch, wie häufig formuliert wird, „Vorwirkungen" seines demnächst vielleicht (im Falle des Eintritts der Bedingung) zu erwerbenden Rechts. Sie sind zudem nur potentieller Art, d.h. sie kommen nur und erst zum Tragen, wenn die Bedingung erfüllt wird. Was sodann den Schadensersatzanspruch wegen schuldhafter Vereitelung oder Beeinträchtigung des bedingten Rechts während der Schwebezeit (§ 160 BGB) anlangt, so beruht dessen (andernfalls überflüssige) Gewährung gerade auf der Erwägung,

185 Siehe BGH, NJW 1956, 665; ferner den Überblick über den Meinungsstand in Serick, Eigentumsvorbehalt und Sicherungsübertragung, Bd. I S. 244 ff., und Georgiades, Die Eigentumsanwartschaft beim Vorbehaltskauf, S. 4 ff.

186 Vgl. Georgiades, a.a.O. S. 106.

187 Schmidt-Rimpler, Die Gegenseitigkeit bei einseitig bedingten Verträgen, S. 19 Anm. 31.

188 Würdinger, Die privatrechtl. Anwartschaft als Rechtsbegriff, S. 61.

daß vor Erfüllung der Bedingung ein Recht des Erwerbers, das Gegenstand einer Verletzung sein könnte, noch nicht vorhanden ist.

Ebensowenig gestatten die aktuellen Sicherungsmöglichkeiten des Anwärters einen Schluß auf ein diesem zustehendes gegenwärtiges Recht, zumal sie auch dem erst künftig Berechtigten offenstehen. So kann, was Ansprüche anlangt, nicht nur ein bedingter, sondern auch ein künftiger Anspruch durch Vormerkung, Bürgschaft und Pfandrecht (§§ 883 I 2, 765 II, 1113 II, 1204 II BGB) gesichert werden; Gegenstand der Sicherung ist nicht die gegenwärtige Anwartschaft, sondern das künftig zu erwerbende Recht. Auch die verfahrensrechtlichen Mittel, deren sich der Anwärter zur Sicherung seines erhofften Erwerbs oder zur späteren Durchsetzung seines zu erwerbenden Rechts bedienen kann, wie gegebenenfalls die Klage auf Feststellung, auf künftige Leistung, Anmeldung im Konkurs, Antrag auf Erlaß eines Arrestes oder einer einstweiligen Verfügung, sind wegen der heute anerkannten Selbständigkeit des prozessualen und des materiellen Rechts für die Rechtseigenschaft der Anwartschaft nicht beweisend. Weder ist der prozessuale Rechtsschutz notwendig von der Existenz eines gegenwärtigen subjektiven Rechts abhängig, noch müssen alle Rechte einklagbar sein. So braucht z.B. das Rechtsverhältnis, auf das sich die Feststellungsklage gem. § 256 ZPO richtet, nicht auf einem (bedingten oder unbedingten) subjektiven Recht zu beruhen, sondern kann es auch in einer sonstigen Rechtsbeziehung bestehen, aus der sich die Möglichkeit einer künftigen Rechtswirkung ergibt[189]. Dasselbe muß dann auch für den Arrest und die einstweilige Verfügung gelten, denn soweit die Klage zur Hauptsache gegeben ist, muß auch die Sicherung im summarischen Verfahren möglich sein.

Auch der Vermögenswert der Anwartschaft, deren Vererblichkeit und Übertragbarkeit nötigen nicht dazu, ihr Rechtseigenschaft zuzuerkennen. Das Vorhandensein eines Vermögenswertes genügt nicht für die Annahme eines Rechts; auch bloße rechtlich geschützte Interessen, wie hier die sich aus der Gewährleistung des demnächstigen Rechtserwerbs ergebende günstige Rechtslage des bedingt Berechtigten, sind vermögensmäßig schätzbar. Die Gesamtrechtsnachfolge umfaßt mehr als den bloßen Übergang zur vollen Entstehung gelangter Rechte und Pflichten und ergreift auch in der Entwicklung befindliche Rechtsbeziehungen, Bindungslagen und Anwartschaften[190]. Was als Übertragung der Anwartschaft bezeichnet wird und vereinfachend und wirtschaftlich anschaulich durchaus so bezeichnet werden kann, ist im gesetzestechnischen Sinn nichts anderes als die schwebend unwirksame Übertragung des zu erwerbenden Rechts gemäß § 185 II BGB. Die ferner für die Rechtseigenschaft der Anwartschaft angeführte Möglichkeit ihres gutgläu-

189 v. Tuhr, Allg. Teil, Bd. I S. 125 Anm. 14; Bd. II 1 S. 21; Enneccerus-Nipperdey, Allg. Teil, § 71 I; BGHZ 4, 133.

190 BGH, NJW 1960, 1715; Staudinger-Boehmer, § 1922, Nr. 216.

bigen Erwerbs beruht darauf, daß bei bedingten Verfügungen des Nichtberechtigten der gute Glaube des Erwerbers nicht über den Geschäftsabschluß hinaus auch noch bis zu dem Eintritt der Bedingung fortzubestehen braucht, und ist daher nur ein besonderer Aspekt des bedingten gutgläubigen Rechtserwerbs[191]. Wenn schließlich in dem Anwartschaftsrecht ein „sonstiges Recht" im Sinne des § 823 BGB, ein die Veräußerung hinderndes Recht im Sinne des § 771 ZPO und, soweit es mit Besitz verbunden ist, ein dingliches Recht zum Besitz gesehen wird, so handelt es sich dabei offensichtlich um bloße Deduktionen aus einem vorgefaßten, gesetzlich nicht fundierten Begriff[192].

Für die Fälle der gesetzlich bedingten Verfügung verbietet sich die Annahme eines Anwartschaftsrechts, jedenfalls im Sinne eines Herrschaftsrechts, schon deshalb, weil es in vielen Fällen noch an dem Verfügungssubstrat mangelt, sei es daß dieses noch nicht entstanden ist, sei es daß es noch dem Rechtskreis eines Dritten zugehört[193]. Soweit dem Erwerber das Recht eingeräumt ist, den Rechtserwerb durch einen Gestaltungsakt zur Wirkung zu bringen, so z.B. das Genehmigungsrecht bei genehmigungsbedürftigen Verfügungen und das Ausfüllungsrecht bei Blankettgeschäften, kann zwar von einem subjektiven Recht des Erwerbers gesprochen werden; dieses Gestaltungsrecht hat aber mit dem Anwartschaftsrecht im Sinne einer Vorstufe des Vollrechts, also eines Zwischenrechts, aus dem sich das endgültige Recht entwickelt, nichts gemein und ist, da nur in einzelnen Fällen gegeben, für die bedingte Verfügung nicht typisch. Auch sonst berechtigt das Bestehen einzelner subjektiver Befugnisse, wie z.B. der materiellrechtlich gewandeten Sicherungsbefugnisse des Nacherben (§§ 2116, 2118, 2121, 2122, 2123 BGB), noch nicht dazu, sie als Ausfluß einer zugrundeliegenden umfassenderen gegenwärtigen Rechtsposition, sei es im Sinne einer Entwicklungsstufe des späteren Vollrechts, sei es im Sinne eines autonomen, davon verschiedenen subjektiven Rechts, aufzufassen[194].

Oertmann vertritt eine mittlere Lösung[195]: es handele sich um mehr als bloß objektivrechtliche Gebundenheit des Verfügenden oder des Gegenstandes der Verfügung; die Anwartschaft des Erwerbers repräsentiere schon eine gewisse Eigenberechtigung, ein in der Entwicklung begriffenes Recht, einen embryo-

191 Vgl. Flume, Allg. Teil, Bd. I § 42 4 a.

192 Ausführlich gegen die Auffassung der Anwartschaft als subjektives Recht: Würdinger, Anwartschaft als Rechtsbegriff, S. 84 ff.; Stracke, Zur Lehre von der Übertragbarkeit der Anwartschaft, S. 16 ff.; Lempenau, Direkterwerb oder Durchgangserwerb, S. 24 ff.; E. Wolf, Sachenrecht, S. 187 ff.; Scognamiglio, Aspettativa, I aspettativa di diritto, in Enciclopedia del diritto, Bd. III, S. 226 ff.

193 Oertmann, Rechtsb., S. 126.

194 Die Übertragung der Anwartschaft des Nacherben ist im Kern – abgesehen von den gegenwärtigen Befugnissen – antizipierte Verfügung.

195 A.a.O. S. 121 ff., 164 ff.

nalen Bestandteil des Vollrechts, wenn auch noch kein wirkliches Recht, weswegen besser von einer Rechtsanwartschaft als von einem Anwartschafts- oder Wartrecht gesprochen werde. Diese Auffassung bietet aber keine dogmatischen Vorzüge, auch nicht in ihrer Nutzanwendung auf dem Gebiet des Erbrechts, worauf später noch zurückzukommen sein wird. Unser Rechtssystem kennt nun einmal keine Abstufungen zwischen Recht und Nichtrecht. Was sukzessiv verläuft, ist die Verwirklichung des Gesamttatbestandes, nicht die Entstehung des Rechts; diese vollzieht sich vielmehr momentan mit der Realisierung des letzten Erfordernisses. Wollte man für die Zwischenzeit mehr als einen objektivrechtlichen Interessenschutz annehmen, so könnte es sich nur um ein selbständiges, von dem rechtsgeschäftlich begründeten oder übertragenen Recht verschiedenes subjektives Recht (Anfallsrecht oder dergleichen) handeln. Aber auch dafür fehlt es auf unserem Rechtsboden an den nötigen Voraussetzungen. Unter dem bedingten oder richtiger dem bedingt begründeten oder übertragenen Recht ist nach allem kein wie immer geartetes gegenwärtiges, sondern ein noch nicht existentes Recht zu verstehen, dessen Begründungs- bzw. Übertragungstatbestand jedoch schon vollständig gegeben und dessen Entstehung bzw. Übergang nur noch von einem zukünftigen und ungewissen Ereignis abhängig ist.

2. Die Verfügung des bedingt Berechtigten (die Entbehrlichkeit der Konstruktion eines selbständig abtretbaren Anwartschaftsrechts)

Die herrschende Lehre unterscheidet bei Weiterverfügungen des bedingt Berechtigten zwischen der Verfügung über das zu erwerbende Recht und der Verfügung über die Anwartschaft darauf und sieht in ihnen Dispositionen über jeweils verschiedene Rechtsobjekte. In Wirklichkeit werden mit diesen Begriffen nur verschiedene Seiten ein und desselben juristischen Vorgangs, nämlich das eine Mal seine rechtliche Konstruktion und das andere Mal seine wirtschaftliche Funktion, bezeichnet. Zu Unrecht hält die herrschende Lehre diese Funktion – den in der Anwartschaft verkörperten ökonomischen Wert zum Gegenstand des Rechtsverkehrs zu machen – durch jene Konstruktion für nicht erfüllt und glaubt daher eine Gesetzeslücke schließen zu müssen.

Wenn das Gesetz die Verfügbarkeit der Anwartschaft nirgends erwähnt hat[196], so hat es dadurch keine Lücke in der Regelung gelassen, sondern im

196 Die Motive (Mugdan, Bd. I S. 494; siehe auch die Protokolle, ebenda, S. 763) heben neben der Vererblichkeit auch die Übertragbarkeit bedingter Rechte hervor. Wenn Forkel, Grundfragen, S. 63, meint, die Gesetzesverfasser hätten damit die selbständige Übertragbarkeit der Anwartschaft aus bedingtem Rechtsgeschäft als selbstverständlich gebilligt, so ist dies sicher eine grundlose Unterstellung; denn mit jener Erwähnung wird nur ausgesprochen, was schon im gemeinen Recht allgemein anerkannt war, ohne jedoch zu der rechtlichen Konstruktion

Gegenteil eine Doppelregelung vermieden, da die Verfügung über die Anwartschaft des bedingt Berechtigten nach seinem System nur einen Unterfall der Verfügung über fremde Rechte darstellt und auch als solche den Bedürfnissen des Rechtsverkehrs entsprechend geregelt ist. Die Feinheit der gesetzlichen Regelung, die Möglichkeit nämlich, einen Tatbestand zu setzen und damit den Erwerb bereits sicherzustellen, auch wenn einzelne nachholbare Wirksamkeitsvoraussetzungen noch nicht erfüllt sind, macht die Frage nach der Möglichkeit einer gesonderten Verfügung über Anwartschaften, nach einer selbständigen Nachfolge in Zwischenrechtspositionen, Rechtsentwicklungsstufen oder dergleichen gegenstandslos. Wer eine Sache veräußert, trifft diese Verfügung entweder als Berechtigter (Eigentümer) oder als Nichtberechtigter (Nichteigentümer): tertium non datur[197]. § 185 II BGB ist unabhängig davon anwendbar, ob der Erwerber die mangelnde Berechtigung des Veräußerers kennt oder nicht, ob also das Geschäft in Erwartung der Konvaleszenz oder in der Annahme sofortiger Wirksamkeit geschlossen wird[198]. Die Anwartschaft auf das Eigentum übertragen heißt dessen Übergang für den Fall

Stellung zu nehmen. Diese wurde in der Pandektistik, da das römische Recht keine Abtretung der Obligation kannte und auch seine bedingte Tradition noch unentwickelt war, vorwiegend an Hand der die Novation und Akzeptilation bedingter Forderungen behandelnden Quellen erörtert und im Sinne einer schwebend unwirksamen (bedingten) oder noch unvollendeten Verfügung aufgefaßt, siehe z.B. Enneccerus, Suspensivbedingung, S. 123; Dernburg, Pandekten, Bd. II § 60 Anm. 4; v. Scheurl, Nebenbestimmungen, S. 151; Römer, Die bedingte Novation, S. 33 ff.; Salkowski, Zur Lehre von der Novation, S. 408 ff.; Eisele, Zur Lehre von den c'nes i., AcP 54, 109 (122 ff.); Kapler, Begriff und Wesen der c.i., S. 32 ff.; vgl. ferner Regelsberger, Pandekten, S. 570; v. Vangerow, Lehrbuch der Pandekten, Bd. I § 95 II, und die Darstellung Oertmanns, Rechtsb., S. 180 ff. Von einem gegenwärtigen Recht des bedingt Berechtigten sprachen nur einzelne, so Fitting, Begriff der Rückziehung, S. 102 und Anm. 148, der auch die Übertragbarkeit dieses Rechts erwog; Koeppen, Der obligatorische Vertrag unter Abwesenden, Jahrb. für Dogmatik, Bd. 11 S. 139 ff. (167, 180 ff.), der die Dispositionen des bedingt Berechtigten aber wiederum nur für bedingt wirksam hielt; Wendt, Das bedingte Forderungsrecht, S. 11 ff., 24, in bezug auf die bedingte Forderung, als deren wesentlichen Inhalt er einen Anspruch auf Sicherstellung annahm; vgl. auch noch Becker, System des heutigen Pandektenrechts, Bd. II S. 312. – Die französische Lehre bejaht ebenfalls die Übertragbarkeit der Anwartschaft, auch soweit sie sie nicht als ein subjektives Recht begreift (weil nicht nur Rechte übertragbar seien, Planiol-Ripert-Boulanger, Traité élémentaire de droit civil, Bd. II Nr. 1364). In der italienischen Lehre finden sich verschiedene Konstruktionsvorschläge; eine ansehnliche Richtung verwendet den Gesichtspunkt der Rechtsbedingung, siehe z.B. die Ausführungen und Literaturangaben von Pelosi, La pretesa retroattività della condizione, in Rivista trim. di diritto e procedura civile 1968, S. 825 (907 ff.).

197 Schreiber, Die bedingte Übereignung, NJW 1966, 2333.

198 Motive, Mugdan, Bd. II S. 76.

des Erwerbs des Übertragenden vereinbaren[199]. Diese ausdrückliche Beifügung der Rechtsbedingung hat regelmäßig den Sinn, den Wirkungsbeginn der Verfügung bis zu dem genannten Umstand hinauszuschieben, so daß ein Genehmigungsrecht des Berechtigten gemäß § 185 II 1 (erster Fall) BGB ausscheidet und damit auch die Möglichkeit entfällt, daß dieser durch Verweigerung der Genehmigung die Anwartschaft aus der (Weiter)verfügung zerstört[200].

Eine solche „Verfügung für den Fall des Rechtserwerbs" setzt natürlich das Vorhandensein einer Anwartschaft aus bedingter Berechtigung nicht voraus, sondern kann auch von jedem anderen Nochnichtberechtigten, der sich im Besitz der Sache befindet, im Hinblick auf jede beliebige rechtliche oder tatsächliche Exspektanz getätigt werden. Abgesehen davon, daß in Erwartung eines Rechtserwerbs in aller Regel nur dann kontrahiert wird, wenn er als ziemlich sicher erscheint, und daß auch eine sonstige rechtliche oder tatsächliche Erwerbsaussicht im einzelnen Fall durchaus realistischer sein kann als diejenige eines bedingt Berechtigten, ist für die rechtliche Behandlung nicht die geringere oder größere Wahrscheinlichkeit der Verwirklichung der Erwerbsaussicht, sondern der freie Wille der Vertragschließenden entscheidend, die die Erwerbserwartung einer rechtsverbindlichen Regelung für wert erachten und darüber eine gesicherte Verfügung treffen wollen, wobei sie der obwaltenden Ungewißheit durch Aufnahme einer gewillkürten Bedingung in das Grundgeschäft Rechnung tragen können.

Die herrschende Lehre vernachlässigt die Parteiinteressen, wenn sie der Verfügung des Nichtberechtigten durch eine Beschränkung des Prioritätsprinzips (§ 185 II 2 BGB) den (vollen) Schutz gegen Zwischenverfügungen nimmt, und gelangt dadurch zu bedenklichen, artifiziellen Unterscheidungen juristisch-konstruktiver Art. Wenn z.B. A eine Sache an B zur Sicherung eines Darlehens und kurz vor Rückzahlung des Darlehens erneut an C, wiederum zur Sicherung einer Schuld, gemäß § 930 BGB übereignet und die Sache darauf von Gläubigern des A gepfändet oder über das Vermögen des A der Konkurs eröffnet wird, dann sollte der Schutz des C – entgegen der herrschenden Ansicht[201] – nicht davon abhängen, ob A, worauf dieser als Kreditsuchender selten Einfluß hat, die Sicherungsübereignung an B unter

199 Dabei kann auf einen bestimmten Erwerbsgrund abgestellt werden. Dies übersieht Forkel, Grundfragen, S. 62, 73, 191, der u.a. deshalb ein Bedürfnis für die Anerkennung einer gesonderten Verfügung über die Anwartschaft annimmt; siehe hierzu auch Lempenau, Direkterwerb oder Durchgangserwerb, S. 51.

200 Die (endgültige) Verweigerung der Genehmigung durch den Berechtigten vernichtet auch die übrigen Heilungsmöglichkeiten des § 185 II (vgl. die frühere Vorschrift des § 1396 III und jetzt § 1366 IV), so Planck-Flad, § 185, Anm. 6; Oertmann, Allg. Teil, § 185, Anm. 5 a; unrichtig BayObLG, NJW 1972, 2272.

201 Siehe dazu Mormann, Praktische Probleme der Anschlußsicherungsübereignung, Ehrengabe für Heusinger, S. 185.

auflösende Bedingung gestellt hatte und daher eine Anwartschaft auf den Rückfall des Eigentums hat oder nicht und ob er im ersteren Fall dem C das zu erwerbende Eigentum oder seine Eigentumsanwartschaft, sein „Anwartschaftsrecht“, überträgt; nur bei dieser letzteren Gestaltung soll der Erwerber C nach der herrschenden Ansicht – wegen des im Fall der Anwartschaftsübertragung angenommenen unmittelbaren Eigentumsübergangs (von B auf C) – gegen alle Zwischenverfügungen des A und seiner Gläubiger gefeit sein. Es ist evident, daß die Interessenlage in allen drei Fällen gleichartig ist, und es müßte daher befremden, sollte wirklich das rechtliche Ergebnis je nach der Art und Weise der Rückabwicklung des ersten Sicherungsgeschäfts und danach verschieden ausfallen, ob die Parteien (A und C) das zu erwerbende Eigentum oder die Anwartschaft darauf übertragen wollten, eine Unterscheidung übrigens, die die realen Möglichkeiten eines Geschäftsverkehrs unter Nichtjuristen und regelmäßig auch diejenigen einer helfenden Auslegung des Parteiwillens weit hinter sich läßt. Auf die Fragwürdigkeit der Unterscheidung zwischen der Verfügung über das zu erwerbende Eigentum und derjenigen über die Eigentumsanwartschaft hat auch der Bundesgerichtshof in seinem Urteil vom 10.4.1961 hingewiesen[203].

Wenngleich die „Verfügung für den Fall des Rechtserwerbs“ inhaltlich nur auf künftige Wirkungen (ab Rechtserwerb des Verfügenden) gerichtet ist, handelt es sich doch nicht um die Verfügung eines „Berechtigten“; denn „Nichtberechtigter“ im technischen Sinn des § 185 BGB ist einfach jeder, dem zur Zeit der Verfügung die Dispositionsbefugnis fehlt, gleichviel ob gegenwärtige oder nur zukünftige Geschäftswirkungen beabsichtigt sind. Daß die Parteien ihr rechtliches Wollen ihrem rechtlichen Können angleichen, d.h. nur für den Fall des Eintritts der Gesetzesbedingung kontrahieren, ändert nichts an der rechtlichen Bedingtheit des Geschäfts[204].

Nicht weniger als bei der bedingten oder befristeten Rechtsübertragung durch den Berechtigten wäre es auch in diesen Fällen der Rechtsübertragung durch den bedingt Berechtigten oder Nichtberechtigten unzutreffend, von einer Verfügung über künftiges Recht im Sinne einer zeitlichen Teilung des Rechtsinhalts zu sprechen[205], da das Recht schon besteht, auch ein

203 NJW 1961, 1349 (1350); siehe auch Crisolli, Zur Sicherungsübereignung von Abzahlungsgegenständen, JW 1934, 329 (330): „eine weltfremde, auf Haarspalterei beruhende Rechtsauslegung“.

204 Siehe dazu oben S. 46; a.A. Oertmann, Rechtsb., S. 48, 51: nicht „bedingte Gegenwartsverfügung“, sondern „unbedingte Zukunftsverfügung“.

205 So vor allem Raape, Das gesetzliche Veräußerungsverbot des Bürgerlichen Gesetzbuches, S. 138: „Es entsteht eine Mitherrschaft, nicht im Raum, sondern in der Zeit; die Parteien haben das Recht nicht gleichzeitig und deshalb zum Teil, sondern der eine hat die Sache heute, der andere morgen“. Ebenso Brecht, Bedingung und Anwartschaft, Iherings Jahrb. 61, 263 (265); Demogue, De la nature et des effets du droit éventuel, in Revue trim. de droit civil 1906, 231 (251 ff.).

einheitliches Ganzes für die Dauer seines Bestehens darstellt und nicht etwa in eine unendlich große Vielzahl von Rechten jeweils für die einzelnen Momente seines Daseins zerfällt[206]; künftig oder aufschiebend bedingt ist nicht das Recht, das übertragen wird, sondern der Übergang des Rechts als Wirkung des Übertragungsgeschäfts.

Erkennt man die Vorrangwirkung auch der von Gesetzes wegen bedingten Verfügung an, so entbehrt die Konstruktion eines unmittelbaren Rechtsübergangs bei Übertragung des Anwartschaftsrechts überhaupt jeder praktischen Bedeutung[207]. Der Bundesgerichtshof hat diese Konstruktion freilich in seinem grundlegenden Urteil vom 22.2.1956 übernommen[208]; da er die oben bekämpfte restriktive Auslegung des § 185 II 2 BGB vertreten hat, war dies der einzige Weg, das richtige Ergebnis des Vorrangs der früheren Verfügung (einer vorausgegangenen Sicherungsübereignung gegenüber nachfolgenden Pfändungen der unter Eigentumsvorbehalt erworbenen Sache) zu ermöglichen. Nach der hier vertretenen Auslegung bedarf es aber dieses Umwegs nicht und ergibt sich die richtige Lösung unmittelbar aus dem Gesetz: die (gesetzlich bedingte) Weiterverfügung des bedingt Berechtigten verschafft dem Dritterwerber wiederum eine unantastbare Anwartschaft; bei einer Kette von „Anwartschaftsübertragungen" ist der jeweilige Erwerber gegen zwischenzeitliche Verfügungen und Verfügungsbeschränkungen seines Veräußerers geschützt. Auch die Gläubiger des bedingt Berechtigten können sich, da sie als Pfändungspfandgläubiger den gleichen Schutz genießen, den wirtschaftlichen Wert der Anwartschaft nutzbar machen, und zwar im Wege einfacher Sachpfändung (falls es sich um eine Anwartschaft aus bedingter Übereignung beim Kauf unter Eigentumsvorbehalt gem. § 455 BGB handelt, gegebenenfalls in Verbindung mit einer Hilfspfändung der Ansprüche des Schuldners aus dem Kaufvertrag, wenn der Gläubiger durch Zahlung des Restkaufpreises den Bedingungseintritt herbeiführen will, der Schuldner aber der Zahlung widerspricht und der Verkäufer deshalb ihre Annahme ablehnt, § 267 BGB). So läßt die gesetzliche Regelung des bedingten Rechtsgeschäfts insoweit an Folgerichtigkeit und Zweckmäßigkeit kaum etwas zu wünschen übrig.

Gegen die Konstruktion des unmittelbaren Rechtsübergangs bei Übertragung des Anwartschaftsrechts bestehen im übrigen, abgesehen von ihrer Entbehrlichkeit, erhebliche grundsätzliche Bedenken. Trotz der Erwägungen, daß der Übertragungswille des Veräußerers nicht bis zum Bedingungseintritt fortzudauern brauche und daß dem Veräußerer die schließliche Person des

206 Blomeyer, Studien zur Bedingungslehre, S. 133; siehe auch v. Tuhr, Allg. Teil, Bd. II 2 S. 292 Anm. 5.

207 Siehe auch Meister, Die Pfändung aufschiebend bedingten und künftigen Eigentums, NJW 1959, 608 (610); Schreiber, Die bedingte Übereignung, NJW 1966, 2333; Lempenau, Direkterwerb oder Durchgangserwerb, S. 33.

208 NJW 1956, 665; zur Kritik dieser Entscheidung siehe Schreiber, a.a.O.

Erwerbers gleichgültig sei, bleibt doch bestehen, daß die Rechtsänderung ihren alleinigen Rechtsgrund in dem einmal erklärten Konsens der Vertragschließenden hat und daher bei Erfüllung der Bedingung nur so eintreten kann, wie jene es vereinbart haben[209]. Im übrigen führt die Theorie des unmittelbaren Rechtsübergangs teilweise zu einer Umkehrung der gesetzlichen Rangordnung, indem der früher getroffenen Verfügung der Vorrang genommen wird, und gerät sie dadurch in einen unlösbaren Widerspruch zum Gesetz. Zwar hat die Lehre vom Anwartschaftsrecht, der sich der Bundesgerichtshof insoweit angeschlossen hat[210], die Priorität der Hypothek und des gesetzlichen Pfandrechts (in bezug auf Grundstückszubehör, das der Grundeigentümer bzw. eingebrachte Sachen, die der Mieter oder Pächter unter Eigentumsvorbehalt erworben hat) gegenüber einer nachfolgenden Übertragung des Anwartschaftsrechts durch Annahme einer Hypothek bzw. eines Pfandrechts an dem Anwartschaftsrecht wahren können[211]. Für den Fall aber, daß ein Gläubiger des Vorbehaltskäufers die Kaufsache vor einer Übertragung des Anwartschaftsrechts durch den Vorbehaltskäufer hat pfänden lassen, wie auch für den Fall, daß der Vorbehaltskäufer zunächst über die Kaufsache (das zu erwerbende Eigentum) verfügt und dann das Anwartschaftsrecht überträgt, vermag die Lehre keine andere als die Lösung zu geben, daß sich nur die spätere Übertragung des Anwartschaftsrechts durchsetzt und dessen Erwerber bei Bedingungseintritt (infolge des unmittelbaren Eigentumsübergangs vom Vorbehaltsverkäufer) unbelastetes Eigentum erwirbt[212]. Dieses Ergebnis, das die Rechtsfolgen des § 185 II BGB ausschaltet bzw. in ihr Gegenteil verkehrt, demonstriert die absolute Unvereinbarkeit der gesetzlich vorgesehenen schwebend unwirksamen Weiterübertragung des zu erwerbenden Rechts mit der Möglichkeit einer sofort

---

209 RGRK-Kuhn, § 455, Anm. 24; Staudinger-Ostler, § 455, Nr. 43; Siebert, Ist bei aufschiebend bedingter Übereignung die Fortdauer der Einigung bis zum Eintritt der Bedingung erforderlich? JW 1933, 2440 (2441); siehe auch RGZ 140, 223.

210 BGH, NJW 1961, 1349 und 1965, 1475; Sponer, Das Anwartschaftsrecht und seine Pfändung, S. 98 ff., m.w.N. aus der Lehre.

211 Nach der hier vertretenen Auffassung haftet das fremde Grundstückszubehör bedingt durch Eigentumserwerb des Grundeigentümers (gleichviel ob die Zubehöreigenschaft vor oder nach der Bestellung des Grundpfandrechts entstanden ist); für die Hypothek am Zubehör sind das Vorhandensein des Zubehörs und das Eigentum des Grundeigentümers daran nachholbare Wirksamkeitsvoraussetzungen. Zur Konvaleszenz gesetzlicher Pfandrechte siehe oben S. 57 ff.

212 So für den Fall vorgängiger Sachpfändung: Serick, Eigentumsvorbehalt und Sicherungsübertragung, Bd. I S. 311; Eichler, Institutionen des Sachenrechts, Bd. II 1 S. 124; Reinicke, MDR 1956, 596; Bauknecht, NJW 1955, 1156 (1157); Mormann, Praktische Probleme der Anschlußsicherungsübereignung, Ehrengabe für Heusinger, S. 185 (198); Börker, Sicherungsabtretung und Pfändung derselben Lohnforderung zugunsten verschiedener Gläubiger, NJW 1970, 1104 (1105); a.A. OLG Braunschweig, MDR 1972, 57.

wirksamen Übertragung der „Vorstufe" desselben Rechts. Die ohnehin fragwürdigen Versuche einer Auslegung oder Umdeutung der Verfügung vermögen – abgesehen von den grundsätzlichen Bedenken gegen eine Umdeutung schwebend unwirksamer Rechtsgeschäfte[213] – diesen Widerspruch nicht zu beseitigen. Wenn von der Übertragung, Pfändung usw. der Anwartschaft oder des Anwartschaftsrechts gesprochen wird, ist daher stets darauf zu achten, daß das Ergebnis der Regelung des § 185 II BGB nicht zuwiderlaufen und anders bezeichneten, nach dem Gesetz aber gleichartigen und gleichwertigen älteren Verfügungen über die Sache nicht den Vorrang nehmen darf. Bei anderer Auffassung wäre der Anwärter ohne weiteres in der Lage, vorausgegangene Pfändungen seiner Gläubiger oder gar eigene frühere Verfügungen über die Sache durch eine nachträgliche Verfügung über das „Anwartschaftsrecht" auszulöschen, ein nicht nur mit dem Gesetz unvereinbares, sondern auch sachlich unannehmbares, ja „groteskes"[214] Resultat. Die Kritik, die an der Anwartschaftslehre zu üben ist, muß ihr hiernach, abgesehen von allen dogmatischen Einwendungen, nicht nur wirklichkeitsfremde begriffsjuristische Unterscheidungen (siehe den erörterten Fall der Anschlußsicherungsübereignung), sondern auch eine mangelhafte Berücksichtigung und Bewertung der Interessen *aller* Beteiligten vorwerfen[215].

Aber auch was ihre grundsätzliche Rechtfertigung, ihre Funktion einer Lückenausfüllung, anlangt, vermag die Lehre vom Anwartschaftsrecht, wie schon angedeutet, der Kritik nicht standzuhalten. Die Fragen der Übertragung, der Pfändung, des gutgläubigen Erwerbs und der Konkurswirksamkeit der Anwartschaft werden, wie in den vorausgegangenen Ausführungen dargetan[216], bereits durch die richtig verstandene und durch einzelne naheliegende Analogien ergänzte gesetzliche Regelung in befriedigender Weise gelöst. Es bedarf auch nicht der Annahme eines Anwartschaftsrechts, um den (besitzenden) bedingt Berechtigten gegen Zwischenverfügungen des Veräußerers gem. § 931 BGB zugunsten gutgläubiger Dritter (§ 161 III in Verbindung mit § 934 BGB) zu schützen. Ebensowenig wie eine bedingte Belastung durch eine solche Zwischenverfügung vereitelt werden kann, sofern der bedingt Berechtigte im Besitz der Sache ist (§ 161 III in Verbindung mit § 936 I, III BGB), könnte es unter der gleichen Voraussetzung eine bedingte Eigentumsübertragung. Wie der Rechtsgedanke des § 936 III BGB auf den Fall des § 934 BGB zu übertragen ist, wenn ein mittelbarer Besitzer, dem der Eigentümer

213 Palandt-Heinrichs, § 140, Anm. 1; Serick, a.a.O., Bd. II S. 257.

214 Stoll, Bemerkungen zu Eigentumsvorbehalt und Sicherungsübertragung, ZHR 128, 239 (251); siehe auch Münzel, Grundsätzliches zum Anwartschaftsrecht, MDR 1959, 345 (349): „eine Verkennung der Bedürfnisse des Verkehrs".

215 Stracke, Zur Lehre von der Übertragbarkeit der Anwartschaft, und Schreiber, Die bedingte Übereignung, NJW 1966, 2333, weisen zutreffend auf diese ungenügende Interessenwertung hin.

216 Siehe oben S. 62, 115, 118, 91, 105, 91 ff.

den Besitz vermittelt, die Sache gem. § 931 BGB veräußert (so z.B. wenn der Nießbraucher die Sache an den Eigentümer vermietet und dann, sich für den Eigentümer ausgebend, an einen gutgläubigen Dritten veräußert)[217], so selbstverständlich auch im Rahmen der durch § 161 III BGB gebotenen Analogie: der besitzende (bedingte) Eigentümer kann nicht schlechter gestellt werden als der besitzende (bedingte) Inhaber beschränkter Rechte.
Daß ferner dem bedingten Erwerber gegenüber Zugriffen der Gläubiger des Veräußerers ein, allerdings im Sinne der §§ 772, 773 ZPO beschränktes, Interventionsrecht (Aussetzung der Verwertung bis zur Entscheidung der Bedingung) zuzubilligen ist, ergibt sich ebenfalls nicht erst aus einem dinglichen Anwartschaftsrecht, sondern als notwendige Konsequenz der herrschend gewordenen, die Gleichstellung der rechtsgeschäftlichen und Zwangsverfügungen in § 161 I 2 BGB aushöhlenden Lehre und Rechtsprechung, wonach die Versteigerung der gepfändeten Sache als hoheitlicher Akt dem Ersteher originäres, von allen Bindungen und Beschränkungen freies Eigentum verschafft[218]. Wenn das Gesetz die Zwangsvollstreckung der Gläubiger des bedingt Verfügenden – im Gegensatz zu den Fällen des relativen Veräußerungsverbots und der Nacherbschaft (§§ 772, 773 ZPO) – nicht beschränkt oder unterbunden hat, so aus der doppelten Erwägung heraus, daß die Zwangsveräußerung der Sache bei Eintritt der Bedingung ohnehin unwirksam werde und daß nicht die Möglichkeit eröffnet werden dürfe, durch bedingte Rechtsgeschäfte Gegenstände des Vermögens beliebig der Zwangsvollstreckung zu entziehen[219]. Die erstere Erwägung ist – für die Zwangsvollstreckung in bewegliche Sachen – durch den Wandel der Auffassung hinfällig geworden; die letztere ist noch beachtenswert und ein Grund dafür, dem bedingt Berechtigten nicht den weitergehenden Rechtsbehelf des § 771 ZPO zu gewähren, wie es ganz entsprechend auch umgekehrt bei Zugriffen der Gläubiger des bedingten Erwerbers angemessen und geboten erscheint, den bedingt Verfügenden auf die „Intervention mit beschränkter Zielsetzung“ zu verweisen[220]. Wird die Sache bei Dritten gepfändet, denen sie der bedingt Berechtigte etwa verliehen, vermietet oder zur Ausbesserung

---

217 Vgl. Westermann, Sachenrecht, § 50 3; Wolff-Raiser, Sachenrecht, § 70 Anm. 5; Boehmer, Grundlagen der bürgerlichen Rechtsordnung, Bd. II 2 S. 34; a.A. Planck-Brodmann, § 934, Anm. 3.

218 Vgl. BGH, NJW 1971, 800; Paulus, Schranken des Gläubigerschutzes aus relativer Unwirksamkeit, Festschrift für Nipperdey, Bd. I S. 909 (927), und Serick, Eigentumsvorbehalt und Sicherungsübertragung, Bd. I S. 293, die jedoch alle mit der h.L. § 771 ZPO für anwendbar erklären; für analoge Anwendung des § 773 ZPO: Stracke, Zur Lehre von der Übertragbarkeit der Anwartschaft des Käufers unter Eigentumsvorbehalt, S. 57 ff.; Lempenau, Direkterwerb oder Durchgangserwerb, S. 38, 82.

219 Motive, Mugdan, Bd. I S. 496, 497.

220 Kühne, Tatbestandsteilung, S. 145; siehe auch Lempenau, a.a.O.

übergeben hat, dann kann er, gestützt auf seinen Herausgabeanspruch, gem. § 771 ZPO intervenieren. Auch das obligatorische Recht eines Dritten auf Herausgabe einer nicht zum Vermögen des Schuldners gehörenden Sache ist ein die Veräußerung hinderndes Recht im Sinne der Bestimmung; „denn ebensowenig, wie der Schuldner eine ihm von einem Dritten anvertraute Sache verpfänden oder sonstwie veräußern darf, kann es der Staat zugunsten des Gläubigers tun“[221]. Hat der bedingt Berechtigte das zu erwerbende Eigentum gem. § 930 BGB weiterübertragen, so kann der Erwerber der Anwartschaft den Vollstreckungsmaßnahmen der Gläubiger des Weiterverfügenden ebenfalls auf Grund seines obligatorischen Rechts, aber auch unabhängig davon als (gesetzlich) bedingt Berechtigter (insoweit allerdings nur in dem dargelegten beschränkten Sinn) widersprechen.

Nur wer – im Falle der bedingten Übereignung beim Verkauf unter Eigentumsvorbehalt (§ 455 BGB) – dem Vorbehaltskäufer auch ein dingliches Recht zum Besitz zusprechen will, wird nicht ohne die Rechtskonstruktion eines dinglichen Anwartschaftsrechts auskommen können. Ein solches absolutes Besitzrecht des Anwärters ist aber nicht nur gesetzlich nicht begründet, sondern auch aus der Interessenlage, da mit der Sicherungsfunktion des Eigentumsvorbehalts unvereinbar, nicht zu rechtfertigen und von dem Bundesgerichtshof in ständiger Rechtsprechung abgelehnt worden[222]. Aber selbst wer die Vindikation des Eigentümers gegen den gutgläubigen Vorbehaltskäufer mit dem Oberlandesgericht Karlsruhe[223] entgegen dem Bundesgerichtshof abweisen wollte, brauchte dafür nicht notwendig auf die Theorie des Anwartschaftsrechts zu rekurrieren[224].

Verneint man die Rechtsqualität der Anwartschaft aus bedingter Verfügung, so ist dies natürlich kein Hinderungsgrund, die Anwartschaften, jedenfalls die besonders privilegierten unter ihnen (z.B. diejenige aus der bedingten Übereignung beim Verkauf unter Eigentumsvorbehalt), in der einen oder anderen Hinsicht in rechtsähnlicher Anwendung des Gesetzes einem Vollrecht gleichzustellen. So hat der Bundesgerichtshof in seinem Urteil vom 21.9.1959 die Anwartschaft des Vorbehaltskäufers, sie allerdings unnötigerweise als Recht auffassend, den „Rechten am Fahrzeug“ im Sinne des § 25 der Straßenverkehrs-Zulassungs-Ordnung gleichgestellt und daraus eine Amtspflicht der Zulassungsbehörde gem. § 839 BGB auch gegenüber dem Vorbehaltskäufer eines Kraftfahrzeuges abgeleitet[225]. Schließlich erscheint es

221 Stein-Jonas-Pohle, § 771 ZPO, Anm. II 1 b.

222 NJW 1953, 1099; 1970, 1733 (1734).

223 NJW 1966, 885.

224 Vgl. Flume, Allg. Teil, Bd. II § 42 4 a; Lempenau, Direkterwerb, S. 36; Georgiades, Eigentumsanwartschaft, S. 129 ff.; Stoll, Das Anwartschaftsrecht des gutgläubigen Vorbehaltskäufers, JuS 1967, 12 (17).

225 NJW 1960, 34.

auch nicht als von vornherein ausgeschlossen, § 823 I BGB auf Anwartschaften des bedingt Berechtigten in rechtsähnlicher Weise anzuwenden[226], sofern sich dafür überhaupt ein Bedürfnis herausstellen sollte[227, 228].

3. Einwendungen der herrschenden Lehre

Gegen die Verwendung des Konvaleszenzprinzips zur Lösung der Anwartschaftsfragen wird eingewendet, es würden sachlich gebotene Differenzierungen unbeachtet gelassen, wenn beim Ausstehen nachholbarer gesetzlicher Wirksamkeitsvoraussetzungen immer die gleichen Zwischenwirkungen, ebenso wie beim Schweben einer gewillkürten Bedingung, angenommen würden[229]. Dieser Einwand beruht offenbar auf der Vorstellung einer unübersehbaren Zahl nachholbarer Wirksamkeitserfordernisse und übersieht das Zulassungsprinzip, wonach die Konvaleszenz der ausdrücklichen, wenn auch der Analogie zugänglichen Gewährung bedarf, und daß diese jeweils bereits mit einer Regelung des Zwischenzustandes im Sinne einer Sicherstellung des Erwerbs verbunden ist. Diese Fragen sind also positivrechtlich geregelt und lassen de lege lata bis auf die oben erörterten Auslegungszweifel keinen Spielraum für grundsätzliche Überlegungen.

An sich behält der Gesetzgeber natürlich auch bei Zulassung der Nachbringung des Erfordernisses freie Hand, ob er den Vertragschließenden für die Zwischenzeit die Freiheit des Handelns erhalten oder nehmen will; Entsprechendes muß dann auch für den Zugriff der Gläubiger gelten, der nämlich grundsätzlich soweit zulässig ist, als der Schuldner selbst verfügen kann[230]. Allerdings kann diese Entscheidung vernünftigerweise nur einheitlich ausfallen; mag es auch theoretisch durchaus vorstellbar sein[231], so lassen sich doch in Wirklichkeit keine zureichenden Gründe dafür ausfindig machen, die Interessen der Beteiligten, wenn das Rechtsgeschäft fertig abgeschlossen vorliegt, verschieden zu bewerten und etwa je nach der Art des ausstehenden

226 Vgl. Raiser, Dingliche Anwartschaften, S. 43.

227 Zur Frage der Anwendbarkeit des § 823 I auf die Rechtsstellung des Vorbehaltskäufers siehe unten S. 211.

228 Zur Entbehrlichkeit und Unzweckmäßigkeit der Konstruktion des Anwartschaftsrechts für die Warteposition des Auflassungsempfängers siehe Kuchinke, Die Rechtsstellung des Auflassungsempfängers als Kreditunterlage und Haftungsobjekt, JZ 1964, 145 (147), und 1966, 797; Löwisch und Friedrich, Das Anwartschaftsrecht des Auflassungsempfängers und die Sicherung des Eigentümers bei rechtsgrundloser Auflassung, JZ 1972, 302.

229 Siehe z.B. Forkel, Grundfragen, S. 53.

230 v. Tuhr, Allg. Teil, Bd. II 1 S. 262.

231 Vgl. v. Ihering, Passive Wirkungen der Rechte, Jahrb. für die Dogmatik, Bd. X S. 470.

nachholbaren Wirksamkeitserfordernisses (Verfügungsmacht, Vertretungsmacht usw.) oder gar nach der Art der Nachholung des Erfordernisses (Genehmigung, Rechtserwerb oder Beerbung) den Vertragschließenden das eine Mal die Freiheit des Handelns zu belassen und sie das andere Mal zum Warten zu nötigen[232] (daß durch Verfügungen des Nichtberechtigten nicht in die Dispositionsfreiheit des am Geschäft unbeteiligten Berechtigten eingegriffen werden kann, versteht sich von selbst). Unser Gesetzgeber hat sich bei der Regelung dieser Frage von dem Gedanken der Rechtssicherheit und des Vertrauensschutzes leiten lassen: die bei noch unvollendetem Geschäftstatbestand grundsätzlich bestehende Ungewißheit soll einer klaren Rechtslage weichen, sobald das Geschäft fertig abgeschlossen ist. Fehlt es jetzt noch an gesetzlichen Erfordernissen der Wirksamkeit, dann soll es nur zwei Möglichkeiten geben: entweder ist das Geschäft unheilbar nichtig, oder es ist grundsätzlich nur noch von der Nachholung des fehlenden Erfordernisses abhängig, d.h. bedingt wirksam. Die dritte Möglichkeit, die Erhaltung der bloßen Tatbestandswirkung des Rechtsgeschäfts unter fortbestehender Unsicherheit (darüber, ob es bei Eintritt des ausstehenden Erfordernisses wirksam wird), würde berechtigte Belange des rechtsgeschäftlichen Verkehrs außer acht lassen und soll daher ausgeschlossen sein. Die Gesetzesverfasser haben dieses Prinzip mit wünschenswerter Deutlichkeit ausgesprochen, wenn sie den Heilungstatbeständen des § 185 II BGB absolute Wirkung zugeschrieben[233] und zu diesem Zweck den Grundsatz der Priorität, sei es im Gewand der Rückwirkung, sei es in dem des einfachen Altersvorzuges, aufgestellt haben. Durch die Konvaleszenz soll die Rechtslage in den Grenzen des rechtlich Erreichbaren dem Normalfall anfänglicher Wirksamkeit angeglichen werden. Nur in dieser Ausgestaltung entspricht die Konvaleszenz auch dem allgemeineren legislativen Prinzip der Aufrechterhaltung der Rechtsgeschäfte – das Rechtsgeschäft soll soweit wie möglich die angestrebten Rechtsfolgen erreichen, die rechtsgeschäftliche Aktivität nicht unnötig um ihren Ertrag gebracht werden[234] –, wie es auch in vielen anderen Einzelbestimmungen über die Konversion unwirksamer und die Aufrechterhaltung teilweise unwirksamer Rechtsgeschäfte (§§ 140, 139, 2085 BGB), die Ergänzung unvollständiger Vereinbarungen (z.B. § 612 BGB), die Aufrechterhaltung des Geschäfts bei unwesentlichem Dissens (§ 155 BGB), die Wirksamkeit gewisser formwidrig geschlossener Schuldverträge bei Erfüllung (z.B. § 313 BGB), die Auslegung der Testamente (§ 2084 BGB) usw. ausgesprochen ist. Im Grunde genommen ist daher bereits mit der gesetzlichen Gewährung der Nachholbar-

232 Anders verhält es sich natürlich mit der Frage, ob ausnahmsweise schon ein Teiltatbestand mit einzelnen Zwischenwirkungen auszustatten sei, da gerade die Ausnahme zu rechtfertigen ist.

233 Motive, Mugdan, Bd. II S. 76.

234 Cariota-Ferrara, Il negozio giuridico, S. 395.

keit eine Vorentscheidung für die zwischenzeitliche Wahrung der anwartschaftlichen Position des Erwerbers gefallen.

Auch der weitere Einwand ist zurückzuweisen, daß nämlich das Prioritätsprinzip bei Verfügungen des Nichtberechtigten zu unerwünschten Ergebnissen führe (in den Fällen des Rechtserwerbs und der Beerbung; die Genehmigungsfälle sind außer Streit). Die verschiedentlich geäußerte Ansicht, die dem § 185 II BGB unterfallenden Rechtsakte seien mit dem „Odium der Rechtswidrigkeit" behaftet und daher in ihren Wirkungen tunlichst zu beschränken[235], verkennt die technische Funktion der Vorschrift und die wirkliche Bedeutung des darin ausgesprochenen Grundsatzes. Ihr liegt die vage Vorstellung zugrunde, die Verfügungsmöglichkeiten des Nichtberechtigten könnten zu dunklen Geschäften, etwa zur Vereitelung künftiger Gläubigerzugriffe oder dergleichen, mißbraucht werden[236]. Solchen Mißbräuchen zu begegnen ist aber hier, wie überall, die Aufgabe der besonderen, die Gesetz- und Moralmäßigkeit des Rechtsverkehrs garantierenden Vorschriften und kein Grund, den Geschäftsverkehr generell zu beschränken.

Im übrigen sind die Verfügungsmöglichkeiten des Nichtberechtigten schon durch die gesetzlichen Tatbestandserfordernisse und die Realitäten des Rechts- und Wirtschaftslebens beschränkt. Sachenrechtliche Verfügungen stehen unter dem Erfordernis der Besitzübertragung und setzen im Fall des § 185 II BGB eine reelle Aussicht auf Konvaleszenz voraus, da sich anderenfalls kein Erwerber auf sie einließe. Abgesehen von den Weiterverfügungen des bedingt Berechtigten kommen also Fälle in Betracht, in denen ein Besitzer, etwa als Leiher oder Mieter, schon eine mehr oder minder sichere Erwerbsaussicht hat, etwa auf Grund eines Kaufvorvertrages, einer bindenden Kaufofferte, eines (bedingten) Kaufvertrages oder einer sonstigen verläßlich erscheinenden Aussicht auf Rechtserwerb. Solche Verfügungen werden jedoch selten sein, da im allgemeinen kein Interesse des Nichtberechtigten (zu dessen Gunsten noch keine bedingte Verfügung getroffen ist) daran bestehen kann, sich in die Vermögensverschiebung zwischen dem Berechtigten und dem Dritten einzuschalten und nicht lediglich seinen etwa schon vorhandenen Anspruch aus dem obligatorischen Vertrag oder Vorvertrag an den Dritten abzutreten oder ihm den Rechtserwerb auf sonstige Weise ohne eigenen Zwischenerwerb zu vermitteln, es sei denn, daß nur eine fiduziarische Weiterübertragung geplant ist, wie etwa in den Fällen der Anschlußsicherungsübereignung, Fällen also, in denen der besitzende Nichteigentümer einen obligatorischen Rückübereignungsanspruch (oder eine Anwartschaft aus auflösend bedingter Übereignung) hat und bereits für den Fall des Rückerwerbs Dispositionen trifft. Die eigentlich rechtswidrigen Verfügungen, d.h. solche,

235 Siehe z.B. Forkel, Grundfragen, S. 73. Gegen diese Anschauung auch Lempenau, Direkterwerb, S. 33.

236 Forkel, a.a.O. S. 70, 189.

die nicht in Erwartung der Konvaleszenz, sondern mit dem Ziel sofortiger Wirksamkeit getroffen werden, spielen im Rahmen der Vorschrift des § 185 II BGB nur eine untergeordnete Rolle: sind die Voraussetzungen für den gutgläubigen Rechtserwerb erfüllt, dann steht die Vorschrift überhaupt nicht zur Anwendung; fehlt es daran, so besteht kaum jemals Aussicht auf Heilung, wenn sich nicht der Berechtigte zur Genehmigung entschließt[237], um den Verfügungserlös herauszuverlangen (§ 816 BGB). Die im beiderseitigen Bewußtsein der Rechtsunwirksamkeit geschlossenen Verfügungsgeschäfte, wie solche zwischen Dieben und Hehlern, werden übrigens häufig schon deshalb von vornherein und endgültig nichtig sein, weil die Kontrahenten nicht mit der Möglichkeit einer Konvaleszenz rechnen und daher auch keinen Eigentumsübertragungs- bzw. Erwerbswillen haben können[238].

Schließlich ist die gesetzliche Regelung zunächst einmal als solche hinzunehmen, und es könnte sich nur fragen, ob sie in ihrer Perfektion vielleicht in einzelnen Beziehungen zu weit gehe und einer sinngemäß geforderten Einschränkung bedürfe[239]. Dagegen erscheint es methodisch bedenklich, sie in solcher Weise zu reduzieren, daß Gesetzeslücken entstehen, die dann für einzelne typische Fallgruppen durch Sonderbildungen ausgefüllt werden und für andere typische und atypische Fälle offenbleiben. Dies ist aber der Fall, wenn das Prinzip der Konvaleszenz des § 185 II BGB durch die Restriktion des Prioritätsgrundsatzes verkümmert wird und die dadurch entstehenden Probleme beispielsweise für den Fall des Eigentumsvorbehalts mit Hilfe der in Rede stehenden Konstruktion gelöst werden.

237 Mit der Verweigerung der Genehmigung entfällt auch jede andere Heilungsmöglichkeit, Planck-Flad, § 185, Anm. 6; Oertmann, Allg. Teil, § 185, Anm. 5 a. Nach Flume, Allg. Teil, Bd. II § 56 a.E., kann der Geschäftspartner des nichtberechtigt Verfügenden in entsprechender Anwendung des § 177 II eine Entscheidung des Schwebezustandes herbeiführen; a.A. v. Tuhr, Allg. Teil, Bd. II 1 S. 381 und Bd. II 2 S. 237.

238 v. Tuhr, Allg. Teil, Bd. II 1 S. 174.

239 Vgl. z.B. den, allerdings problematischen Versuch Hagens (Zur Rechtsgrundabhängigkeit der Konvaleszenz, AcP 167, 481), die Konvaleszenz durch Rechtserwerb oder Beerbung von dem Bestand des Grundgeschäfts abhängig zu machen.

2. Kapitel
Das von Rechts wegen bedingte Verpflichtungsgeschäft

I. Einzelfälle

1. Genehmigungsbedürftige Verträge u.a.

Den weitaus wichtigsten Bereich der gesetzlich bedingten Schuldverträge bilden diejenigen, die zu ihrer Wirksamkeit der Genehmigung eines Dritten, des Vormundschaftsgerichts oder einer Verwaltungsbehörde bedürfen. Die zustimmungsbedürftigen Verträge Minderjähriger können statt durch Genehmigung des gesetzlichen Vertreters auch dadurch rückwirkend Rechtsbestand erlangen, daß der Minderjährige die geschuldete Leistung mit Mitteln bewirkt, die ihm zu diesem Zweck oder zu freier Verfügung von dem Vertreter oder mit dessen Zustimmung von einem Dritten überlassen worden sind (§ 110 BGB). Werden die Mittel zur Erfüllung eines bestimmten Vertrages überlassen, so wird darin allerdings regelmäßig (nicht immer)[1] auch schon eine Zustimmung zu dem verpflichtenden Vertrag erblickt werden können. Die Streitfrage, ob ein Schuldvertrag, dessen Genehmigung der gesetzliche Vertreter bereits verweigert hat, noch durch Erfüllung mit zur freien Verfügung überlassenen Mitteln wirksam werden kann, wird von Oertmann, wohl zutreffend, verneint[2], während von Tuhr sie bejaht[3]. Verpflichtungen, die ein Entmündigter eingegangen ist, werden ebenfalls rückwirkend wirksam, wenn die Entmündigung auf Anfechtung hin aufgehoben wird (§ 115 BGB). Die Bürgschaft, die für eine künftige oder bedingte Forderung übernommen wird, ist, wie das Pfandrecht für eine solche Forderung, in ihrer Wirksamkeit durch die Entstehung der Forderung bedingt (§ 765 II BGB). Die Zugehörigkeit weiterer Fälle zur Kategorie der Rechtsbedingung ist zweifelhaft und in der Lehre streitig.

2. Das Versprechen einer unmöglichen Leistung

Die objektive Möglichkeit der Leistung ist eine gesetzliche Wirksamkeitsvoraussetzung (§ 306 BGB)[4], die im Fall behebbarer Leistungshindernisse an sich als nachholbar gedacht werden kann. Das Gesetz gewährt die Heilung des

1 Philipsborn, Begriff und Anwendungsfälle der Rückwirkung, Gruchot Beitr. 64, 10 (20).
2 Rechtsb., S. 194.
3 Allg. Teil, Bd. II 1 S. 352 Anm. 117.
4 A.A. (Tatbestandsmangel) Oertmann, Rechtsb., S. 25.

Wirksamkeitsmangels gemäß § 308 I BGB aber nur dann, wenn die Parteien schon beim Vertragsschluß mit dem Möglichwerden der Leistung gerechnet und den Vertrag für diesen Fall geschlossen haben. Die Gesetzesverfasser mögen hierin die Setzung einer rechtsgeschäftlichen Bedingung erblickt haben[5], da in Abs. II von „einer anderen aufschiebenden Bedingung" die Rede ist, unter „aufschiebender Bedingung" ohne nähere Kennzeichnung im allgemeinen aber eine solche rechtsgeschäftlicher Art verstanden wird. Um eine solche kann es sich indessen deshalb nicht handeln, weil die Parteien das Geschäft gar nicht anders als bedingt abschließen könnten, die Bedingung, die sie beifügen, daher nicht gewillkürt, sondern gesetzlich notwendig ist[6]. Es besteht hier nur die Besonderheit, daß das Gesetz die Beifügung der Rechtsbedingung verlangt: die Vertragsparteien sollen nicht unwissend und ungewollt in den Schwebezustand verstrickt werden.

Wird der auf eine unmögliche Leistung gerichtete Vertrag unter einer anderen (nicht in dem Möglichwerden der Leistung bestehenden), also rechtsgeschäftlichen aufschiebenden Bedingung oder Befristung geschlossen, so steht er außerdem unter der Rechtsbedingung des zwischenzeitlichen Möglichwerdens der Leistung (§ 308 II BGB). Haben die Parteien den Vertrag zugleich für den Fall des Möglichwerdens geschlossen, so kann sich die Rechtsbedingung auch noch nach Eintritt der rechtsgeschäftlichen Bedingung oder Befristung entscheiden.

Da die Rechtsfolgen beider Bedingungsarten im wesentlichen übereinstimmen, ist die begriffliche Unterscheidung im Ergebnis nur von untergeordneter Bedeutung. So ist auch bei Annahme einer rechtlichen Bedingung eine analoge Anwendung des § 160 BGB nicht ausgeschlossen. § 162 BGB läßt sich allerdings, wie unten noch darzulegen sein wird, auf das Gebiet der Rechtsbedingung nicht übertragen. Je nach Lagerung des Falles und dem Sinn der Parteiabreden kann jedoch eine wirksame Nebenverpflichtung des Schuldners dahin in Betracht kommen, zur Vermeidung seiner Ersatzpflicht auf das Möglichwerden der Leistung hinzuwirken bzw. es nicht zu verhindern; denn die gesetzlichen Bedingungen schließen natürlich vereinbarte Zwischenwirkungen nicht aus, soweit diese dem mit jenen verfolgten gesetzgeberischen Zweck nicht zuwiderlaufen.

Die Verpflichtung zur Lieferung fremder oder künftiger Sachen ist wirksam, wenn die Verfügbarkeit bzw. die Entstehung oder Herstellung der Sache überhaupt denkbar und nicht von vornherein ausgeschlossen, d.h. objektiv unmöglich ist. Diese Wirksamkeit kann schon deshalb nicht bezweifelt

---

5 Vgl. auch Motive, Mugdan, Bd. II S. 99.

6 So auch Erman-Groepper, § 308, Anm. 1. Eine rechtsgeschäftliche Bedingung nehmen an: Staudinger-Kaduk, § 308, Nr. 6; Oertmann, Recht der Schuldverhältnisse, § 308, Anm. 2; anders ders. in Rechtsb., S. 52: nicht Bedingtheit, sondern inhaltliche Beschränktheit des Anspruchs; siehe auch RGZ 133, 33 (38).

werden, weil die Verpflichtung zur Verschaffung fremder Sachen jedenfalls von Dritten (§ 267 BGB), etwa den Eigentümern, und die Verpflichtung zur demnächstigen Lieferung künftiger Sachen nach deren möglicher Entstehung bzw. Herstellung erfüllt werden kann. Allerdings kann die in diesen Fällen obwaltende Unsicherheit über das Erfüllungsvermögen des Schuldners bzw. die Entstehung der künftigen Sache die Vertragsparteien bewegen, den Vertrag nur bedingt abzuschließen; diese Bedingung ist dann aber, da vom Gesetz nicht erfordert, eine gewillkürte. So kann beispielsweise die emptio rei speratae (z.B. der Kauf des Ergebnisses einer wirtschaftlichen Tätigkeit, des Ertrages einer Ernte oder dergleichen, des erwarteten Fohlens einer trächtigen oder noch nicht trächtigen Stute), je nachdem ob die Parteien der Ungewißheit Rechnung tragen wollen oder nicht, bedingt oder unbedingt zustandekommen[7]. Bei unbedingtem Abschluß gelten, wenn die Lieferung der künftigen Sache nachträglich unmöglich bzw. die Lieferung der fremden Sache – insoweit liegt regelmäßig anfängliches zeitweiliges oder dauerndes Unvermögen des Schuldners vor – nachträglich objektiv unmöglich wird, die Regeln über die nachfolgende Unmöglichkeit (§§ 275 ff., 323 ff. BGB).

Die emptio spei unterscheidet sich von der emptio rei speratae durch das spekulative Moment, das darin liegt, daß die festbestimmte, wegen der Ungewißheit der Gegenleistung aber regelmäßig geringer bemessene Vergütung unabhängig davon geschuldet wird, ob und in welchem Umfang sich die spes erfüllt. Sie ist entgegen verbreiteter Ansicht[8] nicht unbedingt, sondern einseitig bedingt: der Kaufpreis ist in jedem Fall zu entrichten, der Verkäufer aber nur bedingt zur Leistung verpflichtet[9]. Wenn als Kaufgegenstand der emptio spei nicht die bedingt zu liefernde Sache, sondern die Gewinnaussicht

---

7 Kapler, Begriff und Wesen der c.i., S. 20 ff.; Scherbring, Natur und Wirkungen der c.j., S. 31 ff.; Enneccerus-Lehmann, Schuldrecht, § 101 II 3; für Rechtsbedingung: Windscheid, Pandektenrecht, Bd. II § 385 Anm. 8 c; v. Ihering, Passive Wirkungen der Rechte, Jahrb. f. Dogmatik, Bd. X S. 464; Henle, Unterstellung und Versicherung, S. 91; gegen jede Bedingtheit Oertmann, Rechtsb., S. 48: die rechtliche Beschränkung der Geschäftswirkung gehe nicht weiter, als sie nach dem Geschäftsinhalt gehen solle.

8 v. Tuhr, Allg. Teil, Bd. II 2 S. 270 Anm. 2; Oertmann, a.a.O.; Enneccerus-Lehmann, a.a.O.; Palandt-Putzo, § 433, Anm. 1 a.

9 Schmidt-Rimpler, Die Gegenseitigkeit bei einseitig bedingten Verträgen, S. 2; für Teilbedingung auch, und zwar im Sinne rechtlicher Bedingtheit der Übertragungswirkung und der Übergabepflicht, Perlingieri, I negozi su beni futuri I, S. 137, 161 ff., m.w.N. zu den verschiedenen Ansichten der ital. Lehre (bei deren Verwertung das Konsens- und Einheitsprinzip zu beachten ist, wonach der Rechtsübergang auf Grund des bloßen Konsenses des einheitlichen obligatorischen und dinglichen Rechtsgeschäfts, bei Verträgen über künftige Sachen mit deren Entstehung, erfolgt, Artt. 1376, 1472 cod. civ.).

bezeichnet wird, so ist dies nur der wirtschaftliche Gesichtspunkt[10] (auch das Lotterielos verkörpert einen bedingten Zahlungsanspruch).

Die emptio rei speratae und die emptio spei können, wenngleich selten, im einzelnen Fall auch rechtlich bedingt sein, zweiseitig bzw. einseitig, wenn nämlich die versprochene Lieferung der künftigen Sache objektiv unmöglich, die Unmöglichkeit aber behebbar und die Leistung für den Fall ihres Möglichwerdens versprochen ist. Wenn auch § 308 I BGB die Wirksamkeit des ganzen Vertrages, also ebenfalls der Verpflichtung des Käufers, von dem Möglichwerden der Leistung des Verkäufers abhängen läßt und damit unmittelbar nur die emptio rei speratae deckt, so sollte doch damit offenbar ein aleatorischer Vertrag wie die emptio spei nicht ausgeschlossen werden. Insofern bedarf die Vorschrift zweifellos einer sinngemäßen Einschränkung.

3. Das Versprechen einer unbestimmten Leistung

Die Gattungsschuld, die Wahlschuld und die durch Bestimmung eines Kontrahenten oder Dritten näher zu bestimmende Schuld sind oben schon unter den Gesichtspunkt der Rechtsbedingung gestellt worden. Damit wird zunächst der möglichen Auffassung entgegengetreten, daß die nachträgliche Inhaltsergänzung zum Vertragstatbestand gehöre[11]. Die die nachfolgende Inhaltsbestimmung behandelnden Vorschriften der §§ 243, 262 ff., 315 BGB und § 375 HGB lassen keinen Zweifel daran, daß der Vertrag schon vorher geschlossen ist, die Parteien bindet und mannigfache Interimswirkungen einschließlich Klagemöglichkeiten gewährt. Auch die Auslegungsvorschrift des § 154 BGB lehrt, daß die Parteien, wenn sie dies wollen, den seinem wesentlichen Zweck nach bestimmten Vertrag mit ergänzungsbedürftigem Inhalt abschließen können.

Abzulehnen ist aber auch die Lehre, die den Vertrag ungeachtet seiner inhaltlichen Lückenhaftigkeit nicht nur für geschlossen, sondern auch schon für wirksam erachtet und in der Inhaltsergänzung lediglich eine Voraussetzung der Abwicklung des Vertrages, der Erfüllung der Obligation, sehen will[12]. Die Vertreter dieser Richtung berufen sich insbesondere darauf, daß der Schuldner beispielsweise der Gattungs- oder Wahlschuld anders als in den übrigen Fällen bedingter Schulden schon vor der Individualisierung der Leistung in

10 Windscheid, Pandekten, Bd. II § 385 Anm. 8 c, der die Leistung des Verkäufers allerdings irrig in der von ihm abgegebenen Willenserklärung sieht; Henle, Unterstellung und Versicherung, S. 75.

11 So z.B. bezüglich der Leistungsbestimmung durch einen Dritten Habscheid, Das Schiedsgutachten, Festschrift für H. Lehmann zum 80. Geb., S. 789 ff., 793.

12 So bezüglich der Wahl- und Gattungsschuld Falzea, La condizione, S. 226 ff., 307 ff.

Verzug gesetzt und auf Leistung verklagt werden könne. Sie berücksichtigen aber nicht genügend, daß auch die Vereinbarung einer Gattungs- oder Wahlschuld auf die Leistung einer individuellen Sache zielt. Das Forderungsrecht des Gläubigers kann daher nicht als entstanden oder nicht als voll entstanden angesehen werden, solange nicht die spezielle Sache feststeht, die gefordert werden kann, solange also die Leistungsbestimmung nicht über das Provisorium der generischen oder alternativen Bezeichnung hinaus bis zur vollen Individualisierung gediehen ist. Was die Zwischenwirkungen anlangt, so mag offen bleiben, ob man sich etwa mit Blomeyer mit der Feststellung begnügen soll[13], daß für diese Fälle bedingter Rechte „besondere Grundsätze" gelten, oder ob man die bestehenden Zwischenwirkungen zum Teil schon als Endwirkungen anzusprechen hat; denn für den Bedingungsbegriff ist es nicht wesentlich, ob die Wirksamkeit überhaupt oder nur die Vollwirksamkeit des Geschäfts bedingt ist[14].

Enneccerus-Lehmann glauben die Pendenztheorien überwunden zu haben, indem sie die Wahlschuld definieren als „eine einzige, in ihrer Existenz sofort sichere (also nicht schwebende) Forderung, deren anfangs in gewissen Grenzen unbestimmter Inhalt durch die Wahl zu einem bestimmten gestaltet wird"[15]. Diese Formulierung läßt aber gerade die entscheidende Frage unbeantwortet, wie denn anders als ein die (volle) Wirksamkeit bedingendes Ereignis die nachfolgende Inhaltsergänzung zu verstehen sei. Abgesehen davon ist die Forderung nicht sofort sicher, sondern vielmehr von der späteren Bestimmungstatsache abhängig.

Oertmann lehnt die Bedingungstheorie gleichfalls ab, ohne die rechtliche Bedeutung der nachträglichen Inhaltsbestimmung darzutun[16]: „Bedingtheit aber und Unbestimmtheit sind etwas wesentlich Verschiedenes, ebenso, wie nach bekannten Regeln der Logik das hypothetische Urteil vom disjunktiven scharf zu sondern ist. Beim bedingten Geschäft ist der Inhalt durchaus bestimmt, die Ungewißheit bezieht sich allein auf das „Ob" der Wirkung; bei dem inhaltlich unbestimmten ist der Wirkungseintritt an sich sicher, dagegen der Inhalt der geschuldeten Leistung noch ergänzungsbedürftig. Es ist doch nicht so, als ob jedes Stück der Gattung wie eine Spezies, nur noch unter der Bedingung seiner künftigen Auswahl, geschuldet würde – solche Auffassung von vielleicht Millionen nebeneinander stehender bedingter Forderungen wäre ganz unnatürlich, ja grotesk."

Dieser Vorstellung ebenso vieler (suspensiv oder resolutiv) bedingter Obligationen wie Leistungsinhalte möglich sind, bedarf es aber gar nicht, sobald man

13 Studien zur Bedingungslehre, S. 98, 102.

14 Falzea, a.a.O. S. 192, 252.

15 Schuldrecht, § 7.

16 Rechtsb., S. 61 ff.

erkennt, daß auch die Bestimmtheit des Leistungsinhalts über die Festlegung des typischen Geschäftszweckes hinaus bloße Wirksamkeitsvoraussetzung ist, soweit nämlich die Kontrahenten den Vertrag ungeachtet des offenen Einigungsmangels schon zum Abschluß bringen wollen. Will man für die Zwischenzeit von einem bedingten Anspruch (im Sinne eines schon begründeten, aber noch nicht oder noch nicht voll, d.h. mit allen Wirkungen entstandenen Anspruchs) reden, so handelt es sich um einen einheitlichen, inhaltlich noch ergänzungsbedürftigen und eben darum gesetzlich bedingten Anspruch. Wie sonst das Geschäft wegen fehlender Eignung der Subjekte und Objekte der Wirksamkeit entbehren kann, so besteht hier der Eignungs- und Wirksamkeitsmangel in der fehlenden Bestimmtheit und fehlenden objektiven Bestimmbarkeit des vereinbarten Leistungsinhalts. Die behauptete wesensmäßige Unvereinbarkeit inhaltlicher Unbestimmtheit und gesetzlicher Bedingtheit des Geschäfts bedürfte weiterer Begründung und läßt sich jedenfalls für unser geltendes Rechtssystem nicht nachweisen. Der Berührungspunkt zwischen beiden Erscheinungen ergibt sich vielmehr bereits daraus, daß auch die mangelnde Bestimmtheit zum Aufschub der Geschäftswirkung führen kann. Von der ausstehenden Bestimmungstatsache, die auch endgültig ausbleiben kann und daher künftig und ungewiß ist, hängt die Wirksamkeit oder Vollwirksamkeit, also auch das „Ob" der Leistungspflicht ab.

Blomeyer, selbst ein Verfechter der Bedingungstheorie, allerdings im Sinne einer Pendenz der einzelnen Leistungen, welche durch die nachfolgende Bestimmung aufgeklärt werde, hält der Theorie eines einheitlichen unbestimmten Anspruchs entgegen, daß sie dem Schuldner die Möglichkeit nehme, sich auf seine künftige Leistung einzustellen[17]: „Wer Unbestimmtes schuldet, kann nichts vorbereiten, wer dagegen bedingt schuldet, kennt den möglichen Schuldgegenstand." Die Unbestimmtheit der Leistungen müsse also korrigiert werden, und dies führe dann wieder zu den bedingt geschuldeten Gegenständen. Die sich als Konsequenz der Rückwirkung gem. § 263 II BGB ergebende Vorbereitungsobliegenheit des Schuldners wird aber durch die eine oder andere konstruktive Auffassung nicht berührt. Die auch bei Annahme eines einheitlichen Anspruchs nur in gewissen Grenzen, nämlich innerhalb der gegebenen Wahlmöglichkeiten, bestehende Ungewißheit gestattet es ihm, jedem möglichen Ausgang der Wahl vorsorgend Rechnung zu tragen. Eine solche Obliegenheit des Schuldners dürfte übrigens auch in ähnlich gelagerten Fällen der Leistungsbestimmung gem. § 315 BGB anzunehmen, der Rückwirkungsgedanke des § 263 II BGB insoweit also auch auf diese zu übertragen sein[18]. Im Rahmen dessen, womit der Schuldner den Abreden und Umständen nach als künftiger Leistung zu rechnen hat, muß er sich, zur Vermeidung seiner Ersatzpflicht, dazu bereithalten.

---

17 Studien zur Bedingungslehre, S. 103.

18 v. Tuhr, Allg. Teil, Bd. II 1 S. 149 Anm. 29.

Die herrschende Ansicht will nur in der Leistungsbestimmung des Dritten nach freiem Belieben eine aufschiebende Bedingung, und zwar eine rechtsgeschäftliche, erblicken[19]. Wenn auch die nach billigem Ermessen zu treffende Entscheidung des Kontrahenten oder Dritten gegebenenfalls durch Urteilsspruch ersetzt werden kann, so verliert sie doch dadurch ebensowenig den Bedingungscharakter, wie das Urteil selbst, das, wenn das Gericht nicht angerufen oder das eingeleitete Verfahren nicht weiter betrieben wird, ebenfalls ausbleiben kann und daher nur eine subsidiäre, für den Fall des Fehlschlagens der primären Leistungsbestimmung gesetzte Bedingung darstellt.

Eine rechtsgeschäftliche Bedingung kann in der Leistungsbestimmung des Dritten und in den übrigen Ergänzungstatsachen nicht gesehen werden, weil die Geschäftswirkung von ihnen nicht kraft Parteiwillkür, sondern kraft Gesetzes abhängig ist. Von einer gewillkürten Bedingung kann immer nur dann gesprochen werden, wenn das Rechtsgeschäft auch unbedingt, d.h. sofort wirksam, abgeschlossen werden könnte. Diese Gestaltungsmöglichkeit ist den Vertragschließenden bei mangelnder Bestimmtheit des Geschäftsinhalts aber nicht gegeben, sie müssen vielmehr das Rechtsgeschäft bei Vermeidung seiner Unwirksamkeit unter die gesetzliche Bedingung der Inhaltsergänzung stellen.

Es läßt sich entgegen Oertmann[20] auch nicht so argumentieren, daß die gattungsmäßige, alternative usw. Bestimmtheit auf der Abrede der Parteien, nicht auf dem Willen des Gesetzes beruhe; denn für die Abgrenzung von Geschäfts- und Rechtsbedingung ist nicht maßgebend, ob die Parteien den Vertrag möglicherweise auch inhaltlich bestimmt abschließen könnten, sondern daß der Vertrag, so wie er geschlossen ist, d.h. mit unbestimmtem Inhalt, in seiner Wirksamkeit von Gesetzes wegen durch die vorgesehene Inhaltsergänzung bedingt ist. Eine Besonderheit gegenüber sonstigen Fällen rechtlicher Bedingtheit liegt lediglich darin, daß das Erfordernis der inhaltlichen Bestimmtheit grundsätzlich nur dann nachholbar ist, wenn die Parteien diese Nachholung auch vereinbart haben: der Schwebezustand mit der Möglichkeit nachfolgender Behebung des Wirksamkeitshindernisses soll nur eintreten, wenn er von den Vertragschließenden auch ins Auge gefaßt und gewollt oder kraft gesetzlicher Auslegungsregel als gewollt anzunehmen ist (vgl. § 316 BGB). Nur ausnahmsweise bestimmt das Gesetz die nachfolgende Inhaltsergänzung ohne Rücksicht auf den Willen der Partei, so in den Fällen der §§ 659 II 2, 660 BGB.

Die Fälle objektiver Bestimmbarkeit der Leistung haben, wie abschließend der

19 Siehe z.B. Enneccerus-Lehmann, Schuldrecht, § 5 II d; Oertmann, Schuldrecht, § 317, Anm. 3; Planck, § 319, Anm. 3; Staudinger-Werner, § 317, Anm. 1 b; Erman-Groepper, § 319, Anm. 5 a; Soergel-Reimer Schmidt, § 319, Nr. 4.

20 Rechtsb., S. 61.

Klarheit halber noch erwähnt werden mag, auch dann mit dem Gesichtspunkt der Rechtsbedingung nichts zu tun, wenn die Bestimmung von künftigen Umständen abhängt. Das Reichsgericht hatte in seinem Urteil vom 24.10.1892 (RGZ 30, 9 ff.) ein Veräußerungsgeschäft zu beurteilen, das eine Bank in bezug auf den Teil ihrer jungen Aktien vorgenommen hatte, den ihre bezugsberechtigten Aktionäre nicht in Anspruch nehmen würden[21]. Es hat zunächst angenommen, daß in dem Existentwerden des Kaufgegenstandes keine wirkliche Bedingung, sondern nur eine condicio iuris zu erblicken sei, und weiter ausgeführt, daß das Geschäft kein bedingtes, sondern ein unbedingtes mit unbestimmtem Leistungsinhalt sei. Dem ist nicht zu folgen; jener Kaufvertrag kann (geschäftlich) bedingt oder auch unbedingt abgeschlossen worden sein, je nachdem ob die Vertragschließenden mit der Möglichkeit einer vollen Inanspruchnahme der Bezugsrechte durch die Aktionäre gerechnet und diese Ungewißheit des Kaufgegenstandes im Vertrag berücksichtigt haben oder nicht. Die Verkäuferleistung war in jedem Fall objektiv möglich und inhaltlich so umrissen, daß sie bei Eintritt der Fälligkeit (Ablauf der Frist für die Ausübung der Bezugsrechte der Aktionäre) oder gegebenenfalls der Bedingung ohne weiteres feststellbar war. Bei betagten oder aufschiebend bedingten oder befristeten Forderungen genügt es, daß der Leistungsgegenstand bei Eintritt der Fälligkeit bzw. der Wirksamkeitsvoraussetzung feststeht oder auf Grund der objektiven Gegebenheiten festgestellt werden kann[22].

4. Das formungültige Versprechen

a) Form und Tatbestand

Die Beobachtung der vorgeschriebenen Form ist oben als integrierender Bestandteil des Tatbestandes bezeichnet worden. Mit dieser grundsätzlichen Stellungnahme ist aber noch nicht entschieden, ob die Einheit von Form und Tatbestand ein unumstößliches Axiom darstellt oder ob die gesetzlich verlangte Form ausnahmsweise auch als ein zusätzliches, zu der schon vorliegenden Erklärung hinzutretendes Moment und damit möglicherweise als Wirksamkeitsvoraussetzung vorkommt. Daß auch eine solche Gestaltung denkbar, die Ausprägung des Formerfordernisses in der einen oder anderen Gestalt vielmehr nur eine Frage der von Gesichtspunkten der Zweckmäßigkeit ausgehenden positiven Regelung ist, wird nicht bezweifelt werden können[23]. Allerdings wird es sich bei der Ausgestaltung des Formerfordernisses als

21 Siehe dazu die Ausführungen Oertmanns, Rechtsb., S. 160.

22 Vgl. Schmidt-Rimpler, Die Gegenseitigkeit bei einseitig bedingten Verträgen, S. 3.

23 Vgl. Cariota-Ferrara, Il negozio giuridico, S. 263.

Wirksamkeitsvoraussetzung immer nur um Grenzfälle handeln können, da die typischen Abschlußmodalitäten notwendig zum Tatbestand des Rechtsgeschäfts gehören.
Eine unzweifelhafte Ausnahme der geschilderten Art enthält auch die geltende gesetzliche Regelung, indem sie die für länger als ein Jahr geschlossene, aber der vorgeschriebenen Schriftform ermangelnde Grundstücksmiete nicht für nichtig erklärt, sondern lediglich ihre Wirksamkeit in zeitlicher Hinsicht abschwächt: der Vertrag gilt als für unbestimmte Zeit, aber mindestens ein Jahr geschlossen (§ 566 BGB). Da die Schriftform hier nur als Erfordernis einer bestimmten Vertragsdauer aufgestellt ist, handelt es sich nicht um ein artbestimmendes Merkmal der Grundstücksmiete, sondern lediglich um eine Voraussetzung der Vollwirksamkeit des Vertrages. Darin liegt zugleich eine Abwandlung der in § 125 BGB ausgesprochenen Nichtigkeitsfolge des Formverstoßes. Auch diese Vorschrift kann somit nur im Sinne eines nachgiebigen Leitsatzes verstanden werden[24]. Dies beweist auch die Bestimmung des § 1756 I BGB, die die Formerfordernisse des Adoptionsvertrages (§§ 1750, 1751 a II 2. Halbsatz BGB) zu bloßen Sollvorschriften erklärt.

b) Heilung des Formmangels durch nachfolgende Erfüllung?

Weitere Ausnahmen von dem Grundsatz der Einheit von Form und Tatbestand und von der grundsätzlichen Nichtigkeitsfolge des § 125 BGB scheinen die Vorschriften der §§ 313, 518 und 766 BGB für das Grundstücksübereignungs-, das Schenkungs- und das Bürgschaftsversprechen zu statuieren, wonach der formlos geschlossene Vertrag gültig wird (§ 313 Satz 2 BGB) bzw., wie es in den §§ 518 II und 766 BGB heißt, der Mangel der Form „geheilt" wird, wenn die versprochene Leistung bewirkt wird. Es kann zweifelhaft sein, ob der Leistungsvollzug in diesen Fällen ein Tatbestandsstück neben der formlosen Willenseinigung oder lediglich eine Rechtsbedingung derselben darstellt. Der Wortlaut des Gesetzes scheint in die letztere Richtung zu weisen. Auch Oertmann beantwortet die Frage deshalb in dem letzteren Sinn, zumal die Auflassung nicht gerade in Vollzug der formlosen Einigung zu erfolgen und letztere auch nicht bis dahin fortzubestehen brauche, die besseren rechtspolitischen Gründe auch für die Annahme einer rückwirkenden Kraft der Vertragsheilung sprächen[25]. Nach ständiger Rechtsprechung des Reichsgerichts und des Bundesgerichtshofs zu § 313 BGB und herrschend gewordener Lehrmeinung ist es jedoch erforderlich, daß die Vertragsparteien noch im Zeitpunkt der Auflassung an dem formungültigen Vertrag festhalten wollen und daß sie sich noch in diesem Zeitpunkt über dessen

24 Oertmann, Allg. Teil, § 125, Anm. 3 a.

25 Heilung der Formungültigkeit nach § 313 Satz 2 BGB, Zentralbl. f. freiw. Ger. Not. und Zwangsverst., 16. Jahrg., S. 589 (599); Rechtsb., S. 27.

Inhalt einig sind[26]. Folgt man dieser dem Grund und Zweck des Formerfordernisses besser entsprechenden Auslegung, dann ist damit die Annahme eines Schwebeverhältnisses für die Zwischenzeit nicht in Einklang zu bringen. Übrigens wird auch die Annahme einer allwirksamen, nicht nur obligatorischen Rückziehung des Wirkungseintritts auf den Zeitpunkt des Vertragsschlusses von der herrschenden Meinung abgelehnt[27]. Nach richtiger Anschauung dürfte es sich denn auch bei der in Frage stehenden Gestaltung, wiewohl der Gesetzeswortlaut dagegen sprechen mag, nicht um eine Ausnahme von dem Grundsatz des § 125 BGB, um die ausnahmsweise Heilung eines anfänglichen Formmangels[28], sondern um einen von dem formellen Abschluß verschiedenen selbständigen Tatbestand handeln: das Gesetz stellt, so Oertmann[29] im Anschluß an Staub[30], wahlweise zwei Abschlußtatbestände zur Verfügung, einmal den formellen Abschluß (§ 313 Satz 1 BGB) und sodann den formlosen (§ 313 Satz 2 BGB), zu dem als ein weiteres Erfordernis der Leistungsvollzug hinzutreten muß, und zwar nicht, wie Oertmann annimmt, als Rechtsbedingung, sondern als ein weiteres Tatbestandsstück. Die formlose Einigung ist hiernach nicht nichtig, aber auch nicht schwebend unwirksam, sondern als bloßer Tatbestandsteil unvollständig und ergänzungsbedürftig.

Eine Fortdauer der Willenseinigung auch über den Zeitpunkt der Auflassung hinaus wird von der herrschenden Ansicht nicht verlangt, weil, so das Reichsgericht[31], in den Auflassungserklärungen ein mittelbares Bekenntnis der Parteien zu dem ganzen Inhalt des schuldrechtlichen Geschäfts, das durch die Auflassung gerade zur Ausführung gebracht werden solle, zu finden und nicht anzunehmen sei, daß das Gesetz den Widerruf nach der dinglichen Seite (§ 873 II BGB) habe ausschließen, ihn aber nach der obligatorischen Seite noch bis zur Eintragung im Grundbuch habe gestatten wollen. Sie gewährt statt dessen die condictio indebiti, die aber nur zum Erfolg führt, wenn sie vor der Eintragung des Eigentumsübergangs durchgesetzt wird oder wenigstens zur Erwirkung eines einstweiligen Erwerbsverbotes führt[32]. Diese Begründung des Widerrufsausschlusses nach der Auflassung ist vielleicht nicht ganz

26 RGZ 60, 338 (340); 65, 390 (392); 82, 413 (416); 108, 329; 109, 351 (354); 134, 243 (244); RG, HRR 1929, 292; Gruchot Beitr. 51, 926 (930); 57, 946 (948); BGH, DNotZ 1968, 93; 1969, 350; Staudinger-Kaduk, § 313, Nr. 112, 131, 133, m.w.N.

27 RGZ 75, 114; 134, 83 (87); BGH, NJW 1970, 1541 (1543), m.w.N.

28 Wie hingegen meist formuliert wird, vgl. z.B. RGRK-Wilde, § 313, Anm. 64.

29 Zentralbl. f. freiw. Ger. Not. und Zwangsverst., 16. Jahrg., S. 598; Rechtsb., S. 27, 95; siehe auch Kühne, Tatbestandsteilung, S. 106.

30 Das Problem des § 313 S. 2, S. 22, zitiert nach Oertmann, Zentralbl., a.a.O. S. 590.

31 Gruchot Beitr. 57, 946 (948); RGZ 109, 351 (354).

32 Siehe Palandt-Thomas, § 812, Anm. 5 e, m.w.N.

zureichend, das Resultat aber angemessen, da sich der Verkäufer anderenfalls auch dann noch einseitig vom Vertrag lösen könnte, wenn er die Auflassung in voller Kenntnis des mangelnden Verpflichtungsgrundes vorgenommen hat (in solchem Fall ist die Kondiktion nach § 814 BGB verwehrt), eine durch den Zweck des Formzwanges nicht mehr gebotene Fortdauer der Unsicherheit der Rechtslage[33]. Die formlose Grundstücksübereignungsverpflichtung hat hiernach vom Zeitpunkt der Auflassung an insofern schon eine gewisse Interimswirkung, als sie nun nicht mehr einseitig widerrufen werden kann, ähnlich wie auch sonst verschiedentlich Teiltatbestände schon mit einzelnen Zwischenwirkungen bekleidet sind.

Entsprechend sind auch das formlos abgegebene Schenkungsversprechen und die formlos eingegangene Bürgenverpflichtung zu beurteilen. Das Gesetz stellt jeweils neben dem regulären einen irregulären Abschlußtatbestand zur Verfügung. Wenn es davon spricht, daß der Mangel der Form durch die nachfolgende Erfüllung der Verpflichtung geheilt werde, so wird damit der juristischen Konstruktion natürlich nicht vorgegriffen. – Es ist herrschende Meinung und versteht sich nach der hier vertretenen theoretischen Auffassung von selbst, daß die Vorschriften der §§ 313 Satz 2, 518 II, 766 Satz 2 BGB als Ausnahmebestimmungen eine Verallgemeinerung dahin, daß die Wirksamkeit eines formwidrig abgeschlossenen Schuldvertrages nach Vollzug der Leistung nicht mehr in Frage gestellt werden könne, nicht vertragen.

c) Exkurs: Der Einfluß des nachträglichen Wegfalls des Formerfordernisses

Streitig ist auch die Heilung des Formmangels durch Wegfall des Formerfordernisses, eine Gestaltung, wie sie sich bei der Abtretung (Verpfändung und Pfändung) von Hypothekenzinsen ergeben kann. Die Zession der noch nicht fälligen Zinsforderung richtet sich nach Hypothekenrecht (§ 1154 BGB), diejenige der Zinsrückstände nach allgemeinem Schuldrecht (§ 1159 BGB). Es fragt sich, ob die formlose Zession noch nicht fälliger Hypothekenzinsen mit dem Eintritt der Fälligkeit konvaleszeriert. Von Tuhr läßt die Zession wirksam werden, sofern nicht die Zinsen medio tempore formgerecht an einen Dritten zediert worden sind[34]. Die herrschende Ansicht verneint auch diese beschränkte, von dem unveränderten und ungesicherten Fortbestand der Rechtslage abhängige Konvaleszenz[35], wohl mit Recht, da sich eine Ausnahme von der Regel des § 125 BGB schwerlich begründen läßt. Es bedarf

33 Kühne, Tatbestandsteilung, S. 110, nimmt Widerruflichkeit an, soweit Kondizierbarkeit besteht, damit nicht die Schnelligkeit des Handelns (bei der Erwirkung des Erwerbsverbots durch den Verkäufer bzw. der Eigentumseintragung durch den Käufer) entscheide.

34 Allg. Teil, Bd. II 1 S. 389 Anm. 149 a.

35 RG, LZ 1916, 462; Braunschweig, OLGRspr. 15, 336; Planck-Strecker, § 1159, Anm. 2 a; Staudinger-Scherübl, § 1159, Nr. 1 a.

daher nach Eintritt der Fälligkeit der (formlosen) Bestätigung des nichtigen Zessionsvertrages gemäß § 141 BGB.

d) Blankettverpflichtungen

Ist für ein Rechtsgeschäft durch Gesetz die schriftliche Form vorgeschrieben, dann muß die Urkunde von dem Aussteller eigenhändig unterschrieben werden (§ 126 BGB). Der darüber stehende Text braucht dagegen nicht vom Aussteller geschrieben zu sein, sondern kann von einem anderen, auch dem Vertragsgegner, hergestellt sein. Auch braucht die Herstellung des Textes der Unterzeichnung nicht vorauszugehen, mag dies auch die Regel sein, sondern kann ihr nachfolgen. Aus dieser Möglichkeit, den Text durch einen anderen herstellen zu lassen und ihn auch noch nach der Unterzeichnung herzustellen bzw. herstellen zu lassen, erklärt sich die Erscheinung der sogenannten Blanketturkunde, d.h. einer Urkunde, welche der Aussteller mit seiner Unterschrift unter einem unvollständigen Text einem anderen mit der Ermächtigung übergibt, den Text zu ergänzen[36]. Das zu beurkundende Rechtsgeschäft wird, wenn nicht weitere Geschäftserfordernisse fehlen, wirksam, sobald die Blankourkunde von dem dazu ermächtigten Empfänger vervollständigt wird.

Solche Blankettgeschäfte kommen nicht nur im Wechsel- und Scheckrecht vor (Art. 10 WG; Art. 13 SchG); es kann auch bei einem schriftlichen Schuld- oder Bürgschaftsversprechen die Verpflichtungssumme oder die Person des Gläubigers von dem Versprechenden offengelassen werden. Auch Briefhypotheken und -Grundschulden können anerkanntermaßen in blanco, d.h. ohne Bezeichnung des neuen Gläubigers bzw. der zu sichernden Forderung in der schriftlichen Abtretungs- bzw. Verpfändungserklärung mit der Wirkung abgetreten bzw. verpfändet werden, daß die Verfügung, sofern nicht weitere Erfordernisse fehlen, rechtsbeständig wird, wenn die Blankourkunde von dem dazu autorisierten Inhaber vervollständigt wird[37]. Der mit den Formvorschriften verfolgte gesetzgeberische Zweck steht einer solchen Handhabung nicht entgegen[38].

In allen diesen Fällen sind grundlegend zwei Gestaltungsmöglichkeiten zu unterscheiden. Die Diskussion der Blankettgeschäfte leidet weithin an einer mangelnden oder ungenügenden Beachtung dieser Unterscheidungsnotwendigkeit. Die Blankourkunde kann einem Vertreter übergeben werden, der befugt ist, sie nach Ausfüllung dem Geschäftspartner des Ausstellers auszuhändigen. So kann der Bürge eine Bürgschaftserklärung, in welcher der Name des

36 v. Tuhr, Allg. Teil, Bd. II 1 S. 517; siehe auch Motive, Mugdan, Bd. I S. 454.

37 RG, Recht 1908, 1391; RGZ 78, 26 (29); RG, JW 1930, 61; BGH, NJW 1957, 137; v. Tuhr, a.a.O.; Staudinger-Scherübl, § 1154, Nr. 35.

38 Siegel, Die Blanketterklärung, S. 36 ff.

Gläubigers noch fehlt, dem Schuldner mit der Befugnis übergeben, den Namen des Gläubigers in die Urkunde einzufügen und diese dem Gläubiger auszuhändigen. Auch die Blankozessionsurkunde kann einem Vermittler, etwa einem Makler, ausgehändigt werden, der einen Interessenten suchen und dann mit diesem den Vertrag namens des Zedenten schließen soll. Die Aushändigung des Blanketts steht in diesen Fällen der Aushändigung einer Vollmachtsurkunde gleich (§ 172 BGB)[39]. Die Vervollständigung und anschließende Übergabe der Urkunde an den Geschäftspartner geschehen in Vertretung des Blankettausstellers[40].

Von anderer Art sind die Fälle, und nur sie bilden das Thema dieses Abschnitts, in denen die Blankourkunde nicht einem Vertreter zur Ausfüllung und Aushändigung überlassen, sondern direkt dem Vertragspartner mit der Ermächtigung der Vervollständigung erteilt wird (Blankettgeschäfte im engeren Sinn)[41]; denn in solchen Fällen stellt sich die Frage, ob die Verpflichtungs- bzw. Verfügungserklärung des Ausstellers erst durch die Ausfüllung der Urkunde durch den Vertragspartner (etwa als Bevollmächtigten des Ausstellers) vollendet oder ob der Vertragstatbestand schon mit der Übergabe der Urkunde abgeschlossen ist und der Erwerber schon vor ihrer Ausfüllung eine gesicherte Erwerbsaussicht hat. So ist auch die theoretische Erklärung der Entstehung des Wechselrechts aus dem Blankowechsel streitig, also die Frage, ob die wechselrechtliche Verpflichtungserklärung des Zeichners erst mit der Ausfüllung des Blanketts durch den dazu ermächtigten Inhaber vollendet oder ob vorher schon ein Schwebeverhältnis begründet wird.

---

39 Vgl. Bornemann, Die Blankobürgschaft, S. 22.

40 Was den Vertrag auf seiten des Blankettausstellers, also abgesehen von der Mitwirkung des Vertragspartners, zustandebringt, ist eine Willenserklärung des Vertreters (des Ausfüllenden), nicht des Vertretenen (des Ausstellers), zumal Unterzeichnung und Ausfüllung der Urkunde nur Vorbereitungshandlungen sind und die beurkundete Erklärung erst dadurch abgegeben wird, daß die Urkunde dem Vertragsgegner ausgehändigt wird. Strenggenommen bedürfte es daher, um das Erfordernis der Eigenhändigkeit der Unterschrift zu erfüllen, auch der Unterzeichnung durch den Vertreter. Der Verkehr sieht jedoch davon ab und kann sich dafür auf ein altes, auch durch die Einführung des BGB nicht gebrochenes Gewohnheitsrecht berufen (auch die Unterzeichnung durch den Vertreter mit dem Namen des Vertretenen ist nur gewohnheitsrechtlich anerkannt), so zutreffend Bornemann, a.a.O. S. 26 ff.; Staudinger-Coing, § 126, Nr. 4 a. Nach h.A. ist oder gilt die Erklärung als eine solche des Ausstellers, nicht des Ausfüllenden, siehe Enneccerus-Nipperdey, Allg. Teil, § 155 I 2 c; Soergel-Hefermehl, § 126, Nr. 5.

41 Beide Gestaltungen können zusammentreffen, wie z.B. in einem vom BGH entschiedenen Fall (WM 1962, 720), in welchem der Bürge den Schuldner (als seinen Vertreter) ermächtigt hatte, den Namen des Gläubigers in die Blankourkunde einzusetzen und diese dem Gläubiger mit der Befugnis auszuhändigen, die Haftungssumme in die Urkunde einzutragen.

An die Begebung des vom Aussteller oder Bezogenen gezeichneten Wechselblanketts (Blankotratte bzw. Blankoakzept) an den zur Ausfüllung ermächtigten Nehmer knüpfen anerkanntermaßen bereits bedeutsame Zwischenwirkungen an: der Blankettzeichner ist an seine Verpflichtungserklärung gebunden, die von ihm erteilte Ausfüllungsermächtigung ist unwiderruflich; Erlöschen der Vollmacht seines Vertreters, Fortfall oder Beschränkung der Geschäftsfähigkeit und Tod des Blankettgebers haben auf die Entstehung der Wechselobligation keinen Einfluß mehr. Das Blankett kann auch noch, nachdem dessen Zeichner in Konkurs gefallen ist, mit Wirkung gegenüber den Konkursgläubigern ausgefüllt werden. Schließlich kann der Blankowechsel gutgläubig erworben werden (Art. 10 WG), und zwar nach ganz überwiegender Ansicht sowohl vor als auch nach seiner Ausfüllung, wobei im ersteren Fall lediglich streitig ist, ob der gute Glaube nur beim Erwerb bestehen oder noch bis zur Ausfüllung fortdauern muß. Das Interimistikum zwischen Begebung und Ausfüllung des Blanketts hat hiernach alle typischen Kennzeichen des Schwebezustandes einer Bedingung. Tatsächlich wird vielfach, wenn auch nicht immer mit voller begrifflicher Klarheit, angenommen, daß die Wechselforderung aus dem Blankowechsel unter der Rechtsbedingung der Ausfüllung stehe[42].

Diese sog. Bedingungstheorie kann nur richtig sein, wenn der die Wechselverpflichtung konstituierende Vertragstatbestand – ausgehend von der herrschenden Vertrags- und Rechtsscheintheorie – schon mit der Begebung des Blanketts abgeschlossen ist und dessen Ausfüllung nur die Bedeutung der Nachbringung eines Wirksamkeitserfordernisses hat. Der Blankowechsel ist ein Wechsel, der bei der Begebung unvollständig war (Art. 10 WG) und zu dessen Vervollständigung der Geber den Nehmer ermächtigt hat. Art und Ausmaß der Unvollständigkeit können verschieden sein, weswegen auch die Ausfüllung, je nachdem welche Bestandteile fehlen, eine verschiedene Bedeutung haben kann. Ist beispielsweise die Wechselsumme offen geblieben, dann handelt es sich um einen inhaltlichen Mangel des Begebungsvertrages; es bedarf noch der näheren Bestimmung der versprochenen Leistung. Die Ausfüllung des Blanketts ist in solchem Fall formalisierte Inhaltsergänzung des zuvor geschlossenen Vertrages, ähnlich wie die Vertragsergänzung durch einen Vertragsgenossen gem. §§ 315 ff. BGB. Es besteht kein ausreichender Grund, den Vertrag anders als im Fall des § 315 BGB als unvollendet und den

42 Langheineken, Anspruch und Einrede, S. 82; Staub-Stranz, Wechselgesetz, Art. 10, Nr. 7; Stranz, Wechselrecht, Art. 10, Nr. 7; Jacobi, Wechsel- und Scheckrecht, S. 483, 488 (anders jedoch S. 112); Baumbach-Hefermehl, Wechselgesetz und Scheckgesetz, Art. 10 WG, Nr. 1; Beuthien, Blankowechsel und guter Glaube, BB 1966, 603 (605); bezüglich der älteren Literatur siehe die Nachweise von Zwirner, Das Blankett als Willenserklärung, S. 54 Anm. 27; aus der Rechtsprechung: OLG Celle, MDR 1953, 432; OLG München, NJW 1955, 1679 (1680); OLG Hamburg, MDR 1971, 931.

Vertragspartner etwa als Bevollmächtigten des Blankettzeichners anzusehen, der dessen Erklärung vollendet und zugleich im eigenen Namen handelnd diese Erklärung annimmt (§ 151 BGB)[43]. Abgesehen davon wäre diese sog. Vollmachtstheorie ebensowenig imstande, die von der herrschenden Doktrin und Praxis anerkannten Zwischenwirkungen der Blankettbegebung zu erklären, wie die zahlreichen anderen Konstruktionsversuche, etwa die Offertentheorie, wonach der Blankettgeber einen Vertrag offeriert, den der Ausfüllende annimmt[44], oder die Ermächtigungstheorie, wonach der Blankettnehmer befugt ist, die Willenserklärung des Ausstellers im eigenen Namen handelnd zu vervollständigen[45].

Hat dagegen z.B. der Aussteller die Bezeichnung des Remittenten offengelassen und den Blankettnehmer ermächtigt, sich selbst als solchen einzutragen, oder ist im Fall des Blankoakzepts der Aussteller ermächtigt, den Wechsel an eigene Order auszustellen, dann krankt der Wechselvertrag nicht an einem Mangel des Inhalts, sondern an einem solchen der Form: die Vertragspartner sind sich einig geworden, aber mangels Wahrung der erforderlichen Form noch nicht in rechtswirksamer Weise. Es ist oben schon geklärt worden, daß der Grundsatz der Einheit von Form und Tatbestand keine exklusive Bedeutung hat, und daher zu untersuchen, ob er sich etwa auch für diesen Sonderfall als nachgiebig erweist. Berücksichtigt man, daß das Gesetz für die schriftliche Erklärung nur die eigenhändige Unterzeichnung der Urkunde durch den Erklärenden verlangt (§ 126 BGB), die Herstellung und Unterzeichnung der Urkunde auch nur vorbereitende Handlungen darstellen und der eigentliche konstitutive Akt (bei empfangsbedürftigen Erklärungen) allein in der Aushändigung der Urkunde zu erblicken ist[46], dann läßt sich mit Fug bezweifeln, ob die nachträgliche Ausfüllung der unterzeichneten und übergebenen Urkunde durch den dazu ermächtigten Vertragsgegner noch zu den „rechtserzeugenden" Tatsachen zu zählen ist. „Dem Verkehr erscheint die Ausfüllung nur als unwesentlicher Schreibakt"[47]. Mit der Begebung des Blanketts an den zur Ausfüllung ermächtigten Vertragsgegner hat der Wechselschuldner alles zur Begründung der Verpflichtung seinerseits Erforderliche getan. Dieser Zeitpunkt erscheint auch als derjenige, der für die

43 So Siegel, Die Blanketterklärung, S. 20 ff.

44 Vgl. Mansfeld, Über den Schutz des guten Glaubens beim Erwerb von Wechselblanketten, LZ 1909, 177 (181 ff.).

45 Haussmann, Das Blankett, Gruchot Beitr. 58, 289. Ein näheres Eingehen auf diese und weitere Theorien und ihre verschiedenen Varianten ist im Rahmen dieser Abhandlung nicht möglich; ausführliche Darstellungen finden sich in den zahlreichen Dissertationen zu den Blankettgeschäften, so z.B. Zwirner, Das Blankett als Willenserklärung; Samuel, Das Blankett im System des Bürgerlichen Gesetzbuchs.

46 v. Tuhr, Allg. Teil, Bd. II 1 S. 517 ff.

47 Jacobi, Wechsel- und Scheckrecht, S. 497.

Datierung des Rechts aus der Urkunde allein maßgebend sein kann; ob der Blankettnehmer die Ausfüllung früher oder später vornimmt, kann für die rechtlichen Folgen der Wechselbegebung schwerlich entscheidend sein. Abgesehen davon entzieht sich der Zeitpunkt der Blankettausfüllung durch den Erwerber häufig einer zuverlässigen Feststellung. Nach herrschender Auffassung wirkt denn auch die Ausfüllung auf den Zeitpunkt der Begebung des Blanketts zurück. In dem Urteil des Bundesgerichtshofs vom 20.4.1970 heißt es mit Bezug auf den Blankowechsel[48]: „Das Erwerbsgeschäft ist mit der Übergabe des Wechsels bereits vollendet . . . Die spätere Eintragung der fehlenden Bestandteile erscheint lediglich als aufgeschobener, interner Akt beim Erwerber, der für seine Schutzwürdigkeit nicht mehr bedeutsam ist." Wenn das Gesetz die Rechtsfigur des Blankowechsels überhaupt zuläßt, dann erscheint hiernach die Annahme nicht fernliegend, daß damit auch für diesen Fall eine Ausnahme von der prinzipiellen Einheit von Form und Erklärung sanktioniert sei: die Schriftform ist, wenn nicht lediglich eine vorbehaltene Ergänzung des Leistungsinhalts aussteht, insofern vom Tatbestand des Begebungsvertrages teilweise ablösbar und nachholbar, als der Text der unterzeichneten und übergebenen Urkunde von dem entsprechend ermächtigten Vertragsgegner nachträglich, d.h. nach Abschluß des Vertrages, hergestellt bzw. ergänzt werden kann. Bei richtigem Verständnis der Blankettgeschäfte im engeren Sinn ist in der formalen Vollständigkeit des dem Empfänger und Vertragsgegner zur Ausfüllung übergebenen Blanketts eine nachholbare gesetzliche Wirksamkeitsvoraussetzung zu erblicken, so daß die nachträgliche Ergänzung der Urkunde durch den Vertragspartner nur die Erfüllung einer condicio iuris darstellt. Allerdings wird, um die typische Abschlußform zu wahren, zu verlangen sein, daß die Blankounterschrift zumindest auf ein Wechselformular bzw. eine als Wechsel bezeichnete Urkunde (Art. 1 Ziffer 1 WG) gesetzt wird. Mit dieser Maßgabe wird man mit dem Reichsgericht (RGZ 78, 26, 29) sagen können, daß die Blankettbegebung bereits das ganze (für den Abschlußtatbestand erforderliche) Maß der Schriftlichkeit erfülle.

Der Tatbestand des wechselrechtlichen Begebungsvertrages ist auch dann vollständig gebildet, wenn das Wechselrecht nicht zugunsten des Blankettnehmers, sondern zugunsten eines Dritten begründet wird, so z.B. wenn der Aussteller die Bezeichnung des Remittenten offenläßt und den Nehmer des Blanketts ermächtigt, einen Dritten als Wechselberechtigten zu bezeichnen, oder wenn im Falle des Blankoakzepts der Aussteller ermächtigt ist, den Wechsel an fremde Order auszustellen. Der Begebungsvertrag braucht nicht mit demjenigen abgeschlossen zu werden, der aus dem Wechsel berechtigt werden soll[49]. Das Forderungsrecht aus dem Wechsel kann nach dem

48 NJW 1970, 1366.

49 Vgl. RGZ 142, 307 (309 ff.).

allgemeinen Schema des Vertrages zugunsten Dritter (§ 328 BGB) begründet werden; die Modifikation der Einzelregelung, z.B. hinsichtlich der zulässigen Einwendungen des Schuldners (Art. 17 WG anstelle von § 334 BGB), steht dem natürlich nicht entgegen. Dabei kann dem Versprechensempfänger – wie nach allgemeinem Schuldrecht – vorbehalten werden, die Person des Drittberechtigten nachträglich zu bestimmen. Die Wechselobligation entsteht dann durch die nachfolgende Bezeichnung des Drittberechtigten in dem Wechselformular und – eine Konsequenz des Wertpapierprinzips (wonach das Recht aus dem Papier dem Recht am Papier folgt) – durch Übergabe des Wechsel an ihn.

In der Begebung des Blanketts in Verbindung mit der Ermächtigung des Nehmers zur Ausfüllung besteht hiernach der Tatbestand der wechselrechtlichen Verpflichtung aus dem Blankowechsel. Was diesen vom Vollwechsel unterscheidet, ist kein Tatbestands-, sondern ein Wirksamkeitsmangel. Die Wechselobligation ist einstweilen schwebend unwirksam und konvaleszierdurch die Ausfüllung des Blanketts, gegebenenfalls in Verbindung mit der Übergabe an den Berechtigten, wenn nämlich die Ausfüllung zugunsten eines Dritten erfolgt. Ist der Blankowechsel ausgefüllt, dann wird es so angesehen, und dies ist auch das äußere Erscheinungsbild und entspricht dem Willen aller Beteiligten, als wäre er von Anfang an vollständig gewesen: die Ausfüllung wirkt nach allgemeiner Meinung auf den Zeitpunkt der Begebung des Blanketts zurück, so daß alle Erwerbsakte der Zwischenberechtigten rückwirkend wirksam werden[50].

Die Übertragung des Blankowechsels geschieht durch Übertragung des zu erwerbenden Wechselrechts mittels Übereignung des Blanketts nach den für die Übertragung des Vollwechsels geltenden Regeln[51]. Eine Indossierung ist allerdings nicht möglich, wenn in dem Wechsel die Angabe des Wechselnehmers oder in dem akzeptierten Wechsel an eigene Order die Unterschrift des Ausstellers fehlt, ein Wechselberechtigter also noch gar nicht bezeichnet ist. Da der Erstbegebungsvertrag im Zweifel zugunsten desjenigen berechtigten Inhabers geschlossen ist, der in dem Blankett als Wechselberechtigter bezeichnet werden wird, stellt die Weitergabe eines solchen, einen Wechselberechtigten nicht nennenden Blanketts auch noch keine Übertragung des bedingten Wechselrechts dar – der erste Empfänger bleibt außerhalb der Reihe der Wechselberechtigten –, sondern eine bloße Vermittlung des Ersterwerbs, ebenso wie wenn der erste Nehmer das Blankett aufgrund entsprechender Ermächtigung mit dem Namen eines Dritten als Wechselberechtigten ausfüllt und diesem dann übergibt.

---

50 RGZ 99, 7; BGH, NJW 1969, 2050; 1970, 324 (326); Baumbach-Hefermehl, Art. 10 WG, Nr. 1 und 5.

51 Baumbach-Hefermehl, Art. 10 WG, Nr. 4.

Meinungsverschiedenheit besteht in der rechtlichen Erklärung des Übergangs des Ausfüllungsrechts auf den Erwerber bei Übertragung des Blankowechsels. Das Ausfüllungsrecht des Blankettnehmers ist nicht eine Vertretungs-, sondern eine ihm zu eigenem Recht verliehene Befugnis, ein Gestaltungsrecht[52], ähnlich etwa der Wahlbefugnis bei der Wahlschuld, dem Recht zur Bestimmung des Dritten beim Vertrag zugunsten Dritter oder auch der – allerdings nicht auf rechtsgeschäftlicher Ermächtigung, sondern auf gesetzlicher Vorschrift beruhenden – Genehmigungsbefugnis bei genehmigungsbedürftigen Rechtsgeschäften. Da eine einfache Zession des Ausfüllungsrechts einen gutgläubigen Erwerb nicht zu begründen vermag, wird angenommen, daß die Ausfüllungsbefugnis als ein Akzessorium des bedingten Wechselrechts infolge einer Nebenwirkung der wechselmäßigen Blankettbegebung von dem Vormann auf den Nachmann übergehe und daher mit dem bedingten Wechselrecht auch gutgläubig erworben werden könne[53] (die Vorschrift des Artikels 10 WG, wonach dem gutgläubigen Erwerber der Einwand der abredewidrigen Ausfüllung des Blanketts nicht entgegengesetzt werden kann, gilt anerkanntermaßen nicht nur zugunsten desjenigen, der den Wechsel bereits ausgefüllt erwirbt, sondern auch zugunsten desjenigen, der den Wechsel unausgefüllt erwirbt und dann selbst ausfüllt).

Möglich auch und vielleicht noch beifallswerter erscheint die Annahme einer die Übertragung erübrigenden unmittelbaren Ermächtigung aller berechtigten Blankettinhaber durch den Blankettzeichner[54]. Soll das Blankett unausgefüllt an einen Dritten weitergegeben werden, dann ist dem ersten Nehmer kein eigenes Gestaltungsrecht verliehen, das er zu übertragen hätte, sondern von vornherein nur der Dritte zur Ausfüllung ermächtigt. Auch wenn, was im Zweifel immer anzunehmen ist, der Blankettnehmer befugt ist, das Blankett entweder zu seinen Gunsten oder zugunsten eines Dritten auszufüllen oder unausgefüllt an einen Dritten weiterzugeben, dürfte eine direkte, vom ersten Nehmer nicht erst zu übertragende, sondern nur botenmäßig zu übermittelnde Ermächtigung des Dritten und jedes weiteren berechtigten Inhabers anzunehmen sein, das Blankett entsprechend der mit dem ersten Empfänger getroffenen Abrede zu ergänzen. Diese Vorstellung einer unmittelbaren Ermächtigung des jeweiligen berechtigten Inhabers ist nicht notwendig mit der Theorie der „Vielverpflichtung" verknüpft[55], wonach die Wechselverpflichtung nicht nur zugunsten des ersten Berechtigten, sondern gleichzeitig zugunsten aller späteren Erwerber des Wechsels eingegangen wird, das

52 v. Tuhr, Allg. Teil, Bd. II 1 S. 415; Jacobi, Wechsel- und Scheckrecht, S. 482; Baumbach-Hefermehl, Art. 10 WG, Nr. 3.

53 So Beuthien, Blankowechsel und guter Glaube, BB 1966, 603 ff., mit ausführlicher Darstellung der verschiedenen Ansichten.

54 Siehe Beuthien, a.a.O. S. 605, der auch diese Meinung gelten läßt; Baumbach-Hefermehl, Art. 10 WG, Nr. 4.

55 Einen Zusammenhang nimmt dagegen Beuthien, a.a.O., an.

Indossament also nicht die Rechte des Indossanten überträgt, sondern dem Indossatar eine unmittelbar vom Wechselschuldner hergeleitete ursprüngliche Wechselforderung verschafft[56]. Da auch der Blankowechsel zum Umlauf bestimmt und daher eine Ermächtigung des jeweiligen berechtigten Blankettinhabers zur Ausfüllung allgemein zu vermuten ist, muß der Blankettzeichner, wenn ihm ein solcher Ermächtigungswille fehlt, den durch die Begebung des Blankowechsels in zurechenbarer Weise gesetzten Rechtsschein gegen sich gelten lassen[57].

Dieser gutgläubige Erwerb, die Berufung auf den Rechtsschein einer Ermächtigung, setzt allerdings voraus, daß der Blankowechsel durch Indossament übertragen wird, da eine bloße Zession dem Wechselschuldner alle Einwendungen erhält, die sich auf seine Beziehungen zu dem Zedenten gründen. Ist in dem Blankowechsel noch kein Wechselberechtigter bezeichnet, dann ist eine Indossierung zwar nicht möglich, zur Begründung eines gutgläubigen Erwerbs aber auch nicht erforderlich, weil die Weitergabe eines solchen Wechsels ebenfalls einen durch Art. 10 WG gedeckten wechselrechtlichen, d.h. unter Einwendungsausschluß stehenden Erwerbsgrund darstellt (Ersterwerb des Dritten aufgrund der zu seinen Gunsten erfolgten Wechselbegebung)[58]. Auch beim Vollwechsel können, wenn der Aussteller den akzeptierten Wechsel an den Remittenten begeben hat, diesem obgleich ein Indossament nicht vorliegt, Einwendungen aus den Rechtsbeziehungen zwischen dem Akzeptanten und dem Aussteller nicht entgegengehalten werden[59].

Da die Entstehung des Wechselrechts aus dem Blankowechsel wie grundsätzlich alle bedingten Rechte nur noch von der Verwirklichung des bedingenden Ereignisses, nämlich der befugten Nachbringung der fehlenden Bestandteile, abhängt, erscheint es folgerichtig, im Hinblick auf das anzuerkennende Sicherheitsbedürfnis des Wechselverkehrs aber auch angemessen, für den gutgläubigen Erwerb des unausgefüllten Blanketts auf den Zeitpunkt des Erwerbs, nicht den der späteren Ausfüllung abzustellen: der redliche Erwerber des Blanketts braucht den Verlust seines guten Glaubens nicht zu befürchten und kann sich vielmehr darauf verlassen, das Blankett jederzeit gültig ausfüllen zu können. So hat auch der Bundesgerichtshof in seinem Urteil vom

---

56 RGZ 84, 121 (124); Michaelis, Wechselrecht, Art. 10 WO, Anm. 2; Quassowski-Albrecht, Wechselgesetz, Art. 14, Anm. 2; Hueck, Recht der Wertpapiere, S. 52; dagegen: Jacobi, Wechsel- und Scheckrecht, S. 593 ff.; Ulmer, Recht der Wertpapiere, S. 215, 263; Rehfeldt, Wertpapierrecht, S. 60; Baumbach-Hefermehl, 10. Aufl., Art. 14 WG, Nr. 2.

57 Vgl. BGH, NJW 1969, 2050; 1973, 282.

58 Siehe Beuthien, Blankoübergabe von Wechselblanketten, BB 1966, 883, mit weiteren Nachweisen, der jedoch auch in der Weitergabe eines den Wechselberechtigten nicht nennenden Blanketts eine Übertragung des bedingten Wechselrechts sieht.

59 Jacobi, Wechsel- und Scheckrecht, S. 77.

20.4.1970 unter Aufgabe der gegenteiligen Ansicht des Reichsgerichts entschieden[60].

Auch außerhalb des Wechsel- und Scheckrechts kann ein der gesetzlichen (oder auch gewillkürten) Schriftform bedürftiges Verpflichtungsgeschäft in geeigneten Fällen durch Begebung einer Blankourkunde in Anlehnung an die eine nachträgliche Inhaltsergänzung zulassenden Vorschriften insbesondere der §§ 315 ff. BGB und die Rechtserscheinungen des Blankowechsels und -schecks bedingt wirksam zustandekommen. Die Zulässigkeit des Blankettgeschäfts ist in Art. 10 WG und Art. 13 SchG nicht erst ausgesprochen, sondern lediglich vorausgesetzt. So kann ein Schuldschein und eine Bürgschaftserklärung in blanco gelassen und dem Gläubiger mit der Ermächtigung übergeben werden, die Verpflichtungssumme in den Schuldschein einzusetzen bzw. die Bürgschaftserklärung durch Bezeichnung der Hauptverbindlichkeit zu ergänzen. Aus dem Zweck der Formvorschriften der §§ 766, 780, 781 BGB läßt sich gegen die Zulässigkeit des Blanketts in diesen Fällen nichts herleiten[61]. Mit der Aushändigung des Blanketts an den zur Ausfüllung ermächtigten Vertragsgegner ist der Vertrag bereits bindend abgeschlossen. Die Ausfüllung des Blankoschuldscheins bzw. des Bürgschaftsblanketts führt deshalb auch dann noch zur Wirksamkeit der Forderung gegenüber den Konkursgläubigern, wenn der Aussteller inzwischen in Konkurs gefallen ist[62].

e) Exkurs: Blankettverfügungen

Die gesetzlich normierten Fälle des Blankoindossaments bei Orderpapieren (Art. 13 II WG, Art. 16 II SchG, § 365 I HGB) bieten keinen Anlaß zur näheren Erörterung. Die Übertragungsakte sind in diesen Fällen sofort wirksam und nicht etwa dadurch bedingt, daß das Blankoindossament nachträglich ausgefüllt wird. Das Blankoindossament ist nicht ergänzungsbedürftig und daher keine Blankettverfügung im eigentlichen Sinne[63]. Auch bei der Blankoindossierung von Blankowechseln handelt es sich nicht um eine bedingte Übertragung, sondern um die unbedingte Übertragung eines bedingten Rechts.

---

60 BGH, NJW 1970, 1366; ebenso OLG Hamburg, MDR 1971, 931; LG Regensburg, WM 1955, 349 (350); Staub-Stranz, Art. 10 WG, Nr. 16, und Art. 16 WG, Nr. 26; Stranz, Art. 10 WG, Nr. 10, und Art. 17 WG, Nr. 18; Jacobi, Wechsel- und Scheckrecht, S. 495; Baumbach-Hefermehl, ab 9. Aufl., Art. 10 WG, Nr. 8; Beuthien, Blankowechsel und guter Glaube, BB 1966, 603 (mit ausführlicher Begründung); a.A.: RGZ 129, 336 (338); OLG Hamburg, DR 1939, 724; MDR 1965, 834; OLG München, NJW 1955, 1679 (1680); Quassowski-Albrecht, Wechselgesetz, Art. 10, Nr. 12, 15.

61 Vgl. die eingehende Untersuchung Siegels, Die Blanketterklärung, S. 36 ff.

62 v. Tuhr, Allg. Teil, Bd. II 1 S. 416 Anm. 87 (für den Blankoschuldschein).

63 „Quasiblankett“ (Siegel, Die Blanketterklärung, S. 4) oder richtiger „Pseudoblankett“ (Zwirner, Das Blankett als Willenserklärung, S. 19 Anm. 13).

Uneinigkeit und Unsicherheit herrschen hingegen in der Beurteilung der Blankozession und -verpfändung von Briefhypotheken und -grundschulden und sonstigen Rechten. Die rechtlichen Wirkungen der Zwischenzeit zwischen der Erteilung der unvollständig ausgefüllten Abtretungs- bzw. Verpfändungserklärung und der Vervollständigung der Urkunde werden je nach der rechtlichen Erfassung der Blankettverfügung verschieden beurteilt. Da bei der Verfügung über Grundpfandrechte mit der Blankourkunde der Pfandbrief übergeben werden muß (§§ 1154, 1192, 1274 BGB), kommen zwar, wenn man von den Möglichkeiten des Übergabeersatzes absieht, Zwischenverfügungen des Veräußerers in der Zeit bis zur Ausfüllung des Blanketts nicht in Betracht. Zu entscheiden ist aber auch hier die Frage, ob der Empfänger des Blanketts als Zessionar bzw. Pfandnehmer das Recht durch Ausfüllung der Urkunde auch dann noch erwerben kann, wenn der Zedent bzw. Verpfänder vor der Blankettausfüllung in Konkurs gefallen ist, und welcher Zeitpunkt, derjenige der Übergabe oder derjenige der Ausfüllung des Blanketts, für den gutgläubigen Rechtserwerb und für die Gläubiger- bzw. Konkursanfechtung maßgebend ist.

Das Reichsgericht hat in seinem Urteil vom 25.5.1904 (RGZ 58, 169) für das preußische Recht die Blankoverpfändung einer Grundschuld als durch die Ausfüllung des Blanketts bedingt und deshalb einen zwischenzeitlichen Konkurs des Verpfänders als unschädlich angesehen: „Die Hingabe des unterschriebenen Verpfändungsformulars enthielt eine von der nachfolgenden Erfüllung der Bedingung der Ausfüllung abhängige Verpfändungserklärung. Die Erfüllung dieser Bedingung ist lediglich in das Belieben des Pfandnehmers gestellt. Sobald die Ausfüllung erfolgt, ist die Bedingung erfüllt, und die Verpfändungserklärung wird ebenso wirksam, als wenn sie schon bei Hingabe des unterschriebenen Formulars erfüllt worden wäre ... Was sich nach Aushändigung des Formulars in der Person des Verpfänders zuträgt, Tod, Geschäftsunfähigkeit oder Beschränkung der Geschäftsfähigkeit infolge von Entmündigung, Aufhebung der Verfügungsbefugnis infolge der Konkurseröffnung, kann an der Befugnis des Pfandnehmers, das Formular auszufüllen, nichts mehr ändern.“ Wenn es auch nicht ausdrücklich gesagt ist, so ist doch anzunehmen, daß das Reichsgericht mit der „Bedingung der Ausfüllung“ eine condicio iuris gemeint hat, da ein ausstehendes gesetzliches Erfordernis schwerlich als gewillkürte Bedingung gedacht werden kann.

Dieser Entscheidung kann, jedenfalls mit dem genannten Vorbehalt, auch für das geltende Recht gefolgt werden[64], zumal die Erfordernisse der Grundschuldverpfändung nicht verschärft worden sind. Wenn auch das Gesetz eine nachträgliche Inhaltsergänzung nur für die Begründung von Schuldverhältnissen vorgesehen hat, dürfte doch eine Übertragung dieser Gestaltungsmöglich-

64 Vgl. auch RG, Recht 1908, Nr. 1391; RGZ 78, 26.

keit auf geeignete Fälle schuldrechtlicher Verfügungen (z.B. über Hypothekenforderungen) oder ähnlicher Verfügungen keinen durchgreifenden Einwendungen unterliegen. Dabei kann es keine entscheidende Rolle spielen, ob der Pfandnehmer die zu sichernde Forderung noch bestimmen (Inhaltsmangel) oder die Urkunde lediglich, auch hinsichtlich des verpfändeten Rechts, mit dem schon vorher, aber mangels Einhaltung der vorgeschriebenen Form noch nicht rechtswirksam vereinbarten Inhalt (Formmangel) ausfüllen soll. Das Reichsgericht hat in der erwähnten Entscheidung auch auf die entsprechende Behandlung des Blankoakzepts im Wechselrecht hingewiesen, die nicht aus der besonderen rechtlichen Natur des Wechsels hergeleitet sei.

Zweifelhafter ist die Beurteilung der Zwischenwirkungen der Blankozession, da dort nicht einstweilige Unbestimmtheit des Geschäftsinhalts, sondern der Person des Vertragspartners in Frage steht. Das Reichsgericht hat denn auch diesen Fall in seinem Urteil vom 25.4.1906 (RGZ 63, 230) gegenteilig entschieden und der Klage des Konkursverwalters auf Herausgabe des Grundschuldbriefes stattgegeben. Es ist zu diesem Ergebnis aber, wenn man seine Entscheidungsgründe richtig versteht, nicht deshalb gelangt, weil es den Erwerb des Blankozessionars an dem zwischenzeitlichen Konkurs des Zedenten hat scheitern lassen, sondern weil es damals die Blankozession einer Briefgrundschuld – im Gegensatz zur Blankoverpfändung – überhaupt als unzulässig und unwirksam angesehen und ihr daher bei späterer Ausfüllung des Blanketts auch das nachträgliche Wirksamwerden, nicht nur die Rückwirkung, versagt hat: „... Daraus, daß einer dem § 55 preuß. Eig.-Erw.-Ges.[65] entsprechenden Bestimmung die Aufnahme in das Bürgerliche Gesetzbuch versagt ist, ergibt sich aber, daß die Blankoabtretung weder gültig ist, noch durch nachträgliche Vervollständigung Rechtswirksamkeit erlangen kann. Der Gesetzgeber hat sich also dafür entschieden, daß die nachträgliche Ausfüllung überhaupt unzulässig ist ...“[66]. In späteren Entscheidungen[67] hat das Reichsgericht allerdings ein Wirksamwerden der Blankozession im Zeitpunkt

---

65 Diese Bestimmung lautet (S. 433 preuß. Ges.-Sam.):
„Grundschulden können ohne Nennung des Erwerbers abgetreten werden (Blankoabtretung).
Jeder Inhaber erlangt dadurch das Recht, die Blankoabtretung durch einen Namen auszufüllen, die Grundschuld auch ohne diese Ausfüllung abzutreten, und die dingliche Klage anzustellen.“

66 Diesen Standpunkt hat das RG in seinen Entscheidungen RGZ 78, 30; 81, 257 (261) und JW 1928, 174 (175) bestätigt; es ist daher nicht verständlich, wenn es in seinem in JW 1930, 61 wiedergegebenen Urteil heißt, in der Entscheidung in Band 63, 230 sei lediglich verneint worden, daß die Abtretung durch nachträgliche Ausfüllung der Urkunde mit rückwirkender Kraft für den Zeitpunkt der Übergabe des Blanketts zustandekomme. Siehe auch Siegel, Die Blanketterklärung, S. 34; v. Tuhr, Allg. Teil, Bd. II 1 S. 517 Anm. 164; RGRK-Kregel, § 1274, Anm. 3.

67 Z.B. JW 1930, 61.

der Blankettausfüllung bejaht – mit Recht, da die Nichtübernahme der preußischen Regelung lediglich eine Blankoabtretung mit sofortiger Wirkung ausschließt[68] –, die Frage des Einflusses eines zwischenzeitlichen Konkurses des Zedenten aber nicht mehr behandelt. Der Bundesgerichtshof deutet die Blankozession in seinem Urteil vom 31.10.1956 ohne Unterscheidung danach, ob der Empfänger der Blankourkunde als Vermittler oder als Zessionar handelt, im Sinne einer Bevollmächtigung desselben und läßt den Zessionsvertrag daher erst dadurch zustandekommen, daß die Urkunde von dem Empfänger namens des Zedenten ausgefüllt wird[69]. Dementsprechend hat er für die Frage der Anfechtbarkeit der Blankozession der Briefgrundschuld gem. § 31 Ziff. 1 KO auf den Zeitpunkt der Blankettausfüllung abgestellt und die in diesem Zeitpunkt vorhandene Gläubigerbenachteiligungsabsicht des Blankozessionars (als Vertreters des Zedenten) als Anfechtungsgrund anerkannt. Nach dieser Auffassung müßte selbstverständlich auch die zwischenzeitliche Eröffnung des Konkursverfahrens über das Vermögen des Zedenten den Erwerb des Zessionars vereiteln.

Dieses Resultat einer rechtlich noch ungesicherten Position des Blankozessionars während der Zwischenzeit bis zur Ausfüllung des Blanketts wird in der Literatur vielfach als unangemessen bekämpft und mit den verschiedensten rechtlichen Konstruktionen zu vermeiden gesucht. Nach Enneccerus-Lehmann handelt es sich, je nachdem ob das Blankett mit dem Namen des Empfängers oder dem eines Dritten ausgefüllt wird, um einen schon mit der Übergabe der Blankozessionsurkunde vollendeten, zunächst noch in der Schwebe befindlichen und mit der Ausfüllung rückwirkend wirksam werdenden gewöhnlichen Abtretungsvertrag oder eine Zession zu Gunsten eines Dritten[70]. Abgesehen von den Bedenken gegen die Möglichkeit einer Verfügung zu Gunsten Dritter, noch dazu unbestimmter Dritter, und einer gesetzlich nicht vorgesehenen Rückwirkung läßt diese Konstruktion ungeklärt, inwiefern, jedenfalls bei kraft Gesetzes formgebundenen Zessionen, schon vor der Blankettausfüllung – trotz des Formmangels - ein vollständiger Zessionstatbestand und damit ein den Erwerber sicherstellendes Schwebeverhältnis angenommen werden kann. Die Rückziehung kann unmöglich auf einen Zeitpunkt vor Vollendung des geschäftlichen Tatbestandes erfolgen.

Nach der von A. Blomeyer[71] in Anlehnung an die Auffassung Sibers[72] vertretenen Konstruktion ist der Abtretungsvertrag in zwei Bestandteile zu zerlegen: „Er umfaßt zwei bedingte Abtretungen, wobei die Bedingung in der

---

68 Siehe auch Protokolle, Mugdan, Bd. III S. 824 ff.

69 NJW 1957, 137; ebenso Siegel, a.a.O. S. 13 ff., mit eingehender Begründung.

70 Schuldrecht, § 78 II 5.

71 Der unbestimmte Gläubiger, Festschrift für Ernst Rabel, Bd. I S. 307 (329); Allg. Schuldrecht, § 43 III 2.

72 Die Frage der Verfügungsgeschäfte zu fremdem Recht, S. 46.

Wahl des Urkundenempfängers liegt; der Zedent tritt die Forderung einmal bedingt an den Urkundenempfänger, ferner (ebenfalls bedingt) an den durch ihn vollmachtlos vertretenen Dritten ab", dessen Genehmigung auf den Abtretungszeitpunkt zurückwirkt. Formale Einwände sind gegen diese Konstruktion wohl nicht zu erheben, wenn man, was hier unentschieden bleiben mag, die Möglichkeit einer Stellvertretung unbestimmter Dritter bejaht. Auf die Fälle der gesetzlichen Schriftform, insbesondere die praktisch bedeutsamen Fälle der Blankozession von Grundpfandrechten, läßt sie sich jedoch nicht übertragen, und dies liegt offensichtlich auch nicht im Sinne Blomeyers, da sie die Frage der Vollständigkeit des Zessionstatbestandes vor Ausfüllung des Blanketts ebenfalls unbeantwortet läßt.

Dölle will die Forderung für die Zwischenzeit dem Rechtskreis des Zedenten und einem Konkurs über dessen Vermögen dadurch entziehen, daß er bis zur Ausfüllung des Blanketts eine subjektlose Forderung annimmt[73]: der Zedent entlasse seine Forderung aus dem eigenen Vermögen, indem er gleichzeitig oder zuvor (im Wege konstitutiver, „abspaltender" Rechtsnachfolge) den Urkundenempfänger ermächtige, sich selbst oder einen Dritten durch Ausfüllung des Blanketts zum Forderungsinhaber zu machen. Diese Ermächtigung sei nichts anderes als die ausschließende Übertragung der in der Forderung (als veräußerlichem Vermögensrecht) enthaltenen Veräußerungsbefugnis an den Urkundenempfänger, die Einwilligung (§ 185 BGB) des Zedenten darin, daß der Urkundenempfänger über die subjektlos werdende Forderung zugunsten seiner selbst oder zugunsten eines Dritten die erwünschte Verfügung treffe. Hiergegen läßt sich, abgesehen von den grundsätzlichen Bedenken gegen die Anschauung einer subjektlosen Forderung, einwenden, daß die Verfügungsermächtigung, die einem anderen gem. § 185 I BGB eingeräumt wird, von dem Fortbestand der Verfügungsmacht des Ermächtigenden abhängig ist. Auch ergeben sich Bedenken aus § 137 BGB, der eine willkürliche Trennung der Verfügungsbefugnis von der Rechtszuständigkeit verbietet und daher einer ausschließenden Übertragung des Verfügungsrechts entgegensteht. Ob dem damit begegnet werden kann, daß die Rechtszuständigkeit nicht bestehen bleibt, sondern aufgehoben wird, erscheint zumindest unter dem Gesichtspunkt der Gesetzesumgehung als zweifelhaft.

Hohner lehnt, der Ansicht Dölles im Ergebnis folgend, zwar grundsätzlich eine willkürliche Trennung der Rechtsinhaberschaft und Verfügungsbefugnis ab, hält sie aber für den bei der Blankozession vorliegenden Sondertatbestand deshalb für zulässig, weil der Zustand der Subjektlosigkeit der Forderung auch durch die Annahme eines (von ihm für möglich gehaltenen) Abtretungsvertrages zugunsten eines unbestimmten Dritten geschaffen werden könne[74]. Diese Begründung ist aber keineswegs zwingend, da auch bei Bejahung einer

73 Bemerkungen zur Blankozession, Festschrift für Martin Wolff, S. 23 (31).

74 Subjektlose Rechte, S. 219 ff.

Zession zugunsten unbestimmter Dritter der Zwischenzustand im Sinne einer dinglichen Gebundenheit des Zedenten gedeutet werden könnte. Im übrigen läßt sich die Theorie der subjektlosen Forderung auch keinesfalls auf die Fälle gesetzlicher Schriftform übertragen, da ebenso wie bei den vorher behandelten Auffassungen ungelöst bliebe, inwiefern der Vertragsschluß trotz Nichtbeachtung der vorgeschriebenen Form überhaupt schon Zwischenwirkungen wie die Aufhebung der Rechtszuständigkeit und den Übergang des Verfügungsrechts auf den Vertragspartner hervorrufen könnte. Hohner schränkt daher seinen Lösungsvorschlag auch ausdrücklich auf die Blankozession einfacher Forderungen, d.h. offenbar die Fälle bloßer gewillkürter Schriftform, ein[75].

Flume nimmt an, daß die Blankozession als Rechtsgeschäft eigener Art den Rechtsübergang bereits mit der Übergabe der in blanco ausgestellten Abtretungserklärung bewirke und daß die Ausfüllung mit dem Namen des Empfängers keine rechtsgestaltende Bedeutung mehr habe[76]. Dem stehen aber die erforderliche Schriftlichkeit der Abtretungserklärung sowie die in dem erwähnten Urteil des Reichsgerichts vom 25.4.1906 (wenn auch mit zu weitgehenden Folgerungen) angestellte Erwägung entgegen, daß der Gesetzgeber eine dem preußischen Recht entsprechende, die Blankozession mit sofortiger Wirksamkeit ausstattende Regelung abgelehnt habe.

Flumes Auffassung führt jedoch zu der Überlegung, ob es sich bei der Blankozession durch Übergabe des Blanketts an den die Zessionsvaluta zahlenden Empfänger überhaupt um eine Abtretung an einen unbestimmten Gläubiger handele. Für das gemeine Recht hatte schon Strempel die Ansicht vertreten, daß der im eigenen Namen handelnde Empfänger der Blankozessionsurkunde das Forderungsrecht sofort erwerbe (es allerdings rückwirkend verliere, wenn er die Urkunde an einen Dritten mit dessen Namen ausgefüllt oder in blanco weitergebe)[77]. Dem liegt ein richtiger Gedanke zugrunde. Wird die Blankourkunde nicht einem Vermittler, der erst mit einem Interessenten kontrahieren soll, sondern dem Interessenten selbst ausgehändigt, der für eigene Rechnung die Gegenleistung für die Zession erbringt, dann dürfte der Vertragswille richtig interpretiert werden, wenn man annimmt, daß der Zedent damit bereits sein Recht dem Empfänger zuwenden will, auch wenn er diesem gestattet, statt seinen Erwerb durch Eintragung seines Namens zu vollenden, die Urkunde mit dem Namen eines Dritten auszufüllen oder in blanco weiterzugeben. Das Offenlassen der Person des Zessionars in

---

75 A.a.O. S. 191.

76 Allg. Teil, Bd. I § 15 II 1 e.

77 Die Blankocession nach gemeinem Recht, S. 42, 63, 79. Die sich aus dem Formerfordernis ergebenden Bedenken gegen einen sofortigen Rechtsübergang konnte er leichter überwinden, da er (für das gemeine Recht) von gewillkürter Schriftform und von einer entsprechenden Verkehrssitte ausging, S. 44 ff.

der Urkunde dient in solchen Fällen allein dem Interesse des Empfängers und bezweckt nicht, ihm eine mindere Rechtsstellung als diejenige eines Vollzessionars zu verschaffen, sondern nur seine etwaigen weiteren Dispositionen zu vereinfachen; für den Fall einer etwa beabsichtigten Weiterverfügung kann nämlich ein Interesse des Empfängers daran bestehen, die Kosten und Erschwernisse einer im Hinblick auf die §§ 1155, 1160, 1161 BGB erwünschten öffentlichen Beglaubigung zu ersparen und die Verteidigungsrechte des Schuldners nicht durch Zwischenzessionen zu vermehren. Der Blankozedent ist an der Rechtsinnehabung nicht mehr interessiert, weshalb dem Blankozessionar auch bereits die Schutzrechte der §§ 1134, 1135 BGB zugesprochen werden[78]. Diesem Gehalt der Blankozession muß im Rahmen des Gesetzes auch die rechtliche Bewertung entsprechen. Die Theorie, die den Blankettnehmer nur als Bevollmächtigten des Zedenten betrachtet, wird der gegebenen Interessenlage nicht gerecht. Der Blankettnehmer handelt im eigenen Namen, aus eigener Machtvollkommenheit, sei es daß er seinen Erwerb durch Einfügung seines Namens in die Urkunde zur Perfektion bringt, sei es daß er aufgrund der in der Zession zugleich enthaltenen Verfügungsermächtigung gem. § 185 I BGB die Hypothek einem Dritten zuweist[79]. Die Rechtslage ist übrigens derjenigen eines Auflassungsempfängers nicht ganz unähnlich, der, statt seinen eigenen Erwerb durch Erfüllung der weiteren Erfordernisse zum Abschluß zu bringen, das Grundstück an einen Dritten aufläßt.

Sieht man hiernach in der Blankozession in Fällen der fraglichen Art eine Abtretung an den Blankettnehmer, dann stellt sich allerdings noch die Frage, ob der Vertragstatbestand schon mit der Hingabe oder erst mit der späteren Ausfüllung des Blanketts durch Einfügung des Namens des Zessionars vollendet ist. Daß sich die Parteien über den Übergang des Rechts auf den Blankettnehmer einig sind, ändert nichts daran, daß die Abtretung an ihn formgerecht erst erklärt ist, wenn sein Name in die Zessionsurkunde eingefügt ist. Die Vollmachtstheorie stellt die Blankozession einem Vertretergeschäft gleich, bei welchem der Bevollmächtigte die Abtretungsurkunde in Vertretung des Zedenten selbst herstellt, unterzeichnet und sich oder einem Dritten als Zessionar erteilt. Sie übersieht die entscheidende Bedeutung, die sowohl nach der Verkehrsauffassung als auch nach der Rechtsordnung dem Umstand zukommt, daß der Zedent dem Zessionar eine schon unterzeichnete Zessionsurkunde mit dem Recht der Vervollständigung aushändigt, daß die Abtretungserklärung schon abgegeben ist, bis auf die Bezeichnung des Abtretungsempfängers auch schon in der gesetzlichen Form, und vom Zessionar nur noch diese Bezeichnung nachzuholen ist, daß der Zweck des Formerfordernisses bereits mit der Aushändigung der unterzeichneten Urkunde erreicht ist

78 RG, JW 1936, 3234.

79 Vgl. auch Dölle, Bemerkungen zur Blankozession, Festschrift für M. Wolff, S. 30.

und daß der Zedent alles auf seiner Seite Erforderliche getan hat, um die Zession zuwege zu bringen, und lediglich deren Wirkung, ähnlich wie bei der Vereinbarung einer Wollensbedingung, in das Belieben des Zessionars gestellt hat. Sie scheitert schließlich an dem Fehlen eines entsprechenden Geschäftswillens der Vertragschließenden, die gerade nicht beabsichtigen, den Vertrag erst durch die Ausfüllung der Urkunde abzuschließen, sondern darin nur die Erfüllung eines zusätzlichen Erfordernisses, einer Formalie, erblicken.

Die zutreffende rechtliche Bewertung der Blankozession kann nach allem nur dazu führen, den Verfügungstatbestand bereits mit der Hingabe des Blanketts als vollendet und die Ausfüllung desselben mit dem Namen des Empfängers nach dem Prinzip der Konvaleszenz ebenso wie in den behandelten Fällen der Blankettverpflichtung und der Blankoverpfändung als Nachholung eines bloßen Wirksamkeitserfordernisses der formgebundenen Verfügungserklärung anzusehen. Bestehen Bedenken, die teilweise Ablösung der Form vom Tatbestand allein schon durch die gesetzliche Zulassung des Blankettgeschäfts als sanktioniert anzusehen, so wäre die dann anzunehmende Gesetzeslücke im Wege ergänzender Rechtsfindung entsprechend dem Verkehrsbedürfnis in Übereinstimmung mit der rechtlichen Behandlung des Blankowechsels und -schecks in eben diesem Sinne zu schließen. Entscheidend ist nicht, daß es sich in dem einen Fall um Wechsel- oder Scheckverpflichtungen und in dem anderen Fall um Rechtsgeschäfte anderer Art, sondern daß es sich in beiden Fallgruppen um die typische Gestaltung des Blankettgeschäfts im engeren Sinne handelt. Das Reichsgericht hat in seinem Erkenntnis vom 25.5.1904, wie schon erwähnt, darauf hingewiesen, daß die rechtliche Behandlung des Blankoakzepts nicht aus der besonderen juristischen Natur des Wechsels abgeleitet sei. Wenn die Rechtsordnung in den genannten Fällen dem vorhandenen Willen der Vertragschließenden Rechnung trägt, schon durch die Blankettbegebung eine nur noch von der nachfolgenden Ausfüllung abhängende Rechtswirkung ins Leben zu rufen, kann sie ihnen dies für andere Fälle gleicher Gestaltung und gleicher Interessenlage schwerlich versagen. Das Erfordernis der Schriftform ist danach bei Blankettgeschäften (im engeren Sinn), sofern nicht eine Inhaltsergänzung in Frage steht, in ein Tatbestandserfordernis (Übergabe der unterzeichneten Urkunde) und ein nachholbares Wirksamkeitserfordernis (Vollständigkeit des Textes) aufgespalten, eine Erscheinung, wie sie nach der geltenden Rechtsordnung ähnlich das Erfordernis der Inhaltsgestaltung aufweisen kann (bei Schuldverträgen können sich die Vertragspartner auf die Festlegung des wesentlichen Geschäftszweckes beschränken und die nähere Leistungsbestimmung einem von ihnen oder einem Dritten vorbehalten). Die diversen Gesetzesbestimmungen, die die Möglichkeit der Konvaleszenz gewähren, sind Ausdruck eines Prinzips, das auch auf andere vom Gesetzgeber nicht bedachte und daher nicht normierte Fälle, auf welche die jenen zugrundeliegenden gesetzlichen Interessenwertungen ebenfalls zutreffen, entsprechende Anwendung finden kann. Auf die Möglichkeit der Analogie haben die Gesetzesverfasser für den Fall des § 185 II BGB ausdrücklich hingewiesen und bei der Formulierung Bedacht genommen. Ist der Tatbestand des Blankettgeschäftes gesetzt und das Formerfordernis bis auf die Ausfüllung der unterzeichneten Urkunde erfüllt, dann hängt die Wirksamkeit des Vertrages – wie in allen Fällen gesetzlich zugelassener Nachholung von Wirksamkeitsvoraussetzungen – nur noch von der Nachbringung des fehlenden Erfordernisses, eben der Urkundenergänzung, ab. Die dem Blankozessionar eingeräumte Vertragsposition mit der unentziehbaren Befugnis, durch einen Gestaltungsakt zu jeder Zeit die Zession in Kraft zu setzen, ist somit als die Rechtsstellung eines bedingt Berechtigten anzuerkennen und daher auch von den zwischenzeitlichen Veränderungen in der Rechtssphäre des Zedenten unabhängig.

Folgt man dem, dann gehört das den Gegenstand der Abtretung bildende Recht während der Schwebezeit zwar noch zum Vermögen des Zedenten; dieser ist aber dinglich (d.h. mit Wirkung nicht nur inter partes, sondern erga omnes) gebunden, so daß der Blankozessionar das Recht auch dann noch durch nachträgliche Einsetzung seines Namens in die Urkunde an sich ziehen kann, wenn der Zedent in Konkurs gefallen ist[80]. Rückwirkende Kraft braucht der Blankettausfüllung hierzu nicht beigelegt zu werden; die Rückwirkung ist dem Begriff und den Wirkungen gesetzlicher Bedingtheit nicht wesentlich. Eine Ausfüllung der Blankozessionsurkunde zugunsten und mit dem Namen eines Dritten müßte allerdings wirkungslos bleiben, da damit nicht die schon vor der Konkurseröffnung getroffene Verfügung rechtsbeständig, sondern – auf Grund der in der Blankozession zugleich enthaltenen, durch den inzwischen ausgebrochenen Konkurs aber hinfällig gewordenen Verfügungsermächtigung – erst eine neue Verfügung vorbereitet und durch anschließende Aushändigung der Urkunde an den Dritten getroffen würde. Durch die wirkungslose Ausfüllung der Blankourkunde mit dem Namen eines Dritten wäre aber das – von der eben erwähnten Verfügungsermächtigung zu unterscheidende – Ausfüllungsrecht des Blankozessionars noch nicht verbraucht, so daß dieser noch berechtigt bliebe, die Eintragung des Dritten zu streichen, seinen Namen in die Blankourkunde einzusetzen und über das damit wirksam gewordene Recht gegebenenfalls erneut zu verfügen. So könnte der Verwalter im Konkurs des Zedenten kaum jemals mit Aussicht auf Erfolg auf Herausgabe des Hypothekenbriefes gegen den Blankozessionar klagen.

Kann der Blankozessionar das ihm zedierte Recht auch noch nach Konkurseröffnung über das Vermögen des Zedenten durch Ausfüllung des Blanketts

80 Ebenso außer den schon im Text genannten Autoren Cohn, Das rechtsgeschäftliche Handeln für denjenigen, den es angeht, S. 107; dagegen die h.M. aus dem Grunde mangelnder Rückwirkung der Blankettausfüllung, vgl. Hohner, Subjektlose Rechte, S. 189, und die dort zitierten Schriftsteller.

erwerben, so kann er diese Ausfüllung selbstverständlich auch schon vor dem Konkurs unanfechtbar vornehmen. Von einer Benachteiligung der Gläubiger kann nicht geredet werden, weil der Zedent bereits gebunden, ihm die Verfügung über das Recht bereits entzogen ist. Der oben erwähnten gegenteiligen Entscheidung des Bundesgerichtshofes steht nach der hier vertretenen Auffassung auch noch entgegen, daß der Blankozessionar bei der Blankettausfüllung nicht als Vertreter des Blankozedenten, sondern ebenso wie der zur Ausfüllung berechtigte Inhaber des Blankowechsels, in Ausübung einer ihm zu eigenem Recht eingeräumten Zwischenbefugnis, eines Gestaltungsrechts, handelt[81]. § 31 Ziff. 1 KO setzt aber voraus, daß der Gemeinschuldner (der Blankozedent) bzw. sein Vertreter (§ 166 BGB) in der dem anderen Teil bekannten Absicht gehandelt hat, seine Gläubiger zu benachteiligen. – Soweit nach § 1155 BGB ein gutgläubiger Erwerb der Hypothek in Betracht kommt, dürfte, wenn man der vorgeschlagenen Lösung folgt, guter Glaube des Erwerbers im Zeitpunkt des Blanketterwerbs genügen, sein in der Zwischenzeit bis zur Ausfüllung eintretender böser Glaube also unschädlich sein.

5. Bemerkungen zum Versicherungsvertrag

Der Versicherungsvertrag wäre im Rahmen dieser Untersuchung nicht zu erwähnen, würde nicht auch dafür verschiedentlich der Gesichtspunkt der Rechtsbedingung verwendet. Darauf ist umso eher einzugehen, als gerade die Abgrenzung in Zweifelsfällen zur Klarheit und Schärfe der Begriffe beiträgt. Es ist bekanntlich streitig, ob die Versicherung ein unbedingter oder einseitig bedingter Vertrag, ob also die Leistungspflicht des Versicherers auf Gefahrtragung oder nur bedingt auf Leistung nach Eintritt des Versicherungsfalls gerichtet sei. Diese Auseinandersetzung wird vornehmlich unter dem Blickwinkel geführt, ob die Versicherung als gegenseitiger Vertrag anzusehen und ergänzend den §§ 320 ff. BGB zu unterstellen sei[82].

Es sind insbesondere die Anhänger der Gefahrtragungstheorie, die Bedenken haben, in dem Versicherungsfall eine Bedingung im Sinne des § 158 BGB zu sehen. Eichler, ein Vertreter dieser Theorie, nimmt eine Rechtsbedingung an, weil der Versicherungsfall nicht nur über die Entstehung des Entschädigungsanspruchs, sondern u.U. auch über den Inhalt und Umfang des entstehenden Anspruchs entscheide, während bei einem bedingten Rechtsgeschäft nur noch die Wirksamkeit aufgeschoben sei[83]. Auch Bruck sieht eine Besonderheit der

81 Vgl. Baumgärtel, DNotZ 1957, 652.

82 Siehe dazu neuestens Schmidt-Rimpler, Die Gegenseitigkeit bei einseitig bedingten Verträgen, insbesondere beim Versicherungsvertrag.

83 Versicherung als Geschäftsbesorgung, in: Festschrift für Nipperdey zum 70. Geburtstag, S. 237 (250); Versicherungsrecht, S. 25.

Versicherung darin, daß zu der zweifachen Ungewißheit über das Ob und Wann eine dritte Ungewißheit über die Art und den Umfang der zu leistenden Entschädigung hinzukomme[84]. Aus offenbar gleichen Erwägungen vertritt Möller die Ansicht, daß die Annahme einer bedingten Leistungspflicht des Versicherers das Schema der gewillkürten Bedingung sprenge[85]. Aber auch von Gegnern der Gefahrtragungstheorien wird die Bedingtheit der Versicherung im Sinn des § 158 BGB teilweise in Zweifel gezogen. So nimmt Haymann wegen der inhaltlichen Unbestimmtheit einen künftigen, nicht bedingten Versicherungsanspruch an[86]. Kisch spricht davon, daß der Schaden, wenn auch nicht im streng juristischen Sinn, so doch im Sinne landläufiger Anschauung die „Bedingung" sei, unter welcher der Versicherer zur Leistung gehalten sei[87].

Diese Bedenken gegen das Vorliegen einer Geschäftsbedingung sind ebenso unbegründet wie die Annahme einer Legalbedingung. Wie oben schon dargelegt, braucht der Inhalt der versprochenen Leistung in dem Schuldvertrag nur so umrissen zu werden, daß er nach objektiven Merkmalen bestimmt werden kann. Soll die Leistung, wie bei aufschiebend bedingten, befristeten oder betagten Forderungen, erst künftighin erbracht werden, dann genügt es, daß sie sich bei Eintritt der Bedingung, des Termins oder der Fälligkeit bestimmen läßt[88], so z.B. bei dem Verkauf einer künftigen Ernte, der, wenn nicht ein Mindestertrag sicher erwartet wird, durch die Ernteeinbringung aufschiebend bedingt ist, oder bei Termingeschäften über Waren oder Wertpapiere, bei denen sich das Entgelt nach dem künftigen Marktpreis bzw. Börsenkurs richten soll. Der Eintritt der Bedingung bzw. des Termins entscheidet auch hier nur über das Ob und Wann bzw. nur das Wann und nur scheinbar auch über das Was der Leistung, das sich vielmehr bei Eintritt des künftigen Ereignisses von selbst bestimmt[89].

---

84 Privatversicherungsrecht, S. 53.

85 Diskussionsbeitrag zur Frage: Gefahrtragungs- oder Geldleistungstheorie? in: Aktuelle Probleme der Versicherungswirtschaft, S. 137.

86 Leistung und Gegenleistung im Versicherungsvertrag, eine Grundfrage des Privatversicherungsrechts, S. 24 ff.

87 Handbuch des Privatversicherungsrechts, Bd. III S. 226.

88 Vgl. Schmidt-Rimpler, Die Gegenseitigkeit bei einseitig bedingten Verträgen, S. 3. Siehe ferner Siebert, Der Risikogedanke im Vertragsrecht, insbesondere im Versicherungsvertrag, in: Aktuelle Probleme der Versicherungswirtschaft, S. 125 (129).

89 Verfehlt wäre es auch, in der Durchführung des Sachverständigenverfahrens (§§ 64, 184 VVG), soweit im Vertrag vorgesehen, eine Wirksamkeitsvoraussetzung des Versicherungsanspruchs zu sehen; denn sie dient nicht der Inhaltsergänzung des Vertrages, sondern der streitvermeidenden Abwicklung des Versicherungsfalls durch verbindliche außergerichtliche Klärung einzelner Streitpunkte, mag auch die Fälligkeit des Anspruchs – so die herrschende Auslegung – bis zur Beendigung des Sachverständigenverfahrens aufgeschoben sein. Zur Abgrenzung der Leistungs-

Aus anderen Gründen hält Donati eine Rechtsbedingung für gegeben, weil nämlich die Bedingung der Versicherung wesentlich und auch vom Gesetz vorgeschrieben sei[90]. Von einer gewillkürten Bedingung kann zwar nur geredet werden, wenn die Parteien das Geschäft auch unbedingt abschließen könnten. Die Verpflichtung zu einer Geldzahlung, die der Schadensversicherer für den Fall des Schadenseintritts übernimmt, kann aber auch unbedingt eingegangen werden[91]. Es würde sich dann allerdings nicht mehr um einen Versicherungsvertrag im typischen Sinne handeln. Dies ist aber ebenso der Fall bei dem Spiel, der Wette und dem Versprechen der Vertragsstrafe, deren rechtsgeschäftliche Bedingtheit wohl kaum in Zweifel gezogen wird. Sibers Lehrsatz, daß ein Rechtsgeschäft nur dann bedingt sei, wenn es unbeschadet seines Wesens auch unbedingt sein könnte[92], läßt sich für das Gebiet der Parteibedingung nicht ausnahmslos aufrechterhalten. Daß die Beifügung der Bedingung für gewisse Geschäfte wesensbestimmend sein und insofern einen Geschäftstyp schaffen kann, nimmt der Bedingung nicht den Charakter einer gewillkürten Wirksamkeitsvoraussetzung, da kein Zwang besteht, das Geschäft gerade in seiner typischen Gestalt, d.h. bedingt, abzuschließen. An eine gesetzliche Wirksamkeitsvoraussetzung ist schon deshalb nicht zu denken, weil sie zu den artbildenden Merkmalen des Rechtsgeschäfts im schärfsten Gegensatz steht. Im übrigen gibt es auch Versicherungen mit unbedingter Leistungspflicht, so die Lebensversicherung auf den Todesfall (wenn der Fall des Selbstmordes eingeschlossen ist) und diejenige mit festem Auszahlungstermin. Denkbar ist auch eine Schadensversicherung, bei welcher lediglich die Schadenshöhe ungewiß ist[93]. Was die Versicherung charakterisiert, ist daher letztlich nicht einmal die Bedingtheit des Versicherungsanspruchs, sondern – aus der Sicht des Versicherers – ein aleatorisches Moment schlechthin, das auch in einer sonstigen Ungewißheit bestehen kann, wie bei den erwähnten Formen der Lebensversicherung in der Ungewißheit des Todeszeitpunkts und der von diesem abhängigen Höhe des Prämienaufkommens. Auch die Inhaltsbestimmung des Versicherungsvertrages in § 1 VVG geht nicht allein von einer bedingten Leistungspflicht des Versicherers aus.

Schließlich läßt sich gegen das Vorliegen einer gewillkürten Bedingung bei der

---

bestimmung durch einen Dritten gemäß § 317 vom Schiedsgutachten im engeren Sinn siehe Palandt-Heinrichs, § 317, Anm. 2; Habscheid, Das Schiedsgutachten, in Festschrift für H. Lehmann zum 80. Geburtstag, S. 789.

90 Der Begriff des Versicherungsvertrages in der Entwicklung der italienischen Versicherungsrechtslehre, in Zeitschrift für die gesamte Versicherungswissenschaft 1960, 289 (298).

91 Bedenken deshalb, weil erst der Schadensfall den Maßstab für die Leistungshöhe liefert, werden von Henle, Unterstellung und Versicherung, S. 82 ff., erörtert und zutreffend überwunden.

92 Buchrechtsgeschäft, S. 123.

93 Vgl. Bruck-Möller, § 1 VVG, Anm. 5; BVerwG, NJW 1969, 1978.

Versicherung auch nicht deren bloß einseitige Bedingtheit anführen. Es fehlt an hinreichenden Gründen, die Vorschrift des § 158 BGB so zu verstehen, daß die Wirkungen des Geschäfts nur im ganzen von einer Bedingung abhängig gemacht werden könnten[94]. „Wird ein Rechtsgeschäft unter einer aufschiebenden Bedingung vorgenommen" (so der Nebensatz des § 158 I BGB), so heißt dies, wie der Hauptsatz der Bestimmung zutreffend formuliert, daß Wirkungen des Geschäfts von einer Bedingung abhängig gemacht werden. Weder der Wortlaut dieser Bestimmung noch erst recht die Funktion der Bedingung können zu der Annahme verleiten, daß die Geschäftswirkungen immer im ganzen bedingt sein müßten. Eine Bedingung im Sinne des § 158 BGB ist daher auch dann anzunehmen, wenn von mehreren Ansprüchen nur der eine oder andere oder, falls der Anspruch teilbar ist, ein Teil desselben oder insbesondere bei zweiseitig verpflichtenden Verträgen nur der Anspruch der einen oder anderen Vertragspartei von einem künftigen ungewissen Ereignis abhängig gemacht wird[95]. So ist nicht nur der Versicherungsvertrag einseitig bedingt (bei Ablehnung der Gefahrtragungstheorien), sondern sind es beispielsweise auch der Lotterievertrag, die emptio spei sowie diejenigen Vermittlungsverträge im weiteren Sinne, bei welchen die Vergütung nur unter einer Bedingung geschuldet wird (vgl. §§ 87, 87 a, 396 HGB)[96]. Auch in ihrem Wesen unterscheidet sich die Bedingung, von der ein einzelner Anspruch abhängig gemacht wird, nicht von derjenigen, der die gesamten Geschäftswirkungen unterstellt werden; es besteht weder Anlaß noch erscheint es überhaupt der Klarheit förderlich, mit Langheineken[97] in Parallele zu den befristeten und betagten Forderungen, „zur Herstellung der Symmetrie", zwischen bedingten Ansprüchen im engeren Sinn und bedingt wirksamen Ansprüchen zu unterscheiden und beispielsweise den Versicherungsanspruch den letzteren zuzuordnen.

6. Die Auslobung als bedingtes Rechtsgeschäft

„Wer durch öffentliche Bekanntmachung eine Belohnung für die Vornahme einer Handlung, insbesondere für die Herbeiführung eines Erfolges, aussetzt ist verpflichtet, die Belohnung demjenigen zu entrichten, welcher die

94 A.A. Henle, Allg. Teil, S. 280; ihm folgt Kramer, Vertragstatbestand, Vertragsinhalt und Wirksamkeitsvoraussetzungen des Vertrages, S. 80, 112.

95 Siehe v. Tuhr, Allg. Teil, Bd. II 2 S. 284; Henle, Unterstellung und Versicherung S. 73 ff.; Schmidt-Rimpler, Die Gegenseitigkeit bei einseitig bedingten Verträgen S. 1 Anm. 3; Soergel-Knopp, § 158, Nr. 5; OLG Braunschweig, NJW 1952, 310 OLG Frankfurt, NJW 1958, 997; für das gemeine Recht vgl. Adickes, Zur Lehre von den Bedingungen, S. 19 und 26 ff.

96 Vgl. Schmidt-Rimpler, a.a.O. S. 2.

97 Anspruch und Einrede, S. 52, 73, 81.

Handlung vorgenommen hat, auch wenn dieser nicht mit Rücksicht auf die Auslobung gehandelt hat." Mit dieser Bestimmung des § 657 hat das Bürgerliche Gesetzbuch die alte Streitfrage, ob die Erklärung des Auslobenden eine Vertragsofferte ad incertam personam oder ein einseitiges Rechtsgeschäft, eine nichtempfangsbedürftige Willenserklärung, darstelle, in dem letzteren Sinn entschieden; denn der Anspruch auf Belohnung entsteht danach unmittelbar mit der Vornahme der Handlung und unabhängig davon, ob sie in Kenntnis der Auslobung und mit Rücksicht auf sie erfolgt. Damit ist aber die Kontroverse um die theoretische Auffassung noch nicht beigelegt, sondern nur eingeengt. Stammler hat die Frage nach der Rechtslage der Zwischenzeit (zwischen Auslobung und Vornahme der zu belohnenden Handlung) unter dem Gesichtspunkt geprüft, ob einstweilen schon ein subjektloses Recht bestehe[98], Oertmann unter dem Blickwinkel, ob die zu belohnende Handlung nur eine Rechtsbedingung der Auslobung darstelle[99]; beide gelangen jedoch unter Ablehnung ihres jeweils maßgeblichen Ausgangspunktes übereinstimmend zu der Feststellung, daß die öffentliche Bekanntmachung für die Begründung des Rechtsverhältnisses noch nicht genüge und nur die Möglichkeit eines solchen schaffe, daß also, wie Oertmann es formuliert, die zu belohnende Handlung neben der öffentlichen Kundmachung als ein gleichwertiges Tatbestandsmoment für die Entstehung des Belohnungsanspruchs aufzufassen sei.

Diese Theorie des unvollständigen Tatbestandes dürfte es aber an einer angemessenen Berücksichtigung der Interessen des im Vertrauen auf die Rechtsbeständigkeit der Auslobung Handelnden fehlen lassen. So wäre danach eine Haftung des Auslobenden wegen zwischenzeitlicher schuldhafter Beschädigung oder Zerstörung des als Belohnung ausgesetzten Gegenstandes (sofern die Belohnung nicht in Geld besteht) oder wegen treuwidriger Vereitelung des Auslobungserfolges allenfalls im Rahmen des § 826 BGB zu begründen. Auch müßte die Konkurswirksamkeit der Anwartschaft aus der Auslobung folgerichtig verneint werden und bestünden zumindest Zweifel, wie es zu beurteilen ist, wenn der Auslobende in der Zwischenzeit geschäftsunfähig wird. Den Vorzug verdient daher die Bedingungstheorie, wonach in dem einseitigen Versprechen der Belohnung bereits ein fertiges, wenn auch noch bedingtes Rechtsgeschäft zu sehen ist; der Belohnungsanspruch wird danach bereits durch die öffentliche Bekanntmachung begründet und ist lediglich in seiner Entstehung durch die Vornahme der zu belohnenden Handlung aufschiebend bedingt[100]. Der Auslobende ist inzwischen

98 Unbestimmtheit des Rechtssubjekts, in Festschrift für die jur. Fakultät in Gießen, S. 466; ebenso neuerdings mit dem gleichen Ergebnis, Hohner, Subjektlose Rechte, S. 175.

99 Rechtsb., S. 64.

100 Larenz, Schuldrecht, Bd. II § 55.

gebunden, und zwar auch in dem Sinn der §§ 160, 162 BGB. Die möglicherweise gegebene Widerruflichkeit des Versprechens steht dem nicht entgegen; denn sie ist folgenlos, wenn der (rechtzeitige) Widerruf unterbleibt.

Die der Auslobung hiernach wesensmäßig beigefügte Bedingung ist, wie nach den begrifflichen Erörterungen der vorausgegangenen Abschnitte kaum noch zweifelhaft sein dürfte, eine geschäftliche, nicht eine gesetzliche. Das gesetzliche Wirksamkeitshindernis der mangelnden Bestimmtheit des Leistungsinhalts liegt nicht vor, wenn der Inhalt von Anfang an objektiv bestimmbar ist und spätestens bei Eintritt der Bedingung nach objektiven Merkmalen bestimmt werden kann. Wie für den Inhalt der geschuldeten Leistung, so genügt es auch für die Person des Gläubigers, sofern sie nicht schon bei der Verwirklichung des Verpflichtungstatbestandes mitzuwirken hat, daß sie nach objektiven, auch künftigen Gegebenheiten bestimmbar ist. Ebenso wäre ein Vertrag zugunsten eines noch unbestimmten Dritten oder eine letztwillige Verfügung zugunsten eines noch unbestimmten Bedachten unter der gleichen Bedingung der Vornahme einer näher beschriebenen Handlung, der Herbeiführung eines näher bezeichneten Erfolges nicht gesetzlich, sondern rechtsgeschäftlich bedingt. Die dogmatischen Bedenken gegen das Vorliegen einer gewillkürten Bedingung, die beispielsweise Elster eine Rechtsbedingung annehmen[101] und andere, wie Staudinger-Riedel[102], überhaupt eine Stellungnahme vermeiden lassen, beruhen auf der Vorstellung, daß nicht die Vornahme der Handlung, sondern die Person des Berechtigten in condicione sei, und im übrigen auf der These, die Oertmann auch zur Verneinung einer Rechtsbedingung veranlaßt[103], daß nämlich das „bedingte Recht" (oder die Anwartschaft) ein bestimmtes gegenwärtiges Subjekt als Träger voraussetze und daß daher, wenn man ein solches unterstellen wollte, jedermann als unter der fraglichen Bedingung berechtigt angesehen und folglich das Nebeneinanderbestehen einer unübersehbaren Zahl bedingter Ansprüche angenommen werden müßte. Dem ist aber nicht so; was der Auslobende durch seine Verpflichtungserklärung begründet, ist ein einheitlicher, bezüglich der Person des Gläubigers objektiv bestimmbarer und kraft rechtsgeschäftlicher Nebenbestimmung in seiner Entstehung von einem zukünftigen ungewissen Ereignis abhängender Anspruch. Die gesicherte Anwartschaft aus bedingtem Rechtsgeschäft stellt weder ein subjektives Recht dar, noch setzt sie einen gegenwärtigen bestimmten Träger voraus. Sie ergibt sich aus der objektiv-

101 Die Lehre von der Auslobung nach Gem. Recht und B.G.B., Archiv f. bürgerl. Recht, Bd. 18 S. 125 ff. (135 ff., 177).

102 § 657, Nr. 8. Dort wird zwar von einem bedingten Rechtsgeschäft gesprochen, jedoch bezüglich der Anwendbarkeit des § 162, die sich bei Annahme einer Geschäftsbedingung von selbst verstünde, auf v. Mayr, Die Auslobung, S. 77, verwiesen, der die analoge Heranziehung der Vorschrift für den Fall befürwortet, daß es sich um eine condicio iuris handeln sollte.

103 Rechtsb., S. 62, 170.

rechtlichen Gebundenheit des bedingt Verfügenden bzw. Versprechenden und kann daher unbedenklich auch zugunsten eines künftigen oder noch unbestimmten Berechtigten bestehen.

Das gesetzliche Wirksamkeitshindernis mangelnder Bestimmtheit greift erst dann ein, wenn der Leistungsinhalt bzw. die Person des Leistungsempfängers auch in dem Zeitpunkt, in dem das Rechtsgeschäft zur Wirkung kommen soll (bei Eintritt der Geschäftsbedingung usw.), noch nicht eindeutig feststeht. Wenn also ausnahmsweise die Vornahme der zu belohnenden Handlung noch nicht zu einer vollständigen Individualisierung des berechtigten Subjekts führt, so wenn die Handlung von mehreren gleichzeitig vorgenommen worden ist, die Belohnung aber nicht geteilt werden kann oder soll, oder wenn mehrere zu dem herbeizuführenden Erfolg mitgewirkt haben, dann ist die Entstehung des auch jetzt noch der Person des Berechtigten bzw. dem Umfang der Belohnung nach unbestimmten Anspruchs von Rechts wegen durch Losentscheid bzw. angemessene Aufteilung (§§ 659 II 2, 660 BGB) oder, wenn sich der Auslobende dies vorbehalten hat, in Analogie zu den §§ 315 ff. BGB durch Bestimmung seitens des Auslobenden oder eines dazu ermächtigten Dritten[104] suspensiv bedingt. Wenn die Kommentare die angezogenen Bestimmungen der §§ 659 II 2, 660 BGB als abdingbar bezeichnen, so bedeutet dies natürlich nicht, daß auch die in Rede stehenden Rechtsbedingungen dispositiver Natur seien; sie sind vom Gesetz nur für den Fall, und zwar unabdingbar, aufgestellt, daß dem Bestimmtheitserfordernis nicht schon durch hinreichende objektive Bestimmbarkeit der Person des Berechtigten bzw. des Leistungsumfangs Genüge geschehen ist, wie etwa durch die Anordnung des Auslobenden, daß die Belohnung bei gleichzeitiger Vornahme dem Ältesten der Konkurrenten zustehen solle oder ähnlich. Der oben im allgemeinen Teil der Abhandlung aufgestellte Satz, daß die gesetzlichen Wirksamkeitsvoraussetzungen und demzufolge auch die Rechtsbedingungen immer dem zwingenden Recht angehören, bedarf also für die erörterten Fälle keiner einschränkenden Korrektur.

II. Die Rechtslage der Zwischenzeit

Die Zwischenwirkungen des gesetzlich bedingten Verpflichtungsgeschäfts bestehen zunächst in der Tatbestandswirkung – der Tatbestand behält Wirkungsmöglichkeit und braucht bei Eintritt der Bedingung nicht wiederholt zu werden – und in der grundsätzlichen Gebundenheit der Vertragschließenden (Parteigebundenheit) mit ausnahmsweiser Widerrufsmöglichkeit desjeni-

104 RGZ 167, 225 (235).

gen Vertragsteils, der unwissend in den Schwebezustand geraten ist (vgl. §§ 109, 178, 1830 BGB). Eintritt des Todes und Verlust der Geschäftsfähigkeit auf seiten des Erklärenden sind schon seit Abgabe der Willenserklärung (§§ 130 II, 153 BGB) und daher erst recht nach Vollendung des Vertragstatbestandes unschädlich. Auch der Eintritt von Beschränkungen der Verpflichtungsfähigkeit (siehe z.B. §§ 1365, 1369 BGB) während der Schwebezeit läßt das Wirksamwerden der Obligation bei Bedingungseintritt unberührt. Eine andere Frage ist allerdings, ob im Falle der Vertretung ohne Vertretungsmacht der Vertretene das vom Stellvertreter abgeschlossene Geschäft auch dann noch genehmigen kann, nachdem für seine Person die Verpflichtungsbeschränkung eingetreten ist. Dies ist zu verneinen, denn die Genehmigung einer Verpflichtung ist, wenn auch nicht selbst Verpflichtung, so doch hinsichtlich ihrer Wirksamkeitsvoraussetzungen einer solchen gleichzustellen (ähnlich wie die Verfügungsgenehmigung in dieser Hinsicht einer Verfügung gleichzuachten ist), so daß die Genehmigung ungeachtet ihrer Rückwirkung nach Eintritt der Beschränkung nicht mehr wirksam erteilt werden kann.

Kommt es im Zusammenhang mit zwischenzeitlichen Verfügungsbeschränkungen des Schuldners oder Gläubigers der Obligation durch Verhängung des Konkurses, Eintritt der ehelichen Gütergemeinschaft usw. zur Bildung eines Sondervermögens, dann stellt sich die Frage nach der Zugriffsmöglichkeit des Gläubigers auf dieses bzw. nach der Zugehörigkeit des Forderungsrechts zu ihm. Auch in dieser Hinsicht stehen die bedingten Forderungen den schon entstandenen gleich. § 3 KO erklärt die bei Verfahrenseröffnung begründeten, nicht nur die schon entstandenen Forderungen für teilnahmeberechtigt. Die §§ 54 und 67 KO ergeben darüber hinaus ausdrücklich, daß auch die bedingten Forderungen am Konkurs des Schuldners teilnehmen, mögen sie auch zunächst nur zu einer Sicherung berechtigen. Wie sich aus der Entstehungsgeschichte der Vorschriften ergibt[105], versteht das Gesetz darunter, und dies ist auch herrschende Ansicht[106], nicht nur die geschäftlich, sondern auch die gesetzlich bedingten Forderungen, die letzteren sogar entsprechend einer älteren Terminologie in einem weiteren Sinn, so daß darunter in gewissem Umfang auch künftige Forderungen fallen, die schon eine vertragliche Grundlage haben, aber noch von einem weiteren Umstand abhängen, wie insbesondere die sog. Sekundäransprüche aus bestehenden Schuldverhältnissen. Im übrigen entspricht es, soweit Rückwirkung Platz greift, dem Gehalt der gesetzlichen Rückwirkungsanordnungen, das Geschäft nach Erfüllung des ausstehenden Wirksamkeitserfordernisses so durchzuführen, wie wenn es von Anfang an gültig gewesen wäre, d.h. also auch dem Gläubiger den Zugriff auf das Vermögen des Schuldners im Zeitpunkt des Geschäftsabschlusses offenzuhalten. Streitig scheint im wesentlichen lediglich

105 Hahn, Die gesammten Materialien zur KO, S. 260.

106 Siehe z.B. Böhle-Stamschräder, § 67 KO, Anm. 1.

zu sein, ob die Bürgschaft für künftige oder bedingte Forderungen zur Teilnahme am Konkurs des Bürgen berechtige[107]. Die Angemessenheit der Teilnahmeberechtigung kann nicht wegen der möglichen vorläufigen Unbestimmtheit der Höhe der Hauptschuld in Zweifel gezogen werden, da die Bürgschaft in aller Regel zumindest auf einen Höchstbetrag begrenzt ist. In ähnlicher Weise ist übrigens auch die zunächst noch unbestimmte Verpflichtung aus dem Blankowechsel als Konkursverbindlichkeit anerkannt[108]. Entsprechende Grundsätze gelten für die Zugehörigkeit der bedingten Obligation zur Konkursmasse gem. § 1 KO; Forderungen, die im Konkurs des Schuldners zur Befriedigung bzw. zur Sicherung aus der Masse berechtigen, sind im Konkurs des Gläubigers grundsätzlich Bestandteile der Masse.

Die Frage nach der Erhaltung der Haftungsgrundlage stellt sich nicht nur bei dem Eintritt von Verfügungsbeschränkungen des Schuldners, sondern auch bei sonstigen Veränderungen auf der Schuldnerseite, so bei der Übertragung des Vermögens (§ 419 BGB), des Handelsgeschäfts (§ 25 HGB), der Bestellung eines Vermögensnießbrauchs (§ 1086 BGB), dem Ausscheiden eines Gesellschafters (§ 738 BGB, § 138 HGB) und dem Eintritt einer Erbfolge (§ 1967 BGB). Eine ähnliche Fragestellung ergibt sich bei der Abtretung oder Pfändung einer Forderung in Ansehung einer Aufrechnungsmöglichkeit für den Schuldner (§§ 392, 406 BGB). Wenn auch das Gesetz in § 419 BGB von bestehenden Ansprüchen und in § 1086 BGB von entstandenen Forderungen spricht, so dürfte es doch seiner allgemeinen Tendenz zur Sicherung des bedingten Rechtserwerbs entsprechen, diese Sicherstellung in allen erwähnten Fällen auch in Ansehung der Haftungsgrundlage zu gewähren, deren Fortbestand dem Anspruch häufig erst seinen Wert verleiht. Es werden sogar die noch etwas weitergehenden Grundsätze zu § 3 KO als maßgeblich angesehen[109].

Für die Abgrenzung zwischen ursprünglicher und nachfolgender Unmöglichkeit ist gleichfalls der Zeitpunkt des Vertragsschlusses, nicht derjenige des Bedingungseintritts maßgebend, zumal anderenfalls der bedingt Verpflichtete schärfer als der unbedingt Verpflichtete haften würde, insofern er auch für ein während der Schwebezeit eintretendes zufälliges Unvermögen (subjektive Unmöglichkeit) einstehen müßte, und da bei gegenteiliger Auffassung die

---

107 Bejahend z.B. Kühne, Tatbestandsteilung, S. 51; verneinend (beiläufig) RG, JW 1911, 447 Nr. 12.

108 Jaeger-Lent, § 3 KO, Anm. 20; Mentzel-Kuhn, § 3 KO, Anm 30.

109 Palandt-Degenhart, § 1086, Anm. 2 a. Zu § 419 siehe: RG, JW 1911, 447 Nr. 12 (Kreditbürgschaft); RGZ 69, 416, 421 (Ausfallbürgschaft); BGHZ 39, 275, 277 (Abfindungsergänzungsanspruch gem. § 13 Höfeordnung); zu § 406: RGZ 73, 138, 140 (Ausgleichsanspruch des Mitbürgen); BGH, JZ 1962, 92 (Schadensersatzanspruch aus Werkvertrag); zu § 1967: RG, Recht 1911, Nr. 1579 (Kreditbürgschaft); BGH, BB 1968, 152 (allgemein); siehe im übrigen die Kommentare zu den angezogenen Gesetzesbestimmungen, ferner Kühne, Tatbestandsteilung, S. 38 ff.

Vorschrift des § 308 II BGB überflüssig wäre, nämlich eine von Anfang an mögliche Leistung vorläge[110]. Die Haftung des Schuldners für ein Verschulden während der Schwebezeit folgt für Verpflichtungen unter Parteibedingung aus § 160 BGB und für solche unter Rechtsbedingung aus der regelmäßigen Rückwirkung der eingetretenen Bedingung bzw. bei deren Fehlen geeignetenfalls aus analoger Anwendung des § 160 BGB (vgl. § 2178 in Verbindung mit § 2179 BGB).

Bei der Frage der kaufvertraglichen Gefahrtragung geht es darum, ob der Verkäufer den Kaufpreisanspruch verliert, wenn er wegen zufälligen Untergangs oder zufälliger Verschlechterung der Kaufsache ersatzlos von seiner Leistungspflicht befreit wird (§ 275 BGB). Diese Gefahr, die nach der Regel des § 323 BGB bis zur Erfüllung den Verkäufer trifft, geht nach den Sondervorschriften der §§ 446, 447 BGB schon mit der Übergabe der Kaufsache bzw. im Falle des sogenannten Versendungskaufs schon mit der Absendung auf den Käufer über. Zweifelsfragen ergeben sich bei dem suspensiv bedingten Kaufvertrag, wenn die Kaufsache vor Eintritt der Bedingung zufällig untergeht oder verschlechtert wird. Grundsätzlich kann die Gefahr, da der Vertrag erst mit dem Eintritt der aufschiebenden Bedingung wirksam wird, auch erst in diesem Zeitpunkt übergehen[111]. Der Wille der Vertragsparteien kann jedoch gerade wegen der vorweggenommenen Erfüllungshandlung des Verkäufers (Übergabe, Versendung) auf (teilweise) Rückbeziehung der Vertragswirkungen (§ 159 BGB) und damit auch auf die normale, beim unbedingten Kauf eintretende Gefahrüberwälzung gerichtet sein[112]. Ein solcher Parteiwille wird in der Literatur überwiegend als regelmäßig vorhanden angenommen, und zwar teils nur für die zufällige Verschlechterung[113], teils sowohl für die zufällige Verschlechterung als auch für den zufälligen Untergang der Kaufsache[114].

Für die Genehmigungsfälle ergibt die gem. § 184 I BGB im Zweifel Platz greifende Rückwirkung, daß die Gefahr als schon mit der Übergabe bzw. Absendung auf den Käufer überwälzt anzusehen ist: hat ein Minderjähriger am 1. Januar eine Sache gekauft erhalten und wird der Kauf am 4. Januar vom Vormund genehmigt, während die Sache am 3. Januar durch Zufall

110 Kisch, Die Wirkungen der nachträglich eintretenden Unmöglichkeit der Erfüllung bei gegenseitigen Verträgen, S. 26; Enneccerus-Lehmann, Schuldrecht, § 45 I.

111 v. Tuhr, a.a.O., Bd. II 2 S. 295, 320; Soergel-Ballerstedt, § 446, Nr. 8; RGRK-Kuhn, § 446, Anm. 11. Kühne, Tatbestandsteilung, S. 193 ff., und Flume, Allg. Teil, Bd. II § 40 2 c, nehmen an, daß die Gefahr für den Fall des Eintritts der Bedingung stets schon mit der Übergabe bzw. Versendung übergehe.

112 Vgl. Motive, Mugdan, Bd. I S. 493; Soergel-Ballerstedt und RGRK-Kuhn, a.a.O.

113 Enneccerus-Lehmann, Schuldrecht, § 103 III; Staudinger-Ostler, § 446, Nr. 22.

114 RGRK-Kuhn, § 446, Anm. 11; Palandt-Putzo, § 446, Anm. 3.

untergegangen ist, so muß der Kaufpreis bezahlt werden[115]. Abweichend will Oertmann für den Fall des zufälligen Untergangs die Genehmigungsmöglichkeit überhaupt ausschließen, also die Gefahr beim Verkäufer belassen[116], weil mit dem Wegfall des Geschäftsgegenstandes das Geschäft hinfällig werde: wenn die Wirksamkeit des unbedingten Vertrages von der Existenz des Kaufobjektes abhänge (§ 306 BGB), dann könne auch der bedingte Vertrag nicht wirksam werden, wenn der Geschäftsgegenstand bei Eintritt der Bedingung nicht mehr bestehe. Es ist aber, wie erwähnt, wohlbegründete allgemeine Meinung, daß die während des Schwebens der Bedingung eintretende Unmöglichkeit nicht als anfängliche, sondern als nachfolgende zu behandeln und daher kein Hindernis für das Wirksamwerden des Vertrages bei Eintritt der Bedingung ist. Es kann auch nicht als sachwidrig bezeichnet werden, wenn der genehmigungsberechtigte Verkäufer trotz des Sachuntergangs den Vertrag genehmigt, weil kein Grund dafür besteht, daß sich das Genehmigungserfordernis zugunsten des Käufers auswirke. Schließlich ist mit der Übergabe der Kaufsache die Herrschaft über die Gefahr auch rein tatsächlich dem Verkäufer entzogen und dem Käufer zugefallen. Andererseits muß es der Verkäufer hinnehmen, wenn der genehmigungsberechtigte Käufer die Genehmigung wegen des zwischenzeitlichen Untergangs der Kaufsache verweigert; denn dieses Risiko hat er durch die vorweggenommene Leistung an den genehmigungsberechtigten Käufer bewußt übernommen.

Auch unter anderen Gesichtspunkten kann das Zeitmoment eine Rolle spielen und entscheidend sein, ob auf den Zeitpunkt der Geschäftsvornahme oder denjenigen des Bedingungseintritts abzustellen ist. So wird für die Bestimmung des Leistungsorts gem. § 269 BGB als maßgebend angesehen, wo der Schuldner zur Zeit des Geschäftsabschlusses seinen Wohnsitz hatte. Auch sonst wird das Datum der Rechte im allgemeinen bereits durch den Akt des Geschäftsschlusses und nicht erst durch den Eintritt der Bedingung festgelegt, so etwa bei der Bestimmung der älteren Schuld im Sinne des § 366 II BGB und des früher entstandenen Anspruchs im Sinne des § 519 II BGB[117].

115 v. Tuhr, Allg. Teil, Bd. II 2 S. 241 Anm 212; Soergel-Ballerstedt, § 446, Nr. 8; a.A. Kisch, Die Wirkungen der nachträglich eintretenden Unmöglichkeit der Erfüllung bei gegenseitigen Verträgen, S. 67.

116 Rechtsb., S. 132 ff.

117 Zu dem Vorstehenden siehe v. Tuhr, Allg. Teil, Bd. II 1 S. 29 ff.

3. Kapitel
Mangel der Rechtssubjekte und -objekte

1. Anfänglicher Mangel

Die Subjekte des abgeschlossenen Rechtsgeschäfts und die Subjekte des begründeten Rechtsverhältnisses können auseinanderfallen, wie z.B. bei der Stellvertretung. Während die Geschäftssubjekte – als die rechtsgeschäftlich Handelnden – unter dem dynamischen Aspekt des tatbestandlichen Geschehens zu sehen sind, kommen die Rechtssubjekte unter dem statischen Gesichtspunkt der Wirksamkeit des Geschäftes in Betracht. Bei Verschiedenheit beider sind daher in dem Vorhandensein und in der Bestimmtheit (und sonstigen Eignung) der Rechtssubjekte Wirksamkeitsvoraussetzungen zu erblicken, in der Bestimmtheit natürlich nur, wenn die Rechtssubjekte nicht schon in dem Rechtsgeschäft bestimmt oder objektiv bestimmbar bezeichnet worden sind und das Geschäft nicht schon an mangelnder Willenseinigung gem. § 154 BGB scheitert[1].

Was sodann die Geschäfts- und Rechtsobjekte anlangt, so besteht zwischen ihnen notwendige Identität: die Geschäftswirkung kann sich nur an dem in dem Rechtsgeschäft bestimmt oder objektiv bestimmbar bezeichneten Gegenstand vollziehen. Für die Abgrenzung von Tatbestands- und Wirksamkeitserfordernissen ist zu unterscheiden: bei sachenrechtlichen Verfügungen geht das Vorhandensein der der Verfügung unterliegenden Sache bzw. des daran bestehenden, der Verfügung unterliegenden Rechts wegen des unser Sachenrecht beherrschenden Übergabe- und Eintragungsprinzips in den Tatbestandserfordernissen auf. Der sachenrechtliche Verfügungstatbestand setzt daher zu seiner vollständigen Realisierung das gegenwärtige Vorhandensein der Sache voraus (anders in Rechtsordnungen, in denen das Konsensprinzip – regelmäßig in Verbindung mit dem Einheitsprinzip (Einheit des obligatorischen und des dinglichen Rechtsgeschäfts) – gilt, wie in Frankreich und Italien[2]). Es ist aber deshalb nicht erforderlich noch angebracht, die Existenz der Sache ebenso wie etwa die Existenz der Geschäftssubjekte als logische Vorbedingungen von den Tatbestandserfordernissen zu sondern; zu dem rechtsgeschäftlichen Handeln gehört untrennbar die Person des Handelnden und zu dem Akt der Tradition außerdem die zu tradierende Sache.

Bei Verfügungen über andere Rechte, insbesondere Forderungen, ist deren

---

1 Siehe die obigen Ausführungen zu § 154, S. 23.

2 Zu den verschiedenen Konstruktionsvorschlägen der italienischen Lehre zu den Verträgen über künftige Sachen siehe Perlingieri, I negozi su beni futuri, I La compravendita di „cosa futura“, der selbst die Bedingungstheorie vertritt, S. 152 ff.

Existenz ein Erfordernis nicht des Geschäftstatbestandes, sondern der Geschäftswirkung. Solche Verfügungen können in vollkommener Weise getroffen werden, ehe das ihnen unterworfene Recht entstanden ist; nur ihre Wirkung ist bis dahin suspendiert. Das Objekt kann hier unter einem doppelten Profil gesehen werden, einmal in seiner gegebenenfalls nur möglichen und zukünftigen Existenz als der objektive Bezugspunkt der Geschäftsabsicht und das andere Mal als das, bezogen auf den Zeitpunkt der Verfügungswirkung, notwendig gegenwärtige Substrat derselben[3].

Als Objekt der Verpflichtungsgeschäfte kann man allenfalls die Person des Schuldners bezeichnen[4]. Der Schuldgegenstand (etwa die dem Gläubiger zu Besitz und Eigentum zu verschaffende Sache) ist kein Substrat der Obligation, sondern seine Bezeichnung nur Teil der Leistungsbestimmung. Seine gegenwärtige oder zukünftige Existenz ist nur unter den Gesichtspunkten der Möglichkeit und Bestimmtheit des Leistungsinhalts in Betracht zu ziehen.

Die Verfügung über künftige Rechte und auch die Fragen der Möglichkeit und Bestimmtheit des Leistungsinhalts sind, soweit für das Thema der Rechtsbedingung von Belang, schon in vorausgegangenen Abschnitten behandelt worden, so daß hier nur noch die Fälle nachfolgender Entstehung und nachfolgender Bestimmung der Rechtssubjekte bei geschäftlichen und nichtgeschäftlichen Erwerbstatbeständen zu erörtern bleiben.

Das Vorhandensein und die Bestimmtheit der Rechtssubjekte sind regelmäßig nachholbare Wirksamkeitsvoraussetzungen, die Bestimmtheit, falls die Parteien in dem Vertrag das Bestimmungsrecht einem von ihnen oder einem Dritten zugewiesen haben. So kann ein Vertrag zugunsten Dritter auch dann abgeschlossen werden, wenn der Begünstigte noch nicht geboren, ja noch nicht erzeugt oder noch nicht einmal bestimmt worden ist (vgl. § 331 II BGB). Ferner kann ein Erwerb von Todes wegen seinem Tatbestand, natürlich nicht auch schon seiner Wirkung nach zugunsten eines im Zeitpunkt des Erbfalls erst erzeugten, aber noch nicht geborenen Erben (§ 1923 II BGB) – und in Form einer Nacherbschaft oder eines Vermächtnisses – auch zugunsten einer noch nicht einmal erzeugten oder noch unbestimmten natürlichen oder noch nicht entstandenen juristischen Person erfolgen (vgl. §§ 2101, 2105 II, 2151 ff., 2178 BGB); die noch nicht genehmigte Stiftung steht in bezug auf letztwillige Zuwendungen des Stifters der Leibesfrucht gleich (§ 84 BGB).

Soweit der Erwerbstatbestand eine Mitwirkung auf der Erwerberseite erfordert, kann er allerdings zugunsten einer noch nicht existenten oder noch nicht individualisierten Person nur vollzogen werden, wenn ein vertretungsweises Handeln für sie möglich ist, so vor allem bei Bestellung eines Pflegers für eine

3 Vgl. Falzea, La condizione, S. 301.
4 v. Tuhr, Allg. Teil, Bd. I S. 140; Oertmann, Rechtsb., S. 159.

Leibesfrucht oder für ungewisse Beteiligte (§§ 1912, 1913, 1960 II BGB). Auf diese Weise kann z.B. eine Hypothek zu Sicherungszwecken für die als Nacherbin eingesetzte künftige Deszendenz einer bestimmten Person bestellt und ins Grundbuch eingetragen werden[5]. Zweifelhaft ist, ob der Pfleger nach den genannten Vorschriften nur zur Wahrung schon vorhandener Anwartschaften (auf Grund letztwilliger Verfügung oder Vertrages zugunsten Dritter) berufen ist oder auch darüber hinaus Erwerbshandlungen vornehmen, z.B. Schenkungen annehmen, und auch eigens zu diesem Zweck bestellt werden kann; der Gesetzeswortlaut spricht dagegen[6].

Weitergehende Möglichkeiten eröffnen sich, wenn man eine Stellvertretung künftiger und unbestimmter Personen für zulässig hält[7], so daß ein beliebiger negotiorum gestor für sie handeln und einen Erwerb unter der doppelten Rechtsbedingung der Entstehung bzw. der Bestimmung der vertretenen Person und der Genehmigung des vorgenommenen Erwerbsgeschäfts durch sie (§ 177 BGB) begründen kann. Der liegenschaftsrechtlichen Übereignung würde zwar nicht das (nur für rechtsgeschäftliche Bedingungen geltende) Verbot des § 925 II BGB, wohl aber würden ihr die Vorschriften der Grundbuchordnung entgegenstehen, die den Nachweis der Auflassung einschließlich der zu ihrer Wirksamkeit erforderlichen Zustimmungen verlangen (§§ 20, 29 GBO). Allerdings wollen die Kommentatoren der Grundbuchordnung auch darüber hinaus die Eintragung Ungeborener nur zulassen, wenn zu ihren Gunsten bereits Anwartschaften auf Grund Beerbung, Vermächtnisses, Vertrages zu Gunsten Dritter oder gem. § 844 II 2 BGB bestehen[8]. Soweit eine negotiorum gestio für künftige und ungewisse Personen zugelassen wird, kommen schließlich auch Verpflichtungen und Verfügungen zu ihren Lasten in Betracht.

Die verschiedentlich erhobenen Einwendungen gegen das Vorliegen der Bedingungsfigur in diesen Fällen greifen nicht durch. Cohn will in der Bestimmung der persona incerta (anders als in der Entstehung der persona futura) einen Geschäftsbestandteil, keine Rechtsbedingung erblicken, weil sie das Geschäft auch inhaltlich ergänze und die Art des Vertragsschlusses auf dem freien Willen der Kontrahenten beruhe[9]. Daß der für die Bedingung

5 RGZ 65, 277 ff., wo allerdings unnötigerweise das Vorhandensein einer Rechtspersönlichkeit fingiert wird.

6 Für die weitere Auffassung Oertmann, Rechtsb., S. 166; Enneccerus-Nipperdey, Allg. Teil, § 84 Anm 9; dagegen v. Tuhr, Allg. Teil, Bd. I S. 193; vgl. auch KGJ 20, A 241; 29, A 153.

7 So v. Tuhr, a.a.O. Bd. I S. 194, Bd. II 2 S. 343; Siber, Die Frage der Verfügungsgeschäfte zu fremdem Recht, S. 46; Planck-Flad, § 164 Anm. 1 b; Cohn, Das rechtsgeschäftliche Handeln für denjenigen, den es angeht, S. 35 ff., 124; BGH, NJW 1973, 798.

8 z.B. Henke-Mönch-Horber, § 19, Anm. 6 c.

9 A.a.O. S. 16 Anm. 1; S. 102.

typische Wirkungsaufschub in gewissem Rahmen auch auf einer mangelnden Bestimmtheit des begründeten Rechtsverhältnisses beruhen, die Gesetzesbedingung insoweit also auch inhaltsergänzend sein kann, ist oben bei Behandlung des Versprechens mit unbestimmtem Leistungsinhalt schon ausgeführt worden. Im übrigen ist maßgebend, daß die Vertragschließenden das Geschäft so, wie sie es abgeschlossen haben, rechtsnotwendig nicht anders als durch nachträgliche Individualisierung des Vertretenen zur Wirkung bringen können (vorbehaltlich der Genehmigung desselben).

Falzea glaubt der nachfolgenden Entstehung, Bestimmung oder auch Verknüpfung des Rechtssubjekts mit dem Geschäftstatbestand (letzteres z.B. beim Testament und bei der vollmachtlosen Stellvertretung) wie auch der nachträglichen Entstehung oder Bestimmung des Rechtsobjekts deshalb den Bedingungscharakter absprechen zu müssen, weil diese Wirksamkeitsvoraussetzungen nicht auf der Willkür des Gesetzes, sondern auf der Natur der Sache beruhten, ihnen daher das Moment der Akzidentalität fehle[10]; auch sei bei ihnen vielfach nicht die Rechtswirkung, sondern nur die Person bzw. der Gegenstand, worauf sie sich beziehe, ungewiß und könne bei Fehlen des Rechtssubjekts noch nicht von einer Anwartschaft die Rede sein[11]. Ferner wird darauf hingewiesen, daß es sich zwar um äußere Erfordernisse des Geschäftstatbestandes, aber um innere Erfordernisse des begründeten Rechtsverhältnisses handele. Dieser letztere Gesichtspunkt wird auch von Scognamiglio für wesentlich gehalten[12]: während in den Bedingungsfällen die an sich komplette Rechtswirkung nur noch von einem äußeren Ereignis abhänge, gehe es hier um wesentliche, innere Erfordernisse des Rechtsverhältnisses.

Scialoja betont ebenfalls die Besonderheit dieser Fälle, ohne jedoch ihre Subsumtion unter die Rechtsbedingung völlig auszuschließen[13], wie schließlich auch Oertmann die Unterscheidung für beachtenswert erklärt: „Es läßt sich auch nicht leugnen, daß die Fälle gegenüber den meisten sonstigen der Rechtsbedingung verschieden gelagert seien. Es ist sonst meist so, daß dem Eintritt der *Wirkungen* keinerlei Bedenken entgegenstehen, sondern nur der *Tatbestand,* der jene hervorrufen soll, nicht in Ordnung ist, z.B. der Verfüger über ein Recht ist nicht geschäftsfähig, vertretungsberechtigt oder entbehrt des Eigenrechts. Dieser Mangel haftet aber nur dem erzeugenden Akte an, nicht dem zu erzeugenden Rechte; er kann in der Regel jederzeit ausgeglichen werden, z.B. durch Genehmigung. Das ist bei dem Mangel eines der

---

10 La condizione, S. 118 ff., 156 ff., 254 ff.

11 Für den letzteren Fall verneint auch Verdier, Les droits éventuels, S. 296 ff., das Vorliegen eines eventuellen Rechts; anders Demogue, Des droits éventuels et des hypothèses où ils prennent naissance, in Revue trim. de droit civil 1905, 723 ff. (778 ff.).

12 Contributo alle teoria del negozio giuridico, S. 323.

13 Condizione volontaria e condizione legale, in: Saggi di vario diritto, S. 18.

Rechtssubstrate in der Regel noch nicht möglich – die Vollwirkung ist inzwischen nicht infolge eines zufälligen Tatbestandsmangels, sondern auf Grund der erreichten Entwicklungsstufe überhaupt, grundsätzlich noch nicht herstellbar[14]." Aber auch er will diese Fälle nicht ganz aus dem Gebiet der Rechtsbedingung ausscheiden, wobei er allerdings das rechtspolitische Bedenken äußert, „Geschäfte überhaupt schon zuzulassen, Güter schon festzulegen zugunsten ganz zukünftiger, noch nicht einmal im Keime vorhandener Personen oder an ganz zukünftigen, vielleicht einmal entstehenden Gegenständen". Er hält diese Bedenken aber für weitgehend beschwichtigt, weil eine Stellvertretung künftiger, noch nicht einmal erzeugter Personen unserem geltenden Recht fremd sei und eine Verfügung über zukünftige Sachen an dem Traditionsprinzip scheitere.

Auch diese Versuche, das Anwendungsgebiet der Rechtsbedingung nicht unwesentlich einzuengen bzw. innerhalb desselben Unterschiede grundsätzlicher Art aufzubauen, sind – soweit Rechtsgeschäfte der fraglichen Art überhaupt in Betracht kommen (die Zulässigkeit einer Stellvertretung künftiger Personen mag hier dahingestellt bleiben) – zurückzuweisen. Was zunächst die sog. wesentlichen oder inneren Erfordernisse des Rechtsverhältnisses anlangt, so werden damit gewisse Wirksamkeitsvoraussetzungen zumindest mißverständlich bezeichnet und jedenfalls kaum förderlich von den übrigen gesondert[15]. Im Rahmen des Rechtsänderungsprozesses, um den es bei dem Rechtsgeschäft und seinen Wirksamkeitsvoraussetzungen geht, ist nicht von dem Rechtsverhältnis als solchem, sondern von der Entstehung des Rechtsverhältnisses zu reden. Diese ist aber mit der Wirkung des Rechtsgeschäfts gleichbedeutend: das Rechtsgeschäft ist wirksam, wenn es die gewollte Rechtsänderung, also die Entstehung, den Übergang, das Erlöschen des begründeten, übertragenen, aufgehobenen Rechts bewirkt. Es ist daher, jedenfalls unter dem in Rede stehenden Aspekt, nicht treffend, von den Erfordernissen des Rechtsverhältnisses statt von denen der Wirksamkeit oder der Wirkung des Rechtsgeschäfts zu reden, und dogmatisch ziemlich wertlos, die letzteren danach zu scheiden, ob sie sich im einzelnen Fall auf die Substrate des Geschäfts oder die davon etwa verschiedenen Substrate der Rechtswirkung beziehen. Ob z.B. der Eintritt der gewollten rechtsgeschäftlichen Wirkung an mangelnder Geschäftsfähigkeit des Vertreters oder an mangelnder Existenz oder Bestimmtheit des Vertretenen scheitert, erscheint unter dem hier maßgeblichen Gesichtspunkt durchaus gleichgültig.

Was sodann den (mit dem vorausgehend behandelten nicht notwendig zusammenfallenden) rechtstheoretischen Unterschied zwischen den „akzidentellen", auf Rechtsregel beruhenden und den „notwendigen", auf der Natur

---

14 Rechtsb., S. 158; siehe jedoch S. 73 Anm 1.

15 Vgl. auch die ablehnenden Ausführungen Perlingieris, I negozi su beni futuri I, S. 111 ff.

der Sache beruhenden Wirksamkeitsvoraussetzungen angeht, so wird er von den genannten Autoren durchaus überbewertet, ist zutreffend schon von Enneccerus[16] und Kapler[17] als unwesentlich zurückgewiesen worden und auch durch die positive Regelung nicht zu stützen, die die logischen Erfordernisse vielmehr in ihr System der Wirksamkeitsvoraussetzungen einbezieht und vor allem, was sich nicht von selbst versteht, ihre Nachholung (wenn nicht ausdrücklich, so nach dem Sinn der Regelung) zuläßt und damit erst das Schwebeverhältnis, die Bedingtheit, schafft. Auch funktionell entspricht die nachträgliche Subjektivierung bzw. Objektivierung der Rechtswirkung ganz den übrigen Fällen gesetzlicher Bedingungen. Dies wird auch von Falzea insofern indirekt eingeräumt, als er teilweise die Bedingungsregeln für analog anwendbar erklärt und teilweise auf die Ähnlichkeit des Schwebeverhältnisses bei ausstehenden Bedingungen hinweist[18]. Da die nachfolgende Entstehung bzw. Bestimmung der Rechtssubstrate auch endgültig ausbleiben, die Rechtswirkung als ungewisse aber nicht bestehen kann, ist sie hier ebenso wie sonst bei Bestehen behebbarer Wirksamkeitshindernisse in der Schwebe. Dabei ist der Verfügende bzw. Versprechende (bei gesetzlichen Tatbeständen der verlierende Teil) in der Zwischenzeit bereits gebunden, woraus für die künftigen Berechtigten die Sicherstellung ihres Erwerbs folgt.

So hängt die sich aus der Verfügungsbeschränkung des Vorerben ergebende Anwartschaft des Nacherben nicht davon ab, ob dieser schon existent oder individualisiert ist. Die darüber hinaus gewährten gegenwärtigen Sicherungsansprüche (§§ 2116 ff. BGB) stehen nach der ratio legis, solange der Nacherbe noch nicht vorhanden ist, dem zur Fürsorge berufenen Pfleger, bedingt durch dessen Bestellung, zu. Für das Vermächtnis zugunsten künftiger Personen ist ausdrücklich angeordnet, daß mit dem Erbfall ein Schwebeverhältnis wie bei rechtsgeschäftlich bedingten Verpflichtungen Platz greift (§ 2179 BGB). Auch auf Anwartschaften aus Verträgen zugunsten Dritter[19] (falls die Vertragsparteien nichts anderes vorsehen) und die etwaigen weiteren Fälle wird die Vorschrift des § 160 BGB entsprechend anzuwenden sein.

Anwartschaften können, da sie keine subjektiven Rechte, sondern nur eine durch die Regeln des objektiven Rechts (mehr oder weniger) gesicherte Rechtslage darstellen, der Person des Berechtigten vorausgehen, d.h. subjektlos sein. Wenn Oertmann von Anwartschaften und bedingten Rechten nur im Hinblick auf den schwebenden Rechtserwerb eines Embryos, in bezug auf denjenigen der nondum concepti aber allenfalls von künftigen Rechten reden

16 Suspensivbedingung, S. 125.

17 Begriff und Wesen der c.i., S. 6.

18 La condizione, S. 256, 306; gegen die Ablehnung der Bedingungsfigur auch Perlingeri, a.a.O. S. 111 ff.; Betti, Teoria generale del negozio giuridico, Kap. IX Nr. 62, S. 522, bezüglich der „logischen Vorbedingungen".

19 Vgl. v. Tuhr, Allg. Teil, Bd. I S. 192 Anm. 44.

will[20], so beruht dies auf seiner Vorstellung, daß die Anwartschaft, die zwischen dem Vollrecht und einer bloß objektivrechtlichen Gebundenheit stehe, einen gegenwärtigen und bestimmten Träger zumindest im Entwicklungsstadium eines Embryos benötige. Daß dem nicht so ist, die gesetzliche Regelung diese Unterscheidung nicht rechtfertigt, lehren die angeführten Beispiele des Vertrages zu Gunsten Dritter, der Einsetzung eines Nacherben und der Anordnung eines Vermächtnisses, die ununterschieden auch zu Gunsten noch ungezeugter oder unbestimmter Personen erfolgen können.

Werden Rechte im Vorstadium eines zu gründenden rechtsfähigen Vereins oder einer zu gründenden Kapitalgesellschaft bestellt oder übertragen, dann ist ein anwartschaftlicher Schwebezustand in der Regel dadurch erübrigt, daß bereits ein nicht rechtsfähiger Verband besteht, der in der Person seiner Mitglieder Träger von Rechten und Pflichten sein kann, welche dann bei der Erlangung der Rechtsfähigkeit des Verbandes ohne weiteres auf diesen übergehen oder auf ihn zu übertragen bzw. von ihm zu übernehmen sind. Nur bei der rechtsfähigen Stiftung fehlt es an dem eine solche transitorische Rechtszuständigkeit ermöglichenden vorläufigen Gebilde und kommen daher in bezug auf ihren Vermögenserwerb Schwebeverhältnisse in Betracht. Der personenrechtliche Schöpfungsakt der Stiftung besteht aus dem Stiftungsgeschäft und der staatlichen Genehmigung, zwei Tatbestandserfordernissen. Für die vermögensrechtliche Bewidmung der Stiftung in dem Stiftungsgeschäft (oder auch außerhalb desselben) ist die Entstehung der Stiftung durch die Erteilung der staatlichen Genehmigung jedoch Wirksamkeitsvoraussetzung. Die Verpflichtung zur Übertragung des zugesicherten Vermögens erstarkt erst durch die Genehmigung der Stiftung zur Wirksamkeit. Für die Zwischenzeit kann von bedingt wirksamen Verpflichtungen und, soweit zur Übertragung der versprochenen Rechte der Abtretungsvertrag genügt – solche Rechte gehen gem. § 82 Satz 2 BGB im Zweifel mit der Genehmigung ohne weiteres auf die Stiftung über –, auch von bedingt wirksamen Verfügungen gesprochen werden[21]. Rechtsbeeinträchtigung oder -vereitelung durch zwischenzeitliche tatsächliche Einwirkungen oder rechtliche Eingriffe in bezug auf die gewidmeten Gegenstände verpflichten den Stifter in Analogie zu § 160 BGB zum Schadensersatz[22]. Das Widerrufsrecht des Stifters (§ 81 II BGB) schließt seine Gebundenheit nicht aus; denn die Widerruflichkeit ist folgenlos, wenn sie nicht genutzt wird[23]. Soweit die Ausstattungszusagen schon Verfügungscharakter haben (§ 82 Satz 2 BGB), ist die Stiftung auch gegen Zwischenverfügungen geschützt. Dies folgt für solche der Erben des Stifters und ihrer Gläubiger, falls die Stiftung erst nach dem Tod des Stifters

20 Rechtsb., S. 168 ff.; siehe auch S. 145, 165.

21 Oertmann, a.a.O. S. 174.

22 v. Tuhr, Allg. Teil, Bd. I S. 608; Oertmann, a.a.O. S. 175.

23 v. Tuhr, a.a.O.

genehmigt wird, aus der in § 84 BGB angeordneten beschränkten Rückwirkung der Genehmigung und ergibt sich im übrigen aus dem für die (auch gesetzlich) bedingten Verfügungen geltenden Prioritätsprinzip.

Während in den übrigen Fällen der Rechtsübergang bzw. die Rechtsentstehung durch die Pendenz der Bedingung hintangehalten wird, das Recht also inzwischen dem bisherigen Rechtsträger verbleibt bzw. noch nicht entstanden ist, muß bei der Erbschaft des nasciturus oder der noch nicht genehmigten Stiftung, soll entsprechend dem Prinzip der unmittelbaren gesetzlichen Gesamtnachfolge ein subjektloser Zustand der Erbschaft vermieden werden, an die Stelle des Erblassers sofort ein neuer Rechtsträger treten. Wie dies nun unter Berücksichtigung des § 1923 II BGB bzw. des § 84 BGB zu erklären sei, darüber gehen die Meinungen erheblich auseinander. Eine Arbeit über die Rechtsbedingung kann einer Stellungnahme hierzu nicht ausweichen.

Oertmann will die Sache so sehen, daß die Rechte und Pflichten des Erblassers schon mit dem Erbfall auf den Embryo übergehen, allerdings zunächst nur in dem abgeschwächten Sinn von Rechtsanwartschaften[24]. Das Hindernis für den Vollerwerb liege nicht darin, daß der Übergangstatbestand noch nicht vollendet sei, sondern nur darin, daß der vorhandene Tatbestand wegen der noch nicht voll entwickelten Persönlichkeit des Erwerbers auch noch keine vollkommene Wirkung herbeiführen könne. Es ist zwar richtig, daß der vorübergehende Wegfall des Rechtsträgers, wie z.B. desjenigen der subjektiv-dinglichen Rechte bei der Dereliktion eines Grundstücks (siehe unten), einen ebensolchen Schwebezustand der Gebundenheit und Anwartschaft hervorrufen kann, wie er besteht, wenn der Erwerbstatbestand schon vor Entstehung oder Bestimmung des berechtigten Subjekts vollständig verwirklicht ist. Diese Anschauung kann jedoch der auf Beseitigung nicht nur des Antrittssystems, sondern überhaupt der hereditas iacens und damit auf Schaffung einer lückenlosen Erbrechtszuständigkeit angelegten gesetzlichen Regelung nicht gerecht werden. Der Nachlaß soll nach der Absicht der Verfasser des Gesetzbuchs sogleich, wenn auch zunächst nur vorläufig, bestimmten gegenwärtigen Subjekten zugeordnet sein. Dieser Rechtszustand wird nicht erreicht, wenn die Rechte und Pflichten des Erblassers einstweilen als bloße Rechtsanwartschaften zu Gunsten bzw. zu Lasten künftiger, wenn auch schon bestimmter und in der Entwicklung befindlicher Personen fortbestehen.

Von Lübtow hält die im Nachlaß zusammengefaßten Rechte und Pflichten für einstweilen subjektlos, und zwar nicht nur für den Fall der Berufung eines nasciturus (und ähnlicher Fälle), sondern allgemein für die Zwischenzeit bis zur Annahme der Erbschaft bzw. bis zum Ablauf der Ausschlagungsfrist, und gelangt damit auch für die geltende Rechtsordnung wieder zur Rechtsfigur der hereditas iacens und zum Antrittssystem des früheren Rechts: „In Wahrheit

24 Rechtsb., S. 126, 164 ff.

tritt mit dem Tode des Erblassers ein subjektloser Zwischenzustand ein. Es entsteht ein Recht des zum Erben Berufenen auf Annahme der Erbschaft. Erbe wird er durch Ausübung oder durch Nichtausschlagung des angefallenen Rechts"[25]. Diese Ansicht läßt sich jedoch ebensowenig wie diejenige Oertmanns mit der die Erbrechtsregelung einleitenden und beherrschenden Grundnorm des § 1922 BGB, wonach die Erbschaft mit dem Tode des Erblassers auf den oder die Erben übergeht, vereinbaren.

Die von Enneccerus-Nipperdey vertretene Auffassung geht dahin, daß das ungeborene Kind für den Fall, daß es später geboren wird, schon jetzt als Rechtssubjekt zu betrachten, für den Fall der Lebendgeburt also bereits mit einer beschränkten Rechtsfähigkeit ausgestattet sei[26]. Einstweilen bestehe ein Zustand objektiver Ungewißheit darüber, ob der nasciturus oder der Nächstberufene Erbe geworden sei. Das ausstehende Ereignis, die Lebendgeburt oder ihr Ausfall, habe nur deklaratorische Bedeutung, decke nur auf, wem die Erbschaft von Anfang an zugestanden habe[27]. Diese von Fitting begründete[28] und danach in der gemeinrechtlichen Lehre stark verbreitete sogenannte deklarative Pendenztheorie, wonach das rückwirkende Ereignis lediglich einen Erkennungsgrund für die in Wirklichkeit schon früher eingetretene Rechtsfolge darstellt, ist heute nahezu aufgegeben. Es erscheint daher auch kaum überzeugend, wenn sie beispielsweise von Enneccerus-Nipperdey noch für einzelne bestimmte Fälle aufrechterhalten wird. Die heute herrschende Lehre[29] verzichtet darauf, die in der gesetzlichen Rückwirkungsanordnung unzweifelhaft liegende Fiktion hinwegzudeuten und sieht in ihr nur eine vereinfachende Verweisung auf die Rechtsfolgen des fingierten Tatbestandes: für die Beurteilung der gegenwärtigen und zukünftigen Rechtsverhältnisse soll es so angesehen werden, als ob der fragliche Umstand schon in dem früheren Zeitpunkt vorgelegen und entsprechende

---

25 Erbrecht, 1. Halbband S. 31; 2. Halbband S. 651 ff.; ebenso für den Fall der Berufung eines nasciturus Hellwig, Grenzen der Rückwirkung, in Festschrift für die jur. Fakultät in Gießen, S. 30.

26 Allg. Teil, § 82 II 2; § 84 II.

27 Ähnlich v. Tuhr, Allg. Teil, Bd. I S. 75, 191, 381, 609 Anm. 81, Bd. II 1 S. 24.

28 Über den Begriff der Rückziehung, S. 5 ff.

29 Esser, Wert und Bedeutung der Rechtsfiktionen, S. 29 ff., 175 („Gebote haben aber nur Zweck, wenn man sie noch befolgen kann, und ordnen läßt sich nur das Gegenwärtige (oder Künftige), nicht das Gewesene."); Larenz, Methodenlehre, S. 158 ff.; Hellwig, Grenzen der Rückwirkung, in Festschrift für die jur. Fakultät in Gießen, S. 25 ff., der den Vorzug der Fiktionstheorie zutreffend auch in der sachgemäßen Begrenzung der Rückwirkung sieht; Bernhöft, Zur Lehre von den Fiktionen, Sonderdruck aus der Festschrift „Aus Römischem und Bürgerlichem Recht"; Fischer, Fiktionen und Bilder in der Rechtsw., AcP 117, 143 (154); Oertmann, Rechtsb., S. 113; v. Lübtow, Erbrecht, 2. Halbband S. 658; grundsätzlich auch v. Tuhr, Allg. Teil, Bd. II 1 S. 22 ff.; Pelosi, La pretesa retroattività della condizione, in Riv. trim. di diritto e procedura civile 1968, 825 (829 ff.).

Rechtsfolgen gezeitigt hätte. Für die Beurteilung der Vergangenheit bleibt es dabei, daß beispielsweise das angefochtene Rechtsgeschäft wirksam und der Erbunwürdige Erbe gewesen ist. Auch die in Rede stehende Bestimmung des § 1923 II BGB besagt nicht, daß der zur Zeit des Erbfalls erst Erzeugte (für den Fall seiner späteren Geburt) als schon geboren gelte, sondern knüpft erst an die spätere Geburt des Erstberufenen an („wer zur Zeit des Erbfalls noch nicht lebte, aber bereits erzeugt war ...") und bestimmt, daß diese Geburt fortan, d.h. für die Beurteilung der alsdann gegenwärtigen und zukünftigen Rechtsverhältnisse, als vor dem Erbfall erfolgt anzusehen sei, und enthält daher keinerlei Aussage über die Rechtslage der Zwischenzeit. In gleicher Weise ist die Vorschrift des § 84 BGB zu verstehen, wonach die Stiftung, wenn sie erst nach dem Tod des Stifters genehmigt wird, hinsichtlich der Zuwendungen des Stifters als schon vor dessen Tod entstanden gilt.

Mit diesem rechtlichen Gehalt der Gesetzesbestimmungen ist auch die neuerdings mehrfach vertretene Ansicht nicht vereinbar, die der Leibesfrucht Teilrechtsfähigkeit zusprechen, sie mithin für erbfähig erklären will, und zwar – im Gegensatz zu der deklarativen Pendenztheorie – unabhängig davon, ob sie lebend geboren wird oder nicht[30], wobei es allerdings im Fall der Totgeburt nachträglich offenbar so angesehen werden soll, als ob die Erbschaft der Leibesfrucht nicht angefallen wäre[31]. Die verschiedenen zu Gunsten der Leibesfrucht getroffenen Regelungen erfordern keine solche Abänderung des grundlegenden Rechtssatzes des § 1 BGB. Daß das Gesetz den nasciturus ungeachtet der genannten Regelungen nicht, auch nicht teilweise, als rechtsfähig ansieht, läßt sich auch dem nur von seinen „künftigen Rechten" redenden § 1912 BGB entnehmen. Im übrigen ist die Rechtsfähigkeit unteilbar: entweder man ist rechtsfähig oder man ist es nicht[32]. Schließlich dürfte die Vorstellung eines in dem gegebenen Falle (der Totgeburt bzw. der Versagung der Genehmigung) nachfolgelos wegfallenden Rechtsträgers, ganz abgesehen von ihrer Systemwidrigkeit, kaum eine befriedigende Lösung darstellen (auch wenn sein Erbschaftserwerb hinterher als nicht erfolgt angesehen wird)[33].

Es wird daher dabei bleiben müssen, daß die Erbschaft dem nasciturus erst mit dessen Lebendgeburt und der Stiftung erst mit deren Genehmigung zufällt und daß ihnen bis dahin nur eine (durch die Rückziehungsanordnun-

30 Larenz, Methodenlehre, S. 167; Hohner, Subjektlose Rechte, S. 143, m.w.N.; Henle, Allg. Teil, S. 392, spricht von „einstweiliger Rechtsfähigkeit" des nasciturus.

31 Gegen den fiktiven rückwirkenden Wegfall der Erbfähigkeit und für eine volle Rechtsfähigkeit des nasciturus Wolf-Naujoks, Anfang und Ende der Rechtsfähigkeit des Menschen, S. 222.

32 v. Lübtow, Erbrecht, 2. Halbband S. 661 Anm. 85.

33 Siehe auch Esser, Rechtsfiktionen, S. 170.

gen) gesicherte Anwartschaft darauf zusteht[34]. Nur diese Auffassung führt auch, was beispielsweise den Lauf der Ausschlagungsfrist anlangt, zu angemessenen Ergebnissen[35].

Die konstruktive Frage, wie es mit dem Nachlaß in der Zwischenzeit stehe, ist nicht allein für die Fälle der nachträglichen Erlangung der Erbfähigkeit (§§ 84, 1923 II BGB) zu stellen, sondern auf die Fälle nachfolgender rückwirkender Herstellung des Berufungsgrundes und der Erwerbsfähigkeit zu erweitern, so bei nachträglicher Ehelicherklärung gem. § 1733 III BGB, bei nachträglicher Bestätigung der Adoption gem. § 1753 III BGB und bei nachträglicher Genehmigung des Erbschaftserwerbs ausländischer juristischer Personen gem. Art. 86 EGBGB. Die gesetzlichen Rückwirkungsanordnungen, im richtigen Sinn einer Rechtsfolgenbestimmung für die Gegenwart und Zukunft verstanden, müssen für die Beurteilung der Zwischenrechtslage außer Betracht bleiben. Will man nicht den Versuch der Gesetzesverfasser, die hereditas iacens auszumerzen, als gescheitert ansehen, so ist entsprechend der gesetzlichen Regelung der §§ 1922 I, 1923 I, 1942 I BGB davon auszugehen, daß zunächst einmal, wenn auch gegebenenfalls nur vorläufig, derjenige Erbe wird, der im Zeitpunkt des Erbfalls alle Voraussetzungen dafür erfüllt, und demnach der einstweilige Rechtsträger in dem Nächstberufenen zu sehen, dessen Erbenstellung mit der Geburt des Erstberufenen, der Genehmigung der Stiftung, der Ehelicherklärung, der Bestätigung der Adoption, der Erteilung der Genehmigung gem. Art. 86 EGBGB ebenso rückwirkend hinfällig wird, wie diejenige des ausschlagenden vorläufigen Erben gem. § 1953 BGB, des für erbunwürdig erklärten Erben gem. § 2344 BGB, des testamentarischen Erben im Fall der Anfechtung seiner Erbeinsetzung gem. § 2078 BGB und des Adoptivkindes bei Aufhebung bzw. Bestätigung der Aufhebung des Annahmeverhältnisses nach dem Tode des Annehmenden gem. §§ 1770 c und 1770 BGB. Dem aufschiebend bedingten Erbschaftserwerb derjenigen, die mangels Rechtsfähigkeit, mangels Erwerbsfähigkeit, mangels des Berufungsgrundes oder infolge Ausschließung durch vorgehende Berufungen einstweilen noch nicht zur Erbschaft gelangen können, steht der auflösend bedingte Erwerb derjenigen gegenüber, die ihnen gegebenenfalls weichen müssen. Die die Vorerbschaft der provisorischen Erben hinwegfingierenden erbrechtlichen Rückziehungsanordnungen haben die Funktion, dem definitiven Erben in den Grenzen des rechtlich Erreichbaren diejenige Stellung zu verschaffen, die er hätte, wenn er Erbe von Anfang an gewesen wäre. Eine bevorzugte Position kommt unter den vorläufigen Erben infolge einer Abmilderung der Rückwirkung gem. § 1959 BGB lediglich dem ausschlagenden Erben zu[36].

34 Motive, Mugdan, Bd. I S. 372; Bd. V S. 260; Binder, Die Rechtsstellung des Erben, Bd. I S. 189 ff.; S. 208 Anm. 24; Palandt-Keidel, § 1923, Anm. 3.

35 KGJ 34, A 79.

36 v. Lübtows Einwendungen gegen die Theorie der Eventualberufung (Erbrecht, 2. Halbband S. 656 Anm. 51 und S. 659) erscheinen nicht als durchschlagend; daß

Man mag zwar über die Zweckmäßigkeit dieses konsequent die ruhende Erbschaft des früheren Rechts beseitigenden Systems rückwirkend auflösend bedingter Vorerbschaften der vorläufigen Erben streiten; die Versuche aber, einzelnen suspensiv bedingten Erben eine Sonderstellung im Sinne eines schon präsenten Erbrechts, einer in ihrem Interesse ruhenden Erbschaft oder wie sonst immer zuzuweisen, sind de lege lata problematisch, aber auch fruchtlos, da eine überzeugende Lösung bisher nicht vorgetragen worden ist, im Gegenteil manches dafür spricht, den Nachlaß nicht einstweilen herrenlos zu lassen, sondern stets bestimmten existenten Personen zuzuordnen, und schließlich auch müßig, wenn man die praktischen Konsequenzen bedenkt. Der eine Erbe kann auflösend, der andere (gegebenenfalls der gesetzliche Vertreter zur Wahrung der künftigen Rechte gem. § 1912 BGB) aufschiebend bedingt und (unbedingt) wirksam können allenfalls beide zusammen verfügen. Ob dem einen oder anderen für die Dauer des Provisoriums die auflösend oder die aufschiebend bedingte Position zufällt, ist letztlich nicht so sehr entscheidend. Im Konfliktsfall hat das Nachlaßgericht einzuschreiten und „für denjenigen, welcher Erbe wird", d.h. für den einstweilen unbekannten endgültigen Erben, einen Pfleger zu bestellen[37]. Die Erbauseinandersetzung ist gem. § 2043 BGB bis zur Entscheidung der Bedingung ausgeschlossen. Ungeduldige Nachlaßgläubiger kann der vorläufige Erbe an den Nachlaßpfleger verweisen (§§ 1961, 1960 III BGB). Im Falle des Eintritts der Bedingung haftet der vorläufige Erbe auf Grund der Rückwirkung als Nichtberechtigter und gegebenenfalls Erbschaftsbesitzer, und zwar in Analogie zu § 142 II BGB als Erbschaftsbesitzer bösen Glaubens gem. § 2024 BGB, wenn er das Vorhandensein des aufschiebend bedingten Erben gekannt bzw. grobfahrlässig verkannt hat. Es ist sogar ein gutgläubiger Erwerb Dritter ausgeschlossen, soweit man auf Grund der Rückwirkung die von dem vorläufigen Erben in Besitz genommenen Sachen als dem endgültigen abhanden gekommen ansieht (§§ 857, 935 BGB)[38]. Diese jede rechtsgeschäftliche Initiative lähmende

die Zwischenzeit teilweise besonders geregelt ist (§§ 1958 ff.), daß ferner das Gesetz nur von zur Erbfolge Berufenen, nicht von eventuell Berufenen spricht (§§ 1930, 1953 II), steht nicht entgegen; im Gegenteil weisen die gesetzlichen Rückwirkungsanordnungen schon typischerweise auf einen der Bedingung eigenen Schwebezustand hin.

37 Die bloße Möglichkeit einer Schwangerschaft, aus der ein vorrangig Berufener hervorgehen könnte, würde dafür allerdings nicht genügen; sie müßte vielmehr feststehen, ähnlich wie im Fall der Erbunwürdigkeit zumindest Klage erhoben sein muß, vgl. KG, Recht 1929, Nr. 2004. Ein Erbschein könnte dem vorl. Erben bei feststehender Schwangerschaft wegen der auflösenden Bedingtheit seines Rechts und der naheliegenden Möglichkeit des Bedingungseintritts nicht erteilt werden.

38 Für den Fall der Ausschlagung wird die Anwendung des § 935 mit Rücksicht auf die eingeschränkte Rückwirkung zutreffend verneint, Palandt-Keidel, § 1953, Anm. 2 a bb; im übrigen ist die Frage streitig, vgl. Palandt-Degenhart, § 857, Anm. 2.

Inkonsistenz der rückwirkender Vernichtung ausgesetzten, den Sicherungsmaßnahmen des suspensiv bedingten Erben und des Nachlaßgerichts unterliegenden und mit scharfer Haftung bedrohten Rechtsstellung des vorläufigen Erben läuft im praktischen Effekt, und zwar je wahrscheinlicher der Bedingungseintritt ist, desto mehr, auf den Rechtszustand einer ruhenden Erbschaft hinaus. Damit aber dürfte den Belangen des aufschiebend bedingten Erben vollauf Genüge getan und eine Zufluchtnahme zu den überholten Rechtsfiguren einer ruhenden Erbschaft im Rechtssinne, einer deklarativen Pendenz der Erbrechte oder zu der Konstruktion einer Teilrechtsfähigkeit oder gar zu einer Vorverlegung des Beginns der Vollrechtsfähigkeit erübrigt sein. Die sozialethischen Aspekte der Stellung des nasciturus werden durch die nur auf Zweckmäßigkeitsgesichtspunkten beruhende rechtstechnische Regelung des Erbschaftserwerbs ohnehin nicht berührt.

Von anderer Art als die bisher behandelten Fälle fehlenden Rechtssubjekts sind der Schadensersatzanspruch des Unterhaltsberechtigten, der im Zeitpunkt der zum Tode führenden Verletzung des Unterhaltspflichtigen erzeugt, aber noch nicht geboren war (§ 844 II 2 BGB), und der Anspruch der Aktiengesellschaft auf Schadensersatz gegen pflichtwidrig handelnde Gründer und Mitverantwortliche gemäß §§ 46 ff. Aktiengesetz; da nämlich zum Entstehungstatbestand des Ersatzanspruchs aus unerlaubter Handlung – auch der Anspruch gemäß § 46 ff. Aktiengesetz ist deliktischer Natur – die Entstehung eines Schadens gehört, dieser aber erst mit der Geburt des Unterhaltsberechtigten bzw. mit der Entstehung der Gesellschaft eintritt, mangelt es einstweilen nicht nur an einem Erfordernis der Wirkung, sondern auch an einem solchen des Tatbestandes. Es besteht aber schon eine Anwartschaft – dieser Begriff ist nicht auf bedingte Rechtsverhältnisse zu beschränken –, ein Rechtsverhältnis im weiteren Sinn, das auch schon Gegenstand einer Feststellungsklage sein kann. Auch die Ansprüche auf Schadensersatz wegen vorgeburtlicher Gesundheitsschädigung sind in der Zwischenzeit bis zur Geburt noch nicht im technischen Sinn aufschiebend bedingt; es fehlt, abgesehen von der Entstehung des Rechtssubjekts, noch an der Rechtsgutverletzung und an der Schadensentstehung (die schädigende Handlung und die Rechtsverletzung können, wie z.B. bei der Errichtung eines fehlerhaften Baues, zeitlich auseinanderfallen). Auch für diese Fälle wäre eine Vorverlegung des Beginns der Rechtsfähigkeit auf den Zeitpunkt der Erzeugung, wie Selb dargetan hat[39], weder erforderlich noch genügend, da die schädigende Handlung auch schon der Erzeugung vorausgehen kann, die Frage des Erfordernisses der Präexistenz des Rechts im unverletzten Zustand also nur für einen Teil der Fälle umgangen würde.

---

39 Schädigung des Menschen vor der Geburt – ein Problem der Rechtsfähigkeit? in AcP 166, 76 ff. (106); siehe auch BGH, NJW 1953, 417; 1972, 1126.

2. Zeitweiliger Wegfall des Rechtssubjekts

Von einem (suspensiven) Schwebeverhältnis spricht man, wenn die Wirkung eines Rechtsgeschäfts oder eines gesetzlichen Tatbestandes, die Entstehung des begründeten Rechts, noch von einer aufschiebenden Bedingung oder Befristung abhängig ist. Eine solche Schwebelage kann sich – abgesehen von allen anderen Fällen ausstehender Wirksamkeitsvoraussetzungen – nicht nur bei einem Mangel des Subjekts bei der Begründung des Rechts, sondern auch bei einem Wegfall des Subjekts nach der Entstehung des Rechts ergeben, bis sich ein neues Subjekt einstellt und das Recht wiederaufleben läßt. Beispiele dieser vielfach im Sinne subjektloser Rechte gedeuteten Erscheinung bieten in der geltenden Rechtsordnung die Fälle indirekter Verknüpfung des Rechts mit der Person. Wird ein Grundstück derelinquiert, dann verlieren die mit ihm verbundenen Realrechte ihre Rechtseigenschaft und fallen in das Zwischenstadium zwischen Rechtsbegründung und -entstehung im dargestellten Sinn einer Gebundenheit des belasteten Subjekts und einer Anwartschaft zugunsten des künftigen berechtigten Subjekts zurück. Macht der Fiskus von seinem Aneignungsrecht Gebrauch, so erwirbt er mit dem Eigentum die Realrechte so, wie sie dem früheren Eigentümer zustanden. Positivrechtlich ergibt sich dies übrigens schon aus der Vorschrift des § 96 BGB, wonach die subjektivdinglichen Rechte als Bestandteile des Grundstücks anzusehen sind. In ähnlicher Weise ist im Fall der Dereliktion der Inhaberschuldverschreibung das Schicksal der verbrieften Forderung zu beurteilen, wenn man nicht davon ausgeht, daß der Aussteller jedem berechtigten Inhaber die Leistung nach Maßgabe des Urkundeninhalts verspricht, also jeder neue Eigentümer ein von der Rechtsstellung des Vorberechtigten unabhängiges selbständiges Forderungsrecht erwirbt.

Auch Enneccerus-Nipperdey weisen[40], wie vorher schon von Ihering in seiner Abhandlung über „Passive Wirkungen der Rechte"[41], auf die Parallelität des Vorstadiums bei der Bildung des Rechts vor dessen vollständiger Entstehung und des Zwischenstadiums bei nachträglichem vorübergehendem Wegfall des Rechtsträgers hin und sprechen von einer Gebundenheit des betreffenden Gutes für die Zwecke des künftigen Berechtigten, wenn bei der Neuentstehung eines Rechts alle Erfordernisse der Entstehung mit Ausnahme nur der persönlichen Zuständigkeit vorhanden sind, oder wenn zwischen dem Wegfall des Berechtigten und dem Zeitpunkt, in dem ein anderer an seine Stelle treten soll, ein zeitlicher Abstand liegt. Sachlich übereinstimmend bezeichnet von Tuhr den Eigentümer des belasteten Grundstücks als einstweilen gebunden, d.h. der Neuentstehung des belastenden Rechts ausgesetzt; die Gebundenheit des Objekts oder der objektive Rechtsbestand bleibe erhal-

40 Allg. Teil, § 75 III.

41 Jahrb. für die Dogmatik 10, 387 (406).

ten[42]. Dieser Gebundenheit der Person und Sache auf der Passivseite entspricht die sich als Folge daraus ergebende gesicherte Anwartschaft zugunsten des künftigen Berechtigten auf der Aktivseite.

Von Lübtow nimmt hingegen an[43], daß die Realrechte ebenso wie das aufgegebene Eigentum subjektlos würden, und hält der Ansicht von Tuhrs entgegen, daß sie den Rechtsgrund für die behauptete Gebundenheit voraussetze, aber nicht beweise: könne das Recht als subjektloses nicht fortbestehen, so könne auch kein Rechtsrest in Gestalt objektiver Gebundenheit des dienenden Grundstücks oder seines Eigentümers übrigbleiben, der die Restitution der Realrechte für die Zukunft offenhalte. Wenn aber der Begründungstatbestand des Rechts, falls zu dessen Entstehung nur noch eine Wirksamkeitsvoraussetzung fehlt, eine Gebundenheit des verlierenden Teils und eine Anwartschaft zugunsten des gewinnenden Teils hervorruft, so erscheint es mit Rücksicht auf die Vergleichbarkeit beider Rechtslagen als naheliegend und folgerichtig, den sich durch den vorübergehenden Wegfall des Rechtsträgers ergebenden Rechtszustand in gleicher Weise zu erklären. Die Vorstellung eines subjektlosen subjektiven Rechts erscheint ohnehin als fragwürdig[44] und jedenfalls hier wie dort entbehrlich, ebenso wie auch zur Erklärung des Fortbestehens der Belastungen des aufgegebenen Eigentums. Die Bestellung beschränkter dinglicher Rechte stellt sich zwar strenggenommen nicht als eine Verfügung über die Sache, sondern als eine solche über das Eigentum dar; durch diese Verfügung wird dem Erwerber des belastenden Rechts aber ein Teil der umfassenden Herrschaftsbefugnisse des Eigentümers übertragen[45]. Es wird ihm damit die Sache ebenso als unmittelbares Herrschaftsobjekt zugeordnet[46], wie sie der Herrschaft des Eigentümers unterworfen ist: „Das konstitutiv abgeleitete Recht besteht aus Befugnissen, die dem Mutterrecht entnommen sind; es hat daher dasselbe Objekt und dieselbe rechtliche Beschaffenheit wie das Mutterrecht: Rechte, die aus dem

---

42 Allg. Teil, Bd. I S. 76 ff.

43 Die Struktur der Pfandrechte und Reallasten, in Festschrift für H. Lehmann zum 80. Geb., S. 328 (381); ebenso Wolff-Raiser, Sachenrecht, § 78 Anm. 1; Hohner, Subjektlose Rechte, S. 81 ff., m.w.N.

44 Enneccerus, Suspensivbedingung, S. 75 Anm 124, bezeichnet sie als „Absurdität", v. Ihering, Jahrb. für die Dogmatik 10, 391, als „contradictio in adjecto", Oertmann, Rechtsb., S. 163, als „monströs", Esser, Wert und Bedeutung der Rechtsfiktionen, S. 169, als „stärkste Zumutung" und Enneccerus-Nipperdey, Allg. Teil, § 75 III Anm. 10, als an einem „inneren Widerspruch leidend". In Henles Allg. Teil heißt es S. 443: „Rechte ohne Subjekt anzunehmen, verträgt sich mit dem Wesen des subjektiven Rechts ebensowenig wie Rechte eines Tieres oder Haines."

45 v. Tuhr, Allg. Teil, Bd. II 1 S. 62 ff.

46 A.A. v. Lübtow, Die Struktur der Pfandrechte und Reallasten, S. 379 (nur mittelbare Mitergreifung).

Eigentum abgeleitet sind, haben die Sachen zum Objekt und sind dinglich; Rechte, die aus Forderungen abgeleitet sind, richten sich gegen den Schuldner und sind obligatorisch"[47]. So ist es nicht zu tadeln, wenn das Gesetz die belastende Verfügung als derivative Begründung von Rechten an der Sache auffaßt (vgl. § 1030: „Eine Sache kann in der Weise belastet werden, daß . . ."), und folgerichtig, wenn es zur Aufhebung des Eigentums nicht die Zustimmung der Inhaber belastender Rechte verlangt (vgl. §§ 928, 959 BGB). Wenn es hingegen zur Aufhebung und Änderung anderer belasteter Rechte die Zustimmung der Drittberechtigten vorschreibt (vgl. §§ 876, 1071, 1255 II, 1276 BGB) und damit die Verfügungsmacht des Inhabers des belasteten Rechts entsprechend beschränkt, so nur zu dem Zweck, die sich andernfalls ergebende verwirrte Rechtslage zu vermeiden[48].

---

47 v. Tuhr, a.a.O. S. 69.

48 v. Tuhr, a.a.O. S. 75; siehe auch Motive, Mugdan, Bd. III S. 302.

3. ABSCHNITT
DIE FRAGE DER ANWENDBARKEIT DER REGELN ÜBER DIE RECHTSGESCHÄFTLICHE BEDINGUNG

Die im Zusammenhang mit der Rechtsbedingung am meisten diskutierte Frage ist diejenige der (analogen) Anwendbarkeit der Sätze über die rechtsgeschäftliche Bedingung auf sie. Diese Frage legt das verbreitete Unverständnis bloß, da sie unterstellt, daß die Rechtsbedingung der eigenständigen Regelung entbehre und ihre Rechtsfolgen entlehnen müsse. Daß dem nicht so ist, haben die vorausgegangenen Abschnitte darzutun versucht. Zutreffend heißt es auch in den Motiven[1]: „Eine Bestimmung darüber zu treffen, ob und inwiefern die Vorschriften (über die Parteibedingung) auf Rechtsbedingungen . . . anwendbar seien, ist Abstand genommen. Es versteht sich von selbst, daß die für die in Frage kommenden Rechtsverhältnisse maßgebenden sonstigen Normen, die mit diesen Vorschriften übereinstimmen, aber auch von ihnen abweichen können, Anwendung zu finden haben."

Tatsächlich sind die rechtlich bedingten Verhältnisse im Gesetz, wenn auch in verstreuten Bestimmungen, weitgehend selbständig geregelt. Weitere derartige Rechtsverhältnisse können sich im Wege der Analogie zu diesen Bestimmungen ergeben (durch analoge Gewährung der Nachholbarkeit des fehlenden Wirksamkeitserfordernisses), insbesondere zu der Vorschrift des § 185 II BGB, die von den Gesetzesverfassern gerade zu diesem Zweck als allgemeine Maxime aufgestellt worden ist, und finden dann in ihnen zugleich ihre entsprechende Regelung (Gebundenheit usw.). Für ein Zurückgreifen auf die Vorschriften über die Geschäftsbedingung besteht hiernach kaum ein Bedürfnis. So gelten anstelle der §§ 158, 159, 161 I BGB Sonderregeln, wie z.B. die §§ 108, 115, 177, 184, 185 II, 1209 BGB.

Was sodann die Bestimmung des § 161 III BGB – Verweisung auf die Regeln über den gutgläubigen Rechtserwerb – anlangt, so erscheint eine Analogie zwar möglich, letztlich aber entbehrlich, da sich der Schutz des gutgläubigen Zwischenerwerbers, wie oben dargelegt, schon aus allgemeinen Erwägungen herleiten läßt und sich für den Fall der Gesetzesbedingung noch dazu aus dem richtigen Verständnis der Konvaleszenz von selbst ergibt.

Wenn der Vorschrift des § 162 BGB auf dem Gebiet der Rechtsbedingung keine vergleichbare gesetzliche Bestimmung gegenübersteht, so erklärt sich dies allein schon daraus, daß ein imperatives gesetzliches Erfordernis nicht im Wege der Fiktion durch ein wie immer geartetes Parteiverhalten ersetzt

1 Mugdan, Bd. I S. 491.

werden kann[2]. So hat z.B. der Gläubiger, wenn der Schuldner die Erteilung einer erforderlichen behördlichen Genehmigung wider Treu und Glauben vereitelt, keinen Anspruch auf Erfüllung, sondern allenfalls einen solchen auf Schadensersatz, wenn nämlich das Verhalten des Schuldners eine unerlaubte Handlung im Sinne des § 826 BGB darstellt[3]. Aus culpa in contrahendo läßt sich ein solcher Ersatzanspruch entgegen verbreiteter Meinung[4] nicht herleiten, da ein Verschulden während der Schwebezeit, also nach Vertragsabschluß, schwerlich noch unter diesen Gesichtspunkt eingeordnet werden kann. Eher ist eine vertragliche Haftung des Schuldners wegen Verletzung einer sich sinngemäß aus dem Vertrag ergebenden Mitwirkungspflicht zu erwägen[5]. Da die gesetzlichen Wirksamkeitsvoraussetzungen nicht notwendig die Wirksamkeit des Vertrages schlechthin, sondern mitunter nur dessen Vollwirksamkeit bedingen, erscheint eine unbedingt wirksame Verpflichtung des Schuldners, auf die Genehmigungserteilung hinzuwirken bzw. sie zumindest nicht zu vereiteln, nicht als von vornherein ausgeschlossen. Die teleologische Auslegung des jeweils in Rede stehenden gesetzlichen Erfordernisses kann vielmehr unter Umständen ein solches Ergebnis rechtfertigen.

So bleibt schießlich nur eine analoge Anwendung des § 160 BGB zu erwägen. Danach kann der bedingt Berechtigte im Falle des Eintritts der Bedingung Schadensersatz von dem anderen Teil verlangen, wenn dieser während der Schwebezeit das von der Bedingung abhängige Recht durch sein Verschulden vereitelt oder beeinträchtigt[6]. Aber auch diese Bestimmung ist für die Rechtsbedingung nicht sonderlich von Belang, einmal wegen der meist ohnehin Platz greifenden Rückwirkung und sodann – bei Verfügungen – wegen der regelmäßig schon bestehenden Haftung aus dem (unbedingten) Kausalverhältnis. Im übrigen bestehen keine Bedenken gegen eine rechtsähnliche Anwendung auf geeignete Fälle der Rechtsbedingung[7]. Ein gesetzliches

---

2 Gegen die Anwendbarkeit des § 162: RGZ 129, 357 (367); Enneccerus-Nipperdey, Allg. Teil, § 196 III; Flume, Allg. Teil, Bd. II § 40 1 g; Soergel-Knopp, § 162, Nr. 3; ebenso in bezug auf die vergleichbare Vorschrift des Art. 1359 cod. civ. ital.: Romano, „Condicio iuris" ed approvazione tutoria nei contratti della pubblica Amministrazione, in: Giurisprudenza ital. 1955 I 1, 583 ff., und die dort besprochene gewandelte Rechtsprechung des Kassationshofs; die Anwendbarkeit unter Einschränkungen bejahend: Oertmann, Rechtsb., S. 155; Kühne, Tatbestandsteilung, S. 80; zweifelnd Lehmann-Hübner, Allg. Teil, § 35 A VI 2 b.

3 RGZ 129, 357 (378).

4 Enneccerus-Nipperdey, a.a.O.; BGH, NJW 1970, 1414.

5 Flume, Allg. Teil, Bd. II § 40 1 g; OLG Hamburg, MDR 1972, 947.

6 Streitig ist die Tragweite der Vorschrift in ihrer Anwendung auf Verfügungsgeschäfte. Es dürfte der Auffassung der Vorzug gebühren, wonach die Ersatzpflicht auch den Einzelrechtsnachfolger des bedingt Verfügenden trifft (so Holtz, Der Schwebezustand bei bedingten Rechtsgeschäften, S. 61; dagegen Staudinger-Coing, § 160, Nr. 5). Die Pflicht zum Schadensersatz gem. § 160 ist ebenso wie die Verfügungsbeschränkung des § 161 an die Person des jeweiligen Inhabers der auflösend bedingten Rechtsstellung geknüpft.

Beispiel für diese Analogie bietet die Vorschrift des § 2179 BGB: tritt eine der Vermächtnisanordnung beigefügte aufschiebende Bedingung oder Befristung erst nach dem Erbfall ein oder wird der Bedachte erst nach dem Erbfall erzeugt oder bestimmt, so erfolgt der Anfall des Vermächtnisses erst mit dem Eintritt der Bedingung, des Termins, der Geburt oder der Bestimmung (§§ 2177, 2178 BGB); in der Zeit zwischen dem Erbfall und dem Vermächtnisanfall besteht ein Schwebeverhältnis, auf welches gem. § 2179 BGB die Regeln über das suspensiv bedingte Verpflichtungsgeschäft, in der Hauptsache also § 160 BGB, Anwendung finden. Besteht die Rechtsvereitelung oder -beeinträchtigung bei rechtlich bedingten Verfügungen in einer wirksamen Zwischenverfügung zu Gunsten eines Gutgläubigen, so läßt sich die Schadensersatzhaftung des Verfügenden auch auf § 823 II in Verbindung mit § 185 II 2 BGB stützen, da nämlich in der letzteren Bestimmung in bezug auf weitere Verfügungen des Nichtberechtigten ein Schutzgesetz zu Gunsten des früheren Erwerbers erblickt werden kann[8].

Nicht übertragbar auf das Gebiet der gesetzlichen Bedingungen sind die sog. Bedingungsverbote, Vorschriften also, die für gewisse Geschäftstypen die Beifügung einer gewillkürten Bedingung ausschließen; denn abgesehen von der Wirkungslosigkeit der rechtsgeschäftlichen Beifügung einer Rechtsbedingung ist die Zulässigkeit rechtlicher Bedingtheit ohnehin eigenständig geregelt. Der Funktion der rechtsgeschäftlichen Bedingungsklausel entspricht bei der gesetzlichen Bedingung der Rechtssatz, der die Nachbringung der Wirksamkeitsvoraussetzung zuläßt und damit das im einzelnen Fall abgeschlossene, aber noch unwirksame Geschäft dem Bedingungsmechanismus unterwirft. Während die Beifügung der gewillkürten Bedingung grundsätzlich zulässig ist, wie aus der gesetzlichen Normierung einzelner Verbote folgt, ist umgekehrt die Nachholung der gesetzlichen Wirksamkeitsvoraussetzung ausgeschlossen, soweit sie nicht ausdrücklich zugelassen ist. Die die Nachholbarkeit gewährenden Vorschriften (z.B. §§ 108, 185 II, 956, 1113 II BGB) enthalten teilweise Unterausnahmen für einseitige Rechtsgeschäfte (z.B. §§ 111, 1831 BGB), um dem Interesse des Geschäftsgegners an der Gewißheit der Rechtslage entgegenzukommen. Dieser Rechtsgedanke führt bei einseitigen Rechtsgeschäften im Rahmen des Sicherheitsbedürfnisses des Geschäftsgegners auch über die geregelten Fälle hinaus zum Ausschluß der Nachholbarkeit und würde z.B. eine einseitige Aufrechnung vor Eintritt der Aufrechnungslage verbieten, ähnlich wie auch auf dem Gebiet der Parteibedingung in diesem Rahmen Bedingungsfeindlichkeit über die ausdrücklichen Bedingungsverbote hinaus (z.B. §§ 388, 2180 BGB) angenommen wird[9].

---

7 So auch Oertmann, Rechtsb., S. 155; Larenz, Allg. Teil, § 31 I.

8 Dies wird zutreffend von Stracke, Zur Lehre von der Übertragbarkeit der Anwartschaft des Käufers unter Eigentumsvorbehalt, S. 110, erwogen.

9 Vgl. zu Vorstehendem v. Tuhr, Allg. Teil, Bd. II 1 S. 210 ff.

4. ABSCHNITT
DIE AUFLÖSENDE RECHTSBEDINGUNG

Wie die gewillkürten, so können auch die gesetzlichen Bedingungen aufschiebend oder auflösend wirken. Die auflösenden Rechtsbedingungen stellen eine Unterart der gesetzlichen Endigungsgründe von Rechtswirkungen dar, und man könnte vielleicht versucht sein, eine solche Unterteilung für rein theoretisch zu halten und für überflüssig zu erklären. Es ist aber nicht nur sinnvoll, etwa im Falle einer aufschiebend bedingten Verfügung die zwischenzeitliche Rechtsstellung des Verfügenden als auflösend bedingt zu kennzeichnen – seine Zwischenverfügungen wären von Rechts wegen auflösend bedingt –, sondern auch notwendig, die auflösende von der aufschiebenden Rechtsbedingung abzugrenzen; es kann nämlich mitunter, ähnlich wie bei den geschäftlichen Bedingungen, zweifelhaft sein, wie das vom Gesetz aufgestellte Erfordernis, mag es positiv oder negativ formuliert sein, näher zu verstehen ist, ob nämlich die Rechtswirkung durch das Ausbleiben des fraglichen Umstandes aufschiebend oder durch seinen Eintritt auflösend bedingt sein soll und umgekehrt (Beispiele siehe unten). Ob man dann das eine oder andere anzunehmen hat, ist nicht zuletzt für die Beweislastverteilung von Bedeutung. Aber auch darüber hinaus wird man der Erscheinung der auflösenden Rechtsbedingung eine eigenständige Bedeutung nicht absprechen können, mag auch ihre Abgrenzung von den sonstigen gesetzlichen Endigungsgründen nicht immer leicht zu vollziehen sein.

Als auflösende Gesetzesbedingungen sind solche Endigungsgründe in Betracht zu ziehen, die sich als die Entscheidung eines Schwebezustandes darstellen, also eines Provisoriums, das noch in dem einen oder anderen Sinn, je nachdem wie die Entscheidung ausfällt, in einen definitiven Zustand übergeführt werden soll. Es scheiden daher für die Annahme einer auflösenden Rechtsbedingung nicht nur die Fälle aus, in denen die Endigung der Rechtswirkung der normalen, planmäßigen Entwicklung des Rechtsverhältnisses entspricht, wie die Erfüllung der Obligation, die Verwertung der Pfandsache, der Tod des Nießbrauchers, sondern auch diejenigen, in denen die Rechtswirkung zwar endgültig eingetreten ist, aber durch ein unvorhergesehenes Ereignis, wie den Untergang der Pfandsache, eine außerordentliche Kündigung oder den Eintritt von sog. Leistungsstörungen, ein vorzeitiges Ende findet[1]. Es werden auch, schon aus Gründen der Analogie zu der Suspensivbedingung, nur solche Gestaltungen in Betracht zu ziehen sein, bei denen der einstweilen Berechtigte, ebenso wie der aufschiebend bedingt Verfügende, bereits gebunden ist,

---

1 Siehe zu Vorstehendem Oertmann, Rechtsb., S. 68.

d.h. den mit dem Bedingungseintritt erfolgenden Rechtsverlust nicht mehr aufhalten kann.

Oertmann will eine auflösende Rechtsbedingung dort annehmen, „wo der Grund für das spätere Unwirksamwerden des Geschäftes schon mit dessen anfänglichem Zustandekommen innerlich zusammenhing, wo man damals bereits mit der mehr oder minder naheliegenden Möglichkeit seines Unwirksamwerdens zu rechnen hatte"[2]. Von einem Unwirksamwerden des Rechtsgeschäfts kann aber nur dann gesprochen werden, wenn seine Wirkungen vollends wieder entfallen und nicht etwa für die Vergangenheit oder für die Weiterentwicklung des Rechtsverhältnisses Bestand behalten. Tatsächlich wird es sich bei der auflösenden Gesetzesbedingung, sieht man von den Fällen der Zwischenverfügung des aufschiebend bedingt Verfügenden ab (soweit nicht schon die aufschiebende Rechtsbedingung mit Rückwirkung versehen ist), in aller Regel um Endigungsgründe handeln, die mit Wirkung ex tunc eintreten, sofern sie ein Provisorium entscheiden, was man beispielsweise von der Aufrechnungserklärung (§ 389 BGB) nicht sagen kann. So ist die Rückwirkung für die auflösende wie für die aufschiebende Rechtsbedingung, wenn auch nicht begriffswesentlich, so doch mehr oder minder charakteristisch, für die erstere vielleicht noch mehr als für die letztere, wie ja die Rückwirkung überhaupt zum Wesen der „wahren Resolutivbedingung" gehört[3]. Die nicht mit Rückwirkung bekleidete, nach geltendem Recht also insbesondere die rechtsgeschäftliche auflösende Bedingung, entscheidet, gleichsam als ein ungewisser Endtermin, nicht über die Wirksamkeit des Rechtsgeschäfts, d.h. über den Eintritt von Wirkungen überhaupt, sondern nur über die Fortdauer der Wirkungen. Durch die Aufstellung des Grundsatzes der Nichtrückwirkung der Geschäftsbedingung hat so das Bürgerliche Gesetzbuch einen bemerkenswerten Unterschied zwischen der auflösenden und der aufschiebenden Bedingung geschaffen und den vollen Parallelismus beider, die Gleichheit der Wirkungen des Eintritts der aufschiebenden und des Ausfalls der entgegengesetzten auflösenden gewillkürten Bedingung und umgekehrt beseitigt.

Als Musterbild gesetzlicher auflösender Bedingtheit kann man die Anfechtbarkeit des Rechtsgeschäfts bezeichnen: „Das anfechtbare Rechtsgeschäft steht unter einer auflösenden Gesetzesbedingung, deren Eintritt besonderer Bestimmung zufolge rückwirkende Kraft hat"[4]. Daß die Anfechtbarkeit gewisse Nebenwirkungen äußert, indem sie bestimmten Dritten, die zur Anfechtung nicht berechtigt sind, eine aufschiebende Einrede gegen Ansprüche aus dem anfechtbaren Rechtsgeschäft gewährt (§§ 770, 1137, 1211 BGB), ändert nichts an der Tatsache, daß das Rechtsgeschäft einstweilen voll wirksam ist und durch Bestätigung oder ungenutzten Fristablauf endgültig wirksam

2 Rechtsb., S. 40.

3 Enneccerus-Nipperdey, Allg. Teil, § 194 III 2.

4 Motive, Mugdan, Bd. I. S. 473.

werden kann. Es ist hiernach nicht treffend, das anfechtbare Rechtsgeschäft als ungültig zu bezeichnen[5], ebenso wie der zutreffende Gesichtspunkt zurückgedrängt wird, wenn von „schwebender Nichtigkeit" geredet[6] und damit statt von auflösend bedingter Wirksamkeit von aufschiebend bedingter Nichtigkeit ausgegangen, die Bedingung in Ausweitung des Begriffes also nicht auf den Eintritt oder die Endigung einer Rechtswirkung, sondern auf den Eintritt einer rechtlichen Situation (Nichtigkeit) bezogen wird. Oertmann glaubt hier die Konstruktion einer resolutiven Rechtsbedingung verneinen zu müssen, weil der Unterschied zwischen Anfechtung und auflösender Bedingung dem zwischen Ungültigkeit und Unwirksamkeit entspreche[7]: „Die Ungültigkeitsgründe beziehen sich auf den geschäftlichen Tatbestand, die Unwirksamkeitsgründe im engeren Sinne auf eine Wirksamkeitsvoraussetzung, die mit dem geschäftlichen Geschehen selbst nicht unmittelbar zusammenhängt. Wie Nichtigkeit etwas anderes, sozusagen Schlimmeres ist als Unwirksamkeit, so auch resolutive Bedingtheit der Geschäftsgültigkeit etwas anderes und belangvolleres als eine solche aus der Geschäftswirksamkeit." Auch Falzea verneint das Vorliegen einer auflösenden Rechtsbedingung, weil die Anfechtbarkeit auf einem strukturellen Mangel des Tatbestandes, einem pathologischen Zustand des Rechtsgeschäfts beruhe[8].

Diese Gründe vermögen nicht zu überzeugen; die rechtliche Relevanz gewisser Willensmängel kann erst daraus gefolgert werden, daß ein Anfechtungsrecht gewährt wird, und es kann daher nicht umgekehrt die Anfechtbarkeit damit charakterisiert werden, daß sie aus einem im rechtlichen Sinn fehlerhaften Tatbestand hervorgehe. Wird die Anfechtung nicht erklärt, so ist und bleibt das Rechtsgeschäft trotz des Willensmangels, ebenso wie jedes andere nicht anfechtbare Rechtsgeschäft, voll wirksam; wird es aber angefochten, so ist es als von Anfang an nichtig anzusehen. Daneben noch von Ungültigkeit zu reden und überhaupt neben der einstweiligen Unwirksamkeit und der endgültigen Unwirksamkeit (Nichtigkeit) eine dem Gesetz unbekannte Kategorie der Ungültigkeit zu konstruieren, ist, wenn nicht unrichtig, so jedenfalls unzweckmäßig. Es läßt sich daher unter dem hier maßgeblichen Gesichtspunkt kein Unterschied zwischen der Anfechtung des anfechtbaren Rechtsgeschäfts und beispielsweise der Zurückweisung des Rechts des Dritten gemäß § 333 BGB konstruieren; in beiden Fällen hat die Bedingtheit ihren Grund im Zusammenhang mit bzw. in dem geschäftlichen Tatbestand, das eine Mal in

5 So z.B. v. Tuhr, Allg. Teil, Bd. II 1 S. 299, der an anderer Stelle (S. 278) aber zutreffend von resolutiver Pendenz spricht und auch zutreffend die deklarative Pendenztheorie ablehnt, wonach die Anfechtung lediglich die von Anfang an bestehende Nichtigkeit enthüllt (S. 299).

6 So Enneccerus-Nipperdey, Allg. Teil, § 202 II 1.

7 Rechtsb., S. 71.

8 La condizione, S. 324.

der Beeinflussung des erklärten Willens durch Irrtum, Täuschung oder Drohung und das andere Mal in dem auf Leistung an den Dritten gerichteten Geschäftsinhalt, und in beiden Fällen wird die in Rede stehende Rechtswirkung rückwirkend vernichtet[9].

Als weitere Beispiele gesetzlicher resolutiver Pendenz lassen sich, nicht zuletzt wegen der angeordneten Rückwirkung des Auflösungsgrundes, die Fälle des § 354 BGB (Unwirksamwerden des Rücktritts bei Verzug des Berechtigten mit der Rückgewähr und vergeblicher Fristsetzung), des § 379 III BGB (Unwirksamwerden der Hinterlegung durch Rücknahme der hinterlegten Sache), des § 1139 Satz 2 BGB (Unwirksamwerden des gutgläubigen Erwerbs einer nicht valutierten Darlehensbuchhypothek durch Eintragung eines Widerspruchs binnen Monatsfrist seit Eintragung der Hypothek) und des § 1977 BGB (Unwirksamwerden der Aufrechnung des (Nachlaß)gläubigers durch nachträgliche Anordnung der Nachlaßverwaltung oder nachträgliche Eröffnung des Nachlaßkonkurses) anführen[10]. In dem erstgenannten Fall (§ 354 BGB) folgt die Rückwirkung daraus, daß das Gesetz den Rücktritt unwirksam werden läßt, wenn nicht die Rückgewähr vor Ablauf der Frist erfolgt; indem der Rücktritt unwirksam wird, verliert er jede und damit auch die schon in der Vergangenheit gezeitigte Wirkung. Fraglich könnte allerdings sein, ob auch in diesem Fall ein einstweiliger Schwebezustand, also nur schwebende Wirksamkeit des Rücktritts, anzunehmen sei; Oertmann verneint dies, weil sich die Unwirksamkeit erst aus einer neuen Entwicklungsstufe des Verhältnisses ergebe[11].

Bei den genehmigungsbedürftigen Verträgen des Minderjährigen, des vollmachtlosen Vertreters und des Ehegatten kann der andere Teil den Genehmigungsberechtigten mit der Folge zur Erklärung über die Genehmigung auffordern, daß die Erklärung nur noch ihm gegenüber erfolgen kann und eine etwa vor der Aufforderung intern, d.h. dem Minderjährigen, dem Vertreter bzw. dem Ehegatten gegenüber erklärte Genehmigung oder Verweigerung (rückwirkend) unwirksam wird (§§ 108 II, 177 II, 1366 III, 1427 I BGB). Bis zur Genehmigung dieser und anderer genehmigungsbedürftiger Verträge ist der andere Teil unter gewissen Voraussetzungen zum Widerruf des Vertrages berechtigt (§§ 109 I, 178, 1366 II, 1427 II, 1643 III, 1830 BGB); der zulässige Widerruf beseitigt die gesetzlichen Zwischenwirkungen, die Genehmigungsfähigkeit dieser Verträge. Aufforderung[12] und Widerruf[13]

9 Zu § 333 siehe Motive, Mugdan, Bd. II S. 151; Planck-Siber, § 333, Anm. 1; Oertmann, Rechtsb., S. 40; a.A. (Suspensivbedingung) Blomeyer, Der unbestimmte Gläubiger, in Festschrift f. Rabel, Bd. I S. 307 (313).

10 Vgl. zu § 354: Palandt-Heinrichs, Anm. 2 (für Rückwirkung); zu § 379 III: Oertmann, Rechtsb., S. 39 Anm. 2.

11 A.a.O. S. 39 Anm. 2; S. 214.

12 v. Tuhr, Allg. Teil, Bd. II 1 S. 278, 279; Oertmann, a.a.O. S. 151, 214.

13 Oertmann, a.a.O. S. 41.

können hiernach ebenfalls als auflösende Bedingungen gekennzeichnet werden, die erstere für den Fall, daß schon eine interne Genehmigung oder Verweigerung vorliegt.

In einer Reihe von Fällen kann die Wirksamkeit einseitiger Rechtsgeschäfte dadurch vereitelt werden, daß der Geschäftsgegner das Rechtsgeschäft wegen ungenügender Legitimation des Erklärenden (§§ 111 Satz 2, 174, 410 I 2, 1160 II, 1831 Satz 2 BGB) bzw. – im Fall des Rücktritts gegen Zahlung eines Reugeldes – wegen Nichtentrichtung des Reugeldes (§ 359 BGB) unverzüglich zurückweist oder – im Fall des Rücktritts wegen Nichterfüllung der Verbindlichkeit und der Kündigung wegen Verzuges mit der Mietzinszahlung – unverzüglich die Aufrechnung erklärt (§§ 357, 554 I 3 BGB). Auch in diesen Fällen besteht ein einstweiliger Schwebezustand, der rückwirkend in dem einen oder anderen Sinn entschieden wird: indem das Gesetz das Rechtsgeschäft unwirksam sein läßt (die Neufassung des § 554 II in § 554 I 3 BGB läßt es unwirksam „werden"), wenn der Geschäftsgegner unverzüglich von seinem Zurückweisungs- bzw. Aufrechnungsrecht Gebrauch macht, verdeutlicht es, daß das Rechtsgeschäft je nach dem Ausgang des Schwebezustandes als von Anfang an wirksam bzw. unwirksam anzusehen ist[14].

Meinungsverschiedenheit besteht darüber, ob mit dieser gesetzlichen Formulierung auch schon der Frage vorgegriffen sei, ob die Geschäftswirkung durch die unverzügliche Zurückweisung bzw. Aufrechnung auflösend oder durch deren Unterbleiben aufschiebend bedingt sei. Planck[15] und von Tuhr[16] wollen dem Wortlaut des Gesetzes („ist unwirksam") entnehmen, daß das Unterbleiben der unverzüglichen Zurückweisung zur aufschiebenden Bedingung erhoben sei. Oertmann meint demgegenüber, daß es bei beabsichtigter suspensiver Bedingtheit näher gelegen hätte, die Wirksamkeit des Rechtsgeschäfts an das Unterbleiben einer unverzüglichen Zurückweisung statt die Unwirksamkeit an deren Vornahme zu binden[17]. Dieser letzteren Auffassung gebührt der Vorzug, und vor allem ist dem weiteren Argument Oertmanns zu folgen, daß entscheidend die Beweislastfrage für die Annahme einer Resolutivbedingung spreche: es sei unbillig, in der Durchführung fast unmöglich, dem Erklärenden den Beweis der Negative, des Unterbleibens der Zurückweisung, aufzuerlegen; dagegen trete man dem Erklärungsgegner nicht zu nahe, wenn man ihm einen Beweis dahin zumute, daß er sein Zurückweisungsrecht genutzt habe; besonders deutlich sei dies in den gleichartigen Aufrechnungsfällen (§§ 357, 554 BGB), da Rechtsaufhebungsakte bekanntlich von demjenigen zu beweisen seien, der sich auf die Rechtsaufhebung berufe.

---

14 v. Tuhr, Allg. Teil, Bd. II 1 S. 21, 22 Anm. 86; S. 278.

15 Vor §§ 104 ff., VI 6.

16 Allg. Teil, Bd. II 1 S. 205 Anm. 19; S. 278.

17 Rechtsb., S. 213; ebenso Staudinger-Coing, § 111, Nr. 8.

Die gleiche juristische Struktur wie die soeben besprochenen Fälle weist das dem Geschäftsgegner in § 396 I 2 BGB eingeräumte Widerspruchsrecht auf[18]: bei mehreren Aufrechnungsmöglichkeiten kann der Aufrechnungsgegner die von dem Aufrechnenden getroffene Bestimmung der gegeneinander aufgerechneten Forderungen durch unverzüglichen Widerspruch mit der Folge entkräften, daß – ebenso wie bei unterlassener Bestimmung – die gesetzliche Tilgungsreihenfolge des § 366 II BGB entsprechende Anwendung zu finden hat.

Im Fall des § 180 BGB (Vertretung ohne Vertretungsmacht bei einseitigen Rechtsgeschäften) ist weder die Nichtbeanstandung des Mangels durch den Gegner bzw. dessen Einverständnis eine aufschiebende[19] noch die Beanstandung bzw. das mangelnde Einverständnis eine auflösende Bedingung; vielmehr werden beide alternativen Erfordernisse vom Gesetz als gleichzeitig mit der Geschäftsvornahme („bei der Vornahme") angesehen. Es handelt sich um besondere Voraussetzungen der Nachholbarkeit der Wirksamkeitsvoraussetzung (Vertretungsmacht) und zugleich um tatbestandliche Erfordernisse des Genehmigungsrechts des Vertretenen.

Zu einigen Zweifeln könnte die Vorschrift des § 415 II 1 BGB Anlaß geben, wonach die zwischen Schuldner und Drittem vereinbarte befreiende Schuldübernahme im Falle der Verweigerung der Genehmigung seitens des Gläubigers als nicht erfolgt gilt. Diese im Vergleich zu der Regelung der anderen genehmigungsbedürftigen Verträge ungewöhnliche Formulierung könnte zu der Annahme verleiten, daß die Wirksamkeit der Schuldübernahme durch die Verweigerung der Genehmigung des Gläubigers auflösend bedingt sei[20]. Dem steht aber der Wortlaut des Absatz I entgegen, wonach die Wirksamkeit der Schuldübernahme von der Genehmigung des Gläubigers abhängt. Diese auch in den Fällen der §§ 108 I, 177 I, 458 I und 1829 I BGB wiederkehrende Wendung läßt kaum einen Zweifel daran, daß die Geschäftswirkung bis zur Erteilung der Genehmigung hinausgeschoben ist. Was mit der überladenen Fiktion der Nichtvornahme des an sich geschlossenen Vertrages gemeint ist, die übrigens auch nur im Verhältnis zu dem Gläubiger, nicht im Verhältnis zwischen den Vertragschließenden (Schuldner und Übernehmer) gilt, wo die Schuldübernahme im Zweifel als sog. Erfüllungsübernahme aufrechterhalten bleibt (§ 415 III BGB), erhellt aus ihrer Entstehungsgeschichte. Während nach § 315 II 2 des ersten Entwurfs die Verweigerung der Genehmigung deren spätere Erteilung nicht ausschließen, der Schwebezustand also bestehen bleiben sollte, wurde bei der zweiten Lesung angenommen, daß die Endgültigkeit der Verweigerung den Interessen der Kontrahenten besser

18 Vgl. v. Tuhr, a.a.O. S. 205 Anm. 19; Oertmann, Rechtsb., S. 39 Anm 1.

19 Dafür Oertmann, Rechtsb., S. 42.

20 So Oertmann, Rechtsb., S. 114, 115; anders S. 198 ff.

entspreche[21]. Der Sinn der Fiktion des § 415 II 1 BGB besteht somit nur in der endgültigen Beseitigung der bis zur Erklärung des Gläubigers über die Genehmigung bestehenden Schwebelage, insbesondere der bis dahin bestehenden Bindung des Schuldübernehmers, eine Rechtsfolge, die der Verweigerung der Genehmigung, wenn sie nicht nur im Sinne einer vorläufigen Ablehnung erklärt wird, auch sonst bei Schweigen des Gesetzes allgemein zugeschrieben wird: „Die Verweigerung, die sich nach außen hin als abschließende, auf die endgültige Vernichtung des schwebend unwirksamen Verfügungsgeschäfts gerichtete Willenserklärung darstellt, ist ein Rechtsgeschäft, das mangels einer besonderen gesetzlichen Ausnahmebestimmung den gewollten Erfolg auch erreicht“[22].

Verbreitete Verwendung findet der Gesichtspunkt der auflösenden Rechtsbedingung im Wechselrecht zur Erklärung des gesetzlichen Wiedererwerbs der Wechselforderung durch den den Wechsel einlösenden Regreßschuldner[23]. Danach steht jede indossatarische Übertragung des Wechsels unter der auflösenden Bedingung der Einlösung durch den Indossanten im Falle des Rückgriffs seitens eines Nachmannes. Diese Auffassung kann sogar als vorherrschend angesehen werden, soweit nicht die Theorie der Forderungsmehrheit vertreten wird, wonach der Indossant sein Wechselrecht nicht überträgt, sondern ein neues Recht des Indossatars entstehen läßt, die ihm verbleibende Forderung aber mangels des Papierbesitzes einstweilen nicht geltend machen kann. Sieht man – diese Ansicht dürfte vorzuziehen sein – in dem Indossament eine Übertragung der Wechselobligation, wenn auch mit spezifischen Wirkungen (im Hinblick auf den Einwendungsausschluß gem. Art. 17 WG), dann führt die Wechseleinlösung durch den Indossanten als Rückgriffsschuldner zu einem Wiedererwerb der Forderung (Art. 47 III, 49 WG).

Es kann nun zweifelhaft sein, ob der diesen Wiedererwerb auslösende Regreß, wie überwiegend angenommen wird, lediglich eine Resolutivbedingung der früheren Wechselindossierung oder aber neben dieser ein weiteres Tatbestandselement des Rückerwerbs darstellt. Diese Frage ist in jüngster Zeit von Pflug eingehend untersucht und zutreffend im letzteren Sinn entschieden worden[24]. Nicht beweiskräftig ist allerdings sein Argument, daß das Rechtsgeschäft der Indossierung auf Übertragung und nicht auf Rückerwerb

21 Siehe Protokolle, Mugdan, Bd. II S. 591.

22 RGZ 139, 118 (127).

23 Vgl. z.B. Staub-Stranz, Wechselgesetz (13. Aufl.), Art. 14, Anm. 7 und 9; Michaelis, Wechselrecht, Art. 10 WO, Anm 5; siehe ferner die Kommentare der KO zu § 54. Ulmer, Das Recht der Wertpapiere, S. 264, spricht ähnlich von einer Anwartschaft, einer gesetzlich begründeten Aussicht auf den Erwerb des Wechsels, die einer bedingten Forderung im Sinne des § 54 KO gleichstehe.

24 Der rücklaufende Wechsel, S. 41 ff.; zustimmend Baumbach-Hefermehl, 10. Aufl., Art. 14, Nr. 2.

des Wechsels gerichtet sei, da nicht eine aufschiebende, sondern eine auflösende Rechtsbedingung in Frage steht. Deshalb läßt sich auch nicht das nur für aufschiebende Gesetzesbedingungen gültige Kriterium verwenden, das die Tatbestandsstücke als geschehnishafte und die Wirksamkeitsvoraussetzungen als zuständliche Erfordernisse unterscheidet, abgesehen davon, daß die Rechtsbedingung selbst als Nachholung des zuständlichen Erfordernisses immer Geschehnischarakter hat. Mit Recht wird aber von Pflug auf das Fehlen eines Schwebeverhältnisses hingewiesen. Die Rechtsinhaberschaft des Indossatars kann nicht als ein Provisorium angesehen werden, dessen definitiver Bestand von dem Ausbleiben eines künftigen ungewissen Ereignisses abhängig wäre. Ob der Indossatar den Wechsel weiter überträgt oder von dem Bezogenen bezahlt erhält oder sich im Regreßwege Befriedigung verschafft, immer handelt es sich um eine die Wirksamkeit des Wechselerwerbs unberührt lassende und vielmehr erst auf ihr aufbauende Fortentwicklung des Rechtsverhältnisses, nicht um die Entscheidung eines Provisoriums, um ein nachträgliches Unwirksamwerden (im Falle des Regresses). Es verhält sich also nicht anders als mit den oben schon besprochenen gesetzlichen vertragsergänzenden Ansprüchen des allgemeinen Schuldrechts, wie insbesondere dem vergleichbaren Rückgriffsanspruch des Mitschuldners oder des Bürgen (der letztere erwirbt ihn ebenfalls zufolge einer cessio legis), die gleichfalls auf einem zusammengesetzten Tatbestand beruhen, wovon der Vertragsschluß nur eine der Komponenten bildet.

Ist hiernach die Vorstellung einer auflösend bedingten Indossierung des Wechsels und demgemäß eines aufschiebend bedingten Rückerwerbs desselben durch den Indossanten ebenso abzulehnen wie die Annahme eines bedingten Ausgleichsanspruchs des Mitschuldners oder des Bürgen, so darf doch die Rechtsanwendung nicht übersehen, daß diese Konstruktion und die darauf fußende Terminologie Verbreitung gefunden und beispielsweise der konkursrechtlichen Regelung der bedingten Ansprüche (§§ 54, 67 KO) zugrunde gelegen haben. Wie die Gesetzesmaterialien hierzu ergeben[25], haben die Verfasser auch die Regreßforderungen von Bürgen und Mitschuldnern, namentlich auch im Wechselverkehr, als gesetzlich bedingt und die fragliche Regelung auch für sie als zutreffend erachtet. Ein Wandel in der konstruktiven Auffassung kann selbstverständlich an dieser maßgeblichen gesetzlichen Wertung nichts ändern und daher die bleibende Anwendbarkeit der angezogenen Bestimmungen auf die in Rede stehenden Rechtsbeziehungen nicht in Frage stellen, zumal die Angemessenheit des Resultats außer Zweifel steht. Diese konkursrechtliche Gleichstellung der bedingten Forderungen im weiten, die Regreßforderungen umfassenden Sinn des Gesetzes mit den bestehenden Forderungen in § 54 KO hat auch Bedeutung für die Anwendbarkeit des Aufrechnungsverbotes des § 55 KO, die entsprechend eingeschränkt wird;

25 Hahn, Die gesammten Materialien zur KO, S. 260, 262.

darauf haben die Gesetzesverfasser ebenfalls ausdrücklich hingewiesen[26]. Ist also der Akzeptant in Konkurs gefallen und der Wechsel darauf von einem Rückgriffsschuldner eingelöst worden, dann kann dieser mit seinem Regreßanspruch gegen eine etwaige, schon vor Konkurseröffnung begründete Gegenforderung der Konkursmasse aufrechnen (§ 54 KO entgegen § 55 I Ziff. 2 KO)[27].

---

26 Hahn, a.a.O. S. 226.

27 Herrschende, wenn auch verschieden begründete Auffassung, siehe neuestens Pflug, Der rücklaufende Wechsel, S. 59 ff.

5. ABSCHNITT
DIE RECHTSBEDINGUNG BEI NICHTGESCHÄFTLICHEN TATBESTÄNDEN

Die Scheidung der Gesamterfordernisse der Geschäftswirkung in Tatbestandsstücke und Wirksamkeitsvoraussetzungen läßt sich nicht unbesehen auf das Gebiet der unmittelbar auf dem objektiven Recht beruhenden Rechtsverhältnisse übertragen; denn die Wirksamkeitsvoraussetzungen haben eine spezifische, auf das Rechtsgeschäft bezogene Funktion, indem sie dazu bestimmt sind, dem rechtsgeschäftlichen Handeln Wirksamkeitsschranken zu setzen. Dies schließt aber nicht aus, daß es auch außerhalb des rechtsgeschäftlichen Sektors sinnvoll sein kann, eine Untergliederung des Gesamttatbestandes der Rechtswirkung und eine verschiedene Wertung der einzelnen Erfordernisse der Rechtsentstehung vorzunehmen. Dies wird zunächst für den weiten Bereich der gesetzlichen vertragsergänzenden Regelungen anzunehmen sein, da sie an den Abschluß eines Rechtsgeschäfts anknüpfen und damit bereits rechtsgeschäftliche Elemente in sich aufnehmen. Als Beispiele seien die gesetzlichen Pfandrechte angeführt, die früher sogar als auf einer stillschweigenden Parteiabrede beruhend angesehen wurden und hinsichtlich deren das Gesetz teilweise auf die Regelung der vertraglichen Pfandrechte verweist. So erfordert das Vermieterpfandrecht z.B. nicht nur den wirksamen Abschluß eines Mietvertrages, sondern es wird auch das Einbringen der Pfandsachen, jedenfalls von einer verbreiteten Meinung, als eine geschäftsähnliche und damit Geschäftsfähigkeit voraussetzende Handlung angesehen[1]. Es können daher keine Bedenken bestehen, auch in dem Eigentum des Schuldners an den Sachen und in dem Bestehen der zu sichernden Forderungen in Analogie zum Vertragspfandrecht (nachholbare) Wirksamkeitsvoraussetzungen des Erwerbstatbestands zu sehen.

Ob es auch bei rein gesetzlichen Tatbeständen angebracht sein kann, zwischen Tatbestands- und Wirksamkeits- oder hier treffender Wirkungserfordernissen selbst dann zu unterscheiden, wenn die letzteren schon bei der Verwirklichung des Tatbestandes vorliegen müßten, wie z.B. die Deliktsfähigkeit des Täters bei unerlaubten Handlungen, mag dahinstehen; jedenfalls läßt sich auch für den außergeschäftlichen Bereich das Vorkommen von Schwebeverhältnissen wie bei bedingten Rechtsgeschäften nachweisen, zu deren Charakterisierung und besseren Verständnis der Gesichtspunkt der Rechtsbedingung allein geeignet ist[2]. Auch in der gemeinrechtlichen Literatur zur Rechtsbedin-

1 Enneccerus-Lehmann, Schuldrecht, § 131 I 1.

2 Vgl. Oertmann, Rechtsb., S. 38, 219 ff.

gung wurde deren Vorkommen bei gesetzlichen Tatbeständen von verschiedenen Autoren ausdrücklich hervorgehoben und mit zahlreichen Fällen aus dem römischen Recht belegt[3]. Anders als bei Rechtsgeschäften bestehen die Rechtsbedingungen bei nichtgeschäftlichen Tatbeständen nicht immer in Geschehnissen, durch welche zuständliche Voraussetzungen nachgeholt werden, sondern mitunter auch in sich gleichbleibenden Erfordernissen, mögen sie schon bei der Realisierung des Tatbestandes vorliegen oder erst nachträglich erfüllt werden, oder auch in notwendig nachträglich eintretenden Umständen.

Allgemeine Gesichtspunkte für die Scheidung der für das Dasein des Tatbestandes und dessen Wirkung erforderlichen Voraussetzungen lassen sich außerhalb des rechtsgeschäftlichen Bereichs wegen der Vielgestaltigkeit der Fälle kaum aufstellen. Im Gegensatz zu den typisierten rechtsgeschäftlichen Tatbeständen ist die Normierung gesetzlicher Rechtswirkungen nicht an Schemata gebunden. Häufig wird aber schon eine augenfällige Parallelität des gesetzlichen Erfordernisses zu entsprechenden Erscheinungen auf dem Gebiet der Rechtsgeschäfte, wie z.B. des Erfordernisses der Genehmigung, die Annahme einer gesetzlichen Bedingung nahelegen. So kann man den Aufwendungsersatzanspruch aus unerwünschter Geschäftsführung ohne Auftrag als durch die Genehmigung des Geschäftsherrn (§ 684 Satz 2 BGB) und den Verwendungsersatzanspruch des Besitzers als dadurch bedingt ansehen, daß der Eigentümer die Verwendung genehmigt oder die Sache wiedererlangt (§ 1001 BGB)[4].

Im übrigen ist immer entscheidend, ob die Rechtslage vor Eintritt des ausstehenden Erfordernisses bereits als ein dem bedingten Rechtsgeschäft vergleichbares Schwebeverhältnis mit Gebundenheit des verlierenden und gesicherter Aussicht des gewinnenden Teils des Erwerbsvorgangs zu werten ist. Ein solcher Schwebezustand liegt insbesondere immer dann vor, wenn dem ausstehenden Umstand Rückwirkung auf einen früheren Zeitpunkt, nämlich den Eintritt der konstitutiven Tatsachen, beigelegt ist, wie vor allem in den zahlreichen Fällen, in denen die Erbschaft dem (endgültigen) Erben erst nach dem Erbfall und mit Rückwirkung auf diesen anfällt.

Was die Nacherbschaft (§ 2100 BGB) und die Ersatzerbschaft (§ 2096 BGB) anlangt, so wird darüber gestritten, ob bei ihnen eine rechtsgeschäftliche oder eine gesetzliche Bedingung im Spiele sei. Oertmann hält die Nachberufung für rechtsgeschäftlich, die Ersatzberufung dagegen für gesetzlich bedingt und sieht die Richtigkeit der letzteren Beurteilung vor allem durch die angebliche Unanwendbarkeit des (nur für gewillkürte Bedingungen geltenden) § 2074 BGB bestätigt, wonach die aufschiebend bedingte letztwillige Zuwendung im

3 Siehe Eisele, Zur Lehre von den c'nes i., AcP 54, 109 (113); Kapler, Begriff und Wesen der c.i., S. 4; Scherbring, Natur und Wirkungen der c.j., S. 6 ff.

4 Oertmann, Rechtsb., S. 220, 221 (teilweise anders S. 66); vgl. auch den Wortlaut des dem § 1001 entsprechenden § 938 I des ersten Entwurfs.

Zweifel nur gelten soll, wenn der Bedachte den Eintritt der Bedingung erlebt[5]. Die mit dem Erbfall eintretende grundsätzliche Vererblichkeit der Position des Ersatzerben beruht aber nicht auf der vermeintlichen Unanwendbarkeit der vorgenannten Bestimmung, sondern darauf, daß die nach dem Erbfall eintretenden Wegfallgründe (Ausschlagung der Erbschaft, Erbunwürdigkeitserklärung usw.) vom Gesetz mit rückwirkender Kraft ausgestattet sind; soweit dies ausnahmsweise nicht zutrifft, entfällt auch die Vererblichkeit der Anwartschaft, so z.B. wenn der Ersatznacherbe in der Zeit zwischen dem Erbfall und dem Nacherbfall, aber vor dem ebenfalls in dieser Zeitspanne eintretenden Tod des aufschiebend bedingt eingesetzten Nacherben (§ 2108 II 2 BGB) verstirbt, falls nicht der Erblasser die Vererblichkeit der Ersatznacherbschaft ausdrücklich verfügt hat[6].

Aber auch davon abgesehen kann Oertmanns Auffassung bezüglich der Ersatzberufung nicht uneingeschränkt gefolgt werden. Die Frage nach der Natur der obwaltenden Bedingung ist vielmehr in beiden Fällen unterscheidend zu beantworten, je nachdem ob die *Einsetzung des Erben* oder der *Erwerb der Erbschaft* in Rede steht. Nicht nur die Berufung *(Einsetzung)* des Nacherben ist rechtsgeschäftlich bedingt bzw., wenn der Eintritt der Nacherbfolge an einen Anfangstermin geknüpft ist, befristet, sondern auch die Ersatzberufung steht unter rechtsgeschäftlicher Bedingung, beides sofern nicht eine schon bestehende Beschränkung der Testierfreiheit durch ausnahmsweise bindende Verfügung von Todes wegen (Erbvertrag oder unwiderrufliches gemeinschaftliches Testament) die unbedingte bzw. unbefristete Erbeinsetzung ausschließt, der Wirksamkeitsaufschub also nicht mehr auf dem freien Willen des Testators, sondern auf dem Gesetz beruht.

Der *Erwerb* der Erbschaft seitens des Nach- bzw. Ersatzerben steht hingegen unter gesetzlicher Bedingung bzw. – im Falle aufschiebend befristeter Einsetzung des Nacherben – unter gesetzlicher Befristung; denn begründender Tatbestand des Erwerbs von Todes wegen ist nicht die Testamentserrichtung, sondern, nicht anders als bei der gesetzlichen Erbfolge, der Tod des Erblassers, und die daran geknüpfte Rechtsfolge, die Universalsukzession, tritt kraft Rechtens ein. Ein gesetzlicher Erwerb kann aber nicht einer gewillkürten Wirksamkeitsvoraussetzung untergeordnet sein. Das Vorhandensein einer wirksamen, also auch nicht mehr bedingten Erbeinsetzung ist vielmehr (bei bedingter oder befristeter Berufung nachholbare) *gesetzliche* Voraussetzung dafür, daß die Erbschaft dem eingesetzten und nicht dem gesetzlichen Erben

5 A.a.O. S. 225 ff.; zur Ersatzberufung siehe auch v. Lübtow, Erbrecht, S. 364, m.w.N.

6 Vgl. Staudinger-Seybold, § 2096, Nr. 1; § 2108, Nr. 3 und Nr. 12. Bei Vererblichkeit der Nacherbschaft ist es in erster Linie Auslegungsfrage und im übrigen streitig, ob bei zwischenzeitlichem Tod des Nacherben dessen Erben oder die ausdrücklich oder stillschweigend (§ 2069) berufenen Ersatznacherben vorgehen, vgl. a.a.O. Nr. 7; v. Lübtow, a.a.O. S. 881 ff.

anfällt; nicht aber ist umgekehrt der Tod des Erblassers in Verbindung mit dem Überleben des Bedachten die Bedingung, unter der die Erbeinsetzung zur Wirkung gelangt[7]. Der Erwerb von Todes wegen ist immer, mag er auf der Grundlage einer gewillkürten oder einer legalen Berufung erfolgen, gesetzlicher Erwerb[8]. Das Testament hat nur die Funktion, der mit dem Tode des Testators unabänderlich eintretenden Rechtsnachfolge im ganzen oder nach Quoten oder bezüglich einzelner Gegenstände – in diesem letzteren Fall nur mittelbar, d.h. über eine in der Person des Erben entstehende Leistungsverpflichtung (§§ 2087 II, 2174 BGB) – eine andere Richtung zu geben. Der Unterschied zwischen den Verfügungen unter Lebenden und denen von Todes wegen ist grundlegend; der Begriff der Rechtsübertragung läßt sich auf die letzteren nicht anwenden. Das Testament bildet weder den Grund des Rechtsverlustes des Testierenden, noch den des Rechtserwerbs des Bedachten, sondern stellt – als Erbeinsetzung – nur eine Auswechselung des gesetzlichen Berufungsgrundes durch einen gewillkürten und damit wie jener nur eine Vorbedingung dafür dar, daß sich der in seiner Struktur immer unverändert bleibende gesetzliche Erwerbstatbestand (ganz oder teilweise) zu Gunsten des einen und nicht des anderen Subjekts vollzieht[9]. Daß die Errichtung des Testaments nicht zum Tatbestand der Erbfolge gehört, ihm vielmehr vorausgeht und im Wesen der Hervorrufung gesetzlicher Berufungsgründe (Geburt, Eheschließung) entspricht, hat auch Oertmann in anderem Zusammenhang zutreffend dargelegt[10]: „Der eigentliche Erwerbstatbestand, der beim bedingten Geschäft schon vorliegt, steht hier noch aus; die (zu ergänzen: auf Testament, Verwandtschaft oder Ehe beruhende) Erbberechtigung schafft nur die Vorbedingung dafür, daß er sich durch den Erbfall zu Gunsten des Erbanwärters vollziehen kann. Der Fall ist vielmehr eher dem eines ausschließlichen Aneignungsrechts zu vergleichen, wo der eigentliche Erwerbstatbestand gleichfalls noch aussteht, aber die Erwerbsberechtigung gleichfalls die unerläßliche Vorbedingung bildet, ohne die der demnächstige Erwerbstatbestand zugunsten des Anwärters nicht eintreten kann."

Die rechtliche Bedingtheit des Erbschaftserwerbs seitens des Nach- und Ersatzerben ergibt sich hiernach als Folge der rechtsgeschäftlichen oder ausnahmsweise auch rechtlichen Bedingtheit der Erbeinsetzung. Ganz ähnlich ist der Anfall der Vermächtnisforderung von Gesetzes wegen bis zu dem

---

7 So jedoch die h.L., vgl. v. Lübtow, a.a.O. 2. Halbband S. 99, m w.N.

8 Binder, Die Rechtsstellung des Erben, Bd. I S. 61 ff., 68, 69; Endemann, Lehrbuch des Bürgerlichen Rechts, Bd. III § 77 S. 336.

9 Vgl. zu Vorstehendem Nicolò, La vocazione ereditaria diretta e indiretta, in Annali di Messina, Bd. VIII S. 1 ff. (16 ff., 120), der auf das Vermächtnis allerdings nicht eingeht; kritisch dazu und a.A. (Testament als begründender Tatbestand, Erbfall und – nach dem Antrittssystem – Annahme als Wirksamkeitsvoraussetzungen) Falzea, La condizione, S. 267 Anm 73.

10 Rechtsb., S. 35.

Wirksamwerden der Vermächtnisanordnung suspendiert, wenn der Erblasser dieser eine aufschiebende Bedingung beigefügt hat, die im Zeitpunkt seines Ablebens noch aussteht (§ 2177 BGB). Eine solche „mittelbare Bedingtheit" der Rechtswirkung, die sich daraus herleitet, daß die erforderliche gesetzliche Voraussetzung ihrerseits (faktisch oder rechtlich) bedingt ist, kommt auch sonst vor, wie im rechtsgeschäftlichen Bereich namentlich bei der Verfügung über bedingte Rechte, und wurde im gemeinrechtlichen Schrifttum zur condicio iuris an Hand mannigfacher Beispiele aus dem römischen Recht dargestellt[11].

Aufschiebend bedingt ist auch, jedenfalls nach überwiegender Auffassung[12], der Pflichtteilsanspruch des beschränkten oder beschwerten Erben gem. § 2306 I 2 BGB; er ist in seinem Bestand davon abhängig, daß der Pflichtteilsberechtigte den ihm hinterlassenen Erbteil ausschlägt („... so kann der Pflichtteilsberechtigte den Pflichtteil verlangen, wenn er den Erbteil ausschlägt"). Da die Ausschlagung gem. § 1953 I BGB zurückwirkt, gilt der Anspruch nach der Ausschlagung als mit dem Erbfall entstanden. Die u.a. vom Reichsgericht in dem Urteil vom 10.11.1930 vertretene Gegenmeinung[13], die den Anspruch für unbedingt hält und lediglich dessen Geltendmachung von der Ausschlagung abhängen läßt, stützt sich auf den Wortlaut des § 2332 III BGB, wonach die Verjährung des Anspruchs nicht dadurch gehemmt wird, daß der Anspruch erst nach der Erbschaftsausschlagung geltend gemacht werden kann. Diese Bestimmung erklärt sich aber ohne weiteres aus der Rückwirkung der Ausschlagung; wenn auch der Fiktion der Rückwirkung im allgemeinen kein Einfluß auf Fristenläufe beigemessen werden kann, so besteht doch zu dieser Einschränkung kein Anlaß, wenn die Entstehung des Anspruchs wie hier nur von einer ins Belieben des Berechtigten gestellten Willenserklärung abhängig ist (vgl. auch § 200 BGB). Im Grunde genommen offenbart die erwähnte, im Ergebnis zutreffende Entscheidung des Reichsgerichts selbst die Unrichtigkeit der ihr zugrundegelegten Rechtsmeinung. Ist der Pflichtteilsberechtigte als Nacherbe eingesetzt (§ 2306 II BGB), die Nacherbschaft nach dem Willen des Erblassers nicht vererblich und verstirbt der Pflichtteilsberechtigte vor Eintritt des Nacherbfalls und vor Ausübung des Ausschlagungsrechts (§ 2142 I BGB), dann soll danach der Pflichtteilsanspruch zwar auf den Erben übergehen (§ 2317 II BGB), von diesem aber niemals geltend gemacht werden können, weil das Ausschlagungsrecht nur zusammen mit der auszuschlagenden Erbschaft vererbt werden könne, der Erbe des Nacherben daher in dem gegebenen Fall keine Möglichkeit mehr habe, die Nacherbschaft seines Erblassers auszuschla-

11 Siehe z.B. Kapler, Begriff und Wesen der c.i., S. 14.

12 Staudinger-Ferid, § 2317, Nr. 6; Kipp-Coing, Erbrecht, § 9 III 3.

13 JW 1931, 1354; ebenso v. Lübtow, Probleme des Erbrechts, S. 33 ff., m.w.N. zu den beiderlei Ansichten.

gen. Dies zeigt aber, daß der Erbe einen niemals zu verwirklichenden Anspruch, d.h. ein rechtliches Nichts erworben, in Wirklichkeit also noch gar kein Recht bestanden hat und daß mit der Verneinung des Anspruchs – wegen Fehlschlagens der Bedingung – das Ergebnis viel überzeugender zu begründen gewesen wäre, während die Gegenmeinung leicht dazu verleiten könnte, mit dem Anspruch auch die Möglichkeit seiner Ausübung, d.h. das Ausschlagungsrecht, als vererbt anzusehen[14].

Ein weiteres Beispiel bietet der Eigentumserwerb des Finders; er steht unter der aufschiebenden Bedingung, daß der Empfangsberechtigte die ihm vom Finder zur Erklärung über seine Ansprüche gesetzte Frist ungenutzt verstreichen läßt (§ 974 BGB) oder binnen Jahresfrist weder dem Finder bekannt wird, noch sein Recht bei der Polizeibehörde anmeldet (§ 973 I BGB) und daß der Finder nicht vorher auf seine Eigentumsanwartschaft verzichtet (§ 976 I BGB). Meinungsverschiedenheit besteht darüber, ob der Eigentumserwerb des Finders auf den Zeitpunkt des Fundes zurückzubeziehen sei[15], jedoch Einigkeit darin, daß die zwischenzeitlichen Nutzungen im Fall des Bedingungseintritts dem Finder zustehen. Das gleiche wird dann auch für die inzwischen entstandenen Schadensersatzansprüche gegen Dritte zu gelten haben. Damit dürfte aber in der Sache die Rückziehung zugestanden sein, die auch ungeachtet des entgegenstehenden Gesetzeswortlauts der ratio iuris entsprechen dürfte und deren Grund von Staudinger-Kober zutreffend in dem Aneignungscharakter des Fundes erblickt wird, der die Rückwirkung auf die Inbesitznahme der Sache als die entscheidende Tatsache rechtfertige.

Eine suspensive Pendenz kann sich auch bei der dinglichen Surrogation ergeben, wenn diese davon abhängt, daß ein Recht mit Mitteln eines bestimmten Vermögens erworben wird. Was beispielsweise der Erbschaftsbesitzer mit Mitteln der Erbschaft erwirbt, gehört dem Erben (§ 2019 BGB; ähnlich §§ 1646, 2111 BGB). Solange die Mittel noch nicht (oder noch nicht rechtswirksam) aufgewendet sind, die durch Kauf erworbene Sache z.B. noch nicht bezahlt ist, gehört sie dem Erbschaftsbesitzer; erst die Bezahlung (mit eigenen oder Mitteln der Erbschaft) entscheidet darüber, ob der Erbschaftsbesitzer Eigentümer bleibt, oder ob das Eigentum kraft Gesetzes auf den Erben übergeht[16]. Ganz ähnlich wurde im römischen Recht (vgl. Dig. 21, 1, 43, 10; 41, 1, 43, 2; 7, 1, 25, 1) der Rechtserwerb des im Nießbrauch stehenden Sklaven behandelt, der je nachdem aus welchem Vermögen die Gegenleistung bestritten wurde, entweder dem Eigentümer oder dem Nieß-

14 Herzfelder, JW 1931, 1354.

15 Für Rückwirkung z.B. RGRK-Johannsen, § 973, Anm. 5; Staudinger-Kober, § 973, Nr. 3; dagegen Wolff-Raiser, Sachenrecht, § 82 VII 1.

16 v. Tuhr, Allg. Teil, Bd. I S. 74; eine grundsätzlich abweichende, engere Auslegung des § 2019 (bloße Fiktion für den Fall der Erhebung des Erbschaftsanspruchs) vertritt Bernhöft, Zur Lehre von den Fiktionen, S. 10 ff.

braucher zufiel, allerdings wohl ohne provisorischen Zwischenerwerb des einen oder anderen („... et ideo neutri eorum redhibitoria competit", Dig. 21, 1, 43, 10)[17]. Ob der Surrogationserwerb in den fraglichen Fällen auf den Zeitpunkt des Erwerbsgeschäfts zurückwirkt, ist Gegenstand einer Kontroverse[18]. Die bejahende Ansicht dürfte den Vorzug verdienen, da das Gesetz ganz auf den Zeitpunkt des rechtsgeschäftlichen Erwerbs abstellt („... so geht mit dem Erwerb das Eigentum auf das Kind über", § 1646 I BGB) und den Fall des Schwebezustandes im Ergebnis offenbar auch nicht anders behandelt wissen will. Im übrigen wären bei dem bedingten gesetzlichen Erwerb nicht anders als bei bedingten Rechtsgeschäften auch ohne Rückwirkung eine Gebundenheit des verlierenden und eine Anwartschaft des gewinnenden Teils des Erwerbsvorgangs anzunehmen und bei schuldhafter Rechtsbeeinträchtigung oder -vereitelung während der Zwischenzeit eine Schadensersatzpflicht des ersteren in Analogie zu § 160 BGB zu erwägen, soweit nicht ohnehin spezielle Vorschriften eingreifen, wie insbesondere hinsichtlich der Anwartschaft des Nacherben.

Aufschiebend bedingt sind ferner, um noch einige Beispiele zu bringen, die Ersatzansprüche des Vorerben gegen den Nacherben gem. §§ 2124 II 2 und 2125 I BGB; sie entstehen nur „im Falle des Eintritts der Nacherbfolge". Der Schadensersatzanspruch des Käufers einer Mobilie wegen des besitzgewährenden Rechts eines Dritten gem. §§ 440 I, 325 BGB, ein gesetzlicher vertragsergänzender Anspruch in dem oben entwickelten Sinn, kann als durch die Herausgabe der Sache bzw. die übrigen in § 440 II–IV BGB genannten Umstände bedingt angesehen werden[19]. Der Abfindungsergänzungsanspruch des Hoferben gem. § 13 der Höfeordnung ist dadurch bedingt, daß der Hoferbe den Hof innerhalb bestimmter Fristen veräußert[20]. Was die Zwischenwirkungen solcher rechtlich bedingter Ansprüche anlangt, Erhaltung der Haftungsgrundlage usw., so kann auf die obigen Ausführungen zu den Rechtsfolgen gesetzlich bedingter Verpflichtungsgeschäfte verwiesen werden. Der gesetzliche Forderungsübergang gem § 1542 RVO ist nicht durch die Gewährung sachlich und zeitlich kongruenter Leistungen des Sozialversicherers aufschiebend, sondern durch ihre Nichtgewährung auflösend bedingt[21].

---

17 Die Pandektendoktrin nahm überwiegend deklarative Pendenz an, vgl. Enneccerus, Rechtsgeschäft, S. 232.

18 Bejahend Hellwig, Grenzen der Rückwirkung, S. 30; verneinend v. Tuhr, a.a.O. Anm. 26.

19 Vgl. zu den angeführten und weiteren Beispielsfällen Langheineken, Anspruch und Einrede, S. 84, 74 ff., dessen Unterteilung in bedingt wirksame und (im engeren Sinn) bedingte Ansprüche aber nicht zu folgen ist; siehe ferner Oertmann, Rechtsb., S. 38, 219 ff.

20 BGHZ 39, 275 (277).

21 Vgl. RGZ 72, 430 (434); BGH, NJW 1960, 1452.

Weitere Beispiele resolutiver Pendenz bei nichtgeschäftlichen Tatbeständen bieten vor allem die Fälle, in denen ein Erbe nachträglich und mit Rückwirkung auf den Zeitpunkt des Erbfalls einem anderen, dem endgültigen Erben weicht. Ferner lassen sich in diesem Zusammenhang die Vorschriften über den nachträglichen rückwirkenden Wegfall der Unterbrechung der Verjährung und Ersitzung gem. §§ 212 und 940 II BGB anführen; die Verjährungsunterbrechung durch Klageerhebung kann als durch Klagerücknahme oder Prozeßabweisung und nicht fristgemäße Wiederholung der Klage, die Ersitzungsunterbrechung durch unfreiwilligen Verlust des Eigenbesitzes als durch die Wiedererlangung des Besitzes nach Maßgabe der Vorschrift auflösend bedingt angesehen werden.

6. ABSCHNITT
BEDINGUNG UND RÜCKWIRKUNG

1. Die Zweitrangigkeit der Rückwirkungsfrage – Die rechtliche Bedeutung des vollendeten Rechtsgeschäfts

Fitting leitet seine Untersuchung „Über den Begriff der Rückziehung" mit den Worten ein: „Es ist gewiß eine der wichtigsten und interessantesten Fragen in der ganzen Rechtswissenschaft, ob und inwieweit der erfüllten Bedingung eine rückwirkende Kraft zuzuschreiben sei. Schon unter den großen Gelehrten des sechzehnten Jahrhunderts wurde darüber lebhaft verhandelt, und in unseren Tagen ist der Streit aufs neue wieder angeregt worden." Nach Windscheid ist „die Frage, ob der erfüllten Bedingung rückwirkende Kraft zukommt oder nicht, . . . eine der am meisten besprochenen Fragen des Pandektenrechts"[1]. Auch soweit die Rückziehung bejaht wurde, herrschte Streit über ihren Sinn, Umfang und Grund. Teils wurde sie für die faktische Bedingung behauptet und für die rechtliche Bedingung geleugnet oder umgekehrt, teils für beide bejaht oder verneint; einzelne gingen von der Rückwirkung der Geschäftsbedingung oder von ihrer Nichtrückwirkung als Regel aus, während andere sie hinsichtlich des Erwerbs, nicht hinsichtlich der Ausübung des Rechts, für obligatorische, nicht für dingliche Rechte, nur für die aufschiebende oder nur für die auflösende Bedingung oder nur bei entsprechender Willensrichtung der Vertragschließenden annahmen. Auch für die Rechtsbedingung wurde verschiedentlich eine differenzierende Lösung vertreten. In ihren praktischen Auswirkungen war die Kontroverse freilich dadurch gemildert, daß, auch soweit die Retrotraktion abgelehnt wurde, eine dingliche Gebundenheit des bedingt Verfügenden angenommen wurde[2].

Das Bürgerliche Gesetzbuch hat die Rückwirkung für die Geschäftsbedingung abgelehnt (§ 158 BGB), für die Rechtsbedingung jedoch in unterschiedlichen Formulierungen weitestgehend angeordnet, so in den oben bereits abgehandelten Fällen der §§ 84 (bezüglich des Vermögenserwerbs der Stiftung), 108 II 1, 110, 111 Satz 2, 115, 142, 174 Satz 1, 177 II 1, 184, 212, 263 II, 333,

---

1 Pandektenrecht, Bd. I § 91 Anm. 1.

2 Siehe zu Vorstehendem z.B. Windscheid, a.a.O.; Regelsberger, Pandekten, S. 573; Dernburg, Pandekten, Bd. I § 82, § 111; v. Vangerow, Pandekten, Bd. I § 95 II; v. Scheurl, Nebenbestimmungen, S. 182 ff.; Eisele, Das Dogma von der rückwirkenden Kraft der erfüllten Suspensivbedingung, AcP 50, 253; Wendt, Das bedingte Forderungsrecht, S. 22.

354 Satz 2, 357, 359, 379 III, 396 I 2 (2. Fall), 410 I 2, 415 II 1, 554 I 3, 940 II, 1139 Satz 2, 1160 II, 1366 III 1, 1427 I, 1831 Satz 2, 1923 II, 1953, 1977, 2344, ferner bezüglich des Erbschaftserwerbs auch in den Fällen der §§ 1733 III, 1753 III, 1770, 1770 c BGB und Art. 86 EGBGB. Für weitere Gesetzesbestimmungen wird in der Rechtslehre vereinzelt Rückwirkung über den Wortlaut hinaus auf Grund der ratio legis angenommen, so in den Fällen der §§ 315, 973 I BGB[3]. Der innere Grund dieser unterscheidenden Behandlung beider Bedingungsarten ist darin zu sehen, daß die Vertragsparteien mit der Setzung der Geschäftsbedingung im allgemeinen zugleich einen Aufschub bzw. (bei auflösender Bedingung) eine gewisse Dauer der Geschäftswirkung bezwecken (im übrigen können sie Rückwirkung mit obligatorischer Kraft vereinbaren), während es im Fall der Gesetzesbedingung in der Regel dem Willen der Parteien (nach § 184 I BGB können sie die Rückwirkung auch ausschließen) und bei gesetzlichen Tatbeständen und auflösenden Rechtsbedingungen jedenfalls der legislatorischen Absicht entspricht, das Rechtsverhältnis im Falle des Eintritts der Bedingung nach Möglichkeit in jeder Beziehung so zu gestalten, wie wenn das anfängliche Hindernis nicht bestanden hätte, bzw. bei auflösender Bedingung, wie wenn das Recht nicht entstanden wäre. Nur soweit die Vorstellung einer Rückziehung der Wirkungen Schwierigkeiten bereitet, wie beim einstweiligen Fehlen von Rechtssubstraten, z.B. bei Geschäften zu Gunsten künftiger Personen, oder bei der Pfandbestellung für künftige oder bedingte Forderungen im Hinblick auf den Grundsatz der Akzessorietät, oder soweit die Rückziehung zu sachwidrigen Ergebnissen führen würde, wie bei der Konvaleszenz der Verfügung des Nichtberechtigten durch Rechtserwerb oder Beerbung, ist von ihrer Anordnung Abstand genommen und statt dessen, um dennoch nach Möglichkeit den Geschäftserfolg zu gewährleisten, in Übereinstimmung mit der Regelung der geschäftlich bedingten Verfügungen (§ 161 BGB) das Prinzip des Altersvorzugs aufgestellt (§§ 185 II 2, 1209 BGB). Die Retrotraktion ist hiernach für die erfüllte Rechtsbedingung nach geltendem Recht zwar nicht begriffswesentlich, aber doch mehr oder weniger eigentümlich.

Die Frage, ob die erfüllte faktische oder rechtliche Bedingung zurückwirkt oder nicht, hat allerdings im Ergebnis, wie nach gemeinem Recht, nur eine beschränkte Bedeutung. Für die einer Parteibedingung unterliegenden Rechtsgeschäfte ergibt an Stelle der Rückwirkung die Vorschrift des § 160 BGB die Haftung des bedingt Versprechenden bzw. Verfügenden für ein Verschulden während der Schwebezeit. Für bedingte Verfügungsgeschäfte folgt der Schutz gegen Zwischenverfügungen, wenn nicht aus angeordneter Rückwirkung, so aus dem Prinzip des einfachen Altersvorzuges. Die darauf beruhende Beschränkung der sachlichen Verfügungsbefugnis des bedingt Verfügenden wird auch durch nachfolgende Beschränkungen seiner persönlichen Verfü-

3 v. Tuhr, Allg. Teil, Bd. II 1 S. 149 Anm. 29; Staudinger-Kober, § 973, Nr. 3.

gungsbefugnis nicht berührt und bindet daher beispielsweise auch den Konkursverwalter.

Das Prinzip des Altersvorzuges findet sich für die geschäftlich bedingten Verfügungen auch im schweizerischen Recht, wo es in Art. 152 III OR heißt: „Verfügungen während der Schwebezeit sind, wenn die Bedingung eintritt, insoweit hinfällig, als sie deren Wirkung beeinträchtigen." Ein anderes legislatives Mittel zur Sicherung des bedingten Erwerbs ist die Anordnung der mittelbaren Bedingtheit der Zwischenverfügungen, wie sie in Art. 1357 cod. civ. ital. für die geschäftlich bedingten Verfügungen enthalten ist: „Wer ein aufschiebend oder auflösend bedingtes Recht hat, kann während der Schwebezeit darüber verfügen; die Wirkungen einer jeden Verfügung unterliegen jedoch derselben Bedingung." Diese Bestimmung gilt nach überwiegender Ansicht sowohl für die Zwischenverfügungen desjenigen, der ein Recht unter einer aufschiebenden Bedingung veräußert oder unter einer auflösenden Bedingung erworben hat, als auch für die Weiterverfügungen desjenigen, der ein Recht unter einer aufschiebenden Bedingung erworben oder unter einer auflösenden Bedingung veräußert hat, und beinhaltet daher einerseits die Entkräftung der Zwischenverfügungen und andererseits die Erstarkung der Weiterverfügungen bei Eintritt der Bedingung. Für diese Regelung ist das in Art. 1360 Abs. I cod. civ. ital. aufgestellte Rückwirkungsprinzip bedeutungslos, zumal es für die Verteilung der zwischenzeitlichen Früchte nicht gilt (Art. 1361 Abs. II cod. civ. ital.) und nach einer neueren Ansicht seiner wichtigen Ausnahmen wegen ohnehin der praktischen Relevanz entbehrt und „allenfalls eine vom Gesetzgeber kundgegebene theoretische Rechtfertigung einiger Aspekte der Bedingungsregelung" darstellt[4]. Das französische Recht beläßt es für den Schutz der Zwischenverfügungen bei dem für die Geschäftsbedingung allgemein aufgestellten Rückwirkungsprinzip (Art. 1179 cod. civ. f.)[5].

Alle genannten Anordnungen – Rückwirkung, Altersvorzug oder mittelbare Bedingtheit – sind nur verschiedene gesetzestechnische Mittel, um die dogmatisch als dingliche Gebundenheit des Verfügenden, als Beschränkung seiner Verfügungsmacht, zu verstehende gesetzliche Zwischenwirkung des bedingten Verfügungsgeschäfts zu statuieren, die das Gesetz auch unmittelbar hätte aussprechen können, indem es beispielsweise bestimmt, daß der bedingt Verfügende während der Schwebezeit nur noch unbeschadet der bedingt getroffenen Verfügung disponieren kann. Es ist daher unzutreffend, die Rückwirkung als Wesensmoment der Bedingung anzusehen und den Altersvorzug gem. § 161 BGB und die Schadensersatzpflicht gem. § 160 BGB, wie es

4 Pelosi, La pretesa retroattività della condizione, in Rivista trim. di diritto e procedura civile, 1968, S. 825 ff. (936).

5 Zur Rechtsvergleichung im übrigen siehe Schwarz, „Bedingung", Rechtsvergleichendes Handwörterbuch, 2. Bd. S. 391.

gelegentlich noch geschieht[6], als Rückwirkungserscheinungen „erklären" zu wollen.

Man kann sich sogar die Frage stellen, ob nicht die Gebundenheit des bedingt Kontrahierenden schon aus dem Wesen des bedingten Rechtsakts als vollendeten Rechtsgeschäfts folge und überhaupt der gesetzlichen Anordnung bedürfe. Diese unter dem geltenden Recht beispielsweise von Planck-Brodmann im Zusammenhang mit der Problematik des § 956 BGB zum Ausdruck gebrachte Rechtsansicht[7] beruht letztlich auf einer zutreffenden Erfassung der Funktion und der Bedeutung des Rechtsgeschäfts und seiner Wirksamkeitsvoraussetzungen. Die Verzögerung der Wirkungen dient der Wahrung des Wirksamkeitserfordernisses, nicht aber bezweckt sie, den Geschäftserfolg darüber hinaus zu beeinträchtigen. Das Fortbestehen der Unsicherheit über die Wirkungsmöglichkeit des Rechtsgeschäfts bei Eintritt der ausstehenden Bedingung ist weder eine logisch zwingende, noch auch nur eine von den Parteien oder der Rechtsordnung beabsichtigte Nebenfolge des Wirkungsaufschubs. Wenn die Geschäftswirkung nach dem Willen der Parteien oder dem des Gesetzes einem zukünftigen ungewissen Ereignis untergeordnet sein soll, so heißt dies, daß sie davon und nicht auch noch von weiteren Umständen, wie dem Unterbleiben von Zwischenakten und dergleichen, abhängen soll, mit anderen Worten, daß das Rechtsgeschäft, wenn das die Wirksamkeit bedingende Ereignis eintritt, wirksam werden soll und nicht nur wirksam werden kann. Die schwebende Bedingung hat, mag sie von den Parteien oder von der Rechtsordnung gesetzt sein, nicht nur eine negative, die aktuelle Wirkung des Geschäfts hemmende, sondern auch eine positive, die potentielle Wirkung wahrende Funktion. Teleologisch betrachtet, versteht es sich so gut wie von selbst, daß die gewillkürten oder gesetzlichen Wirksamkeitsschranken nicht weiter gehen, als ihr Zweck es gebietet. Dies bedeutet aber, daß die vollendete Verfügung in dem Bereich ihrer späteren Wirkung inzwischen auch schon eine entsprechende, d.h. nicht nur inter partes, sondern erga omnes wirkende Bindungslage erzeugt. Die Selbstbeschränkung, die sich der bedingt Verfügende auferlegt, wirkt nicht nur relativ, gegenüber dem Vertragspartner, sondern, soweit seine Verfügungsmacht reicht und er sich derselben wirksam entäußern kann, auch absolut, gegenüber Dritten. Die Gesetzesredaktoren haben dies zutreffend zum Ausdruck gebracht, wenn sie in bezug auf die geschäftliche Bedingung von einer Beschränkung oder Unterbindung der Verfügungsmacht gesprochen und, was die gesetzliche Bedingung anlangt (und was auf dasselbe hinausläuft), den Konvaleszenztatbeständen des § 185 II BGB die Auslösung der vollen beabsichtigten Wirkung gegen alle, d.h. also

---

6 So z.B. Henle, Allg. Teil, S. 295; RGRK-Kuhn, § 159 (am Ende); Staudinger-Coing, § 160, Nr. 2; § 161, Nr. 1.

7 Anm. 2, 3.

absolute Wirkung, zugeschrieben haben[8]. Man würde auch kaum der von der Rechtsordnung grundsätzlich gewährten Privatautonomie und der Bedeutung des Rechtsgeschäfts als Akts der Selbstgestaltung der privaten Interessen gerecht werden, wollte man diesem, über den Zweck der gesetzlichen Beschränkungen hinaus, was das Verhältnis der Parteien zu Dritten anlangt, für die Schwebezeit jede Wirkung nehmen und den Erwerber in dieser Hinsicht genau so stellen, wie wenn das Geschäft erst bei Eintritt der Bedingung errichtet würde. Eher wohl hätte diese Folgerung der ausdrücklichen Anordnung als das Gegenteil der Bestätigung bedurft. Wenn trotzdem Rechtsnormen in dem letzteren Sinn erlassen sind, so letztlich, jedenfalls was die Hauptfrage der Erzielung der vollen beabsichtigten Geschäftswirkung anlangt, mehr zur Klarstellung, „zur Beseitigung von Zweifeln"[9], als zur Schaffung sonst nicht geltenden Rechts. Der Gesetzgeber hat sich dabei, vielleicht sogar unbewußt, auf einer streng logischen und zugleich sachgemäßen Linie bewegt. Ebenso hatten diejenigen Pandektisten das Wesen des bedingten Rechtsgeschäfts verstanden, die der Rückwirkung nur zweitrangige Bedeutung beimaßen und seine rechtlichen Folgen schon aus der durch es geschaffenen Gebundenheit herleiteten. So ist den diesbezüglichen Ausführungen Windscheids nichts anderes hinzuzufügen, als daß sie im Prinzip gleichermaßen für die Rechtsbedingung gelten können[10]: „Während des Schwebens der Bedingung ist die Kraft der Willenserklärung noch gehemmt, die von ihr zu erzeugende rechtliche Wirkung ist noch nicht erzeugt. Aber andererseits ist die Willenserklärung doch mehr als eine für das Recht gar nicht existirende und aller rechtlichen Wirksamkeit bare. Das Recht hat sie nicht für unfähig erklärt, die rechtliche Wirkung zu erzeugen, auf welche sie gerichtet ist; diese Wirkung kann möglicherweise vollständig aus ihr hervorgehen. Wenn sie einstweilen diese rechtliche Wirkung noch nicht erzeugt hat, so hat sie doch sofort erzeugt eine Aussicht auf dieselbe, welche dem bedingt Berechtigten nicht mehr verbracht werden kann. Das will sagen: derjenige, zu dessen Lasten diese Aussicht besteht, kann nicht mehr bewirken, daß für den Fall der Erfüllung der Bedingung die in Aussicht gestellte rechtliche Wirkung nicht eintrete oder nicht vollständig eintrete; er ist schon jetzt gebunden. Eine wichtige Consequenz dieser Gebundenheit ist, daß alle von ihm in der Zwischenzeit getroffenen rechtlichen Verfügungen, welche mit dem in Aussicht gestellten Rechte in Widerspruch stehen, mit Eintritt der Bedingung hinfällig werden, oder sich doch dem nun entstehenden Rechte unterordnen; dasselbe wird so existent, wie es nach Inhalt der bedingten Willenserklärung existent werden sollte." Von dieser rechtlichen Auffassung sind ersichtlich auch die Verfasser des Bürgerlichen Gesetzbuchs ausgegangen; wenn sie die

8 Motive, Mugdan, Bd. I S. 496; Bd. II S. 77.
9 Motive, a.a.O. Bd. II S. 77.
10 Pandektenrecht, § 89.

Zwischenverfügungen des bedingt Verfügenden für unschädlich erklärt haben (§ 161 BGB), so haben sie damit, jedenfalls nach der Darlegung der Motive, die Rechtsfolgen der bedingten Verfügung beschrieben, nicht erst begründet[11]: „In der bedingten Verfügung über ein Recht oder eine Sache liegt eine Machtentäußerung, welche dem bedingt Verpflichteten, es unmöglich macht, über das Recht oder die Sache fernerweit anders zu verfügen, als unter Wahrung der durch die bedingte Verfügung geschaffenen Rechtslage ... Der § 135 Satz 1 (§ 161 I des Gesetzes) bringt dies zum Ausdruck. Die in der Gebundenheit liegende Beschränkung der Verfügungsmacht ergreift jede Verfügung."

Aber auch wenn man nicht so weit gehen wollte, so wäre doch schwerlich bestreitbar, daß die Regeln über die Rangwahrung der bedingten Verfügung nur Ausdruck eines allgemeineren Prinzips, nämlich der Anerkennung der durch die vollendete Verfügung geschaffenen Bindungslage, und deshalb, soweit sie Lücken lassen sollten, innerhalb dieses Prinzips der Analogie zugänglich sind. Auf die analoge Anwendbarkeit des Konvaleszenzprinzips des § 185 II BGB haben die Gesetzesverfasser bei der Formulierung Bedacht genommen und in den Gesetzesmaterialien ausdrücklich hingewiesen[12].

Wenn nicht auf die Frage des Wirksamwerdens der bedingten Verfügung bei Eintritt der Bedingung (also hinsichtlich ihres Schutzes gegen zwischenzeitliche weitere Verfügungen und Verfügungsbeschränkungen) noch grundsätzlich auf die Frage der Haftung des bedingt Versprechenden bzw. Verfügenden für ein Verschulden während der Schwebezeit (wegen des sonst geltenden einfachen Altersvorzuges bzw. § 160 BGB), so ist die Rückwirkungsfrage doch von Einfluß auf gewisse weitere Folgen des bedingten Rechtsgeschäfts – insoweit haben die in Rede stehenden gesetzlichen Bestimmungen ungeachtet der vorausgegangenen Erwägungen selbstverständlich auch ihre volle Bedeutung –, nämlich auf die Frage der Verteilung der zwischenzeitlichen Nutzungen und Lasten, der Zuständigkeit für während des Schwebens der Bedingung entstehende Schadensersatz- und Bereicherungsansprüche und der Aufrechterhaltung eines rechtsgeschäftlichen Zwischenerwerbs des Veräußerers (Entstehung akzessorischer Rechte und Erlöschen belastender Rechte). Bei Nichtrückwirkung des Bedingungseintritts fallen die Früchte gemäß § 953 BGB in das Eigentum des Veräußerers. Dieser kann aber auf Grund des Verpflichtungsgeschäfts, falls dieses unbedingt abgeschlossen ist, zur Eigentumsübertragung gehalten sein. Ist auch das Grundgeschäft bedingt, so kann sich eine solche Verpflichtung aus einer Abrede gemäß § 159 BGB ergeben. Möglich ist auch, wenn die Hauptsache übergeben wird, dem Erwerber das Eigentum an den Früchten im Wege einer bedingten Aneignungsgestattung gemäß §§ 956, 158 BGB zu übertragen.

---

11 Motive, Mugdan, Bd. I S. 496.

12 Ebenda Bd. II S. 77; Protokolle, Bd. I S. 762.

Schadensersatzansprüche gegen Dritte, die pendente condicione entstanden sind, stehen im Fall der Rückwirkung, also insbesondere in den Genehmigungsfällen, nach Erfüllung der Bedingung dem Erwerber zu; bei Nichtrückwirkung verbleiben sie dem Veräußerer[13]. Die herrschende Lehre nimmt allerdings an, daß der Schadensersatzanspruch im Falle der Geschäftsbedingung vom Bedingungseintritt an dem Erwerber zustehe, weil dieser schon vorher ein Anwartschaftsrecht gehabt habe[14]. Nach Flume soll der aus dem Recht des Verfügenden vor Bedingungseintritt entspringende Schadensersatzanspruch gegen Dritte dem Nexus des bedingten Verfügungsgeschäfts unterliegen und bei Bedingungseintritt als Surrogat auf den Erwerber übergehen[15]. Eine solche cessio legis ist aber aus dem Gesetz nicht zu begründen und in dieser Allgemeinheit auch nicht einmal sachgerecht. Hat z.B. der Verfügende das während der Schwebezeit beschädigte Verfügungsobjekt instandsetzen lassen, so ist nicht einzusehen, warum er seinen Schadensersatzanspruch bei Bedingungseintritt verlieren sollte. Auch ist zu bedenken, daß bei Zerstörung des Verfügungsgegenstandes während des Schwebens der Bedingung die Verfügung ohnehin hinfällig wird und daher bei Eintritt der Bedingung keinerlei Wirkungen mehr entfalten kann[16]. Aus dem Kausalgeschäft kann sich jedoch eine Verpflichtung des bedingt Verfügenden zur Abtretung des Schadensersatzanspruchs an den bedingt Berechtigten ergeben (§ 281 BGB).

Anders verhält es sich, wenn dem bedingt Berechtigten schon selbst eine Gläubigerposition im Sinne des § 823 I BGB zusteht, wie insbesondere demjenigen, dem eine Sache unter Vorbehalt des Eigentums verkauft und übergeben worden ist (§ 455 BGB). Es ist allgemein anerkannt, daß auch der rechtmäßige, insbesondere der durch obligatorische Befugnisse verstärkte Besitz zu den sonstigen Rechten im Sinne des § 823 I BGB zu rechnen ist[17]. Wenn auch der Anspruch des Besitzers bei Beschädigung der Sache durch einen Dritten im allgemeinen nur auf Ersatz des entgangenen Gewinns (des sog. Nutzungsschadens) geht, während dem Eigentümer die Geltendmachung des Substanzschadens vorbehalten wird, so kann doch das anzuerkennende ersatzfähige Besitzerinteresse je nach der Fallgestaltung weiter gehen und auch die Wiederherstellung der gestörten Besitzlage durch Ausbesserung der beschädigten Sache bzw. die Zahlung des dazu erforderlichen Geldbetrages gem. § 249 BGB umfassen. Dies wird man namentlich im Falle des Eigentumsvorbehalts annehmen dürfen, da die Sache dem Käufer nicht nur auf Grund eines obligatorischen Besitz- und Nutzungsrechts, sondern in

13 v. Tuhr, Allg. Teil, Bd. II 2 S. 298.

14 Enneccerus-Nipperdey, Allg. Teil, § 197 II 3; Lehmann-Hübner, Allg. Teil, § 35 A VI 1 a; BGH, LM § 823, Nr. 1 Ad.

15 Allg. Teil, Bd. II § 39 3 e.

16 Vgl. v. Tuhr, Allg. Teil, Bd. II 2 S. 298.

17 Siehe auch Motive, Mugdan, Bd. III S. 61.

Vollzug des dinglichen Verfügungsgeschäfts auch schon zum Behalten, zum Eigentumserwerb, übergeben und insbesondere auch bereits die Preisgefahr auf ihn übergegangen ist (§ 446 BGB)[18]. Dem § 851 BGB ist kein Gegenargument zu entnehmen, da ja nicht schlechthin jeder Besitzer der Sache zum Schadensersatz und zur Geltendmachung des Substanzschadens befugt ist[19]. Auch aus § 160 BGB läßt sich nicht folgern, daß der Vorbehaltskäufer erst nach Bedingungseintritt Ersatz des Substanzschadens verlangen könne (etwa mit der Erwägung, daß der Anwärter gegenüber Dritten nicht besser gestellt werden dürfe als gegenüber dem Eigentümer und Vertragspartner, von dem er erst nach Eintritt der Bedingung Schadensersatz fordern könnte[20]); denn der Anspruch darauf steht ihm nicht auf Grund seiner bloßen bedingten Berechtigung, sondern auf Grund seiner gegenwärtigen qualifizierten Besitzerstellung zu. Abgesehen davon ist die Bestimmung des § 160 BGB im Fall des Verkaufs unter Eigentumsvorbehalt auch deswegen gegenstandslos, weil der Kaufvertrag unbedingt wirksam und der Verkäufer schon deshalb für ein Verschulden während der Schwebezeit der Verfügung, und zwar nicht erst bei Eintritt der Bedingung, haftbar ist. – Neben dem Vorbehaltskäufer bleibt selbstverständlich der Vorbehaltsverkäufer ersatzberechtigt, wobei man allerdings zweifeln kann – ebenfalls eine Frage der Bewertung der Interessen der Beteiligten, vielleicht auch des zu verwendenden Schadensbegriffs –, ob er seinen Sachschaden mit Rücksicht auf die Gefahrentlastung nicht etwa nur noch im Rahmen seines temporären, bei Bedingungseintritt wegfallenden Sicherungsinteresses geltend machen kann.

Soweit sich hiernach konkurrierende Ersatzansprüche des Vorbehaltsverkäufers und des Vorbehaltskäufers ergeben, können sie, wie in den Fällen, in denen an der beschädigten Sache beschränkte Rechte Dritter bestehen, zum Schutz des Ersatzschuldners vor doppelter Inanspruchnahme und zum Schutz des einen Gläubigers vor eigenmächtigen Verfügungen des anderen in Analogie zu § 432 BGB nur wie Ansprüche auf eine unteilbare Leistung, also in der Weise erfüllt bzw. geltend gemacht werden, daß der Schuldner nur an beide Gläubiger gemeinschaftlich oder an den einen mit Zustimmung des anderen leisten und jeder Gläubiger nur die Leistung an beide fordern kann. Im übrigen gehen, was die deliktische Schadensersatzberechtigung des Vorbehaltskäufers bei zwischenzeitlicher Beschädigung der Kaufsache durch Dritte anlangt, die Meinungen sehr auseinander[21]; die meisten gelangen aber auf

18 RGZ 170, 1 (6; die Hilfsbegründung auf S. 7 ist nicht unbedenklich und jedenfalls überflüssig); Erman-Drees, § 823, Anm. 7 d.

19 Endemann, Lehrbuch des Bürgerlichen Rechts, Bd. II § 44 Anm. 19; a.A. Wolff-Raiser, Sachenrecht, § 16 I 3.

20 Kritisch zu diesem argumentum a maiore ad minus Forkel, Grundfragen, S. 204.

Grund des dem Vorbehaltskäufer zugesprochenen Anwartschaftsrechts hinsichtlich des Substanzschadens gleichfalls zu parallel laufenden Ansprüchen des Verkäufers und Käufers, wobei neuerdings die Ansicht überwiegt, daß die Entschädigung durch den Schuldner in Analogie entweder zu § 432 BGB oder zu § 1281 BGB an beide Gläubiger gemeinschaftlich zu leisten sei[22].

Eine ähnliche Rechtslage kann sich auch für die Kondiktion wegen unberechtigter Verfügung gem. § 816 BGB ergeben. Danach ist der Nichtberechtigte, der eine dem Berechtigten gegenüber wirksame Verfügung trifft, diesem zur Herausgabe des Verfügungserlöses verpflichtet. Berechtigter im Sinne der Bestimmung ist derjenige, der an sich zu der Verfügung befugt gewesen wäre und durch sie beeinträchtigt wird[23]. Dies trifft auf beide, den Vorbehaltsverkäufer als auflösend bedingt Berechtigten wie den Vorbehaltskäufer als aufschiebend bedingt Berechtigten zu; nur beide zusammen hätten über die Sache (unbedingt) wirksam verfügen können; auch nur durch eine Genehmigung beider könnte die Verfügung des Nichtberechtigten im Falle ihrer Unwirksamkeit vollkommen geheilt und damit der Anspruch auf Herausgabe des Verfügungserlöses nachträglich begründet werden. Schließlich sind sie auch beidseitig durch die Verfügung benachteiligt, der Vorbehaltskäufer durch den Verlust seiner Erwerbsaussicht in Verbindung mit seiner Gefahrtragung.

Im Gegensatz zu dem gesetzlichen Zwischenerwerb des Veräußerers (Erwerb von Früchten, Schadensersatz- und Bereicherungsansprüchen) kommt der *rechtsgeschäftliche* Zwischenerwerb des Veräußerers bei mangelnder Rückwirkung, also hauptsächlich in den Fällen der Geschäftsbedingung, ausnahmslos dem Erwerber zugute. Um solche auf Rechtsgeschäft beruhende Verbesserungen der Rechtslage handelt es sich beispielsweise, wenn der Pfandgläubiger oder Nießbraucher in der Zwischenzeit auf sein Recht an dem Verfügungsgegenstand verzichtet oder wenn der Zedent seine den Gegenstand der bedingten Abtretung bildende Forderung durch ein Pfandrecht oder eine Bürgschaft sichern läßt.

In den Rückwirkungsfällen muß der rechtsgeschäftliche Zwischenerwerb des Veräußerers dagegen grundsätzlich hinfällig werden, weil dieser rückwirkend die Erwerbsfähigkeit verliert[24]. Insofern schießt die Rückwirkung, wie die Motive zum ersten Entwurf zutreffend bemerken[25], über das Ziel hinaus. Der

21 Siehe den Überblick über den Meinungsstand von Serick, Eigentumsvorbehalt und Sicherungsübertragung, Bd. I S. 277 ff.; Georgiades, Eigentumsanwartschaft beim Vorbehaltskauf, S. 49 ff.; Forkel, Grundfragen, S. 203 ff.

22 Z.B. Serick, a.a.O.; Forkel, a.a.O. S. 209; Raiser, Dingliche Anwartschaften, S. 81 ff.; Baur, Sachenrecht, § 59 V 3.

23 RGZ 119, 332.

24 Fitting, Über den Begriff der Rückziehung, S. 86.

25 Mugdan, Bd. I S. 497.

Verzicht auf das den Verfügungsgegenstand belastende Recht wird unwirksam, weil er rückblickend im Sinne der Fiktion nicht dem Inhaber des belasteten Rechts gegenüber erklärt worden ist; ebenso werden die Verpfändung und die Verbürgung unwirksam, weil die zu sichernde Forderung nicht dem Pfand- bzw. Bürgschaftsgläubiger zustand. Diese Folgerungen lassen sich jedoch für viele Fälle vermeiden. War in den Fällen des Verzichts auf belastende Rechte der Besteller mit dem Eigentümer identisch, so bleibt der Verzicht wirksam, da er auch dem Besteller gegenüber erklärt werden kann (§§ 1064, 1255 BGB). Ebenso verhält es sich natürlich, wenn die Verzichtserklärung dem vom Eigentümer verschiedenen Besteller gegenüber abgegeben worden ist. Ferner kann die Aufhebung eines Pfandrechts wirksam bleiben, wenn der Pfandgläubiger die Pfandsache zurückgegeben hat und der Eigentümer mit dem Verpfänder identisch war oder die Sache in den Besitz des Erwerbers gelangt (§ 1253 BGB). Im Fall des Verzichts auf Grundstücksrechte bleibt die Aufhebung nach § 875 BGB wirksam, falls die Aufgabeerklärung gegenüber dem Grundbuchamt abgegeben worden ist.

Wird die den Gegenstand einer genehmigungsbedürftigen Zession bildende Obligation in der Zwischenzeit vom Veräußerer durch Pfandrecht oder Bürgschaft gesichert, so kann der Genehmigende seine Genehmigung auf die Zeit nach Abschluß des Sicherungsgeschäfts beschränken. Das Wirksamwerden der Zession auf Grund einer solchermaßen beschränkten Genehmigung ist analog § 139 BGB zu beurteilen. Auf diese Weise lassen sich auch sonstige günstige Rechtsgeschäfte der Zwischenzeit, wie z.B. ein Rechtsverzicht oder eine Zinserhöhung und schließlich auch Geschäfte, die nicht mit dem Veräußerer, sondern mit einem Zwischenberechtigten abgeschlossen worden sind, aufrechterhalten. Eine dem Veräußerer gegenüber eingegangene Bürgschaft bleibt ferner bestehen, wenn sie gem. § 328 BGB zu Gunsten des Erwerbers übernommen worden ist.

Durch eine Genehmigung kann der Erwerber die zwischenzeitlichen Geschäfte nur aufrechterhalten, wenn die Aufgabeerklärungen in seinem Namen entgegengenommen bzw. die sonstigen Geschäfte in seinem Namen geschlossen worden sind. Wenn von Tuhr die Möglichkeit einer sog. Erwerbsermächtigung in Analogie zu § 185 BGB bejaht und auch ein wegen mangelnder Erwerbsmacht unwirksames vermögensvermehrendes Geschäft für genehmigungsfähig hält[26], so werden dem von der herrschenden Lehre mit Recht das Interesse an der Offenkundigkeit des rechtsgeschäftlichen Handelns und das Fehlen eines sonstigen ausreichenden Bedürfnisses entgegengehalten[27].

Sind die vorteilhaften Rechtsgeschäfte dagegen nicht mit dem Veräußerer, sondern mit dem *Erwerber* abgeschlossen, bzw. ihm gegenüber vorgenommen,

26 Allg. Teil, Bd. II 1 S. 396; Bd. II 2 S. 350.

27 Flume, Allg. Teil, Bd. II § 57 1; Staudinger-Coing, Vorbemerkungen vor § 164, Nr. 63 b.

so werden sie mit der Genehmigungserteilung infolge der Rückwirkung wirksam. Aber auch in den Fällen der Nichtrückwirkung, also insbesondere der Geschäftsbedingung, kann eine Konvaleszenz der mit derm Erwerber geschlossenen Geschäfte in Betracht kommen. Für die Sicherung einer bedingt übertragenen Forderung durch akzessorische Rechte folgt dies aus §§ 765 II, 1113 II und 1204 II BGB; der bedingt begründeten Forderung ist, jedenfalls im Sinne dieser Bestimmungen, die bedingt übertragene Forderung unbedenklich gleichzustellen. Für die Befreiung des den Gegenstand der Verfügung bildenden Rechts von belastenden Rechten könnte mit von Tuhr[28] eine entsprechende Anwendung des § 185 II 1 (2. Fall) BGB in Erwägung gezogen werden; die erwähnten Bedenken, die gegen die Zulassung der Erwerbsermächtigung sprechen, bestehen nicht gleichermaßen gegen die Zulassung einer Konvaleszenz des Rechtsgeschäfts durch nachträgliche Erlangung der erforderlichen Erwerbsmacht.

2. Rückwirkung der Genehmigung und Schuldnerschutz

Der gutgläubige Erwerb bzw. Zwischenerwerb bei genehmigungsbedürftigen Verfügungsgeschäften des Sachenrechts ist oben schon behandelt worden. Auch die Schutzvorschriften für den Schuldner erheischen für die Fälle der genehmigungsbedürftigen Rechtsgeschäfte eine Antwort auf die Frage, welcher Zeitpunkt für die Kenntnis des Schuldners maßgebend ist, der Zeitpunkt der Leistung bzw. des sonstigen Rechtsgeschäfts in Ansehung der Forderung oder der Augenblick der Genehmigungserteilung: A zediert seine Forderung an B; darauf leistet der Schuldner in Unkenntnis der Zession zum Zweck der Erfüllung an C (§ 362 II BGB). Muß der Schuldner, um nicht nochmals an B leisten zu müssen, noch dann gutgläubig sein, wenn A die Einziehung durch C genehmigt?

Folgt man der auch in den Motiven zum ersten, nicht mehr geänderten Entwurf vertretenen Auffassung[29], wonach § 407 BGB (für den Fall der Leistung) ebenso wie § 851 BGB einen Erlöschensgrund für die Verpflichtung des Schuldners beinhaltet, also ähnlich wie die sachenrechtlichen Regeln über den gutgläubigen Rechtserwerb eine an den guten Glauben des Schuldners geknüpfte Verfügungsmacht des Zedenten begründet, dann ergeben sich für die Anwendung des § 407 BGB auf die Genehmigungsfälle die gleichen Grundsätze, die oben für den sachenrechtlichen Verkehrsschutz entwickelt worden sind. Hiernach setzt die Genehmigung des A, um wirksam zu sein, die auf dem guten Glauben des Schuldners beruhende Verfügungsmöglichkeit des

28 Allg. Teil, Bd. II 1 S. 397.

29 Mugdan, Bd. II S. 74; ebenso v. Tuhr, Allg. Teil, Bd. II 1 S. 141 Anm. 102; Planck, § 407, Anm. 1.

Zedenten voraus, muß also der Schuldner noch im Zeitpunkt der Genehmigungserteilung gutgläubig sein. Ebenso ist zu entscheiden, wenn der Gläubiger A die Forderung zediert, nachdem der Schuldner an C geleistet hat, und darauf die Einziehung der Forderung durch C genehmigt[30].

Das Resultat kann aber auch dann kein anderes sein, wenn man der herrschenden Auffassung folgt, wonach § 407 BGB entsprechend seinem Wortlaut („der neue Gläubiger muß . . . gegen sich gelten lassen") nicht die Wirksamkeit des Rechtsgeschäfts des ehemaligen Gläubigers ausspricht, sondern lediglich dem Schuldner ein Gegenrecht gegen die Forderung des Zessionars gibt[31]; denn die Genehmigung des vormaligen Gläubigers kann Rechtsfolgen überhaupt nur in Verbindung mit dem noch zur Zeit ihrer Erteilung bestehenden guten Glauben des Schuldners hervorrufen und wäre ohne diese Voraussetzung ebenso wirkungslos wie diejenige eines beliebigen Dritten. Die entgegengesetzte, von Rothkugel vertretene Ansicht[32], die den guten Glauben des Schuldners im Zeitpunkt der Leistung an den Dritten genügen läßt, würde den Schutzzweck des § 407 BGB überspannen. Wenn der Schuldner an einen Dritten leistet, nimmt er ohnehin das Risiko einer Versagung der Genehmigung auf sich; folglich muß er auch damit rechnen, daß der (bisherige) Gläubiger die Genehmigung deshalb verweigert, weil er die Forderung inzwischen abgetreten hat, und daß an seiner Stelle ein anderer, der neue Gläubiger, über die Genehmigung zu befinden hat. Ebenso ist es zu beurteilen, wenn ein minderjähriger Gläubiger die Leistung annimmt oder die Forderung erläßt und der gesetzliche Vertreter die Forderung vorher oder nachher zediert und später das Rechtsgeschäft des Minderjährigen genehmigt.

Hat ein unberufener Vertreter des Schuldners an den Gläubiger A geleistet und genehmigt der Schuldner die Leistung des Vertreters, nachdem A die Forderung an B zediert hat, dann wird der Schuldner von seiner Verpflichtung frei. Dies folgt unabhängig von § 407 BGB allein aus der rückwirkenden Kraft der Genehmigung. Auf die etwaige Kenntnis des Schuldners von dem inzwischen erfolgten Rechtsübergang von A auf B kommt es dafür nicht an; denn seine Genehmigung ist uneingeschränkt wirksam und wirkt zurück, da sie – als Genehmigung der Leistung und Schuldtilgung – keine Verfügung über die Forderung enthält, also von der Verfügungsmacht des Zedenten unabhängig ist.

Die zu Gunsten des Schuldners getroffenen Zwischenverfügungen des Vertragspartners des genehmigungsberechtigten Erwerbers können nach Analogie von § 407 BGB aufrechterhalten bleiben: wenn A seine Forderung an den

30 Cohn, Das Wesen der Genehmigung bei der Stellvertretung ohne Vertretungsmacht und ihre Wirkung, S. 42.

31 RGZ 83, 184 (188); BGH, NJW 1969, 1479 (1480); Enneccerus-Lehmann, Schuldrecht, § 80 I 1; Staudinger-Werner, § 407, Anm. III.

32 Die Rückwirkung der Genehmigung nach dem Bürgerlichen Gesetzbuch, S. 39.

vollmachtlosen Vertreter des B zediert und darauf dem Schuldner erläßt, bevor B den Forderungserwerb genehmigt, dann bleibt der Erlaß gültig, falls der Schuldner bei Abschluß desselben von der früheren noch der Genehmigung des Erwerbers bedürfenden Abtretung nichts wußte[33]. Direkt ließe sich die Vorschrift des § 407 BGB auf diesen Fall auch unter Berücksichtigung der Rückwirkung der Genehmigung nicht anwenden, da die Forderung in dem für die Kenntnis des Schuldners maßgebenden Zeitpunkt noch nicht übergegangen ist und daher auch von einer Kenntnis oder Unkenntnis des Schuldners von dem Gläubigerwechsel noch nicht die Rede sein kann (die Rückwirkung kann die Kenntnis als Tatsache selbstverständlich nicht beeinflussen). Wollte man aber gleichfalls die Analogie verneinen, so würde der genehmigungsbedürftige gegenüber dem genehmigungsfreien Erwerb bevorzugt; auch bei Vollmacht seines Vertreters und demnach sofortiger Wirksamkeit seines Erwerbs müßte nämlich B, um bei dem genannten Beispiel zu bleiben, den späteren Erlaßvertrag des Zedenten mit dem die Zession nicht kennenden Schuldner gegen sich gelten lassen. Es wäre auch wenig sinnvoll, würde der Schuldner zwar bei wirksamer, nicht aber bei schwebend unwirksamer Abtretung geschützt. Zu diesem Ergebnis käme man übrigens auch über eine entsprechende Anwendung des § 161 III BGB; zu den dort in Bezug genommenen Vorschriften über den redlichen Erwerb vom Nichtberechtigten sind nach herrschender Auffassung auch die Bestimmungen der §§ 407, 408 BGB zu rechnen[34]. § 161 III BGB wäre auf die gesetzlich bedingten Rechtsgeschäfte analog anzuwenden, wollte man die dort angeordnete Rechtsfolge nicht schon aus allgemeineren Erwägungen herleiten. Dies ist oben bei Behandlung des gutgläubigen Zwischenerwerbs im Sachenrecht bereits dargelegt worden[35].

Hat A eine Sache an B übereignet, ist der Eigentumsübergang aber noch von einer Genehmigung abhängig und wird die Sache während der Schwebezeit durch C beschädigt, dann steht der Schadensersatzanspruch bis zur Genehmigung dem Veräußerer A zu. Leistet C die Entschädigung während der Schwebezeit an den Veräußerer A, dann wird er geschützt, wenn er von der genehmigungsbedürftigen Verfügung keine Kenntnis hat. Ist er aber davon unterrichtet, dann bleibt er im Fall der Genehmigungserteilung dem Erwerber B gegenüber verpflichtet. Er ist solchenfalls auch nicht schutzwürdig, da er die

33 A.A. v. Tuhr, Allg. Teil, Bd. II 2 S. 243 Anm. 223: „Auf die bei Ausstehen der Genehmigung in der Schwebe befindliche Zession braucht der Schuldner keine Rücksicht zu nehmen.“ Dem dürfte aber der Rechtsgedanke des § 142 II entgegenstehen, wonach bei rückwirkender Vernichtung einer Rechtsstellung die vorherige Kenntnis der Vernichtbarkeit wie Kenntnis der Nichtigkeit zu behandeln ist.

34 v. Tuhr, Allg. Teil, Bd. II 2 S. 304.

35 Siehe S. 89.

Schadensersatzleistung wegen der Ungewißheit über die Person des Gläubigers hinterlegen kann (§ 372 BGB). Die Rechtslage ist ähnlich wie bei der bedingten Abtretung einer Forderung (§ 161 I, III BGB)[36]. Im übrigen kann C mit schuldbefreiender Wirkung an denjenigen Schadensersatz leisten, der sich zur Zeit der Beschädigung im Besitz der Sache befunden hat, sofern er ihn gutgläubig für den Berechtigten hält (§ 851 BGB).

36 Siehe dazu v. Tuhr, Allg. Teil, Bd. II 2 S. 301, 304; Flume, Allg. Teil, Bd. II § 39 3 a.

7. ABSCHNITT
DIE BEDINGUNG ALS GATTUNGSBEGRIFF

In der herrschenden Rechtsgeschäftslehre werden die Rechtsbedingungen nach wie vor meistens nur unter dem negativen Aspekt behandelt, daß sie, weil nicht auf der Willkür der Parteien beruhend, keine Bedingungen im eigentlichen Sinne seien, und daher mit anderen disparaten Erscheinungen wie den auf einen gegenwärtigen oder vergangenen, auf einen notwendigen oder unmöglichen Umstand gestellten Bedingungen in der Gruppe der uneigentlichen oder Scheinbedingungen zusammengefaßt. Dabei wird unterstellt, daß der Bedingungsbegriff das Moment der Willkürlichkeit in sich einschließe, sich also in der Erscheinung der Geschäftsbedingung erschöpfe.

Diese These ist im gemeinrechtlichen Schrifttum nicht unwidersprochen geblieben. Schon Fitting hielt es für bedenklich, die condiciones iuris von dem Begriff der Bedingung auszuschließen[1]. Von Scheurl nahm Wesensgleichheit beider Bedingungserscheinungen an und sah in der Rechtsbedingung sogar den Prototyp der Bedingung[2]. Kapler behauptete im Hinblick auf die als gleichartig angesehene Grundlage beider Bedingungen, den Einzel- bzw. Allgemeinwillen, ihre Wesensverwandtschaft, die ihre Vereinigung unter dem Bedingungsbegriff rechtfertige[3]. Adickes[4] gelangte, wenn auch auf anderem Wege, nämlich über die sog. juristischen Tatsachen, zu dem nämlichen Ergebnis.

In der nachfolgenden Zeit, unter der Herrschaft des geltenden Rechts, hat vor allem Oertmann den Begriff der Rechtsbedingung durch Begrenzung auf Fälle, in denen sie lediglich die Wirksamkeit des Geschäfts bedingt und dieses über die bloße Tatbestandsbedeutung hinaus schon Zwischenwirkungen zeitigt, als einen solchen der Bedingung zu rechtfertigen versucht und von einem die geschäftlichen und die gesetzlichen Bedingungen umfassenden Oberbegriff gesprochen[5]. Vorher schon hatte Siber eindringlich die Notwendigkeit betont, gegenüber einem allzu weiten, den rechtlichen Gehalt verflüchtigenden Gebrauch zu einem engeren technischen, der Geschäftsbedingung anzugleichenden Begriff zu gelangen[6]: „Sollen die Rechtsbedingung und ebenso die Befristung kraft Rechtens spezifisch juristische Begriffe sein

1 Über den Begriff der Bedingung, AcP, Bd. 39 S. 311 ff.

2 Nebenbestimmungen, S. 98, 194.

3 Begriff und Wesen der c.i., S. 2.

4 Zur Lehre von den Bedingungen, S. 11, 12, 14.

5 Rechtsb., S. 3, 4, 17, 28, 85, 86, 111.

6 Buchrechtsgeschäft, S. 122.

und nicht nur dazu dienen, durch Umschreibung des Tatbestandes den Anschein einer juristischen Konstruktion hervorzurufen, so bedarf es ihrer Beschränkung auf Fälle, wo sie sich von der gewillkürten Bedingung oder Befristung eben nur dadurch unterscheiden, daß sie nicht gewillkürt sind."

Will man dem Versuch einer Synthese beider Bedingungsarten nähertreten (was hier beispielhaft für die aufschiebende Bedingung geschehen soll), so wird man die einschlägigen ausländischen Forschungen nicht unbeachtet lassen können; bei aller notwendigen Berücksichtigung der positivrechtlichen Verschiedenheiten können doch die dort vertretenen Meinungen und erkennbaren Tendenzen, zumal in Verbindung mit Oertmanns Stellungnahme, Anstoß zur Überprüfung der erstarrten Ansichten unserer herrschenden Lehre und Anregungen zu neuen Überlegungen und Entwicklungen geben.

Für das schweizerische Recht nimmt Stiefel, formal zwar an der Bezeichnung der Rechtsbedingungen als uneigentlicher Bedingungen festhaltend, in der Sache jedoch die gleiche Wirkungsweise beider nur nach ihrer Herkunft unterschiedenen Bedingungsformen (der Geschäftsbedingung und der Rechtsbedingung in dem von ihm gemeinten engeren Sinn) an und bejaht deshalb die ergänzende analoge Anwendung der Regeln über die Geschäftsbedingung, soweit deren rechtspolitische Zielsetzungen dies zuließen[7].

Im französischen Recht ist zwar der Begriff der Rechtsbedingung unentwickelt geblieben, werden die entsprechenden Rechtserscheinungen jedoch unter dem Begriff der droits éventuels zusammengefaßt[8]. Nachdem schon Demogue für die „Hauptfrage", den Rang und die Datierung des Rechts, die „den praktischen Notwendigkeiten entsprechende" theoretische Einheit der (geschäftlich) bedingten und der eventuellen Rechte festgestellt hatte[9], bejaht Verdier, was namentlich das Wesen des Zwischenzustandes angeht, die grundsätzliche Identität beider Gruppen und läßt er die droits conditionnels (die geschäftlich bedingten Rechte) als eine bloße Variante in den droits éventuels, diese als Begriff, nicht als Kategorie verstanden, aufgehen[10]. Er sieht sich an dieser Synthese weder durch die verschiedene gesetzliche oder vertragliche Quelle des zukünftigen ungewissen Ereignisses, noch durch die unsichere Unterscheidung zwischen inneren und äußeren Erfordernissen des

---

7 Über den Begriff der Bedingung im schweizerischen Zivilrecht, S. 131 ff.

8 Siehe vor allem Demogue, Des droit éventuels et des hypothèses où ils prennent naissance, in Revue trim. de droit civil, 1905, 723; De la nature et des effets du droit éventuel, ebenda 1906, 231. – Die Einbeziehung der Fälle des Optionsrechts (befristete Offerte und Vorverträge im spezifischen französischen Sinn), Jahrg. 1905, S. 754 ff., mag befremden; aber auch in unserem Recht ist die Annahme der Offerte als Rechtsbedingung des Vertrages erörtert und vereinzelt vertreten worden, siehe insbesondere Blomeyer, Studien zur Bedingungslehre, S. 65 ff., der S. 80 auch auf diese Parallele im französischen Recht hinweist.

9 A.a.O. Bd. 1906, S. 282.

10 Les droits éventuels.

Geschäfts bzw. des Rechtsverhältnisses gehindert, weil jenes Ereignis in jedem Fall wesentliches Erfordernis des begründeten Rechts sei, noch auch durch die Rückwirkung der Geschäftsbedingung, der er einmal im Hinblick auf ihre Ausnahmen und Abschwächungen und sodann ihr Vorkommen auch bei den droits éventuels die Begriffswesentlichkeit abspricht. Voraussetzungen für die Annahme eines eventuellen Rechts sind nach Verdier die Verwirklichung gewisser Grundelemente, bei geschäftlichen Tatbeständen das Vorliegen des Konsenses, und das Hinzukommen eines durch das positive Recht gewährten rechtlichen Schutzes des Erwerbsinteresses. Das Wesen der „situation privilégiée d'attente" sieht er, insonderheit wegen der Befugnisse des Anwärters zur gerichtlichen und außergerichtlichen Sicherung der Anwartschaft, in einem dem Anwärter zustehenden originären und autonomen, bald dinglichen, bald persönlichen oder gar hybriden, selbständig übertragbaren Erwerbsrecht[11], dem er auf der anderen Seite ein Subjektionsverhältnis, eine Gebundenheit der Person oder der Sache, entsprechen läßt. So definiert er das eventuelle Recht als „un droit futur dont l'acquisition est d'ores et déjà protégée, voire organisée, par l'octroi d'un droit présent dont il constitue la finalité" und die (Geschäfts)bedingung als „une variété d'éventualité affectant un élément nécessaire à la formation du droit mais indifférent à la validité de l'acte juridique"[12].

Tendenzen der Angleichung beider Bedingungserscheinungen finden sich vor allem in der italienischen Rechtslehre, die bemerkenswert viele Versuche einer systematischen Erfassung der Gesetzesbedingung aufweist, wenn auch mit unterschiedlichen und teilweise gegensätzlichen Ergebnissen, was die Legitimität des Begriffs an sich, die Möglichkeit einer einheitlichen Kategorie und die Frage einer Synthese mit den faktischen Bedingungen anlangt. Donati sieht den Unterschied zwischen der condicio iuris und der condicio facti nur darin, daß die Unterordnung der Geschäftswirkung unter das den Gegenstand der Bedingung bildende zukünftige und ungewisse Ereignis von dem höheren Willen des Gesetzes statt dem sich in dem Geschäft ausdrückenden Parteiwillen bestimmt sei; wenn dieses Merkmal die Unterscheidung rechtfertige, so erscheine es jedoch nicht als ausreichend, um der condicio iuris, wie es

11 Diese Ansicht erklärt sich aus dem der französischen Lehre eigenen, das Klagrecht als Bestandteil einschließenden Begriff des subjektiven Rechts, aus der Einheit des Verpflichtungs- und Erfüllungsgeschäfts, das beispielsweise beim Verkauf fremder oder künftiger Sachen schon obligatorische Beziehungen entstehen läßt, aus der Einbeziehung der Fälle des Optionsrechts (Gestaltungsrechte), wird aber von Verdier auch nachdrücklich mit der die Anerkennung eines Rechts angeblich implizierenden Verfügbarkeit der Anwartschaft begründet, vgl. insbesondere S. 205. Im übrigen ist die Rechtsnatur der Anwartschaft des bedingt Berechtigten auch im franz. Recht bestritten, verneinend z.B. Planiol-Ripert-Boulanger, Traité élémentaire de droit civil, Bd. II Nr. 1358.

12 S. 184, 291.

geschehen sei, den Charakter und die Wirkung der Bedingungen abzusprechen[13].

A. Scialoja knüpft an Donatis Ausführungen an, geht von einer Zweiteilung der Gesamterfordernisse in solche der Existenz und der Wirksamkeit des Geschäfts aus, sieht das Wesen der Bedingung in dem Einfluß auf die Geschäftswirksamkeit, hält die durch Ausnahmen ohnehin eingeschränkte Rückwirkung der erfüllten Geschäftsbedingung nicht für begriffswesentlich, zumal der Schutz der Anwartschaft davon nicht notwendig abhänge, behauptet die gleiche Wirkungsweise beider Bedingungsarten und will ihren, wenn nicht einzigen, so doch prinzipalen Unterschied in der verschiedenen Herkunft des bedingenden Umstandes sehen[14]. Die sich aus der Natur der Sache oder des Rechtsverhältnisses ergebenden Erfordernisse sieht er wegen ihrer mangelnden Äußerlichkeit und mangelnden Akzidentalität als eine den Geschäftsbedingungen weniger angleichbare Untergruppe der Rechtsbedingungen an.

In ähnlicher Weise führt Falzea beide Bedingungserscheinungen auf einen einheitlichen Begriff zurück und behauptet ihre Identität in den Grundzügen, was Verschiedenheit der juristischen Regelung in den Nebenpunkten nicht ausschließe[15]. Er unterscheidet gleichfalls zwischen den Erfordernissen der Existenz und denen der Wirksamkeit des Geschäfts und die letzteren (die sogenannten Nebenelemente) wiederum nach ihrer zeitlichen Verwirklichung in bezug auf die Errichtung des Geschäfts, nach ihrer Gewißheit oder Ungewißheit und nach ihrer Akzidentalität oder ihrer Notwendigkeit (infolge der Natur der Sache oder des Rechtsverhältnisses) und bezeichnet als Bedingungen die im Zeitpunkt des Geschäftsaktes zukünftigen, ungewissen und akzidentellen Wirksamkeitserfordernisse, mögen sie auf gesetzlicher oder auf vertraglicher Grundlage beruhen. In beiden Fällen bediene sich die Rechtsordnung des gleichen Mechanismus, um das eine Mal einen von den Parteien und das andere Mal einen von ihr selbst gesetzten Zweck zu verwirklichen, nämlich die in dem Geschäft getroffene Interessenregelung nur wirksam werden zu lassen, wenn nicht ein im Verhältnis zum Geschäft äußeres Interesse der Parteien bzw. der Rechtsordnung entgegenstehe. Dieser Mechanismus bestehe in dem Aufschub aller oder einzelner Geschäftswirkungen und in der Anerkennung und dem Schutz der Parteiinteressen an der Erhaltung der anwartschaftlichen Situation durch Gewährung von Rechten, Befugnissen bzw. Auferlegung von Pflichten oder Bindungen, gerichtet auf die Sicherung des Erwerbs bzw. die Durchsetzung des zu erwerbenden Rechts. Diese Vorwirkungen ergäben ein anwartschaftliches Rechtsverhältnis, das die

13 Atto complesso, autorizzazione, approvazione, in Archivio Giuridico, Bd. LXXXI (XII der neuen Serie) S. 3 ff. (S. 59 Anm. 2).

14 Condizione volontaria e condizione legale, in Saggi di vario diritto, S. 3 ff.

15 La condizione e gli elementi dell' atto giuridico.

Subjekte und Objekte an die Schicksale des Geschäfts binde, die ersteren insofern sie sich der Endwirkung nicht mehr entziehen könnten, und die letzteren insofern sie nur noch in ihrer Gebundenheit Gegenstand weiterer Geschäfte sein könnten, und das auf der Aktivseite ein Rechtsgut darstelle, ein gegenüber dem endgültigen Recht autonomes Anwartschaftsrecht im Sinne eines Rechts auf die Erhaltung der objektiven Lage, in der sich der endgültige Erwerb automatisch vollziehen, und das Gegenstand von Verfügungen sein könne[16].

Auch De Semo sieht das Wesen der condicio iuris unter anderem darin, daß sie nicht zu den essentiellen Elementen des Rechtsgeschäfts gehört, sondern lediglich dessen Wirksamkeit verzögert, und spricht mit Bezug auf die gesetzliche und die gewillkürte Bedingung von zwei Bedingungsarten, ihrer Verwandtschaft und engen Beziehung, die in Ermangelung einer besonderen Regelung der ersteren die analoge Anwendung der Regeln über die letztere gebiete[17].

Für eine Annäherung der Rechtsbedingung als Wirksamkeitsvoraussetzung (im Gegensatz zu den daneben unterschiedenen Existenz- und Gültigkeitserfordernissen) an die Geschäftsbedingung tritt ferner Cantagalli ein[18]. Er sieht die in beiden Fällen bestehende (schwebende) Unwirksamkeit im Dienste einer doppelten Funktion, nämlich die Endwirkungen des Rechtsgeschäfts einerseits – als Sanktion der Nichterfüllung des Wirksamkeitserfordernisses und Anreiz zu seiner Nachbringung – hinauszuschieben und andererseits durch Zwischenwirkungen (Tatbestandswirkung des Geschäfts, Gebundenheit der Parteien und Unschädlichkeit der Zwischenverfügungen) zu sichern. Mit Rücksicht auf die Identität der Schwebelage zwischen Geschäftsabschluß und -wirkung und den ähnlichen gesetzlichen Schutz des Erben in der Zeit zwischen Erbfall und Erbschaftsannahme (als aufschiebender gesetzlicher Bedingung) will er die Rechtsbedingung in Ermangelung einer näheren gesetzlichen Normierung den Regeln über die Geschäftsbedingung unterstellen, soweit sie nicht gerade auf deren Eigenschaft beruhen, auf den Willen der Parteien gegründet zu sein, wie insbesondere die Fiktion des Bedingungseintritts bei schuldhafter Vereitelung; den Rückwirkungsgrundsatz will er je nach der Eigenart des Falles anwenden oder nicht anwenden.

---

16 Die Natur und die Rechtseigenschaft der Anwartschaft des bedingt Berechtigten sind im übrigen in der ital. Lehre streitig, vgl. einerseits (die Rechtseigenschaft bejahend) Cariota-Ferrara, Il negozio giuridico, S. 675, und andererseits (verneinend) Betti, Teoria generale del negozio giuridico, S. 538; siehe ferner die Literaturangaben von Pelosi, La pretesa retroattività della condizione, in Rivista trim. di diritto e procedura civile, 1968, S. 825 ff. (S. 889 Anm. 173 und S. 907 Anm. 217).

17 Teoria della condizione legale (condicio iuris) e sue applicazioni in diritto fallimentare, in Il diritto fallimentare e delle società commerciali 1960, S. 5 ff.

18 Inefficacia dei negozi giuridici e „condicio iuris", in Foro ital. 1952 I, 408 ff.

Barbero nimmt auf die Lehrtendenz Bezug, beide Bedingungen als Unterarten eines einheitlichen Begriffs zu sehen, lobt die erreichte Klärung, daß die Rechtsbedingung ebenso wie die Geschäftsbedingung nicht den Tatbestand, sondern nur die Wirksamkeit des Geschäftes betreffe, glaubt aber die Synthese deshalb verneinen zu müssen, weil die gewillkürte Bedingung ebenso wie das Rechtsgeschäft selbst dem Bereich des Faktischen angehöre – ausgehend von der Auffassung, wonach nicht das Rechtsgeschäft, sondern nur das Gesetz die Rechtsfolgen hervorrufe –, während die gesetzliche Bedingung dem Bereich der Norm angehöre, Bestandteil des normativen Gesamttatbestandes sei[19].

Diese Argumentation, die auch Betti, gleichfalls ein Befürworter der Assimilation beider Bedingungsarten, nicht für unüberwindbar hält[20], verliert ihre Beweiskraft, sobald man ihren nach unserer herrschenden Auffassung unrichtigen Ausgangspunkt verläßt; sieht man nämlich in dem Rechtsgeschäft die Quelle der Rechtsfolgen kraft gesetzlicher Ermächtigung oder Anerkennung, den von der Rechtsordnung anerkannten Grund der Rechtswirkung, dann stehen die gewillkürten und die gesetzlichen Wirksamkeitsvoraussetzungen, nur nach ihrer verschiedenen Herkunft geschieden, strukturell und funktionell auf der gleichen Ebene, einerseits außerhalb des geschäftlichen Tatbestandes und andererseits innerhalb des alle Entstehungserfordernisse umfassenden Gesamttatbestandes. Wollte man das Rechtsgeschäft als bloßes Faktum für die gesetzliche Anknüpfung von Rechtsfolgen begreifen, wäre es vielleicht sogar konsequent, auch in dem Faktum des vereinbarten Wirkungsaufschubes lediglich ein (behebbares) gesetzliches Wirksamkeitshindernis bzw. in dessen Fehlen eine (nachholbare) gesetzliche Wirksamkeitsvoraussetzung zu erblicken, so daß die Geschäftsbedingung nur als ein, wenn auch besonders geregelter Unterfall der gesetzlichen Bedingung erschiene.

Cariota-Ferrara legt dar, daß die (im Gegensatz zu den daneben unterschiedenen Gültigkeitserfordernissen) wesensmäßig nachholbaren Wirksamkeitsvoraussetzungen unter einem doppelten Profil gesehen werden könnten, einmal in ihrem Verwirklichtsein als Zustand und das andere Mal in ihrem Verwirklichtwerden als Ereignis, und hält es nicht für sinnvoll, sie a priori nur unter dem letzteren Blickwinkel zu behandeln und als Rechtsbedingungen zu bezeichnen, gleich als ob sie so gesehen eine besondere Gruppe der Wirksamkeitsvoraussetzungen bildeten[21]. Auch sei das Geschehnis, das das Erfordernis verwirkliche, an und für sich unbedeutend, Wert habe nur die Wirksamkeitsvoraussetzung.

19 Contributo alla teoria della condizione, S. 66 ff.

20 Teoria generale del negozio giuridico, S. 521 ff.; siehe auch Falzea, La condizione, S. 123.

21 Negozi sul patrimonio altrui, S. 202 ff.

In seiner Rechtsgeschäftslehre[22] betont er ebenfalls, daß der Begriff der Rechtsbedingung dem der gesetzlichen Wirksamkeitsvoraussetzung logisch nachgeordnet sei, erörtert aber die Möglichkeit, die Rechtsbedingungen als eine Unterart der gesetzlichen Wirksamkeitserfordernisse und neben den Geschäftsbedingungen als die Unterart eines einheitlichen Bedingungsbegriffs zu verstehen, hält die von anderen in dieser Richtung unternommenen Versuche jedoch nicht für erfolgreich, weil die condiciones iuris zwar ebenso wie die condiciones facti in zukünftigen und ungewissen Ereignissen bestünden und ergänzend zu den wesentlichen Geschäftserfordernissen hinzuträten, der sich aus ihnen ergebende Schwebezustand aber nicht typisch sei, sondern auch beim Ausstehen anderer Wirksamkeitsvoraussetzungen vorkomme. Dem könnte man vielleicht beitreten, wenn man etwa mit Falzea – auch Cariota-Ferrara will ihm darin offenbar folgen – die wichtigen Fälle der anfänglich fehlenden Substrate der Rechtswirkung aus dem Bereich der Rechtsbedingung ausgliedern wollte; dafür fehlt es aber, wie oben schon dargetan worden ist, an ausreichenden Gründen.

Rescigno versucht den Begriff der condicio iuris für drei Fallgruppen zu konstruieren, nämlich für Geschäfte, die kollektive Interessen berühren, für Geschäfte, die einem außenstehenden Dritten ein Recht zuweisen und für Geschäfte mit aufgeschobener Übertragungswirkung (über fremde, zukünftige und Gattungssachen)[23]. Die Frage, ob ein so umgrenzter Begriff der Rechtsbedingung zu rechtfertigen und mit dem der Geschäftsbedingung zu einer Kategorie zu vereinigen sei, versucht er angesichts der extrem entgegengesetzten Positionen Falzeas und Barberos danach zu beurteilen, ob die für die Geschäftsbedingung geltenden Regeln, nämlich die Rückwirkung der erfüllten Bedingung, die Fiktion des Bedingungseintritts und die zwischenzeitliche Unwiderruflichkeit, auf die Rechtsbedingung anwendbar seien. Er gelangt zu der Feststellung, daß die für die gewillkürte und einige Fälle der gesetzlichen Bedingung (Artt. 1399 II, 1404, 1411 II cod. civ.) geltenden Rückwirkungsanordnungen wegen ihres Ausnahmecharakters nicht im Wege der Analogie erweitert werden könnten, daß sich ferner die Fiktion des Bedingungseintritts bei dessen Vereitelung durch die an dem Nichteintritt interessierte Partei für die Fälle der Rechtsbedingung nicht eigne und daß schließlich der Grundsatz der Unwiderruflichkeit des Rechtsgeschäfts während der Schwebezeit für eine ganze Reihe von Rechtsbedingungen, namentlich bei Geschäften mit beabsichtigter Rechtswirkung für Dritte, nicht gelte. Dieser Befund führt ihn dazu, die Rechtsbedingung als Kategorie in Zweifel zu ziehen und allenfalls von einzelnen Rechtsbedingungen zu reden.

Mit den beiden letzteren (Fiktion des Bedingungseintritts und Unwiderruflichkeit) werden sekundäre, nicht wesentliche Gesichtspunkte verwendet und

22 Il negozio giuridico, S. 654 ff.

23 „Condizione", in Enciclopedia del diritto, Bd. VIII S. 762 ff. (768 ff.).

an die Homogenität der einzelnen Bedingungsfälle zu strenge Anforderungen gestellt. So gilt die Fiktion des Bedingungseintritts, wie Rescigno an anderer Stelle selbst erwähnt[24], nicht bzw. nur unter besonderen Voraussetzungen für die rein potestativen Geschäftsbedingungen (Wollensbedingungen), ohne daß diesen deshalb der Charakter eigentlicher Bedingungen abgesprochen würde. Auch die Befugnis zur einverständlichen Auflösung des Vertrages oder die der einen oder anderen Partei eingeräumte Befugnis zum einseitigen Widerruf, wie sie, um Rescignos Beispiele aufzugreifen, bei der Stellvertretung ohne Vertretungsmacht dem falsus procurator und dem Dritten bis zur Genehmigung durch den Vertretenen (Art. 1399 III cod. civ.) bzw. beim Vertrag zu Gunsten Dritter dem Versprechensempfänger bis zur Annahmeerklärung des Dritten zusteht (Art. 1411 II cod. civ.), ist mit dem Wesen eines bedingten Vertrages nicht unverträglich. So schließt die Vereinbarung einer rechtsgeschäftlichen Bedingung die gleichzeitige Einräumung eines Widerrufsrechts zu Gunsten der einen oder anderen Seite oder die nachträgliche einverständliche Aufhebung des Vertrages nicht aus und kann die rechtsgeschäftliche Bedingtheit beispielsweise der Auslobung nicht etwa deshalb angezweifelt werden, weil das Gesetz den Auslobenden zum Widerruf berechtigt (Art. 1990 cod. civ. bzw. § 658 BGB). Übrigens läuft die Vereinbarung einer reinen Potestativbedingung – zu Gunsten des Berechtigten bzw. bei zweiseitig verpflichtenden Verträgen auch in den romanischen Rechtsordnungen zulässig – praktisch auf eine einseitige Widerruflichkeit des Vertrages hinaus. Dingliche, d.h. Dritten gegenüber bestehende Gebundenheit der Vertragschließenden und Widerruflichkeit des Vertrages schließen sich nicht gegenseitig aus; wird die Widerruflichkeit nicht genützt, so bleibt sie folgenlos und sind z.B. Zwischenübertragungen unschädlich.

Beachtlicher ist Rescignos Bedenken gegen die analoge Übertragung des Rückwirkungsgrundsatzes auf die Rechtsbedingung. Die Rückziehung ist zwar als solche weder für die geschäftliche noch für die gesetzliche Bedingung wesentlich, wohl aber ist es die zwischenzeitliche Gebundenheit des bedingt Verfügenden (Unschädlichkeit der Zwischenakte), und diese muß in der einen oder anderen Form gesetzlich vorgesehen sein, will man sie nicht schon aus dem Wesen des vollendeten Rechtsgeschäfts herleiten und gesetzliche Anordnungen, soweit vorhanden, in dieser Hinsicht für bloße Klarstellungen halten oder als Ausdruck eines allgemeineren Prinzips und daher in dessen Rahmen als der Analogie zugänglich ansehen. Bedenken gegen die Analogie äußert auch Scognamiglio[25], während andere sie zur Ausfüllung einer klaffenden Gesetzeslücke für zulässig und geboten erachten. Nach Perlingieri ist nicht einmal von Analogie zu reden und die unmittelbare Anwendung der Regeln

24 A.a.O. S. 797.

25 Contributo alla teoria del negozio giuridico, S. 302; ebenso Rubino, La fattispecie e gli effetti giuridici preliminari, Mailand 1939, S. 346, zitiert nach Scognamiglio.

über die geschäftlich bedingten Verträge eine logische und natürliche Konsequenz der Einheit des Bedingungsphänomens[26, 27].

Was unsere Rechtsordnung anlangt, so bestehen diese Schwierigkeiten auf Grund der ungleich günstigeren positivrechtlichen Grundlagen nicht bzw. allenfalls in geringerem Maße. Rechtliche Erscheinungen können unter einem Begriff vereinigt bzw. zu einer Kategorie zusammengefaßt werden, wenn sie in den wesentlichen Zügen übereinstimmen. Bedingungen sind zukünftige und ungewisse Ereignisse, von denen Wirkungen eines Rechtsgeschäfts (oder sonstigen Tatbestands) abhängen. Durch das Moment der Zukünftigkeit werden sie von den condiciones in praeteritum vel praesens collatae, den Unterstellungen im Sinne Henles, und durch das Moment der Ungewißheit von den gewillkürten oder gesetzlichen Befristungen abgegrenzt. Abhängigkeit der Wirkungen bedeutet Präexistenz des Rechtsgeschäfts, Sonderung des bedingenden Umstandes von den geschäftskonstituierenden Tatsachen, Suspension nicht der Vollendung, sondern der Wirkung des fertig abgeschlossenen Rechtsgeschäfts.

Es kommt ein weiteres wesentliches Moment hinzu. Das Abhängigkeitsverhältnis, das durch die Bedingung ausgedrückt wird, ist als ein ausschließliches zu kennzeichnen: die Rechtswirkung hängt grundsätzlich nur noch von dem Eintritt der Bedingung ab. Die Funktion der Bedingung besteht darin, die Geschäftswirkungen, so lange sie schwebt, aufzuhalten und, wenn sie eintritt, von selbst ins Leben treten zu lassen. Dieser Mechanismus würde versagen, die Wirkung gegebenenfalls trotz Erfüllung der Bedingung ausbleiben, wenn zwischenzeitliche Ereignisse darauf Einfluß nehmen könnten. Dem wirkt die gesetzliche Regelung entgegen, indem sie den Zusammenhang zwischen dem Bedingungseintritt und der Geschäftswirkung im Rahmen des rechtlich Erreichbaren und des rechtspolitisch Erwünschbaren ausdrücklich im Sinne eines exklusiven Abhängigkeitsverhältnisses regelt und näher bestimmt, daß die Vertragsparteien gebunden, Zwischenverfügungen unschädlich sind und zwischenzeitliche Verfügungsbeschränkungen einflußlos bleiben. Darauf beruhen die typischen Zwischenwirkungen des Schwebezustandes. Dies gilt nicht nur für die Geschäftsbedingung, sondern, wie oben in ausführlicher Analyse der einzelnen Fälle und ihrer gesetzlichen Regelung entwickelt worden ist, im Prinzip gleichermaßen für die Fälle der Rechtsbedingung und folgt in letzter Konsequenz bereits aus dem richtigen Verständnis des

26 I negozi su beni futuri, S. 183. Ein gewisses Argument für diese Auffassung liefert der Art. 1357 cod. civ. ital., der die angeordnete mittelbare, notwendig rechtliche Bedingtheit der Verfügung des bedingt Berechtigten offenbar der Geschäftsbedingung („derselben Bedingung") gleichstellen will.

27 Ein vergleichsweises Eingehen auf die von der romanistisch-kontinentalen Anschauungsweise beträchtlich abweichende und weit geringere Geschlossenheit zeigende Bedingungslehre des englisch-amerikanischen Rechtssystems wäre für die hier zu diskutierende Frage nicht ergiebig.

vollendeten, potentiell wirksamen Rechtsgeschäfts. Das Ausstehen nachholbarer gesetzlicher Wirksamkeitsvoraussetzungen ruft grundsätzlich ebenso wie das Ausstehen gewillkürter Wirksamkeitsvoraussetzungen einen rechtlichen Schwebezustand mit Gebundenheit des einen und geschützter Anwartschaft des anderen Teils hervor. Daß dem Geschäftsgegner in einzelnen Fällen, um ihn nicht ohne sein Wissen und Willen in den Schwebezustand zu verstricken, ein Widerrufsrecht eingeräumt ist, daß ferner die dingliche Gebundenheit des Verfügenden, da sie als Selbstbeschränkung jeweils von dem Maß seiner Verfügungsgewalt abhängt, verschieden weit gehen kann und anderes mehr, ist nur von sekundärer Bedeutung und läßt das Prinzip unangetastet.

Weitere Anforderungen sind an die Bedingung als Gattungsbegriff nicht zu stellen. Dies gilt insbesondere hinsichtlich der Wirkungen der erfüllten Bedingung. Ob sie, wie in vielen Fällen der Rechtsbedingung, zur Rückwirkung gesteigert sind oder nicht, berührt gleichfalls nicht das Wesen der Bedingung. Dies wird heute auch über die Grenzen unserer Rechtsordnung hinaus mehr und mehr anerkannt.

Das in der romanistischen Lehre betonte Merkmal der Äußerlichkeit und Akzidentalität bedeutet nichts anderes, als daß die Bedingungen außerhalb des Tatbestandes stehen und den legalen Typus des Rechtsgeschäfts, das abstrakte Schema seiner Vornahme, unberührt lassen[28] (auf nichtgeschäftliche Tatbestände läßt sich allerdings der letztere Gesichtspunkt nur eingeschränkt übertragen, da sie im allgemeinen keine Typisierung kennen). Diese Eigenschaften werden bereits mit der Kennzeichnung der Bedingung als bloßer Voraussetzung der Wirksamkeit genügend beschrieben. Übrigens erleidet der Grundsatz der Akzidentalität der Bedingung, also ihrer Einflußlosigkeit auf den Geschäftstypus, im Bereich der gewillkürten Bedingungen einige Ausnahmen, so z.B. bei der Auslobung, bei der Versicherung als einseitig bedingtem Vertrag und überhaupt bei den aleatorischen Verträgen. Siber will zwar ein Rechtsgeschäft nur dann als bedingt ansehen, wenn es unbeschadet seines Wesens auch unbedingt sein könnte[29]. Auch Falzea will aus dem Bereich der Bedingung im technischen Sinne diejenigen Fälle aussondern, in denen die Bedingtheit zum „nomen iuris" gehöre, also artbestimmend sei[30]. Diese begriffliche Einengung ist jedoch wegen der Identität aller übrigen wesentlichen Merkmale, wenn auch nicht unrichtig, so doch jedenfalls methodisch unzweckmäßig. Der Bedingungsbegriff ist an den Gegebenheiten des positiven Rechts zu orientieren und muß daher nötigenfalls in einzelnen Beziehungen gewisse Ausnahmen ertragen. Natürlich verschlüge es auch nichts, wollte man diejenigen Bedingungen, deren

---

28 Rescigno, „Condizione", Enciclopedia, Bd. VIII S. 763.

29 Buchrechtsgeschäft, S. 123.

30 La condizione, S. 7 ff., 175.

Beifügung für den Geschäftstypus mit bestimmend ist, als eine besondere, nur durch eben dieses Merkmal geschiedene Unterart der Geschäftsbedingungen begreifen.

Falzea unterscheidet neben der Akzidentalität im weiteren, ihr auch hier unterlegten Sinn, eine solche im engeren Sinne, um damit den Bedingungen die rechtliche Qualität beizulegen, auf den Willen der Parteien oder den Willen des Gesetzes gegründet zu sein, und sie von denjenigen Wirksamkeitserfordernissen zu unterscheiden, die sich schon aus der Natur des zu begründenden Rechtsverhältnisses ergeben[31]. Diese weitere Begriffseinengung ist, wie oben schon dargetan worden ist, nicht nur der Sache nach unbegründet, sondern auch mit der gegebenen begrifflichen Deduktion nicht zu rechtfertigen; denn die Nachholbarkeit der gesetzlichen Wirksamkeitsvoraussetzungen, auch der sich schon aus Gründen der Logik ergebenden, bedarf, jedenfalls für das Recht unseres Bürgerlichen Gesetzbuches, immer der gesetzlichen Zulassung. Es ist allein das Gesetz, das die Konvaleszenz des andernfalls unheilbar nichtigen Rechtsgeschäfts gewährt, indem es die nachträgliche Erfüllung des anfangs fehlenden Wirksamkeitserfordernisses zur Bedingung erhebt.

Soweit mit der Eigenschaft der Akzidentalität lediglich der rechtsgeschäftliche Ursprung der Bedingung oder genauer die rechtsgeschäftliche Bedingungsklausel selbst gekennzeichnet werden soll[32], versteht es sich von selbst, daß damit nur ein Artunterschied, nicht ein Gattungsmerkmal angesprochen ist.

Sind hiernach Funktion und Wirkungsweise der beiden Bedingungsphänomene im Prinzip identisch, so ist nur noch die Frage offen, ob ihre ungleiche Basis, Rechtsgeschäft oder Gesetz, für sich allein genügen kann, ihre Synthese auszuschließen. Kapler sieht gerade in dem Ursprung beider Bedingungen einen Grund zu ihrer Vereinigung, weil das durch Rechtsgeschäft begründete Rechtsverhältnis nicht nur auf dem Parteiwillen, sondern zugleich auch auf dem Gemeinwillen beruhe und letzterer im einzelnen Fall ebenso wie der erstere bedingt sein könne[33]: „Sowohl die conditio iuris wie die conditio facti sind gesetzt durch Willensakte, diese durch einen Akt des individuellen, jene durch einen solchen des allgemeinen Willens. Es ist dies keine leere Wortspielerei: der allgemeine Wille ist ein ebenso realer Wille wie der des Individuums, nur ungleich mächtiger als dieser.“

Es besteht jedoch kein Anlaß, den grundsätzlichen Unterschied in der rechtsgeschäftlichen oder gesetzlichen Quelle der Bedingtheit herunterzuspielen, zumal er sich auch positivrechtlich auswirkt, da beide Rechtsfiguren getrennt und in Einzelheiten, nicht in den Grundzügen, verschieden geregelt

31 A.a.O. S. 73, 117 ff.

32 Vgl. Cariota-Ferrara, Il negozio giuridico, S. 661 Anm. 22.

33 Begriff und Wesen der c.i., S. 2 ff.

sind. So findet z.B. die Fiktion des Bedingungseintritts gem. § 162 BGB keine Entsprechung bei der Rechtsbedingung und fallen die Verbote rechtsgeschäftlicher Bedingungen nicht immer mit den Einschränkungen der Nachholbarkeit gesetzlicher Wirksamkeitsvoraussetzungen zusammen. Im übrigen geht der vorliegende Versuch einer Synthese von einer Differenzierung beider Rechtserscheinungen aus, da er nicht eine Verschmelzung beider Rechtsfiguren zu einer begrifflichen Einheit, noch wie die von Verdier gewählte Methode der Vereinigung, die Unterordnung der einen unter die andere, sondern ihre Gleichordnung als zwei species eines genus erstrebt. Natürlich darf die verbleibende Verschiedenheit nicht so weit gehen, daß wesentliche Gemeinsamkeiten nicht bestehen bleiben.

Andererseits wäre es sicher auch unangebracht, die Verschiedenheit beider Bedingungen im Ursprung in ihrer rechtlichen Bedeutung zu überschätzen. Die Wirkungen der schwebenden und der entschiedenen Bedingung sind in beiden Fällen im wesentlichen identisch und durch den verschiedenen Grund der Bedingtheit nur unwesentlich beeinflußt. Gegenüber dieser bedeutsamen Parallelität kann die verschiedene Quelle beider Bedingungen nicht mehr als einen Artunterschied darstellen. Auch für die juristisch-praktische Betrachtung steht der Bedingungsmechanismus als solcher mit seinen spezifischen Rechtsfolgen und weniger die Art und Weise seines Zustandekommens im Vordergrund. Der Anschauung, die in dem verschiedenen Ursprung des Wirkungsaufschubes ein unüberwindbares Hindernis für eine Annäherung beider Bedingungserscheinungen erblicken will[34], kann ich hiernach nicht folgen.

34 So etwa Romano, „Condicio iuris“ ed approvazione tutoria nei contratti della pubblica Amministrazione, in Giurisprudenza ital. 1955 I 1, 583 ff. (587).

Sachregister

Kolibri 360 GmbH
Ferdinand-Jühlke-Straße 7
99095 Erfurt, Deutschland
produktsicherheit@kolibri360.de